建築構造における強非線形問題への数値解析による挑戦

Challenge with Numerical Analyses for Strong Nonlinear Problems in Building Structures

日本建築学会

ご案内

本書の著作権・出版権は（一社）日本建築学会にあります．本書より著書・論文等への引用・
転載にあたっては必ず本会の許諾を得てください．

R〈学術著作権協会委託出版物〉

本書の無断複写は，著作権法上での例外を除き禁じられています．本書を複写される場合は，
（一社）学術著作権協会（03-3475-5618）の許諾を受けてください．

一般社団法人　日本建築学会

応用力学シリーズの発刊について

　建築構造学は、新しい空間創造の可能性を求め、より高性能な建築を合理的かつ経済的に建設する方法を求めて発展を続けている。特に最近では、新しい構造材料の出現や、ふるまい自体を制御するさまざまな技術など、建築構造の分野に新たな座標軸が加えられつつある。また、コンピューターの高度利用が今後急速に加速していくことは確実である。これによって、建築構造物の挙動が一層深く把握されるようになり、安全性、信頼性の向上に向けて構造設計法はますます進歩するであろう。

　このように、現代の建築構造は広範かつ高度な力学、解析、設計技術によって支えられており、その状況はますます加速する傾向にある。建築構造学諸分野の研究においても、構造設計の実務においても、さらに高度な力学理論や解析を必要とする場面が増加している。このような要求に適切に対処するには、当該分野の必要情報を的確に入手し、現状と動向を正しく把握しなければならない。しかしながら、専門分化が進行し、膨大な情報が流布している今日では、その分野の専門家でないかぎり的確な状況把握と情報入手を行うことは極めて困難な状況にある。このことは、現在の研究者、技術者、構造設計者が抱えている共通の問題である。

　このような状況に鑑み、応用力学運営委員会の前身であった応力小委員会は、建築構造学に関係する力学諸分野の発展を取りまとめた展望集「建築構造力学の最近の発展」を 1987 年 11 月に刊行して好評を得た。しかし、近年新しい潮流が形成された分野や、発展の著しい分野などに対しては、さらに焦点を絞った展望と整理が必要であった。この要望に応える趣旨で発足したのが応用力学シリーズである。1994 年 1 月には、その第 1 巻としての「構造物の不安定現象と限界状態」が、1994 年 11 月には第 2 巻「建築構造物の設計力学と制御動力学」が刊行されるに至った。その後も第 12 巻まで発刊されている。

　この応用力学シリーズでは、発刊の趣旨に従って次のような執筆方針がとられている。

(1) 読者として、新進の技術者、研究者、および専門課程後期の学部学生、大学院学生を主として想定する。

(2) 理論や方法の基礎的思想や論理のカラクリを明快に描き出すとともに全体の流れも見えるようにする。

(3) 過去の歴史や並存する種々の理論や方法を平坦に紹介するのではなく、最近特に著しい展開の見られる問題や、今後ますます重要性が高まると思われる問題に重点を置いて展望する。

(4) "読み物" としてひろい読みする場合でも、アイデアや基本的カラクリは読みとれるような書き方をする。

(5) 実務との関連についても言及するよう努める。

　なお、各執筆者には、各専門分野の最先端の展望であるので、自己の論文の解説に偏り過ぎないよう十分留意してくださるようお願いした。それでも偏りは多かれ少なかれ避け難いことから、各章の執筆担当者名を目次において明示することとした。

このたび第 13 巻として「建築構造における強非線形問題への数値解析による挑戦」を刊行する運びとなった。構造工学関係の研究者、設計技術者、学生その他の読者各位が、このシリーズを手引書ないしハンドブックとして、また、解説付文献集として、大いに役立てていただければ誠に幸いである。

2018 年 3 月

日本建築学会

はしがき

　近年のコンピュータ利用技術の進歩は目覚ましく、かつては大型計算機でのみ可能であった数値解析が今ではパーソナルコンピュータで稼働するようになっている。この進歩はハードウェアの進化だけによるものではなく、計算力学の体系化や計算技術の発展によるところは大きい。また、この進歩は複雑な数値解析を利用する場面の増加および利用者の増加を生み出している。

　その一方で、本書で対象とする「建物が損傷するときの振る舞いなど」に代表される強非線形問題は、文字通り線形問題ではなく必ず非線形問題として定式化・表現されるものであり、従来の数値解析と比べて高度なリテラシーがユーザーには要求される。すなわち、一般に入力データには対象物の状態を表現するためのデータと数値解析をコントロールするためのデータに大きく分けられるが、両者についての十分な理解がないと全く意味のない解析結果を求めることになる場合がある。また、非線形問題では入力値に対して解は複数存在する場合もあり、その複数の中で適正な解を選出できる（抽出できる）能力がユーザーには要求される。したがって、本書で対象としている問題は素晴らしいハードウェアとプログラムがあれば必ず解けるというわけではなく、ユーザーの能力があってはじめて必要な解を見いだすことが可能となる。ユーザーとオペレーターは全く異なることをしっかりと受け止めなければならない。

　以上のような背景において、応用力学シリーズでは「構造物の崩壊解析（基礎編）」および「同（応用編）」が刊行されたが、この刊行から 20 年が経っておりコンピュータ環境は大きく様変わりした。そこで、本書では建築構造において現れる強非線形挙動を題材とした解析の State of the Art を提示することを目的として、構造種別ごとに具体的な課題を選び、事例を通してユーザーに必要となる知識について解説している。直面する問題がここで挙げた事例と必ずしも直接的な関係はない場合でも強非線形問題を解くうえで必要となる知識や技術は共通する部分が多いことから、本書に記述した内容は、様々な複雑な挙動をコンピュータによりシミュレーションしようとする技術者や研究者にとって必ずや有益なものとなると考えている。

　本書が、強非線形問題に挑戦しようとする技術者や研究者の一助となれば幸甚である。

2018 年 3 月

日 本 建 築 学 会

本書作成関係委員
—— 五十音順・敬称略 ——

構造委員会

委員長　　塩　原　　等

幹　事　　五十田　博　　久　田　嘉　章　　山　田　　哲

委　員　　　（略）

応用力学運営委員会

主　査　　高　田　豊　文

幹　事　　伊　藤　拓　海　　松　本　慎　也　　元　結　正次郎

委　員　　荒　木　慶　一　　金　澤　健　司　　近　藤　典　夫　　新　宮　清　志

　　　　　高　田　毅　士　　高　橋　　徹　　竹　脇　　出　　橘　　　英三郎

　　　　　趙　　　衍　剛　　辻　　　聖　晃　　永　野　正　行　　中　村　尚　弘

　　　　　西　田　明　美　　西　谷　　章　　濱　本　卓　司　　本　間　俊　雄

　　　　　向　井　洋　一　　山　川　　誠　　山　田　耕　司　　山　田　貴　博

強非線形問題の理論と応用小委員会

主　査　　元　結　正次郎

幹　事　　大　塚　貴　弘　　熊　谷　知　彦

委　員　　荒　木　慶　一　　磯　崎　　浩　　小　河　利　行　　寒　野　善　博

　　　　　多　田　元　英　　長　沼　一　洋　　三　宅　辰　哉　　宮　村　倫　司

　　　　　武　藤　　厚　　森　迫　清　貴　　山　下　拓　三

建築構造における強非線形問題への数値解析による挑戦

第1章：建築構造における強非線形問題への数値解析による挑戦　　　　　　　　　元結正次郎

　1.1 節　強非線形問題とは　　　　　　　　　　　　　　　　　　　　・・・・・・・1

　1.2 節　コンピュータによる数値解析利用の動向　　　　　　　　　　・・・・・・・1

　1.3 節　エンジニアの技量の重要性　　　　　　　　　　　　　　　　・・・・・・・2

　1.4 節　本書の構成　　　　　　　　　　　　　　　　　　　　　　　・・・・・・・5

　1.5 節　むすび　　　　　　　　　　　　　　　　　　　　　　　　　・・・・・・・6

第2章：鋼構造

　2.1 節：ファイバー要素の構成則モデルと整合剛性行列形成問題　　　　　　　　　森迫清貴

　　2.1.1　はじめに　　　　　　　　　　　　　　　　　　　　　　　・・・・・・・7

　　2.1.2　等価断面モデル　　　　　　　　　　　　　　　　　　　　・・・・・・・7

　　2.1.3　1軸応力ひずみ関係モデル　　　　　　　　　　　　　　　・・・・・・・9

　　2.1.4　整合剛性形成問題　　　　　　　　　　　　　　　　　　　・・・・・・・10

　　2.1.5　むすび　　　　　　　　　　　　　　　　　　　　　　　　・・・・・・・13

　2.2 節：鋼構造骨組部材に対する局部座屈を考慮した梁要素モデル　　　　　　　　大塚貴弘

　　2.2.1　はじめに　　　　　　　　　　　　　　　　　　　　　　　・・・・・・・16

　　2.2.2　トラス梁モデルの降伏面　　　　　　　　　　　　　　　　・・・・・・・16

　　2.2.3　梁要素モデルの定式化　　　　　　　　　　　　　　　　　・・・・・・・19

　　2.2.4　局部座屈による軟化特性　　　　　　　　　　　　　　　　・・・・・・・22

　　2.2.5　部材レベルの静的解析例題　　　　　　　　　　　　　　　・・・・・・・25

　　2.2.6　骨組レベルの静的解析例題　　　　　　　　　　　　　　　・・・・・・・28

　　2.2.7　むすび　　　　　　　　　　　　　　　　　　　　　　　　・・・・・・・29

　2.3 節：統合化構造解析システム　　　　　　　　　　　　　　　　　　　　　　　多田元英

　　2.3.1　はじめに　　　　　　　　　　　　　　　　　　　　　　　・・・・・・・31

　　2.3.2　統合化構造解析システムの構成　　　　　　　　　　　　　・・・・・・・32

　　2.3.3　数値情報の通信方法　　　　　　　　　　　　　　　　　　・・・・・・・34

　　2.3.4　統合化構造解析例　　　　　　　　　　　　　　　　　　　・・・・・・・34

　　2.3.5　むすび　　　　　　　　　　　　　　　　　　　　　　　　・・・・・・・38

第3章：RC造

　3.1 節：RC造骨組の弾塑性特性と地震応答解析　　　　　　　　　　　　　　　　　磯崎　浩

　　3.1.1　はじめに　　　　　　　　　　　　　　　　　　　　　　　・・・・・・・41

　　3.1.2　強非線形領域のRC部材の挙動　　　　　　　　　　　　　・・・・・・・41

　　3.1.3　骨組解析で用いる解析モデル　　　　　　　　　　　　　　・・・・・・・46

　　3.1.4　骨組の弾塑性応答解析　　　　　　　　　　　　　　　　　・・・・・・・54

　　3.1.5　解析結果　　　　　　　　　　　　　　　　　　　　　　　・・・・・・・56

　　3.1.6　むすび　　　　　　　　　　　　　　　　　　　　　　　　・・・・・・・65

3.2 節：RC 耐震壁および柱・梁部材の非線形特性と材料構成モデル　　　　　　長沼一洋

3.2.1　はじめに　・・・・・・68
3.2.2　RC 構造のモデル化方法　・・・・・・68
3.2.3　コンクリートの応力－ひずみ構成関係　・・・・・・72
3.2.4　多軸応力下のコンクリートの破壊条件　・・・・・・77
3.2.5　コンクリートの応力－ひずみ曲線と履歴特性　・・・・・・82
3.2.6　鉄筋とコンクリートの相互作用のモデル化　・・・・・・91
3.2.7　むすび　・・・・・・99

3.3 節：RC 集合住宅の非線形動的 FEM 解析　　　　　　佐藤裕一

3.3.1　はじめに　・・・・・・101
3.3.2　コンクリートのひび割れのモデル化：分散ひび割れモデルにおける　・・・・・・104
　　　　ひび割れの離散化手法
3.3.3　ワッフルスラブ架構試験の解析　・・・・・・110
3.3.4　建物の有限要素モデル化　・・・・・・112
3.3.5　解析結果　・・・・・・115
3.3.6　むすび　・・・・・・120

3.4 節：RC シェルの非線形特性と実験・解析　　　　　　武藤　厚

3.4.1　はじめに　・・・・・・124
3.4.2　RC シェルの損傷・破壊と数値解析の基本事項　・・・・・・124
3.4.3　破壊現象や解析の検証に有益な情報元について　・・・・・・129
3.4.4　RC シェルの形態による分類と力学的特性の理解　・・・・・・131
3.4.5　実験や解析の事例の紹介　・・・・・・133
3.4.6　むすび　・・・・・・142

第 4 章：木造軸組構法住宅の地震倒壊解析　　　　　　三宅辰哉・中川貴文

4.1　はじめに　・・・・・・144
4.2　解析モデル　・・・・・・145
4.3　解析理論　・・・・・・151
4.4　解析事例　・・・・・・156
4.5　むすび　・・・・・・165

第 5 章：組積造壁の繰返し載荷実験と非線形有限要素解析　　　　　　荒木慶一

5.1　はじめに　・・・・・・168
5.2　組積造の破壊モード　・・・・・・169
5.3　組積造の数値解析法　・・・・・・170
5.4　組積造の耐震補強法　・・・・・・175
5.5　数値解析例　・・・・・・176
5.6　むすび　・・・・・・183

第6章：鋼製下地在来工法天井の力学的性状に対する再現解析　　　元結正次郎

6.1　はじめに　・・・・・・・185

6.2　数値解析法の概要　・・・・・・・187

6.3　鋼製下地材の力学的性状に対する再現解析　・・・・・・・190

6.4　吊り天井システムにおける不安定挙動　・・・・・・・195

6.5　むすび　・・・・・・・202

第7章：大規模並列構造解析　　　宮村倫司・山下拓三

7.1　ソリッド要素を用いた建築構造物の大規模並列有限要素解析　・・・・・・・203

7.2　領域分割法に基づく有限要素法の並列化　・・・・・・・208

7.3　詳細有限要素モデルのプリ処理およびポスト処理　・・・・・・・222

7.4　解析例　・・・・・・・227

7.5　むすび　・・・・・・・236

第8章：接触問題　　　寒野善博

8.1　はじめに　・・・・・・・241

8.2　接触則と相補性条件　・・・・・・・242

8.3　摩擦則と相補性条件　・・・・・・・247

8.4　弾塑性問題との関係　・・・・・・・249

8.5　接触問題の数値解法　・・・・・・・251

8.6　むすび　・・・・・・・260

第9章：有限回転の取扱い　　　熊谷知彦・宮村倫司・小河利行

9.1　はじめに　・・・・・・・265

9.2　有限回転とは　・・・・・・・265

9.3　有限回転の定式化　・・・・・・・271

9.4　有限回転を考慮したDvorkin等の連続体退化型梁要素の例　・・・・・・・278

9.5　むすび　・・・・・・・279

建築構造における強非線形問題への数値解析による挑戦

第1章　建築構造における強非線形問題への数値解析による挑戦

1.1　強非線形問題とは

　種々の外乱を受けたときの建築構造の被害は様々な要因が組み合わさって発生する。建築において構造解析を行う理由は安全な空間を提供するためであり，そのためには建築構造設計に関わるエンジニアは，「設計対象建物が外乱に対してどのように振舞うのか」また「設計対象建物が倒壊するとするとどのように倒壊するのか」を正しく見極める必要がある。本書で取り扱う強非線形問題とは，建物の倒壊挙動など対象構造物の状態が劇的に変化する様子を解析する場合に直面する様々な非線形性のうち特に非線形性の強い問題を指している。

　一般に，解析を行う場合は設計上の仮説・仮定を設けた上で，その条件に適合するモデル化ならびに解法を用いて建物の挙動を求めることとなる。例えば，1次設計であれば建物は弾性として振舞うとする仮定あるいは力の流れが確保されるディテールとなっていることなどを設計上の大前提としてモデル化や解析が行われる。保有耐力算定にあたっては，弾性を保持するという仮定は除外され，設計者が想定した部分的塑性化は許容するものの降伏後の挙動は安定しているものと仮定した上でモデル化や解析が実行される。当然ながら，設計者は，解析において設定した設計上の仮定を満足するような仕様を選定しなければならない。このように一般的な構造解析においても設計上の（暗黙の仮定も含めた）前提条件下で答えを算定していることを忘れてはならない。

　一方，倒壊挙動を求める場合などでは，上述したような前提条件を極力排除することとなる。その最も典型的な条件が設計における変形制限であり，倒壊挙動を求める解析では層間変形角の制限などは適用されない。このような変形制限を排除した解析を幾何学的非線形性を考慮した解析（幾何学的非線形解析）と呼ぶ。層間変形が生じることによって柱に付加される曲げ（P-Δ効果）や座屈現象などもこれに含まれる。また，部材の塑性化に代表される材料的非線形性もまた忠実なモデル化が要求される。コンクリートなどの脆性的な材料ではひび割れが生じた後の巨視的な材料としての挙動やコンクリートと鉄筋間の付着の変化などはコンクリート系構造などの倒壊現象を解析する場合には重要な因子となるために，できるだけ実態に則したモデル化や解法が要求される。倒壊挙動を計算しようとする場合には，一般には材料的非線形性および幾何学的非線形性が考慮されることになるが，問題によってはいずれかのみでも工学的に十分なときもある。

1.2　コンピュータによる数値解析利用の動向

　本書ではコンピュータを用いた数値解析に焦点を当てることとしている。コンピュータが出現したことによって建築構造を含む構造工学分野は大きな転換期を迎え，それまでは解を見出すこと自体が困難であった問題に対してもコンピュータにより数値解を求めることが可能となり，様々な問題に対して数値解を求める膨大な挑戦が半世紀にわたりなされてきた。もし，この発展を黎明期・展開期・成熟期に分けられるとすれば，黎明期には手計算の代用，すなわち，たわみ

角法などの多元連立方程式の解法をシステマティックに行うツールとして利用されていた数値解析法は，展開期において数値解析を前提とした力学として体系化され，さらに，これまで培ってきた数値解析に関する知見を如何に応用し実際の問題へ応用するかが要求される現代はまさに成熟期に入ったと言っても過言ではない。このことは，従来は一部の研究者にのみ与えられた特殊なハードウェアおよびソフトウェア環境によってはじめて解析可能であった問題も，現在では一般のエンジニアにより実際の設計現場などでもコンピュータを用いた様々な解析が実施される時代となっていることからも明らかである。また，設計の現場で実施される解析対象問題もまた複雑化しており，当初は単純な応力解析問題や工学的に置き換えられた単純なモデル化による理想化された問題に対して行われてきたのに対して，近年ではできるだけ忠実に表現された解析モデルを用いた複雑な非線形問題についても実施されるようになってきている。これは，他の大量生産による工業製品と比較して，建築は単一受注生産であり，かつその規模が大きく，試験体を用いた実験によってその性能を個々に確認することが極めて困難であるために，数値解析によって想定される外乱に対する構造物の挙動を把握することが設計対象建物の真の安全性を評価するためには必要不可欠となるためである。

1.3 エンジニアの技量の重要性

構造解析に用いられている市販のソフトウェアは確かに高い性能を有したものもあり，それらに付随する付録などで示されている例題を見ても，解析モデルは単純化されているものの，対象とする現象は複雑なものが示されており，そのソフトウェアの適用性の高さには驚くものがある。その一方で，そのようなソフトウェアを用いて計算された解析例を色々な場面で大学院生やエンジニアが紹介する状況に出くわすが，その中には果たしてこの結果が正しいのであろうかと疑問を感じる場合もある。少なくとも本書で取り上げるような強非線形問題を対象とする場合，設計でよく行われる応力解析（正確には線形解析）とは異なり，同一の解析モデルを用いたとしても入力外力に対して複数の解を有していることが一般的であり，解析設定条件やモデル化が及ぼす解への影響が大きく，ソフトウェアがあれば，誰でも十分な解を求めることができるとは限らないことを認識しなければならない。

非線形問題において適切な結果を得ることの困難さを説明するために，図 1.1 に示すドーム構造を例題として考える。このドームは半谷ドームとも呼ばれ数値解析例題としてよく取り上げられるものである[1.1]。すべての部材はピン接合で接合されており，一部材を単一トラス要素によりモデル化している。トラス要素は弾性として，その断面性能（軸剛性 EA）は図 1.1 中に示す値としている。各節点の座標値を図 1.2 および表 1.1 に示す。節点に作用する Z 方向荷重は中央節点のみ他の節点の k 倍（$k=1.0, 1.02, 1.2$）としている(表 1.1 参照)。

まず，構造体および荷重分布の対称性を踏まえて解析結果もまた対称を保持するものと仮定し第 1 象

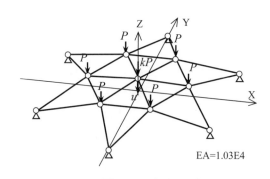

図 1.1 解析対象

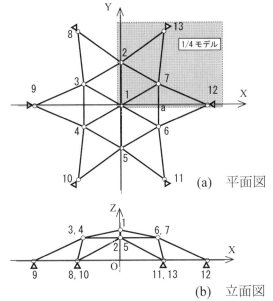

(a) 平面図

(b) 立面図

図 1.2 節点番号

表 1.1 節点座標値および Z 方向節点荷重

節点番号	X 座標値 [mm]	Y 座標値 [mm]	Z 座標値 [mm]	Z 方向荷重 [kN]
1	0	0	80	kP
2	0	250	60	P
3	-216.5064	125	60	P
4	-216.5064	-125	60	P
5	0	-250	60	P
6	216.5064	-125	60	P
7	216.5064	125	60	P
8	-250	433.0127	0	-
9	-500	0	0	-
10	-250	-433.0127	0	-
11	250	-433.0127	0	-
12	500	0	0	-
13	250	433.0127	0	-

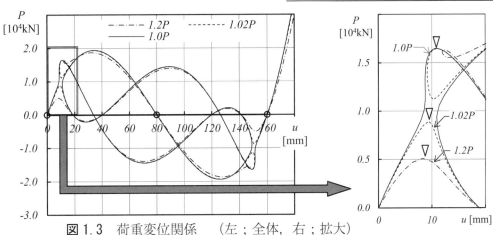

図 1.3 荷重変位関係 （左；全体，右；拡大）

限のみを抽出した 1/4 モデル（図 1.2 網掛部分）を用いて解析したときの荷重 P と頂点の Z 方向変位 u の関係を図 1.3 に示す。左図が解析領域全域を，右図は左図中 □ で囲んだ領域を拡大して示したものである。なお，この 1/4 モデルの場合には，境界条件として，節点 1 の X,Y 方向変位，節点 2 の X 方向変位，および節点 6-7 の中点に位置する節点 a の Y 方向変位をそれぞれ拘束するとともに，荷重条件として節点 1 および 2 の荷重を $1/4kP$，$1/2P$ に修正している。

図 1.3 の結果は，対象構造自体が比較的単純な形態であってもその挙動は強い非線形性を有する可能性があり，その結果，k の小さな変化に対しても荷重変位関係の第 1 極大点の荷重値（図 1.3 右中の▽）が大きく低下する可能性があることを示唆している。後者は荷重のばらつきが耐力に及ぼす敏感さを意味しており，設計においても特に注意しなければならない事項である。

次に，上記の解析で用いた「解析結果の対称性の仮定」を排除し，解析対象全体を解析モデルとしたとき(以下，フルモデル)の結果(k=1.0)を図 1.4-1.5 に示す。図 1.4 は，つりあい経路上に存在する座屈点およびこれに対応する座屈モードを把握するために各荷重段階で行った固有値(座

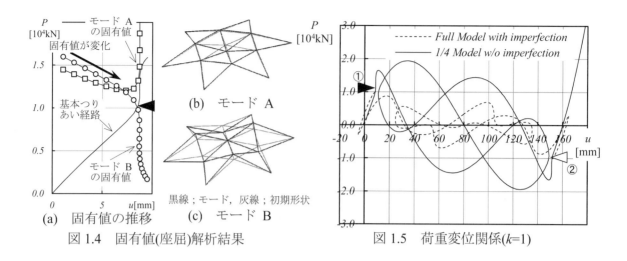

図 1.4　固有値(座屈)解析結果　　　　図 1.5　荷重変位関係(k=1)

屈)解析[1,2]の結果であり，図 1.4(a)は，図 1.4(b)(c)に示すモード A およびモード B に対応する固有値の推移をそれぞれ□，○で示したものである．同図の基本つりあい経路とは先の図 1.3 で示した対称性が保持されるとしたときのつりあい経路を意味する．座屈現象は最小固有値と基本つりあい経路の交点にて発生する．すなわち，図 1.4 中の○と実線との交点である▲にて示す点が真の座屈点であり，さらにこのときの座屈モードはモード B であると判断される．この例のように，固有値が変位の進行とともに変化する事象，および最小固有値に対応するモードがモード A からモード B のように変化する事象も非線形問題の大きな特徴である．さらに，モード B が座屈モードとなることから，座屈後における変形状態は，先の 1/4 モデルによる解析で仮定した「解析結果の対称性」を満たしていないことは明らかである．計算時間短縮のために線形解析ではよく用いられる対称性の仮定ではあるが，常に成立するわけではないことに注意しなければならない．

　さて，正しい座屈モードがモード B であることが既知となったので，このモード B を微小な形状不整（ここでは最大振幅を 0.02mm としている）として初期形状に足し合わせて再解析した結果が図 1.5 の破線である．図中の実線は基本つりあい経路（対称性が保持されるとした解析結果）である．この図から解るように，破線の結果は，図 1.4(a)の▲に相当する点①で基本つりあい経路から分岐（分かれ道となっている）した後，点②において再び基本つりあい経路に合流するまで全く別のつりあい経路となっている．点①を分岐点，その後のつりあい経路を基本つりあい経路に対して分岐つりあい経路と呼ぶ．なお，繰返しになるので詳細は省略するが，この例題では点①で分岐した後のつりあい経路上にさらに分岐点が存在し，破線はその影響を考慮した結果を示したものである．一般に強非線形問題ではつりあい経路上に複数の分岐点が存在する，言い換えれば複数の解が存在し，それらの中で最も適切な解をユーザーは見出さなければならない．

　以上の例題から再認識されるように，崩壊挙動などを解析対象とする強非線形問題では，線形問題とは異なり，適切な解を見出すためには解析者によるいくつもの適正な判断が要求されることとなる．この節の最初に述べたように，強非線形問題では，ソフトウェアがあれば誰でも十分な解を求めることができるとは限らないのである．したがって，ソフトウェアの一応の発展がなされた現代，解析者の技量の向上が強非線形問題に対する真の解を見出す上での喫緊の課題となっている．

1.4 本書の構成

　非線形問題の種類は対象とする構造種別によって異なるために，前半の 2 章～6 章では各種構造における強非線形問題に挑戦する中で採用されてきた考え方や注意事項を解説することとした。これに対して後半の 7 章から 9 章は，前半の内容とは異なり，強非線形問題として構造種別とは関係なく共通する事項である大規模構造解析・接触問題・有限回転について State of the Art を示すとともにそれらを平易に解説する内容とした。本書は，通常のテキストとは異なり，各章または節はできるだけ独立した内容とすることで読者が興味がある箇所から読んでも不自然とならないように配慮するとともに，各章における解説は，コンピュータを利用した構造解析を行ったことがあるという程度の大学院生レベルから実際に本書で示したような強非線形問題を対象として研究あるいは設計を進めようとしているエンジニアに至るまでのそれぞれの知識レベルに応じて理解できるように記述されている。以下に具体的な内容を掲載しておく。

　2 章では鋼構造に関するトピックを紹介している。第 1 節「ファイバー要素の構成則モデルと整合剛性行列形成問題」では，建築構造で多用される梁要素のうちファイバー要素に焦点を当て，非弾性不安定問題において生じる数値解析上の問題点を指摘するとともに，その対処方法について説明する。第 2 節「鋼構造骨組部材に対する局部座屈を考慮した梁要素モデル」では，梁や柱部材における局部座屈とトラス梁における個材座屈の相似性を利用して局部座屈の影響を特別な軟化則として評価可能であることを示した上で種々の断面形状における取扱い方法について説明する。第 3 節「統合化構造解析システム」では，異なるハードウェア上に存在する独自に開発された複数の解析プログラムをネットワークを利用して統合することで高度な構造解析を可能とする方法について説明する。

　3 章では鉄筋コンクリート構造（以下，ＲＣ造）に関するトピックを紹介している。第 1 節「RC 造骨組の弾塑性特性と地震応答解析」では最近のＲＣ部材の強非線形領域までの実験結果において観察される非線形挙動を表現する部材モデルや剛性低下，耐力劣化を表現する履歴モデルを紹介するとともに，高層ＲＣ造骨組を対象に立体弾塑性地震応答解析結果を通して，梁の復元力特性モデルの違いが応答性状に及ぼす影響について説明する。第 2 節「RC 耐震壁および柱・梁部材の非線形特性と材料構成モデル」では，コンクリートの多軸応力場における応力－ひずみ構成則および破壊条件，さらにコンクリートと鉄筋間のモデル化など RC 構造の特性を考慮するためのモデル化に関する既往の研究を紹介している。次の第 3 節「RC 集合住宅の非線形動的 FEM 解析」では，長周期地震として知られる 1985 年メキシコ地震において倒壊した RC 集合住宅を有限要素法により解析した事例を紹介し，特に倒壊の直接の原因と推定される 1 階柱の損傷の進行を詳しく説明する。第 4 節「RC シェルの非線形特性と実験・解析」では，シェル構造では塑性化に代表される材料的非線形性のみならず変形による形態変化の影響（幾何学的非線形性）をも考慮した複合非線形問題となることを説明した上で，代表的な形態のシェルに対する実験結果ならびにその解析事例について紹介している。

　4 章「木造軸組構法住宅の地震倒壊解析」では，木造，特に軸組構法を対象とした解析法ならびにモデル化について説明した後，実大木造試験体を用いた震動台実験にて完全に倒壊へと到った事例を題材として，この実験結果を陰的解法と陽的解法と呼ばれる 2 種類の解法により求めた

解析事例について紹介している。

5 章「組積造壁の繰返し載荷実験と非線形有限要素解析」では，組積造建造物を対象として，その破壊モード，耐震補強法，及び数値解析法の概要を示した上で，具体的な補強法による補強効果を確認するために行われた実験を紹介するとともに非線形有限要素解析による実験結果の再現性について説明している。

6 章「鋼製下地在来工法天井の力学的性状に対する再現解析」では，近年地震被害が多発している吊り天井を題材として接触・離間さらにはすべり現象を伴う下地材の挙動を数値解析にて追跡する方法の一例について紹介するとともに，下地接合部あるいは天井システムの実験結果に対する数値解析による再現性について説明している。

7 章「大規模並列構造解析」では，多数のソリッド要素を用いて建築物全体を要素分割し，できるだけ曖昧な仮定や仮説を取り除いた高解像度有限要素解析が，並列計算により実現することを示す。コンピューターのハード的・ソフト的性能の著しい向上だけでなく，領域分割法をはじめとする数値解析手法やプリポスト技術の急速な発展がその背景にある。最新の解析事例についても紹介している。8 章「接触問題」では，剛体同士あるいは剛体と変形体との接触状態から分離状態への移行またはこの逆を想定した問題を取り上げている。この問題は境界条件あるいは接合条件が未定であるという意味で，まさに強非線形問題として位置づけられる事象である。ここでは，この接触問題を取り扱うための基本的な考え方を示すとともに，よく用いられる数値解法についても紹介している。9 章「有限回転の取扱い」では，建物の倒壊現象などを高精度で追跡する場合に適切な評価が要求される有限回転について，その意味や基本的な取り扱い方などを説明するとともに，この考え方に基づいて定式化されている有限要素（アイソパラメトリック梁要素）の例について紹介している。

1.5 むすび

冒頭にも述べたように現代は成熟期に入っており，これまでは一部の限られた研究者のみが利用可能であったハードウェア・ソフトウェア環境が様々な場面で多くの大学院生あるいはエンジニアなどのユーザーによって利用されるようになってきている。このような傾向は今後ますます進展すると考えられ，出版時現在では解析困難と判断されている建築構造分野における強非線形問題に対する解析も今後要求されることになるであろうし，その段階ではユーザーに求められる資質もさらに高度なものとなることが予想される。そのような新たな挑戦において本書が読者の一助となれば幸いである。

参考文献

1.1) 例えば，藤井文夫，大崎純，池田清宏：構造と材料の分岐力学，コロナ者，2005 年に詳しくその性質が説明されている。

1.2) 空間構造における数値解析ガイドライン 2001，日本建築学会，2001 年

第2章　鋼構造
第1節　ファイバー要素の構成則モデルと整合剛性行列形成問題

2.1.1　はじめに

　本節では，鋼骨組を対象としたファイバー要素による非線形はり-柱有限要素モデルについて述べる。「はり-柱有限要素」は，beam-column finite element の直訳であり，平面保持が成り立つとしたはり理論に従い，軸力による伸縮変形も考慮することを意味しているが，単に「はり要素」と呼ばれることもある。はり，柱，筋かい材などの部材を「はり-柱有限要素」でモデル化するときは，図2.1.1に示すようにいくつかの要素が直列に連なるように分割し，さらに材軸に平行に平面問題であれば層要素に，立体問題であれば角柱要素に図2.1.2のように分割する。この層要素あるいは角柱要素を，図2.1.2のようにその断面積を集中化してモデル化したものが，ファイバー要素と呼ばれている。ファイバー要素が，それぞれ一軸の応力ひずみ関係に従うことによって部材の弾塑性状況を表すことになる。

　ここでは，ファイバー要素の設定手順と鋼材の一軸応力ひずみ関係モデルについて紹介し，次に，非線形問題の静的なつり合い経路を解析するときに生じることがある整合剛性の形成問題について述べる。

　ファイバー要素の数と応力ひずみ関係モデルの選択は，解析目的に照らして，その都度検討し，適切に判断することが必要である。また，増分解析ステップで整合剛性が形成できない場合に採るべき対策（技法）についても同様の判断のもとで行わなければならないこともある。

2.1.2　等価断面モデル

　鋼平面骨組部材の最も単純なファイバー要素によるモデル化は，図2.1.3(a)に示すように，十分な数のファイバーで構成されるとすれば，次のように断面諸量を算定し，その近似度をチェック

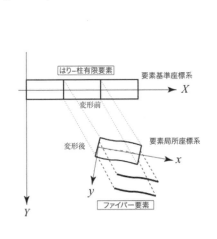

図2.1.1　平面はり-柱有限要素
　　　　とファイバー要素

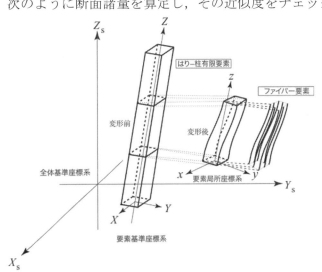

図2.1.2　立体はり-柱有限要素とファイバー要素

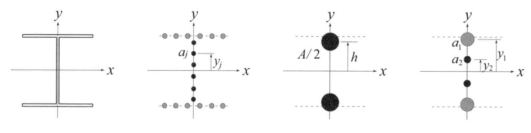

(a) 多点モデル　　(b) 2点モデル　　(c) 4点モデル
図 2.1.3 H形断面のファイバー要素モデル

しておけばよい。図 2.1.3 は部材の断面で表しているので，ファイバー要素によるモデル化は，断面のモデル化ともいえる。ファイバー数を N とし，j 番目のファイバーに属する断面積を a_j，ファイバーの材軸を原点とした座標を (x_j, y_j) とすると，

$$A = \sum_{j=1}^{N} a_j, \quad I_x = \sum_{j=1}^{N} a_j y_j^2, \quad I_y = \sum_{j=1}^{N} a_j x_j^2 \tag{2.1.1}$$

と求められ，A は断面積，I_x, I_y はそれぞれ x, y 軸に関する断面2次モーメントである。

ファイバー数が増えれば，断面諸量の近似度は上がるが，数値解析における演算量は増え，当然，計算時間は増える。平面骨組問題を解析するのに，最もファイバー数の少ないはり要素モデルとしては，図 2.1.3(b) のファイバー数が2の等価サンドイッチ断面が知られている。通常，断面積 A と断面2次モーメント I_x が実断面と等しくなるように，集中断面の x 軸からの距離 h が次のように設定される。

$$h = \sqrt{\frac{I_x}{A}} \tag{2.1.2}$$

このとき断面の塑性断面係数 Z_p は等しくならないが，H形断面部材などでは，ある程度の近似度は得られる。しかしながら，部材レベルの弾塑性繰返し挙動のシミュレーション解析では、次項の応力ひずみモデルも関連させて，解析目的に照らして適切な判断をしなければならない[2.1.1)]。

塑性断面係数も満足するモデルとしては，図 2.1.3(c) のようなファイバー数を4とする4点断面モデル[2.1.2)] がある。図 2.1.3(c) の対称断面であれば，断面積 A と等価になる集中断面積 a_1, a_2 を適当に定めた後，それぞれの距離 h_1, h_2 を次の2式を満たすように求めればよい。

$$Z_p = 2\sum_{j=1}^{2} a_j h_j, \quad I_x = 2\sum_{j=1}^{2} a_j h_j^2 \tag{2.1.3}$$

鋼構造平面骨組の解析では，この4点モデルが比較的扱いやすく，座屈挙動を含むような問題もかなり精度のよい予測解析結果が得られる[2.1.3~5)]。

立体骨組問題の解析に際しては，反り2次モーメント I_w やサンブナンのねじれ定数 K などの近似度も検討の対象となる。弾塑性領域においても断面の反りがねじれ率に比例するとは限らないが，材軸の変位関数を用いて変形を記述するはり-柱有限要素モデルでは，反り関数の導入は一つの近似として採用されている。薄肉断面の反り関数の与え方については，文献 2.1.6) が参考になる。H形断面部材の場合には，例えば図 2.1.4 のようなモデル化を行い，以下の式を用いて集中

断面積とその位置を定める．

$$A = 8A_1 + 2A_2 + 2A_3 \tag{2.1.4a}$$
$$Z_{px} = 8A_1h_1 + 2A_2h_1 + 2A_3h_2 \tag{2.1.4b}$$
$$Z_{py} = 4A_1b_1 + 4A_2b_2 \tag{2.1.4c}$$
$$I_x = 8A_1h_1^2 + 2A_2h_1^2 + 2A_3h_2^2 \tag{2.1.4d}$$
$$I_y = 4A_1b_1^2 + 4A_2b_2^2 \tag{2.1.4e}$$
$$I_w = 4A_1h_1^2\left(b_1^2 + b_2^2\right) \tag{2.1.4f}$$
$$K = \frac{1}{3}\left\{8A_1\left(\frac{2A_1}{b_1}\right)^2 + 2(A_2 + A_3)\left(\frac{A_2 + A_3}{h_1}\right)^2\right\} \tag{2.1.4g}$$

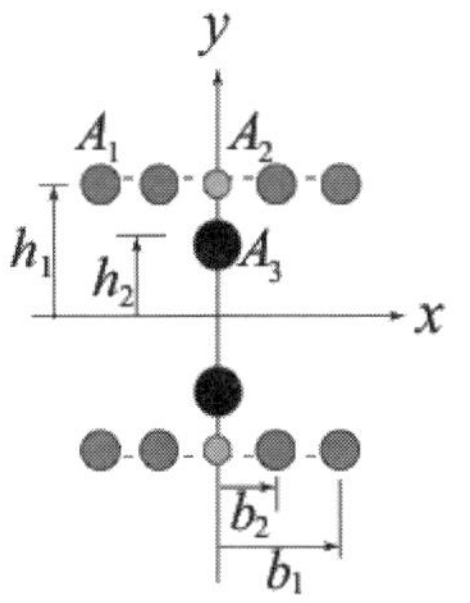

図 2.1.4　立体H形断面モデルの例

ファイバー数をより多く設けるモデルの場合には，上記の断面諸量を実断面のそれらとできるだけよく一致するよう定めればよい．鋼梁の横座屈実験や鋼立体ラーメンの実験などについては，十分によい予測結果が得られている[2.1.7~9]．

2.1.3　1軸応力ひずみ関係モデル

ファイバー要素のひとつの利点は，材料試験結果を反映する一軸の応力ひずみ関係モデルを直接的に導入できることにある．応力ひずみ関係モデルとして，最も広範に用いられているのは，図 2.1.5(a) のバイリニアモデルであろう．降伏後の勾配 E_T が正のとき，このモデルは移動硬化を表し，バウシンガー効果を表している．等方硬化を考慮し，より明瞭なバウシンガー効果を導入した図 2.1.5(b) のようなトリリニアモデル[2.1.10]もある．バイリニアモデルをプログラミングすることは容易であるが，トリリニアモデルとなると，履歴経路上の情報を記憶しておく必要があり，プログラミングが煩雑になる．

バイリニアモデルやトリリニアモデルは区分線形化モデルと呼ばれ，降伏棚を考慮するモデルなどを作成することも可能である．さらに，板厚が比較的薄くなる鋼材では，局部座屈をファイ

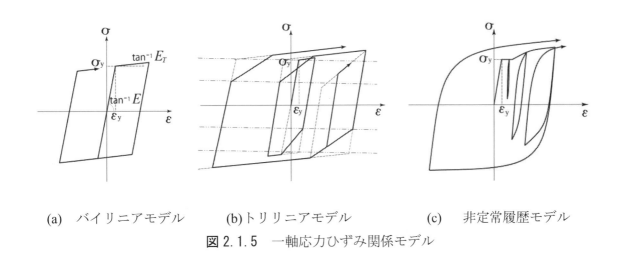

(a)　バイリニアモデル　　　(b)トリリニアモデル　　　(c)　非定常履歴モデル

図 2.1.5　一軸応力ひずみ関係モデル

バー要素の応力ひずみ関係モデルに組み入れ，劣化勾配を有する線分で表す提案も報告されている[2.1.11]。

一方，曲線形の応力ひずみ関係モデルとしては，Ramberg-Osgoodモデルがよく知られている。さらに図2.1.5(c)のような鋼材の繰返し実験を精密に解析することを目的とした非定常履歴モデル[2.1.12]も提案されており，多ファイバー要素の応力ひずみ関係モデルとして用いた報告もある[2.1.13]。曲線形の応力ひずみ関係モデルであっても，非線形解析では通常増分型の解析であるので，接線勾配を用いた区分線形解析が行われることになる。増分間について級数展開を行って解析を行う増分摂動法による有限要素法基礎式の誘導を行えば，曲線形の応力ひずみ関係式を利用することもできる。

なお，部材だけでなく接合部についても，そのディテールと部位実験を基にファイバー要素と応力ひずみ関係モデルを作成することによって，立体トラスなどの解析に使用されている[2.1.14,15]。

2.1.4 整合剛性形成問題

鋼骨組の弾塑性解析をファイバー要素による非線形はり-柱有限要素モデルによって離散化して解析を行う場合，応力ひずみ状態点が，例えば図2.1.6に示すように一軸の応力ひずみ関係モデルの塑性経路上にあるファイバー要素では，ひずみ速度の符号に応じて，負荷か除荷かが判定され剛性係数が選択されなければならない。

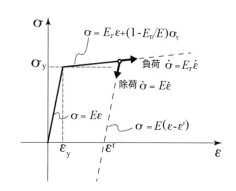

図2.1.6 塑性経路上の状態点での剛性選択

このことは，増分ステップの開始時に，仮定された剛性係数を基に作成された剛性行列によって求められたひずみ増分の符号と，ステップ開始時に仮定した剛性係数が矛盾していないかどうかによって確かめられる。矛盾していなければ，適切な剛性係数が選択され，整合剛性行列が形成されていたことになり次の増分ステップに進めばよいが，矛盾していれば，仮定した剛性係数を変更して再度このステップの計算をやり直さなければならない。この手続きは，すべてのファイバー要素のひずみ増分の符号と仮定した剛性係数が矛盾していないことが確認されるまで繰り返さなければならない。矛盾したファイバー要素がなくなったとき，このステップでの整合剛性行列が形成されたことになる。

整合剛性行列形成問題が，時に，循環剛性選択過程いわゆる堂々巡りに陥り，その増分ステップから抜け出せなくなる事態が生じることがある。これに対する単純な解決法としては，すべての起こりうる剛性係数の組合せを尽くせばよい[2.1.16]，というものであろう。しかし，少数のファイバー要素のみの解析ならともかく，多数の有限要素とそのファイバー要素からなる骨組では，現実的ではないと考えられ，何らかの工夫によって循環剛性選択過程に陥ったステップから抜け出る方法も提案されている[2.1.17]。

一方，整合剛性行列形成問題における循環剛性選択過程に陥る要因の考察が，図2.1.7のような

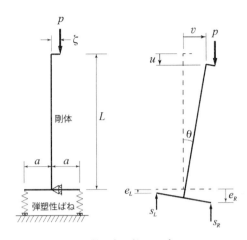
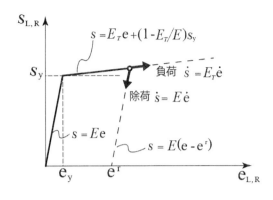

(a) 剛体ばね柱モデル　　　　　　　　　(b) 弾塑性ばねの力–縮み関係

図 2.1.7　単純弾塑性柱モデル

2本のバイリニア硬化型弾塑性ばねで支えられた剛体柱を用いて行われている [2.1.18)～2.1.20)]。そこで用いられている弾塑性ばね柱モデルは，Shanley 柱モデルとしてよく知られているモデルであるが，ファイバー要素の最も単純なモデルでもある。鉛直力 p が頂部に ζ ($\zeta>0$)だけ偏心して漸増載荷される問題である。両ばねが共に圧縮力を受けて縮んでいる状態のみを考えている。

左右の鉛直ばねの縮み速度 $\dot{e}_L$, $\dot{e}_R$ を成分とするばねの縮み速度ベクトル $\dot{e}$ と剛体柱頂部の変位速度 $\dot{u}$, $\dot{v}$ を成分とする変位速度ベクトル $\dot{D}$ の関係は，剛体部の回転角が微小であるとすると，次のように書ける。

$$\dot{e} = B\dot{D} \tag{2.1.5}$$

ここに，

$$\dot{e} = \begin{Bmatrix} \dot{e}_L \\ \dot{e}_R \end{Bmatrix}, \quad \dot{D} = \begin{Bmatrix} \dot{u} \\ \dot{v} \end{Bmatrix} \quad \text{および} \quad B = \begin{bmatrix} 1 & -a/L \\ 1 & a/L \end{bmatrix} \tag{2.1.6a,b,c}$$

である。左右の鉛直ばねの剛性係数を C_L, C_R で表すと，左右の鉛直ばねの縮み速度 $\dot{e}_L$, $\dot{e}_R$ と左右の鉛直ばね力の速度 $\dot{s}_L$, $\dot{s}_R$ は次のように書ける。C_L, C_R は，図 2.1.7(b)のばねの関係に従って E あるいは E_T をとる。

$$\dot{s}_{L,R} = C_{L,R}\dot{e}_{L,R} \tag{2.1.7}$$

式(2.1.5)～(2.1.7)より，この弾塑性柱モデルの速度型剛性方程式は，

$$K\dot{D} = \dot{p}G \tag{2.1.8}$$

となる。ここに，

$$K = \begin{bmatrix} L(C_R+C_L) & a(C_R-C_L) \\ a(C_R-C_L) & \dfrac{a^2}{L}(C_R+C_L)-p \end{bmatrix}, \quad G = \begin{Bmatrix} L \\ v+\zeta \end{Bmatrix} \tag{2.1.9a,b}$$

である。

直前の増分ステップ終了時において，左右のばねが共に図 2.1.7(b)のように縮み硬化線上の状態点にあった場合（縮み量が左右のばねで同じとは限らない），次ステップの左右のばねの剛性係数

の組合せとしては以下の４つの組合せが考えられる。

[PP] … 左右のばねが共に負荷 $C_L = C_R = E_T$; このときの剛性行列を $\boldsymbol{K}_{\mathrm{PP}}$ と記す。

[EP] … 左ばねが除荷 $C_L = E$ ，右ばねが負荷 $C_R = E_T$; このときの剛性行列を $\boldsymbol{K}_{\mathrm{EP}}$ と記す。

[PE] … 左ばねが負荷 $C_L = E_T$ ，右ばねが除荷 $C_R = E$; このときの剛性行列を $\boldsymbol{K}_{\mathrm{PE}}$ と記す。

[EE] … 左右のばねが共に除荷 $C_L = C_R = E$; このときの剛性行列を $\boldsymbol{K}_{\mathrm{EE}}$ と記す。

通常，このステップの最初の組合せとしては [PP] が選ばれ，式(2.1.8)を解いて変位速度 $\dot{u}$，$\dot{v}$ が得られる。次に，式(2.1.5)から左右の鉛直ばねの縮み速度 $\dot{e}_L$，$\dot{e}_R$ も得られる。その結果 $\dot{e}_L$，$\dot{e}_R$ が共に正であれば，[PP] の組合せはばねの縮み速度と整合しており，適切であったことになる。しかし，$\dot{e}_L$ が負，$\dot{e}_R$ が正という結果になれば，左ばねの剛性を $C_L = E$ とする [EP] の組合せに修正し，改めて式(2.1.8)を解いて変位速度 $\dot{u}$，$\dot{v}$ を求める。再度 $\dot{e}_L$，$\dot{e}_R$ を計算し，[EP] の組合せと整合する $\dot{e}_L$ が負，$\dot{e}_R$ が正となっていることを確かめて，このステップを終了し，次のステップに進む。

ところが，最初の組合せ [PP] で式(2.1.8)を解き，式(2.1.5)から左右の鉛直ばねの縮み速度 $\dot{e}_L$，$\dot{e}_R$ を得た結果が，$\dot{e}_L$ が正，$\dot{e}_R$ が負ということになる場合が生じる可能性がある。こうしたことが生じるのは，このステップでの鉛直力 p の値に依っている。

[PP] の組合せとしたときの剛性行列 $\boldsymbol{K}_{\mathrm{PP}}$ の固有値を ρ_1，ρ_2 で表すと，

$$\rho_1 = \frac{2E_T a^2}{L} - p \ , \quad \rho_2 = 2E_T L \qquad (2.1.10\mathrm{a,b})$$

となる。ρ_1，ρ_2 を用いて，変位速度ベクトル $\dot{\boldsymbol{D}}$ およびばねの縮み速度ベクトル $\dot{\boldsymbol{e}}$ を表すと，

$$\dot{\boldsymbol{D}} = \begin{Bmatrix} \dot{u} \\ \dot{v} \end{Bmatrix} = \dot{p} \begin{Bmatrix} \dfrac{L}{\rho_2} \\ \dfrac{v+\varsigma}{\rho_1} \end{Bmatrix} \quad , \quad \dot{\boldsymbol{e}} = \begin{Bmatrix} \dot{e}_L \\ \dot{e}_R \end{Bmatrix} = \dot{p} \begin{Bmatrix} \dfrac{L}{\rho_2} - \dfrac{a}{L}\dfrac{v+\varsigma}{\rho_1} \\ \dfrac{L}{\rho_2} + \dfrac{a}{L}\dfrac{v+\varsigma}{\rho_1} \end{Bmatrix} \qquad (2.1.11\mathrm{a,b})$$

となる。式(2.1.11b)から，対象としている構造モデルにおいて，左右の鉛直ばねの縮み速度 $\dot{e}_L$，$\dot{e}_R$ の符号は，ρ_1 に依存していることがわかる。すなわち ρ_1 が負になると $\dot{e}_L$ が正，$\dot{e}_R$ が負となる場合も起こりうることがわかる。同時に，剛体柱頂部の水平変位速度 $\dot{v}$ の符号も変わっている。ρ_1 が正から負に変わるのは，$p = 2E_T a^2/L$ のとき，いわゆる塑性座屈の接線係数荷重を超えたときである。

$\dot{e}_L$ が正，$\dot{e}_R$ が負になった場合には，[PE] の組合せに修正し，計算をし直すことになるが，結果は $\dot{e}_L$，$\dot{e}_R$ が共に正となり，再び [PP] の組合せとしなければならなくなる。すなわち [PE] と [PP] の繰り返しで抜け出せなくなる循環剛性選択過程に陥ってしまう。この場合，[PE]，[PP] どちらも整合する組合せではない。適切な増分刻み幅を与えられることができず，$\rho_1 = 0$ となる状態を捉えられなかったことが循環剛性選択過程に陥った要因となるといえる。

ばねの剛性係数の組合せを [PP] としたときの左右の鉛直ばねの縮み速度の整合性の検討と柱頂部の水平変位速度ベクトルとの様相を図 2.1.8(a), (b)に示しておく。これらの図を観察すると ρ_1 が負となる領域に [PP] で整合する結果が得られる場合があることが示されており，十分に注意しなければならない。また，左ばねの除荷を適切に予測できれば，[PE] の組合せには至らず，

12

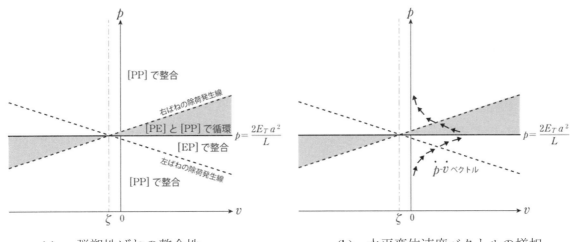

(a) 弾塑性ばねの整合性　　(b) 水平変位速度ベクトルの様相
図 2.1.8 [PP]の組合せとしたときの弾塑性ばねの整合性と水平変位速度ベクトル

[EP]を選択することができることがわかる。増分摂動法を用いることは、この点でも効果的である[2.1.4, 18~20, 22, 23]。

文献 2.1.18〜20)には、2つのばねの剛性係数の組合せとそれぞれのばねの縮み速度との関係、循環剛性選択過程に陥るときのばねの縮み速度ベクトル$\dot{e}$の様相を調べた内容がより詳細に紹介されているので参照されたい。なお、循環剛性選択過程から脱出する方法として、ρ_1に対応する固有ベクトルを利用することが効果的であることも記されている。固有ベクトルを変位速度解として剛性係数を選択するために利用する技法である。また、文献2.1.20)には、変位増分制御方式で解析を遂行する方が、循環剛性選択過程に陥りにくいことも示唆されている。

図 2.1.7 のモデルについて剛性が負となる劣化型の場合の検討は、文献2.1.21)に記されている。このモデルでは、右ばねが塑性化した途端に、荷重（力）増分制御方式では整合剛性行列を探せる領域が弾性座屈荷重を超える領域にしか存在しないこと、変位増分制御方式にすれば整合剛性行列が形成され、解析が続行できることが記されている。

これらの検討を踏まえた弾塑性骨組の静的つり合い経路解析における整合剛性行列形成アルゴリズムと増分制御パラメータの選択法が文献2.1.22, 23)に紹介されている。ただし、それらの文献でも記されているように、循環剛性選択過程に陥る要因が完全に解明されているとは言えず、整合剛性行列が形成できる技法の提案も未だ不十分である。

2.1.5　むすび

本節では、鋼骨組の弾塑性解析に用いられるファイバー要素による非線形はり-柱有限要素モデルについて、そのファイバー要素のモデル化と一軸の応力ひずみ関係モデルについて記した。また、ファイバー要素の剛性係数とひずみ速度との整合問題について述べた。

このタイプの平面モデル化で、最も単純なモデルは、断面を等価サンドイッチモデル、応力ひずみ関係をバイリニアモデルとするものであるが、その分、離散化による影響が最も顕著に現れ

ることになる。また，ファイバー要素の剛性変化が，システム（系）全体の剛性に与える影響も強くなり，座屈挙動やP-Δ効果による劣化挙動などの臨界挙動解析では整合剛性行列が形成できないという事態が生じる可能性も高くなる。ファイバー要素の数を増やし，応力ひずみ関係を精緻にすれば，予測精度も向上し，系剛性の急激な変化も避けられるが，はり理論による単純さの利点からは遠ざかることになる。解析の目的に照らしてモデルを選択することが肝心であり，出来るだけ物理実験結果との照合を行っておくことが望まれる。

参考文献

2.1.1) 中村恒善：鋼構造の弾塑性解析法，建築構造の耐震性シンポジウムテキスト，日本建築学会近畿支部，pp.125-157，1977.10

2.1.2) 小川厚治：鋼構造平面骨組の耐震設計用動力学モデルに関する研究，大阪大学学位論文，pp.11-12，1979.12

2.1.3) 五十嵐定義，井上一朗，小川厚治：鋼構造平面骨組の弾塑性解析法に関する研究，日本建築学会近畿支部研究報告集，第 14 号，pp.157-160，1974.6

2.1.4) 石田修三，森迫清貴：増分摂動法を導入した一次元複合非線形有限要素法，日本建築学会構造系論文報告集，第 397 号，pp.73-82，1989.3

2.1.5) 石田修三，森迫清貴：弾塑性骨組の静的および動的臨界挙動の解析，応用力学シリーズ1 構造物の不安定現象と限界状態，3，日本建築学会，pp.37-94，1994.1

2.1.6) 藤谷義信：サンブナンのゆがみ関数，コンピュータによる極限解析法シリーズ 5 薄肉はり構造解析，培風館，2，pp.28-56，1990.6

2.1.7) 金尾（奥田）伊織，森迫清貴，中村　武：一軸材料線要素からなる梁‒柱有限要素法を用いた H 形鋼梁の弾塑性挙動の解析，日本建築学会構造系論文集，第 527 号，pp. 95-101，2000.1

2.1.8) 金尾（奥田）伊織，森迫清貴，中村　武：一軸材料線要素からなる梁‒柱有限要素法を用いた鋼立体ラーメンの弾塑性挙動の解析，日本建築学会構造系論文集，第 533 号，pp.99-106，2000.7

2.1.9) 森迫清貴，西村　督，金尾伊織，門藤芳樹：立体骨組の大たわみ解析，応用力学シリーズ11 最近の建築構造解析理論の基礎と応用，2，日本建築学会，pp.33-64，2004.5

2.1.10) 柴田道生：鉄骨筋違付架構の履歴性状に関する研究，京都大学学位論文，pp.693-694，1983.12

2.1.11) 山田　哲，石田孝徳，島田侑子：局部座屈を伴う角形鋼管柱の劣化域における履歴モデル，日本建築学会構造系論文集，第 77 巻，第 674 号，pp.627-636，2012.4

2.1.12) 中村恒善，鎌形修一，小坂郁夫：非定常履歴単軸構成法則とその部材解析への適用　その1応力‒歪経路のパターン分類と構成法則，日本建築学会論文報告集，第 300 号，pp.11-18，1981.2

2.1.13) 中村恒善，鎌形修一，小坂郁夫：非定常履歴単軸構成法則とその部材解析への適用　その2部材挙動の予測とその検証，日本建築学会論文報告集，第 301 号，pp.9-15，1981.3

2.1.14)　西村　督，森迫清貴，石田修三：ガセットプレート型接合部をもつ木造単層ラチスドームの接合部回転座屈挙動の解析，日本建築学会構造系論文集，第 477 号，pp.77-85，1995.11

2.1.15)　西村　督，小田憲史，森迫清貴：有限要素法を用いたシステムトラスの座屈後挙動解析法，日本建築学会構造系論文集，第 584 号，pp.95-102，2004.10

2.1.16)　中村恒善：整合剛性マトリックスの形成問題と解析例，新建築学体系 36　骨組構造の解析，彰国社，Ⅱ　骨組の非線形挙動の解析，6.3，pp.312-313，1982.7

2.1.17)　堀　昭夫，笹川　明：試行的な剛性選択法を用いた 1 次元有限要素法による立体骨組の複合非線形解析法，日本建築学会構造系論文報告集，第 490 号，pp.139-147，1996.12

2.1.18)　上谷宏二，中村恒善，森迫清貴，石田修三：弾塑性構造物の臨界挙動解析のための整合剛性行列形成法，日本建築学会構造系論文報告集，第 445 号，pp.67-78，1993.3

2.1.19)　石田修三，森迫清貴：弾塑性骨組の静的および動的臨界挙動の解析，応用力学シリーズ 1 構造物の不安定現象と限界状態，3，日本建築学会，pp.37-94，1994.1

2.1.20)　森迫清貴：整合剛性行列の形成，応用力学シリーズ 4 構造物の崩壊解析 基礎編，3.4，日本建築学会，pp.175-192，1997.3

2.1.21)　森迫清貴，小澤美波：弾塑性劣化型ばねをもつ単純柱モデルの整合剛性形成問題，構造工学論文集，Vol.44B，日本建築学会，pp.9-16，1998.3

2.1.22)　森迫清貴：弾塑性骨組の臨界挙動解析における整合剛性行列形成アルゴリズムとつり合い経路制御パラメータの選択，日本建築学会構造系論文報告集，第 519 号，pp.55-61，1999.5

2.1.23)　森迫清貴：弾塑性骨組の臨界挙動解析における整合剛性行列の形成，応用力学シリーズ 7 構造物の崩壊解析 応用編，1.4，日本建築学会，pp.71-82，1999.11

第2章 鋼構造
第2節 鋼構造骨組部材に対する局部座屈を考慮した梁要素モデル

2.2.1 はじめに

構造物の倒壊に至るまでの挙動を精度良く評価する必要性が高まってきているが，鋼構造物においては部材の局部座屈挙動の評価はとても重要となる。近年のコンピュータの性能の向上を含めた解析技術の向上により，多くの要素を用いた大規模有限要素解析[2.2.1)]により部材の局部座屈挙動も含めた構造物全体の震動解析も可能となってきているものの，解析モデルの作成等計算コストが高く，設計者が簡便に評価するために局部座屈の影響を考慮したモデルの提案がなされている。代表的なものとして文献2.2.2)に示すようにマルチスプリングモデル(Multi Spring model)（以下 MS モデル）や塑性ヒンジモデル[2.2.3)]などが挙げられるが，軸力と曲げが作用する条件下の荷重－変位関係における局部座屈後の耐力劣化勾配の決定方法には不明な点が多く，山田らは一定軸力下での曲げモーメント－回転角関係を実験データの統計的処理により提案を行っており[2.2.3)]，最近では角形鋼管において 2 軸曲げを受ける場合に対しても提案を行っている[2.2.4),2.2.5)]。本節では局部座屈による影響を N-M 相関関係における降伏曲面の移動（軟化）として評価した梁要素モデルについて解説する。

2.2.2 トラス梁モデルの降伏面

H 形断面や角形断面部材等に対する局部座屈について説明する前に，図 2.2.1 のような個材座屈を伴うトラス梁について考察してみる[2.2.6)]。材端力ベクトル $f = \{N \ M_i \ M_j\}^{\mathrm{T}}$ を用いて各個材①〜⑦の個材軸力 n_α は式(2.2.1)のように表されることから，個材αに対する降伏条件式Φ_αは式(2.2.2)のように材端力に対する降伏条件式として表現される。初期状態として図 2.2.3 のような 8 面体で表されるこの降伏面は各個材に対応する一対（引張・圧縮）の降伏面で構成されており，

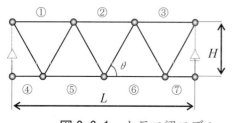

図 2.2.1 トラス梁モデル

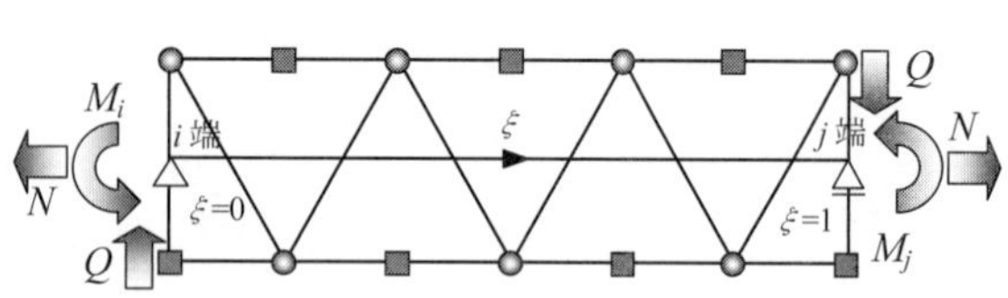

L=34.641cm
H=10cm, θ=60°
弦材断面積 a_c=1cm^2
斜材断面積 a_d=1cm^2
ヤング係数 E=206GPa
降伏応力 σ_y=235MPa

図 2.2.2 材端力と個材軸力重心位置

■：各部材の軸力重心位置

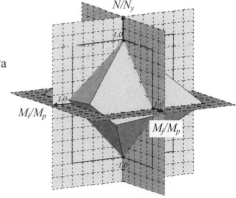

図 2.2.3 トラス梁の初期降伏曲面

硬化（あるいは座屈による軟化）による降伏曲面全体の拡大（縮小），移動で表現される通常の硬化（軟化）特性とは異なり，硬化（軟化）する個材に対応した降伏面のみに対する硬化（軟化）特性として表されることとなる。

$$n_\alpha = \boldsymbol{h}(\xi_\alpha) \cdot \boldsymbol{f}, \quad \boldsymbol{h}(\xi_\alpha) = \left\{ \begin{array}{ccc} \dfrac{1}{2} & \pm\dfrac{1-\xi_\alpha}{H} & \mp\dfrac{\xi_\alpha}{H} \end{array} \right\}^{\mathrm{T}} \quad (2.2.1\mathrm{a,b})$$

ここに，Hは図2.2.1に示す梁成，ξは図2.2.2に示す部材座標であり，ξ_αは部材αの軸力重心位置（図2.2.2中の■）でのξ値である。なお，複号に関して上符号は上弦材を示し，下符号は下弦材を示す。

$$\Phi_\alpha = \frac{|n_\alpha|}{n_{Y\alpha}} - \sigma_{Y\alpha} = \frac{|\boldsymbol{h}(\xi_\alpha) \cdot \boldsymbol{f}|}{n_{Y\alpha}} - \sigma_{Y\alpha} = 0 \quad (2.2.2)$$

具体的な個材座屈による降伏面の移動の例として個材細長比40(下弦材端部は20)の図2.2.1に示すようなワーレン型トラス梁に対する数値解析結果を示す。モデル諸量は，材長L=34.641cm，梁成H=10cm，θ=60°，弦材断面積a_cおよび斜材断面積a_dはいずれも$a_c=a_d=1\mathrm{cm}^2$，ヤング係数E=206GPaとし，弦材は降伏応力度σ_y=235MPaの弾完全塑性体であるとした。また，斜材については弾性体かつ座屈しないものとし両端部の束材は剛体とした。加力条件としては単調加力（j端の曲げモーメントM_j=0，軸変位δとi端の回転角θ_iを比例$\delta=2H\theta_i$）と繰返し加力（M_j=0, $\delta=H\theta_i$）

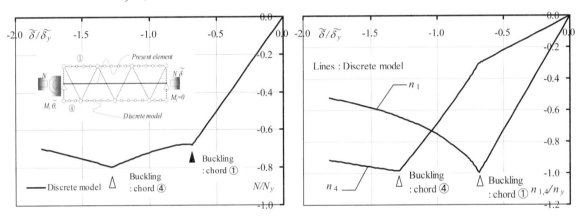

(a)荷重－変位関係(N-δ)　　　　　　　　(c)個材軸力－軸変位関係

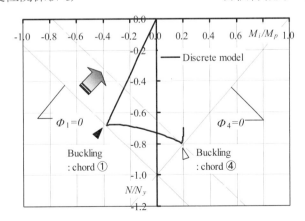

(b)N-M相関関係

図2.2.4　単調加力による解析結果

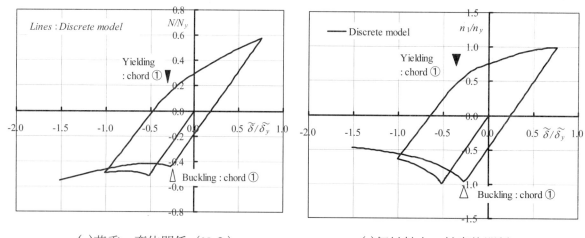

(a)荷重－変位関係（N-δ）　　　　　　　(c)個材軸力－軸変位関係

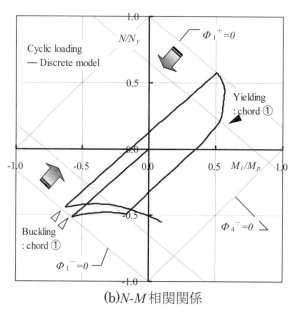

(b)N-M相関関係

図 2.2.5　繰返し加力による解析結果

を設定した。解析モデルは弦材を 2 節点アイソパラメトリック梁要素（1 個材 10 要素），斜材・束材を 2 節点トラス要素によりモデル化している。

　図 2.2.4 に単調加力による解析結果を示す。(b)N-M 相関関係から分かるように，個材①に対応する降伏面 $\Phi_1=0$ に材端力がぶつかると（図中▲）個材①の座屈に伴い降伏面 $\Phi_1=0$ が原点方向に推移するが，個材④に対応する降伏面 $\Phi_4=0$ は移動しない。したがって，初期状態と同じ位置にある降伏面 $\Phi_4=0$ に材端力がぶつかり(図中△)個材④も座屈することで，降伏面 $\Phi_4=0$ も原点方向に推移し，材端力も初期降伏面の内側に推移してゆく様子が分かる。

　図 2.2.5 に繰返し加力による解析結果を示す。(b)N-M 相関関係において，個材①の座屈により，個材①に対応する降伏面 $\Phi_1=0$ の引張側の降伏面も原点方向に移動する。これにより，逆方向に加力した場合には初期の位置よりも早い段階で引張側の降伏面 $\Phi_1=0$ にぶつかることになり（図中▲），材料特性におけるバウシンガー効果のような挙動を示すことになる。再度個材①が座屈す

る際は，個材①が引張側に加力されたことで降伏面が初期の状態まで戻されていることから，初期状態とほぼ同じ個材軸力で個材①が座屈している(図中△)。以上を踏まえ，次にトラス梁の個材座屈をH形断面などの局部座屈として考え，局部座屈を考慮した梁要素モデルの定式化を行う。

2.2.3 梁要素モデルの定式化
a. 基礎方程式

本項では熱力学的な基本式からはじめた局部座屈を考慮した梁要素モデルの定式化を行う 2.2.7),2.2.8)。図2.2.6に示すような相対変位に対して考える。今，全変位ベクトル$\tilde{u}$は，塑性による変位成分$\tilde{u}^p$と塑性局部座屈による変位成分$\tilde{u}^b$の和で表される有効塑性変位ベクトル$\tilde{u}^{pb}$，弾性局部座屈変位ベクトル$\tilde{u}^{eb}$，弾性変位ベクトル$\tilde{u}^{ef}$により加法的に表現されるものとする。

$$\tilde{u} = \tilde{u}^{ef} + \tilde{u}^{pb} + \tilde{u}^{eb}, \quad \tilde{u}^{pb} = \tilde{u}^p + \tilde{u}^b, \quad \tilde{u} = \{\tilde{\delta} \quad \tilde{\theta}_i \quad \tilde{\theta}_j\}^{\mathrm{T}} \tag{2.2.3a,b,c}$$

ここに，$\{\ \}^{\mathrm{T}}$は転置を表す。ここで，自由エネルギーΨは弾性変位ベクトル，材料のひずみ硬化による塑性ポテンシャルΨ^pおよび弾性局部座屈ポテンシャルΨ^{eb}を用いて次のように表現される。

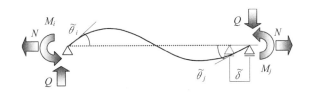

図2.2.6 梁要素モデルの節点変位と節点力

$$\Psi = \frac{1}{2}\tilde{u}^{ef\mathrm{T}} k^e \tilde{u}^{ef} + \Psi^p + \Psi^{eb} \tag{2.2.4}$$

$$k^e = \begin{bmatrix} \dfrac{EA}{L} & 0 & 0 \\ 0 & \dfrac{(4+\varphi)EI}{(1+\varphi)L} & \dfrac{(2-\varphi)EI}{(1+\varphi)L} \\ 0 & \dfrac{(2-\varphi)EI}{(1+\varphi)L} & \dfrac{(4+\varphi)EI}{(1+\varphi)L} \end{bmatrix}, \quad \varphi = \frac{12EI}{GA_w L^2} \tag{2.2.5}$$

ここに，k^eはせん断変形を考慮した弾性剛性マトリクス（Eはヤング係数，Gはせん断弾性係数，Aは断面積，A_wはウェブ断面積，Iは断面2次モーメント，Lは材長）を表す。次に，H形鋼や角形鋼管に対して幅厚比が比較的小さい場合を対象に$\tilde{u}^{eb} \cong 0$を仮定し，材料のひずみ硬化による影響を無視すると，$\Psi^p = 0, \Psi^{eb} = 0$となり，熱力学第2法則を表すClausius-Duhemの不等式は式(2.2.6)のように表される。

$$-\dot{\Psi} + f^{\mathrm{T}}\dot{\tilde{u}} = \{f - k^e \tilde{u}^{ef}\}^{\mathrm{T}} \dot{\tilde{u}} + f^{\mathrm{T}}\dot{\tilde{u}}^{pb} \geq 0 \tag{2.2.6}$$

fは図2.2.6に示す材端力ベクトルで，$f = \{N \quad M_i \quad M_j\}^{\mathrm{T}}$である。上式が任意の$\dot{\tilde{u}}$に対して成り立つことから，以下の式が得られる。

$$f - k^e \tilde{u}^{ef} = 0 \tag{2.2.7a}$$

$$\Gamma = f^{\mathrm{T}} \dot{\tilde{u}}^{pb} \geq 0 \tag{2.2.7b}$$

式(2.2.7a)は梁要素モデルに対する弾性構成則を表し，式(2.2.7b)は塑性散逸率Γに関する不等式を表している。ここで，局部座屈が生じる箇所に対応する参照点αに対する降伏条件式$\Phi_\alpha \leq 0$の下で最大塑性散逸の原理を導入することにより塑性流れ則を求める。まず次の Lagrangian を考える。

$$L = -\Gamma + \sum_{\alpha \in active} \dot{\lambda}_\alpha^p \Phi_\alpha = -\boldsymbol{f}^{\mathrm{T}} \tilde{\boldsymbol{u}}^{pb} + \sum_{\alpha \in active} \dot{\lambda}_\alpha^p \Phi_\alpha \tag{2.2.8}$$

ここに，$\dot{\lambda}_\alpha^p$は Lagrange 乗数であり，塑性進展パラメータと呼ばれるものである。これより，

$$\frac{\partial L}{\partial \boldsymbol{f}} = -\dot{\tilde{\boldsymbol{u}}}^{pb} + \sum_{\alpha \in active} \dot{\lambda}_\alpha^p \frac{\partial \Phi_\alpha}{\partial \boldsymbol{f}} = 0 \tag{2.2.9}$$

であるから，有効塑性変位ベクトルの速度は active である降伏関数に対する塑性進展パラメータにより次のように表され，拡張した Koiter の考え方と同様の表現となる。

$$\dot{\tilde{\boldsymbol{u}}}^{pb} = \sum_{\alpha \in active} \boldsymbol{\phi}_\alpha \dot{\lambda}_\alpha^p , \ \boldsymbol{\phi}_\alpha = \frac{\partial \Phi_\alpha}{\partial \boldsymbol{f}} = \left\{ \phi_\alpha^N \quad \phi_\alpha^{M_i} \quad \phi_\alpha^{M_j} \right\}^{\mathrm{T}} \tag{2.2.10}$$

b. 接線剛性

次に本梁要素モデルに対する弾塑性接線剛性を求める。active な降伏関数Φ_αに対して$\dot{\Phi}_\alpha = 0$が成り立つことから，降伏条件式が座屈耐力関数$\bar{\tau}_\alpha$の関数であるとして，

$$\begin{aligned}
\dot{\Phi}_\alpha &= \left\{ \frac{\partial \Phi_\alpha}{\partial \boldsymbol{f}} \right\}^{\mathrm{T}} \dot{\boldsymbol{f}} + \frac{\partial \Phi_\alpha}{\partial \bar{\tau}_\alpha} \dot{\bar{\tau}}_\alpha = \boldsymbol{\phi}_\alpha^{\mathrm{T}} \boldsymbol{k}^e \left(\dot{\tilde{\boldsymbol{u}}} - \dot{\tilde{\boldsymbol{u}}}^{pb} \right) + \frac{\partial \Phi_\alpha}{\partial \bar{\tau}_\alpha} \dot{\bar{\tau}}_\alpha \\
&= \boldsymbol{\phi}_\alpha^{\mathrm{T}} \boldsymbol{k}^e \left(\dot{\tilde{\boldsymbol{u}}} - \sum_{\beta \in active} \boldsymbol{\phi}_\beta \dot{\lambda}_\beta^p \right) + \frac{\partial \Phi_\alpha}{\partial \bar{\tau}_\alpha} \dot{\bar{\tau}}_\alpha = 0
\end{aligned} \tag{2.2.11}$$

上式から$\dot{\lambda}_\alpha^p$に対する連立方程式が次式のように求まる。

$$\sum_{\beta \in active} G_{\alpha\beta} \dot{\lambda}_\beta^p = \boldsymbol{\phi}_\alpha^{\mathrm{T}} \boldsymbol{k}^e \dot{\tilde{\boldsymbol{u}}} \tag{2.2.12}$$

ここに，

$$G_{\alpha\beta} = \boldsymbol{\phi}_\alpha^{\mathrm{T}} \boldsymbol{k}^e \boldsymbol{\phi}_\beta - \frac{\partial \Phi_\alpha}{\partial \bar{\tau}_\alpha} \frac{\partial \bar{\tau}_\alpha}{\partial \lambda_\alpha^p} \delta_{\alpha\beta} = \boldsymbol{\phi}_\alpha^{\mathrm{T}} \boldsymbol{k}^e \boldsymbol{\phi}_\beta - \chi_\alpha E_\alpha^{pb} \delta_{\alpha\beta} \tag{2.2.13}$$

$\chi_\alpha \equiv \partial \Phi_\alpha / \partial \bar{\tau}_\alpha$，$E_\alpha^{pb} \equiv \partial \bar{\tau}_\alpha / \partial \lambda_\alpha^p$，$\delta_{\alpha\beta}$: クロネッカーのデルタ

ここで，$G_{\alpha\beta}$の逆マトリクスの成分$G^{\beta\alpha}$を用いると，λ_β^pは次のように表現され，

$$\dot{\lambda}_\beta^p = \sum_{\alpha \in active} G^{\beta\alpha} \boldsymbol{\phi}_\alpha^{\mathrm{T}} \boldsymbol{k}^e \dot{\tilde{\boldsymbol{u}}} \tag{2.2.14}$$

接線剛性マトリクス$\boldsymbol{k}^{EPB}$は次式のように表現される。

$$\dot{\boldsymbol{f}} = \left[\boldsymbol{k}^e - \sum_{\beta \in active} \sum_{\alpha \in active} G^{\beta\alpha} \left(\boldsymbol{k}^e \boldsymbol{\phi}_\beta \right) \otimes \left(\boldsymbol{k}^e \boldsymbol{\phi}_\alpha \right) \right] \dot{\tilde{\boldsymbol{u}}} \equiv \boldsymbol{k}^{EPB} \dot{\tilde{\boldsymbol{u}}} \tag{2.2.15}$$

$\otimes$：テンソル積

ここでは熱力学に基づく基礎方程式を示した。次に，鋼構造部材の代表的な H 形鋼, 角形鋼管, 円形鋼管に対して局部座屈を考慮するための降伏関数および座屈後の耐力劣化を表現するための軟化則について具体的に示す。

c. 降伏関数

2.2.2 に示すようにトラス梁モデルによる考察から H 形鋼部材,角形鋼管部材の降伏曲面は従来の等方・移動軟化則ではなく,局部座屈するフランジに対応する降伏曲面のみが移動すると考える。本研究では,ストレスブロックの概念を用い,圧縮領域の応力が図 2.2.7 のように座屈耐力関数 $\bar{\tau}_\alpha$ に従い一様に低下するものとして降伏関数を導く[2.2.7],[2.2.9]。αは局部座屈フランジの位置に対応する参照点を表す。なお,符号 C_N, C_M は表 2.2.1 に示す通りであり,参照点の±は引張(+),圧縮(-)に対応する。また,図 2.2.8 に局部座屈により降伏曲線が移動する様子を示す。

中立軸がフランジにある場合

$$\left| \frac{N}{N_y} + C_N \frac{1}{2}(1-\bar{\tau}_\alpha) \right| \geq \frac{1}{2}(1+\bar{\tau}_\alpha)\frac{A_w}{A}$$

$$\Phi_\alpha = C_N \frac{N}{N_y} + \frac{1}{2}(1-\bar{\tau}_\alpha) + C_M \bar{A}_1 \frac{M_{i,j}}{M_p} - \frac{1}{2}(1+\bar{\tau}_\alpha) = 0, \quad \bar{A}_1 = \frac{4A_f + A_w}{2A} \qquad (2.2.16a)$$

中立軸がウェブにある場合

$$\left| \frac{N}{N_y} + C_N \frac{1}{2}(1-\bar{\tau}_\alpha) \right| < \frac{1}{2}(1+\bar{\tau}_\alpha)\frac{A_w}{A}$$

$$\Phi_\alpha = \bar{A}_2 \left\{ \frac{N}{N_y} + C_N \frac{1}{2}(1-\bar{\tau}_\alpha) \right\}^2 + C_M \frac{1}{2}(1+\bar{\tau}_\alpha)\frac{M_{i,j}}{M_p} - \frac{1}{4}(1+\bar{\tau}_\alpha)^2 = 0 \qquad (2.2.16b)$$

$$\bar{A}_2 = \frac{A^2}{(4A_f + A_w)A_w}$$

表 2.2.1 各参照点における降伏関数の符号

	①⁺,③⁺	①⁻,③⁻	②⁺,④⁺	②⁻,④⁻
C_N	＋	－	＋	－
C_M	＋	－	－	＋

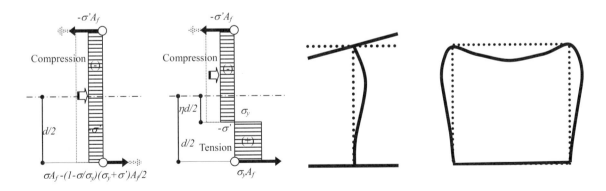

図 2.2.7 局部座屈後の応力分布と断面の変形形状(H 形鋼,角形鋼管)

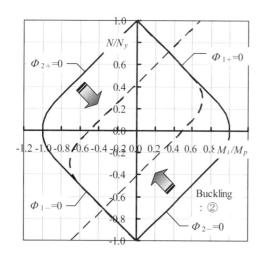 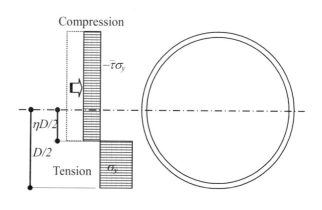

図 2.2.8 局部座屈による降伏曲線の移動　　図 2.2.9 局部座屈後の応力分布（円形鋼管）

また，円形鋼管の場合には図 2.2.9 のようなストレスブロックを仮定すると，局部座屈を伴う降伏関数は式(2.2.17)で表される[2.2.10)]。なお，$\bar{\tau}_\alpha$ はH形断面，角形断面の場合と同様な局部座屈部参照点αに対する座屈耐力関数を表す。

$$\Phi_\alpha = -\frac{1}{2}(1+\bar{\tau}_\alpha)\cos\left[-\frac{\pi}{1+\bar{\tau}_\alpha}\left\{\frac{N}{N_y}-\frac{1}{2}(1-\bar{\tau}_\alpha)\right\}\right]+\frac{M}{M_p}=0 \tag{2.2.17}$$

2.2.4 局部座屈による軟化特性
a. 鋼板の軟化特性

座屈現象が軟化則として表現し得ることは文献 2.2.6)で述べたとおりであるが，H 形鋼や角形鋼管での局部座屈問題は棒の座屈のように単純ではない。そこで，フランジの座屈および座屈後挙動を分析するために行った鋼板モデルの弾塑性解析結果から軟化則を求める。

図 2.2.10 に示すフランジ鋼板モデルの荷重－変位関係を図 2.2.11 示す。荷重については降伏軸力 n_y で無次元化し，軸方向変位については弾性座屈変位 u_{cr} で無次元化する。このように整理することで，耐力劣化域での耐力を幅厚比・辺長比によらず同一の関数で表すことができること

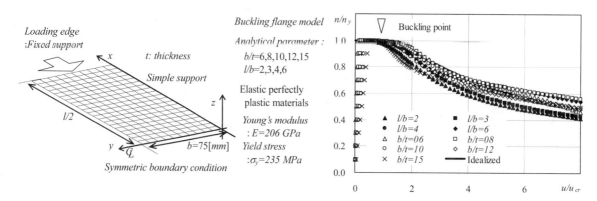

図 2.2.10 フランジ鋼板解析モデル　　図 2.2.11 フランジ鋼板モデルの荷重－変位関係

から，局部座屈を生じるフランジαに対して座屈進展パラメータ $\Theta_\alpha (\equiv -u_\alpha/u_{cr})$ を採用することで座屈耐力関数 $\bar{\tau}_\alpha (= n_\alpha/n_y)$ を次式のように表すことができる。

$$\begin{aligned}\bar{\tau}_\alpha &= C_1 + (1-C_1)\{1-C_2(\Theta_\alpha-1)\}\exp\{C_3(\Theta_\alpha-1)\} & (\Theta_\alpha > 1) \\ &= 1 & (\Theta_\alpha \leq 1)\end{aligned} \quad (2.2.18)$$

ここで，C_1, C_2, C_3 は局部座屈による軟化特性を表す部材固有の定数である。また，紙面の都合で割愛するが，非加力辺2辺を単純支持とした鋼板モデルの解析結果も同様の傾向を示した。なお、本来、C_1, C_2, C_3 は部材形状と材料特性が決定すれば求められるようにすべきであるが，本節で部材に対して適用する場合、ひとつの解析結果を基に決定している。

この座屈後耐力関数の有効性について，十字形鋼短柱の高温時座屈実験を用いて示す[2.2.11]。写真2.2.1に高温時十字形鋼短柱の座屈実験による変形形状と図2.2.12のように座屈耐力関数を用いた座屈後耐力推定手法による荷重－変位関係を図

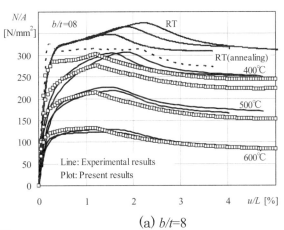

(a) b/t=8

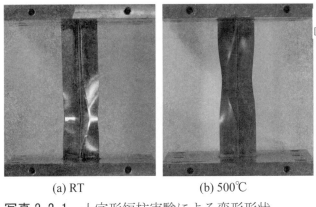

(a) RT　　　　(b) 500℃

写真2.2.1 十字形短柱実験による変形形状

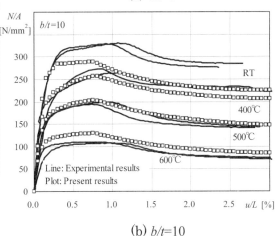

(b) b/t=10

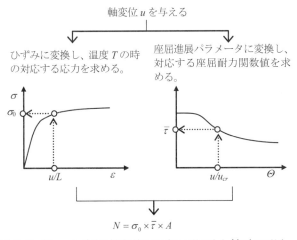

図2.2.12 十字形鋼短柱の座屈後耐力算定手順

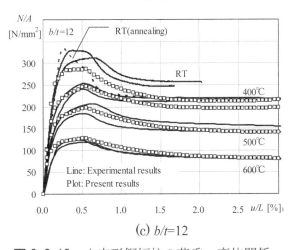

(c) b/t=12

図2.2.13 十字形鋼短柱の荷重－変位関係

2.2.13に示す。幅厚比や温度によらず同一のC_1, C_2, C_3を用いることで最大耐力点だけではなく，その後の挙動も精度良く表現できている。なお、ここで対象としている高温は300℃以上600℃未満程度を想定している。

一方，鋼板モデルの塑性散逸率Γ [2.2.12)を座屈が生じないとした場合の仕事率$n_y \dot{u}$で除した値と座屈後耐力の関係を図2.2.14に示す。図中実線は$\Gamma/n_y\dot{u} = n/n_y$の直線であるが，ここで用いた解析結果に対しては幅厚比・辺長比に関わらず，ほぼこの直線上に分布していることから，式(2.2.19a)が成り立つものと仮定する。

$$\frac{\Gamma}{n_y \dot{u}} = \frac{n}{n_y} \Rightarrow \Gamma = n\dot{u}, \quad \Gamma = \int_V \sigma \dot{\varepsilon}^p dv \quad (2.2.19\text{a,b})$$

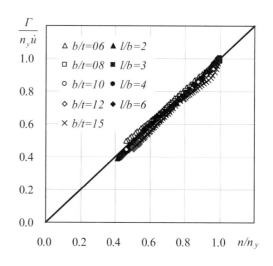

図2.2.14　$\Gamma/n_y\dot{u} - n/n_y$ 関係

b. 梁要素に対する局部座屈による軟化特性

式(2.2.20)を参照点αに対する散逸率Γ_αとみなすことにより，梁要素としての塑性散逸率Γを次式で表す。

$$\Gamma = \sum_{\alpha \in active} \Gamma_\alpha = \sum_{\alpha \in active} n_\alpha \dot{u}_\alpha = \boldsymbol{f}^\mathrm{T} \dot{\tilde{\boldsymbol{u}}}^{pb} = \boldsymbol{f}^\mathrm{T} \sum_{\alpha \in active} \boldsymbol{\phi}_\alpha \dot{\lambda}_\alpha^p \quad (2.2.20)$$

ここで，参照点αに対するフランジの参照軸力n_αは節点力ベクトル$\boldsymbol{f}$を用いて式(2.2.21)のように表されるとすると，式(2.2.22)が導かれる。

$$n_\alpha = \boldsymbol{f}^\mathrm{T} \boldsymbol{h}_\alpha, \quad \boldsymbol{h}_\alpha = A^{ef} \left\{ \frac{1}{A} \quad \pm (1-\xi_\alpha)\frac{1}{Z} \quad \mp \xi_\alpha \frac{1}{Z} \right\}^\mathrm{T} \quad (2.2.21)$$

$$\dot{\Theta}_\alpha = -\frac{\dot{u}_\alpha}{u_{cr}} = -\frac{\boldsymbol{f}^\mathrm{T} \boldsymbol{\phi}_\alpha}{\boldsymbol{f}^\mathrm{T} \boldsymbol{h}_\alpha u_{cr}} \dot{\lambda}_\alpha^p \equiv R_\alpha \dot{\lambda}_\alpha^p \quad (2.2.22)$$

ここに，ξは部材座標系であり，ξ_αは参照点αにおけるξ値である。複号に関して上・下符号はそれぞれ上・下フランジを示す。以上のように，座屈進展パラメータが塑性進展パラメータの関数として表されることから局部座屈による軟化則が式(2.2.23)のように求められる。

$$\dot{\bar{\tau}}_\alpha = \frac{\partial \bar{\tau}_\alpha}{\partial \Theta_\alpha} \dot{\Theta}_\alpha = -\frac{\partial \bar{\tau}_\alpha}{\partial \Theta_\alpha} \frac{\boldsymbol{f}^\mathrm{T} \boldsymbol{\phi}_\alpha}{\boldsymbol{f}^\mathrm{T} \boldsymbol{h}_\alpha u_{cr}} \dot{\lambda}_\alpha^p \equiv E_\alpha^{pb} \dot{\lambda}_\alpha^p \quad (2.2.23)$$

ここに，$\frac{\partial \bar{\tau}_\alpha}{\partial \Theta_\alpha} = (1-C_1)\{C_3 - C_2 - C_2 C_3 (\Theta_\alpha - 1)\} \exp\{C_3(\Theta_\alpha - 1)\}$

2.2.5 部材レベルの静的解析例題

ここでは，各種断面の梁部材に対して離散化モデルと本要素モデルの解析結果を比較することにより，本要素モデルの妥当性を検証する。なお，本要素モデルは全て1部材1要素で解析している。

a. H形鋼梁部材 [2.2.7]

解析モデルは図2.2.15に示すようなH-200×150×6×9, L=1600mmの単純梁とし，材料特性は弾完全塑性体とした。本要素モデルにおいて局部座屈長さ l_b=2b，座屈進展パラメータの閾値 Θ_0=1，局部座屈による軟化特性を評価する際の係数 C_1, C_2, C_3 はそれぞれ，C_1=0.4, C_2=-0.3, C_3=−0.4 とした。なお，これらは部材固有の値である。加力条件としては，下記の3種類を設定した。

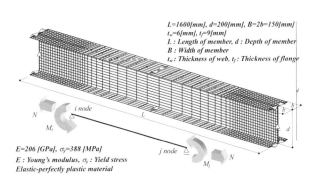

図2.2.15　H形鋼解析モデル

Case I :　設定した部材定数 l_α, C_1, C_2, C_3 および局部座屈時の降伏関数・流れ則の妥当性を確認するための加力パターン $\{M_j=0 ,(M_i/N=5,10,20,50,\ N=0)\}$

Case II :　i端側局部座屈に対する M_j の影響および反曲点位置が移動する場合の適用について考察するための加力パターン $\{N/N_y=0.2, \tilde{\theta}_i/\tilde{\theta}_j=2\}$

Case III :　圧縮フランジの局部座屈が同一フランジの引張に対応する降伏曲線に与える影響を考察するための加力パターン $\{M_j=0, \tilde{\delta}=-\tilde{\theta}_i d/2\}$

図2.2.16, 2.2.17, 2.2.18 に Case I～III に対する(a)荷重－変位関係および(b)材端力関係を示す。図中，実線が離散化モデルによる結果を表し，プロットが本要素モデルによる結果を表す。いずれの図においても両結果はよく対応している。

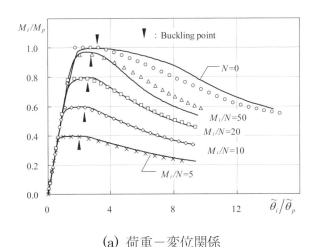

(a) 荷重－変位関係　　　　　　　　(b) 材端力関係

図2.2.16　Case I [2.2.7]

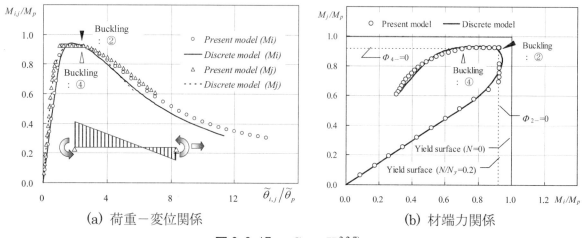

(a) 荷重－変位関係　　　　　　　　(b) 材端力関係

図 2.2.17　Case II [2.2.7)]

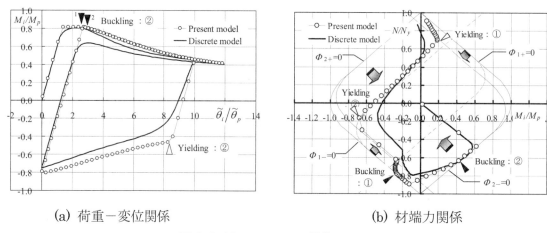

(a) 荷重－変位関係　　　　　　　　(b) 材端力関係

図 2.2.18　Case III [2.2.7)]

b. 角形鋼管梁部材 [2.2.9)]

次に角形鋼管部材に関して示す．解析モデルは図 2.2.19 に示す □-300×300×9，L=3500mm の単純梁とし，材料特性は弾完全塑性体とした．本要素モデルにおいて $l_b=B$, $\Theta_0=1$, $C_1=0.3$, $C_2=-0.3$, $C_3=-0.6$ とした．加力条件としては，下記の2種類を設定した．

Case IV：　$\{M_j=0,(M_i/N=10,30,50,\ N=0)\}$

Case V：　$\{N/N_y=0.2, \tilde{\theta}_i/\tilde{\theta}_j=2\}$

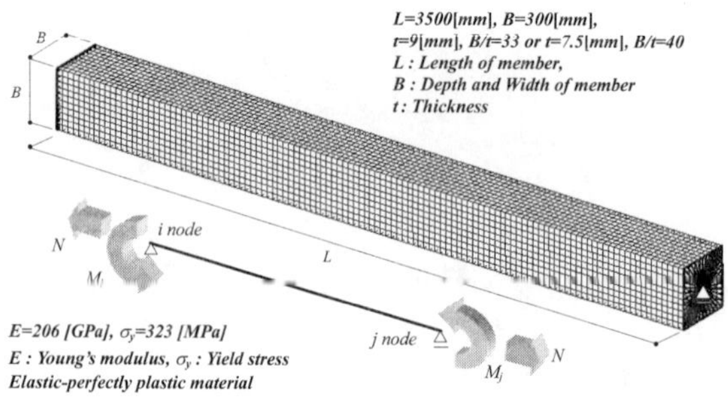

図 2.2.19　角形鋼管解析モデル

図2.2.20にCase IVに対する荷重－変位関係を示し，図2.2.21にCase Vに対する(a)荷重－変位関係および(b)材端力関係を示す．いずれの図においても実線が離散化モデルによる結果，プロットが提案モデルによる結果を表す．H形鋼部材の場合同様，よく対応していると言えるが，局部座屈開始点を本要素モデルは遅れて評価している傾向が見られる．

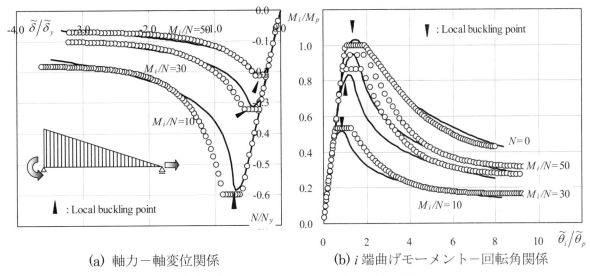

(a) 軸力－軸変位関係　　(b) i 端曲げモーメント－回転角関係

図 2.2.20　荷重－変位関係（Case IV）[2.2.9]

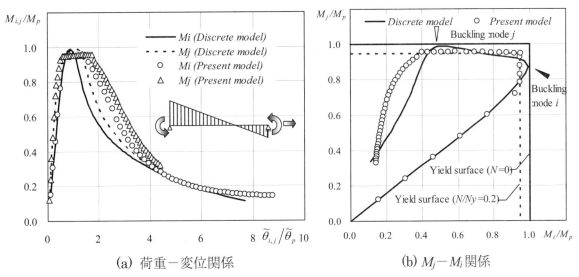

(a) 荷重－変位関係　　(b) $M_j － M_i$ 関係

図 2.2.21　Case V [2.2.9]

c. 円形鋼管梁部材 [2.2.10]

解析モデルは図 2.2.22 に示す円形鋼管とし，材料特性は弾完全塑性体，部材寸法は材長 L=9000mm,直径 D=600mm,板厚 t=12mm（径厚比 D/t=50）の比較的径厚比の小さな部材を設定した．部材端部に剛体梁要素を配した単純梁形式の境界条件を設定し，加力条件は，i 端側の曲げモーメント M_i と軸力 N の比を一定

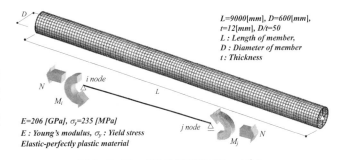

図 2.2.22　円形鋼管解析モデル

とした 4 種類{M_j=0 かつ(M_i/N=10,20,60,　N=0)}を設定し，弧長法を用いて制御している．提案梁要素モデルにおいて局部座屈長さ l_α、座屈進展パラメータの閾値 Θ_0 および軟化特性を表す定数

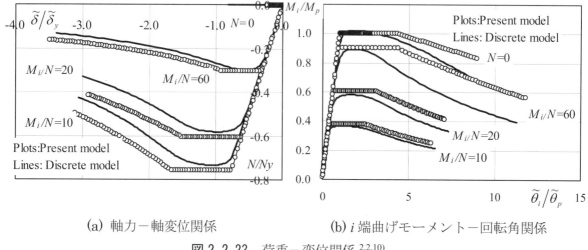

(a) 軸力－軸変位関係　　　　　　　(b) i 端曲げモーメント－回転角関係

図 2.2.23　荷重－変位関係 [2.2.10]

C_1, C_2, C_3 はそれぞれ $l_a=D$, $\Theta_0=1$, $C_1=0.3$, $C_2=-0.3$, $C_3=-0.6$ とした。図 2.2.23 に荷重－変位関係((a) 軸力－軸変位, (b) i 端曲げモーメント－i 端回転角)を示す。図中実線が離散化モデルによる結果を表し，プロットが本要素モデルによる結果を表す。角形鋼管の場合と同様，本評価モデルは局部座屈後の耐力劣化勾配は M_i/N 比に係わらず評価できていると言えるが，耐力低下の開始は少し遅れて評価している。

2.2.6　骨組レベルの静的解析例題

最後に図 2.2.24 に示す平面骨組モデル関して解析を行う [2.2.13]。梁断面は H-400×200×8×13，柱断面は□-300×300×9 とし，材料特性は梁・柱ともヤング率 E=206GPa，降伏応力 σ_y=235MPa とする弾完全塑性体とした。また，梁と柱の接合は剛接合とした。本要素モデルの諸定数について 2.2.5 同様，梁部材に対しては $l_b=B$，$\Theta_0=1$, $C_1=0.4$, $C_2=-0.3$, $C_3=-0.4$，柱部材に対しては $l_b=B$, $\Theta_0=1$, $C_1=0.3$, $C_2=-0.3$, $C_3=-0.6$ とした。加力は軸力比 0.3 となるよう一定の鉛直力を加え，左側柱頂点に強制変位を与えた。

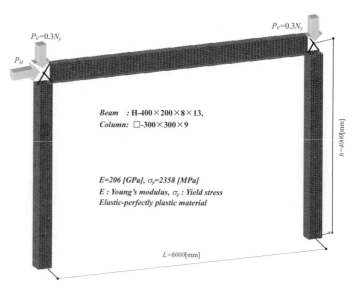

図 2.2.24　フレーム解析モデル（離散化）[2.2.13]

図 2.2.25 に左側柱頂点に作用する水平力 P_H と水平変位 u_H の関係を示す。また，図 2.2.26 に離散化モデルによる最終解析ステップにおける変形形状および相当応力分布を示す。なお，図 2.2.25 には本要素モデルにおいて局部座屈が生じないとした場合の解析結果を併記する。離散化モデルにおいて梁に局部座屈は発生せず，柱の柱頭・柱脚に塑性変形が集中し，右側柱脚から局部座屈(図

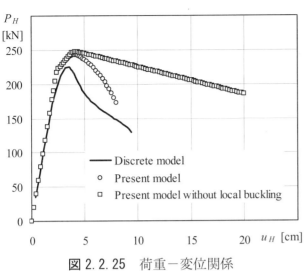

図 2.2.25 荷重－変位関係

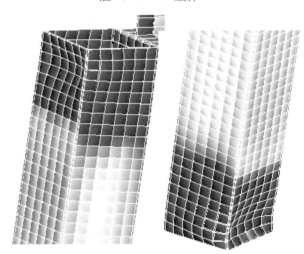

(a) フレーム全体

2.2.26(c))が生じ，次に左側柱頭で局部座屈(図2.2.26(b))が生じているが，本要素モデルにおいても同様の順序で局部座屈が生じていることが確認できる。しかしながら，角形鋼管梁モデルの場合と同様に局部座屈開始点を遅れて評価しているために離散化モデルとの結果に差が生じている。

(b) 左側柱頭　　(c) 右側柱脚

図 2.2.26 離散化解析モデルによる変形形状と相当応力分布

2.2.7 むすび

　本節では，鋼構造骨組に対して局部座屈を考慮する梁要素モデルの提案を行い，いくつかの例題を通して局部座屈による軟化定数の具体的な値を示し，離散化モデルとの比較を行った。局部座屈による部材の耐力劣化挙動の精度は構造物の倒壊挙動評価に大きな影響を及ぼすことから様々な応力状態を系統的にかつ精度良く評価することが必要である。

参考文献

2.2.1) 宮村倫司, 大崎純, 井根達比古: 次世代コンピュータによる崩壊シミュレーション, 日本建築学会大会構造部門（応用力学）PD 資料, pp.50-57, 2007.

2.2.2) 日本建築学会: 応用力学シリーズ４　構造物の崩壊解析　基礎編, 4.2 鉄骨造骨組系, 1997

2.2.3) 山田哲, 秋山宏, 桑村仁: 局部座屈を伴う箱形断面部材の劣化域を含む終局挙動, 日本建

築学会構造系論文報告集，第 444 号，pp.135-143, 1993.2

2.2.4) 山田哲，石田孝徳，島田侑子：局部座屈を伴う角形鋼管柱の劣化域における履歴モデル，日本建築学会構造系論文集，第 77 巻　第 674 号，pp.627-636, 2012.4

2.2.5) 石田孝徳，山田哲，島田侑子：変動軸力下で水平 2 方向外力を受ける角形鋼管柱の履歴挙動の追跡，日本建築学会構造系論文集，第 79 巻　第 699 号，pp.641-650, 2014.5

2.2.6) 元結正次郎，大塚貴弘: 個材の弾塑性座屈挙動を考慮したトラス梁に対する解析手法の提案，日本建築学会構造系論文集，第 549 号，pp.99-104, 2001.11

2.2.7) 元結正次郎，大塚貴弘: 局部座屈を考慮した H 形鋼梁要素モデルの提案，日本建築学会構造系論文集，第 582 号，pp.81-86, 2004.8

2.2.8) Takahiro Ohtsuka, Shojiro Motoyui : Analytical Evaluation for Local and Overall Buckling Behavior of H-Section Truss Members, The Eighth International Conference on Computational Structures Technology (CST2006), Las Palmas de Gran Canaria, Spain, 2006.9

2.2.9) Takahiro Ohtsuka, Shojiro Motoyui : Analytical Evaluation for Local Buckling Behavior in Square Steel Tube Members, The Ninth International Conference on Computational Structures Technology (CST2008), Athens, Greece, 2008.9

2.2.10) Takahiro Ohtsuka, Shojiro Motoyui : Analytical Evaluation for Local Buckling Behavior of Circular Steel Tube Members, The Ninth Asian Pacific Conference on Shell and Spatial Structures(APCS2009), Nagoya, Japan, 2009.5

2.2.11) 安部武雄，大塚貴弘，柴田秀爾，マーカス クノブロッホ，マリオ フォンタナ: 十字形鋼短柱の高温時座屈挙動，日本建築学会構造系論文集，第 660 号，pp.437-442, 2011.2

2.2.12) 例えば J.C. Simo : Algorithms for static and dynamic multiplicative plasticity that preserve the classical return mapping schemes of the infinitesimal theory, Computer Methods in Applied Mechanics and Engineering, vol.99, pp.61-112, 1992

2.2.13) Takahiro Ohtsuka，Shojiro Motoyui : Analytical Evaluation for Local Buckling Behavior of Steel Framed Structures，Seventh CUEE and Fifth ICEE Joint Conference, Tokyo, Japan, 2010.3

第2章　鋼構造
第3節　統合化構造解析システム

2.3.1　はじめに

　現在，我々の身の回りには様々なプログラムが存在し利用されている。それらは，多様な構造物全体を取り扱える汎用性の高いものや，特定部位しか扱えない限定的なものなど様々である。構造物全体を扱うことができるものは各構造部位の扱いが一般的または簡易であったり，詳細な解析ができるものは最先端な知見・技術が組み込まれているものの特定の部位に対象が限定されていることが多い。詳細に解析可能な複数のプログラムを利用して構造物全体を解きたくても，それぞれのプログラムが独立してコーディングされているかぎり，各構造部位の互いの連成効果も考慮した構造物全体の詳細解析は不可能である。

　インターネット技術の最近の進歩は著しく，簡便かつ高速に情報伝達できる環境を皆が享受できている。このインターネット環境の下に，様々な技術者が開発した詳細解析プログラムを統合すれば，諸々の強非線形現象が連成した構造物全体の挙動を飛躍的に高い精度で解析することができる。すなわち，図2.3.1に示すように，複数台のパソコン（ステーション）が各構造部位の強非線形挙動を含む詳細解析を担当し，全体剛性方程式を担当するパソコン（ホスト）と境界自由度に縮約した情報（剛性，変形，復元力）をステップ・バイ・ステップで通信し合うことで，各々の強非線形挙動の連成効果までをも考慮した構造物全体の詳細な構造解析システム（統合化構造解析システム）[2.3.1)] が構築できる。

　計算機の並列処理や分散処理といったキーワードの下に，複数台の計算機（CPU）を結合して

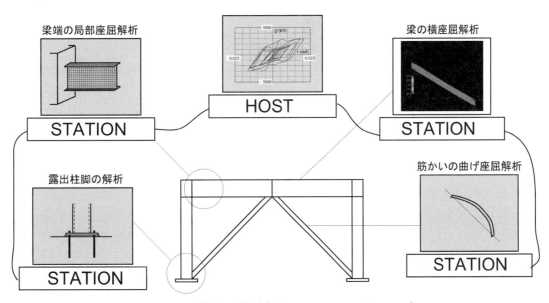

図2.3.1　統合化構造解析システムのイメージ

詳細な数値解析をする試みが既に幾つか提案されている [2.3.2) ~ 2.3.16)]。本書の第7章に紹介される「大規模解析」もその一つである。これらはいずれも大規模な解析対象を扱うために，複数台の計算機（CPU）を利用することで高速かつ大容量の処理を目指すものである。すなわち，並列処理に適したアルゴリズムを静的または動的解析について提案しているもの [2.3.8) ~ 2.3.11)]，固有値解析法について提案しているもの [2.3.12)]，連立方程式の解法について提案しているもの [2.3.13)]，一方，通信手段として MPI（Message-Passing Interface）ライブラリを改良して提案しているもの [2.3.14), 2.3.16)] などが挙げられる。また，数百万を超える自由度の弾性応力解析や時刻歴地震応答解析を行ったものもある [2.3.4) ~ 2.3.7)]。これに対して本節で提案するシステムは解析効率を上げることに主眼を置かず，様々な技術者が独自に開発したプログラム群を，それぞれの特徴を活かしながら統合することによって，より高度で高精度な解析システムを構築することを目標にしている。

2.3.2 統合化構造解析システムの構成

統合化構造解析システムにおけるデータの基本的な流れを図 2.3.2 に示す。すなわち，

1) 各ステーションにおいて担当する部分構造の初期剛性行列を作成し，境界自由度に縮約した剛性行列 $[K^*_{11}]$ をホストに送る。

2) ホストでは送られた $[K^*_{11}]$ を全体座標系に変換して全体座標系剛性行列 $[K^*_G]$ を作成し，それらを足しあわせて構造物全体の剛性行列 $[K_G]$ を作成する。

3) 得られた全体剛性方程式を解いて変位増分 $\{\Delta d_G\}$ や復元力増分 $\{\Delta F_G\}$ を求める。

4) 求められた $\{\Delta d_G\}$ に座標変換行列を乗じて，各ステーションの境界自由度に対応する変位増分 $\{\Delta d_1\}$ を計算し，それらを各ステーションに送る。

5) 送られた変位増分に対する部分構造の応答を各ステーションで計算し，各部分構造の接線剛性行列を更新してホストに送る。

これらを繰返してステップ・バイ・ステップの弾塑性解析を進める。

ホストからステーションに送るデータは境界自由度の変位増分であり，ステーションからホストに送るデータは境界自由度に縮約した剛性行列である。ただし，境界節点で力が釣り合っていることを監視するために，境界自由度の復元力もステーションからホストに送るのがよい。

以上の方法では，部分構造の接線剛性行列をホストと接続する境界自由度に縮約し，それをステーションからホストに送信している。またホストプログラムでは，各ステーションから送られた接線剛性行列を加え合わせて全体剛性行列を作成し，構造物全体の増分解析を行っている。この際，ステーションが担当する部分構造の自由度数が多ければ，剛性行列を縮約するための計算にかなりの負荷がかかる。また，商用の汎用構造解析プログラムでは一般ユーザーがソースコードを修正できないため接線剛性行列を縮約する機能を追加できず，これをステーションプログラムとして統合化することがこのままでは不可能である。

構造物の一部に対して実験を施し，他の部分を数理モデルによる動的数値解析で挙動を解析するサブストラクチャ仮動的実験がこれまでに多く行われている。そこでは，測定誤差にともないサブストラクチャの接線剛性を正確に測定しづらいため，サブストラクチャの剛性情報を得ることなく復元力だけで求解可能な数値積分法としてオペレータ・スプリティング法（OS法）[2.3.17)]

が多用されている。このOS法を本統合化構造解析システムに利用すると，適用可能プログラムの範囲を大幅に広げることができる。OS法ではステーションからホストへの通信データとして，第1ステップ目だけで初期剛性行列を送り，第2ステップ目以降は境界自由度の復元力を送るだけで接線剛性行列を送る必要がない。部分構造の接線剛性行列の縮約や通信が不要となるため，汎用構造解析プログラムをはじめ様々なプログラムおよび載荷実験システムをステーションとして容易に統合できるようになる。また，OS法の適用により，各ステーションプログラムの必要に応じて，各ステップでの収れん計算をステーション内で行えばよく，ホストや他のステーションを巻き込んでの収れん計算は不要になる。

以上のように，ホスト・ステーション間の基本的な通信情報は「変位増分」「復元力」「接線剛性」である。

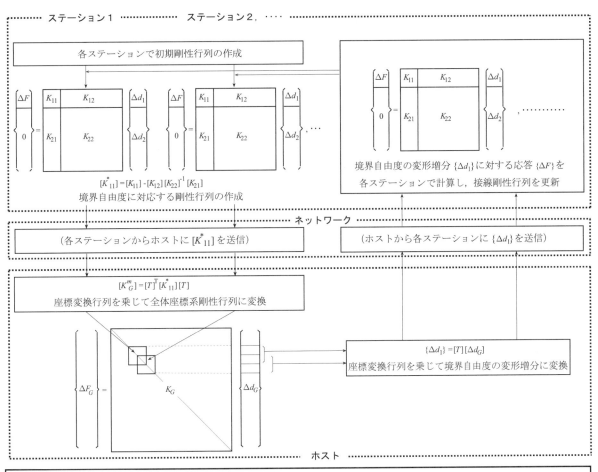

図 2.3.2 統合化構造解析システムの概要

2.3.3 数値情報の通信方法

インターネットを介して数値情報を通信すること，それをステップ・バイ・ステップの増分計算のタイミングを計って行うことは，建築構造技術者にとって難題に思える。ここでは FORTRAN のコマンドだけで完結する簡便な方法[2.3.1]を紹介する。

ここで紹介する通信データの流れを図 2.3.3 に示す。ホストとステーションの各パソコンは，OS に標準装備のファイル共有機能を用いてファイルサーバーのディレクトリをマウントする。そのディレクトリには，"HOST" と "STATION" という名前のディレクトリを用意しておき，前者は

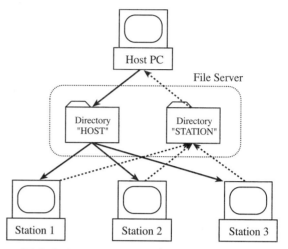

図 2.3.3 ファイル共有機能を利用した通信方法の例

ホストからステーションにデータを送信する際に利用し，後者はその逆の場合に利用する。ホストからステーションにデータを送信するには，ディレクトリ "HOST" に OPEN 文で通信用のテキストファイルを作成し，WRITE 文で送信すべきデータを書き込む。その後，ステーションが OPEN 文でそのファイルを開き，READ 文で読み込むことでホストからステーションへのデータ通信が完了する．ホストからのファイルがまだ作成されていない段階または書き込まれている途中でステーションが読み込もうとすると，FORTRAN のエラーメッセージが返される。エラーがなくなるまで何度も自動的に繰り返すエラー処理ルーチンを作ることで通信のタイミングをとることができる。これらの操作は FORTRAN77 の文法だけで記述できる。なお，ステーションからホストにデータを送信するときも同様である。

2.3.4 統合化構造解析例

a. 座屈する軸組筋かいと合成梁の詳細挙動解析を統合した骨組解析[2.3.1]

図 2.3.4 の右図に示す鋼構造ラーメン架構と左図に示す軸組筋かい付きラーメン架構を剛床仮定の下に連結した骨組を，統合化構造解析システムで解析した例[2.3.1]を示す。軸組筋かいの解析は，圧縮力による曲げ座屈と引張力による全塑性化を考慮可能なプログラムを利用している。このプログラムでは，部材の端部と中央において一般化硬化塑性ヒンジで断面の塑性化と負荷挙動を表現し幾何学的非線形性を忠実に考慮することで，軸力材の曲げ座屈の発生および座屈後挙動を追跡できる[2.3.18]。一方，梁は H 形鋼とコンクリートスラブによる合成梁であり，合成効果が表現可能なプログラム[2.3.19]を利用している。このプログラムでは，図 2.3.5 に示すように H 形鋼を曲げ変形と軸変形とせん断変形が生じる線材にモデル化し，コンクリートスラブを軸変形だけが生じる線材にモデル化している。十分な本数の頭付きスタッドが配

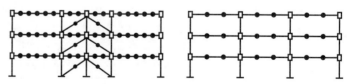

図 2.3.4 解析対象の架構

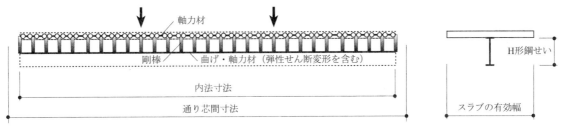

図 2.3.5 合成梁の構造モデル

図 2.3.6 ホストとステーションの分布

表 2.3.1 インターネット上のパソコン構成

解析担当部位		OS	操作機関
ホスト 柱・柱梁パネル		Mac OS® X Server v10.2	大阪大学
筋かい	3階左側	Windows® XP	京大防災研究所
	3階右側	Windows® XP	大阪市立大学
	2階左側	Mac OS® X	京都大学
	2階右側	Mac OS® X	新日本製鐵
	1階左側	Mac OS® X	福井工業大学
	1階右側	Mac OS® X	熊本大学
梁	屋根A通り	Mac OS® X	名古屋大学
	屋根B通り	Mac OS® X	長崎総合科学大
	3階A通り	Mac OS® X	大阪大学
	3階B通り	Mac OS® X	三重大学
	2階A通り	Windows® XP	大阪大学
	2階B通り	Windows® 2000	大阪大学

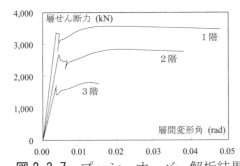

図 2.3.7 プッシュオーバー解析結果

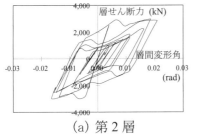
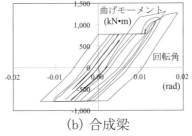
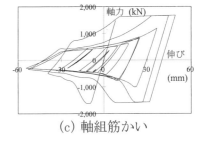

(a) 第2層　　　　　(b) 合成梁　　　　　(c) 軸組筋かい

図 2.3.8 時刻歴地震応答解析結果

置されることでずれ変形が無視できるものとし，H形鋼用の線材とコンクリートスラブ用の線材を材軸に沿ってほぼ等間隔に剛棒で接続している。なお，角形鋼管柱と柱梁接合部パネルについては，ホストプログラム内のサブルーチンを利用している。

筋かい付きラーメン構造をプッシュオーバー解析したときのパソコン構成を表 2.3.1 に示す。ホストプログラムは大阪大学の研究室内のサーバーで実行し，筋かいと一部の合成梁は，表 2.3.1 に示す他機関の協力者に依頼してインターネットで結ばれたパソコンで解析した。インターネットを介する数値情報伝達が安定して行えることを確認するためである。使用したパソコンの分布状況を図 2.3.6 に示す。長崎県から千葉県に至る合計10機関のパソコンを接続した。なお，時

刻歴地震応答解析については，研究室内の LAN で結ばれたパソコンだけを用いた．

ここでは，ホストとステーションを幾何学的に境界づける自由度だけでなく，ステーションで扱う部分構造内のいくつかの自由度もホストの全体剛性方程式に組み込むことにより，架構全体の劣化挙動を静的にも動的にも安定して追跡することを目指した．すなわち，筋かい部材の中央節点の材軸直交変位と合成梁部材の梁中間の鉛直変位を，ホストの全体剛性方程式の自由度に組み込んでいる．

プッシュオーバー解析で得られた層せん断力と層間変形角の関係を図2.3.7に示す．筋かい中央節点の材軸直交変位を制御変位に採用することで，軸組筋かいの曲げ座屈後に層せん断力と層間変形角が一旦減少してふたたび増加に転じるなどの複雑な釣合経路が，統合化構造解析においても安定して得ることができている．本例では，計613ステップで約120分にわたるデータ通信が，増分解析で安定して行えることができた．一方，時刻歴地震応答解析結果を図2.3.8に示す．図(a)が第2層の層せん断力と層間変形角の関係，図(b)が合成梁の材端曲げモーメントと材端回転角関係の1例，図(c)が軸組筋かいの軸力と伸び関係の1例である．筋かいの曲げ座屈にともなう耐力劣化が層せん断力と層間変形角の関係に顕著な影響を及ぼしていることがわかる．

b.　露出柱脚と合成梁の詳細挙動解析を統合した骨組解析 [2.3.20]

露出柱脚と合成梁と角形鋼管柱で構成される図2.3.9に示す鋼構造ラーメン架構を統合化構造解析システムで解析した例[2.3.20]を示す．露出柱脚の解析プログラム[2.3.21]では，図2.3.10に示す3つの抵抗形式を考慮することで，軸力変動にともなう回転剛性の変化や，ベースプレートと基礎コンクリートとの接触・離間にともなう回転スリップ履歴現象を表現できる．一方，合成梁は前項で示したプログラムを利用し，角形鋼管柱と柱梁接合部パネルについても前項と同様にホストプログラム内のサブルーチンを利用している．作成者の異なるプログラムを統合したコラボレーションの一例である．図2.3.11に時刻歴地震応答解析の結果を示す．図(a)が第1層の層

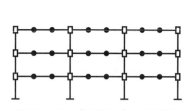

図2.3.9　解析対象の架構

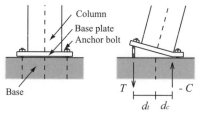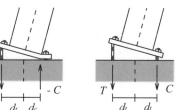

図2.3.10　露出柱脚の力学モデル

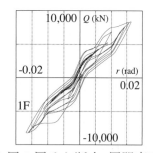

(a) 第1層の層せん断力-層間変形角関係

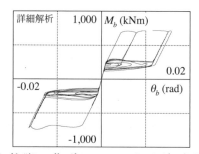

(b) 柱脚の曲げモーメント-回転角関係

図2.3.11　時刻歴地震応答解析結果

せん断力と層間変形角の関係，図 (b) が露出柱脚の曲げモーメントと回転角の関係である。図 (b) において露出柱脚に特有のフラッグ型の挙動が表れており，その影響で図 (a) の層せん断力−層間変形角関係がS字状の履歴となっている。

c. 汎用構造解析プログラムと自作プログラムを統合した骨組解析[2.3.22)]

汎用構造解析プログラム（MSC Marc）と自作プログラムを統合した解析例を示す。解析対象は，実大3次元震動破壊実験施設（E-ディフェンス）で2007年に実施された鉄骨造建物の完全倒壊実験[2.3.23)]に供された試験体である。試験体の梁伏図を図 2.3.12 に示し，軸組図と使用プログラムの編成を図 2.3.13 に示す。1階の角形鋼管柱の解析には汎用構造解析プログラム（MSC Marc）を用い，柱端部をシェル要素で詳細にモデル化している。一方，2～4階の柱端部は局部座屈による耐力劣化を簡易に表現した単純ヒンジでモデル化している。これは，実験に先立って行った解析で，1階の層崩壊による倒壊をあらかじめ確認したためである。また，鉄骨梁とコンクリートスラブからなる合成梁は前項で示したプログラムを利用し，柱梁接合部パネルについても前項と同様にホストプログラム内のサブルーチンを利用している。

汎用構造解析プログラム（MSC Marc）は，一般ユーザーがソースコードに手を加えることができないため，境界自由度に縮約した接線剛性行列を容易にホストに送ることができない。そのため，境界自由度の復元力だけで求解可能なOS法[2.3.17)]を，運動方程式の数値積分に用いている。

1995年兵庫県南部地震JR鷹取駅記録[2.3.24)]で加振したときの解析結果を震動台実験結果と比較して図 2.3.14～2.3.17 に示す。1階の層間変形角の時刻歴を図 2.3.14 に示し，軌跡を図 2.3.15 に示す。実線が統合化構造解析結果，点線が実験結果であり，図 2.3.15 の横軸はX方向の層間変形角 (r_X)，縦軸はY方向の層間変形角 (r_Y) である。X負方向かつY正方向に1階部分が倒壊した震動台実験の結果が，解析でも同様に追跡できている。また，1階の層せん断力 (Q) −層間変形角 (r) 関係を，X，Yの各方向について図 2.3.16 に示す。実線と点線の区別は図 2.3.14 と同じである。1階の柱に局部座屈が生じ，その後に層せん断力が低下しながら倒壊に至る挙動が，精度よく解析できている。1通りとA通りの交点における1階柱脚の局部座屈状況について，震動台実験で観察した写真を図 2.3.17(a) に，解析結果を図 2.3.17(b) に示す。両者で同様の局部座屈が生じていることがわかる。

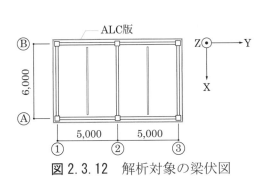

図 2.3.12　解析対象の梁伏図　　　　図 2.3.13　軸組図とプログラム編成

("COMPO"は合成梁の解析プログラム名称を表す)

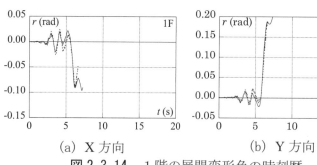
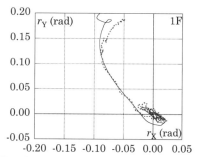

(a) X方向　　　　　　　　(b) Y方向
図2.3.14　1階の層間変形角の時刻歴　　　　図2.3.15　1階の層間変形の軌跡

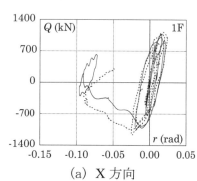
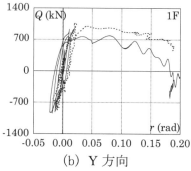

(a) X方向　　　　　　　　(b) Y方向
図2.3.16　1階の層せん断力-層間変形角関係

(a) 実験結果　　　　　　　　(b) 解析結果
図2.3.17　柱脚の局部座屈状況

2.3.5　むすび

本節で紹介した統合化構造解析システムの特徴は，次のようにまとめることができる。

1) ある解析プロジェクトに対し，複数のプログラムを統合することで，各プログラムの管理者による共同作業が可能となる。また，プロジェクトに応じて柔軟にチーム編成を変えることができる。
2) 互いに提供する情報は数値情報だけであり，ソースコードやライブラリなどの形式でプログラムを提供する必要がない。
3) 解析対象に関する入力データや解析結果の出力情報はホストで一元化することを考えていない。すなわち，通信データに含めない。それぞれが分担する部分構造について，各プログラムの入力データ仕様に基づいて情報を入力し，それぞれの出力仕様に基づいて計算結果を出力する。したがって，他のステーションで分担している部分構造内部の状態が他から分から

ないため，解析結果の考察は各プログラムの担当者による共同作業が必要となる．これは，
ステーションをブラックボックス化させないためには有益である．

4) ステーションプログラムとして参加するには，指定された境界自由度の強制変形に対する応
答を求める機能があればよく，基本的に既存プログラムの入出力部分を修正するだけで容易
に参加することができる．すなわち，強制変形をホストから受信し，応答（復元力や接線剛
性行列など）をホストに送信すればよい．

5) 既存プログラムにサブルーチンとして他プログラムの機能を統合する場合は，それらのプロ
グラムとサブルーチンの組合せの下でしか機能しない．別のプログラムと統合するには同様
の統合作業を強いられる．それに対し，本統合化構造解析システムでは，項目 1) で述べたよ
うに柔軟にプログラムの組合せを変更できる．

6) 任意の自作プログラムをホストプログラムとして中心に据えることができる．汎用構造解析
プログラムを含む様々なプログラムをステーションプログラムとして自作プログラムに統合
することで，解析システムの機能を充実することができる．

7) 自作プログラムをホストプログラムまたはステーションプログラムとして他プログラムと統
合できるため，プログラミングによる研究業績を社会資本として着実に蓄積することができ
る．

参考文献

2.3.1) 多田元英，桑原　進：インターネットで異種プログラムを統合した構造解析システムの
基本考察，日本建築学会構造系論文集，No. 580, pp. 113-120, 2004.6.

2.3.2) 矢川元基，曽根田直樹：パラレルコンピューティング，培風館，1991.

2.3.3) 矢川元基，塩谷隆二：超並列有限要素解析，朝倉書店，1998.

2.3.4) 日本学術振興会未来開拓推進事業：設計用大規模計算力学システム開発プロジェクト
(Adventure Project)

2.3.5) 宮村倫司，吉村　忍：PC クラスタによる古代建築パンテオンの並列応力解析，日本建築
学会構造系論文集，No. 550, pp. 95-102, 2001.12.

2.3.6) Tomoshi Miyamura, Makoto Ohsaki, Masayuki Kohiyama, Daigo Isobe, Kunizo Oda, Hiroshi
Akiba, Muneo Hori, Koich Kajiwara and Tatsuhiko Ine: Large-Scale FE Analysis of Steel Building
Frames Using E-Simulator, Progress in Nuclear Science and Technology, Atomic Energy Society
of Japan, Vol. 2, pp.651-656, 2011.

2.3.7) Tomoshi Miyamura, Takuzo Yamashita, Hiroshi Akiba and Makoto Ohsaki: Dynamic FE
Simulation of Four-story Steel Frame Modeled by Solid Elements and Its Validation Using Results
of Full-scale Shake-table Test, Earthquake Engineering and Structural Dynamics, Vol. 44, Issue 9,
pp. 1449-1469, 2015.7.

2.3.8) 村田　賢，柴田良一，新帯晃聖，望月裕之：大規模スペースフレームの動的解析に対
する PC クラスタによる並列化システムの開発（その 1），日本建築学会構造系論文集，
No. 542, pp. 115-122, 2001.4.

2.3.9) 柴田良一，村田　賢，望月裕之，加藤史郎，新帯晃聖：PC クラスタを用いた並列構造解析システムに関する研究（その１，２），日本建築学会大会学術講演梗概集，B-1，pp. 387-390，2000.9.

2.3.10) 早瀬友晴，柴田良一：緩和法による構造解析の分散並列化に関する基礎的研究，日本建築学会大会学術講演梗概集，B-1，pp. 391-392，2000.9.

2.3.11) Ryuji Shioya and Genki Yagawa: Large-Scale Parallel Finite-Element Analysis Using the Internet -A Performance Study-, International Journal for Numerical Methods in Engineering, Vol. 63, Issue 2, pp.218-230, 2005.5.

2.3.12) 柴田良一，加藤史郎：PC クラスタを用いた並列構造解析システムに関する研究，日本建築学会大会学術講演梗概集，B-1，pp. 235-236，2001.9.

2.3.13) 井戸裕介，柴田良一：骨組構造物の幾何学的非線形構造解析システムに対する並列化手法の基礎的研究，日本建築学会大会学術講演梗概集，B-1，pp. 237-238，2001.9.

2.3.14) 松本圭司，村田　賢，柴田良一：PC クラスタを用いた並列構造解析システムに関する研究（その３），日本建築学会大会学術講演梗概集，A-2，pp. 507-508，2002.8.

2.3.15) 藤田　憲，柴田良一：異機種間接属PC クラスタを用いた固有値解析の性能評価に関する基礎的研究，日本建築学会大会学術講演梗概集，A－2，pp. 509-510，2002.8.

2.3.16) 後藤則光，村田　賢，柴田良一，松本圭司：PC クラスタを用いた並列構造解析システムに関する研究（その４），日本建築学会大会学術講演梗概集，A-2，pp. 563-564，2003.9.

2.3.17) 中島正愛，石田雅利，安藤和博：サブストラクチャ仮動的実験のための数値積分法，日本建築学会構造系論文報告集，No. 417，pp. 107-117，1990.11.

2.3.18) 多田元英，水渡　明：トラス部材を含む骨組構造物の動的座屈挙動解析，日本建築学会構造系論文集，No. 446，pp. 51-56，1993.4.

2.3.19) 田中俊輔，多田元英，向出静司：正負繰返し曲げを受ける完全合成梁部材の弾塑性解析，日本鋼構造協会鋼構造年次論文報告集，第 16 巻，pp. 359-364，2008.11.

2.3.20) 多田元英，玉井宏章，吉村真人：露出柱脚と合成梁部材の解析プログラムを統合した鋼骨組の弾塑性解析コラボレーション，日本鋼構造協会鋼構造論文集，第 12 巻，第 47 号，pp. 43-55，2005.9.

2.3.21) 玉井宏章：変動軸力の影響を考慮した露出柱脚付骨組の弾塑性解析法，日本建築学会構造系論文集，No.571，pp127-135，2003.9.

2.3.22) 堀本明伸，多田元英，玉井宏章，大神勝城，桑原　進，三谷　淳：実大４層鉄骨造建物の統合化構造解析システムによる立体倒壊解析，構造工学論文集，Vol.55B，pp. 277-283，2009.3.

2.3.23) 吹田啓一郎，松岡祐一，山田　哲，島田侑子：震動台実験の概要と弾性応答性状（実大４層鉄骨造建物の完全崩壊実験　その１），日本建築学会構造系論文集，No.635，pp157-166，2009.1.

2.3.24) 中村　豊，上半文昭，井上英司：1995 年兵庫県南部地震の地震動記録波形と分析（II），JR 地震情報，No.23d，（財）鉄道総合技術研究所ユレダス開発推進部，1996.3.

第3章　RC造
第1節　RC造骨組の弾塑性特性と地震応答解析

3.1.1　はじめに

　地震時における建築物の応答挙動の推定は，一般的には骨組を簡単な解析モデルに置換し，コンピュータを用いてのシミュレーション解析によって判断している。しかし，解析モデルによって解析結果は異なるため，設計者や研究者は，その解析モデルの特性をよく理解して，解析の目的にあった解析モデルを選択することが極めて重要となってくる。特にRC造骨組では，S造とは異なり，圧縮と引張の特性が大きく違うことや，早期に非線形状態に入るため，解析モデルの違いが応答に及ぼす影響は極めて大きい。それ故，多くの研究者が独自の解析モデルを提案しており，その概要については，応用力学シリーズ4の「構造物の崩壊解析（基礎編）」[3.1.1)]にて記載されている。

　一方，近年コンピュータの開発が目覚しく，RC造高層建築物を柱，梁，柱梁接合部といった部材レベルの弾塑性特性を考慮した立体精算弾塑性応答解析が見られるようになってきた。そして，その解析法を用いて，3次元入力問題や各種解析モデルの違いによる影響を検討しており，その一例としては，応用力学シリーズ7の「構造物の崩壊解析（応用編）」[3.1.2)]や応用力学シリーズ11の「最近の建築構造解析理論の基礎と応用」[3.1.3)]にて記載されている。

　しかし，これらの各シリーズの内容も時間の経過とともに古くなりつつあるため，ここに再度，最新の解析法を見直してみることとした。

　本章の第1節では，最近のRC部材の強非線形領域までの実験を紹介するとともに，その非線形挙動を表現する部材モデルや剛性低下，耐力劣化を表現する履歴モデルを紹介する。そしてそれらのモデルを用いて，高層RC造骨組を対象に立体弾塑性地震応答解析を行い，梁の復元力特性モデルの違いが応答性状に及ぼす影響について検討する。

3.1.2　強非線形領域のＲＣ部材の挙動

a.　超高強度材料によるＲＣ柱の構造特性

　近年，超高層住宅の高層化とともにコンクリートの高強度化が推進されつつあり，Fc200N/mm^{2}クラスのRC柱の構造実験が行われ始めてきている[3.1.4)]。一方，鉄筋も高強度化が進みSD980クラスを主筋に，横補強筋にSD1275を適用し，Fc200N/mm^{2}のコンクリートと組み合わせた実験も行われている[3.1.5)]。ここでは，文献3.1.5)を参考に高強度材料を用いたRC柱の強非線形での構造特性について紹介する。

(1)　実験目的

　コンクリートの高強度化に伴い，早期での小変形時に柱のかぶりコンクリートが爆裂的に飛散する問題点が生じている。主筋にSD980クラス，横補強筋にSD1275を適用し，飛散防止に鋼繊維

を混入させたFc200 N/mm²のコンクリートの超高強度RC柱の構造性能について，軸力や横補強筋を主因子とした実験を行う。

(2) 実験計画

試験体は，断面450mm角，せん断スパン比1.5で縮尺約1/2とした。試験体形状と配筋を図3.1.1に示す。文献3.1.5)では，軸力，鋼繊維，横補強筋を変化させて計8体の曲げせん断実験を示しているが，本節で示す試験体は，内柱を対象とした一定軸力下(H20A-U14-C)と外柱を対象とした変動軸力下(H20A-U14-V)の2体とする。

軸力と曲げモーメントの載荷ルールを図3.1.2に示す。

(3) 実験結果

図3.1.3に各試験体のP-Δ効果を考慮したせん断力と部材角の関係を示す。なお，図中にACIストレスブロック法[3.1.6)]により算定された曲げ耐力を示す。また，試験体の部材角1/100（$R=10\times10^{-3}$rad.）時の損傷状況と最終状態を図3.1.4に示す。

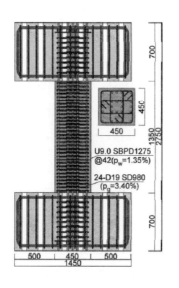 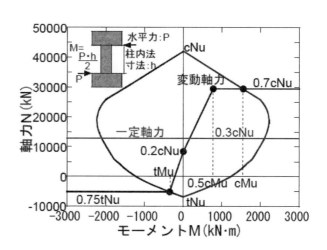

図3.1.1 試験体形状と配筋[3.1.5)]　　　図3.1.2 軸力と曲げモーメントの載荷ルール[3.1.5)]

圧縮軸力下における破壊過程は，各試験体ともほぼ同様で，かぶりコンクリートの圧壊により一時的にせん断力が低下するが，その後，横補強筋ひずみの増大とともにせん断力が増大し，主筋の圧縮降伏やコアコンクリートの圧壊が観察された後に，横補強筋ひずみがほぼ降伏ひずみに達して最大強度を示す。最大強度後は，コアコンクリートの圧壊が進展しせん断力が低下した。一方，引張軸力下では，材軸直交方向のひび割れが発生し主筋が引張降伏したが，明確なせん断力低下を示さず破壊に至ることはなかった。

かぶりコンクリートの圧壊による一時的なせん断力低下は，内柱試験体で部材角1/100（$R=10\times10^{-3}$rad.）程度，外柱試験体で部材角1/200（$R=5\times10^{-3}$rad.）程度で生じ，最大で300kN程度せん断力が低下した。また，各試験体とも実験終了まで爆裂的なかぶりコンクリートの飛散や剥落は観察されず，鋼繊維の補強が有効であることが確認された。

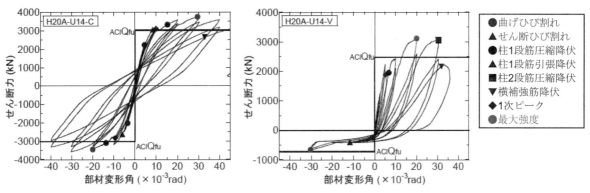

図3.1.3 せん断力-部材角関係[3.1.5)]

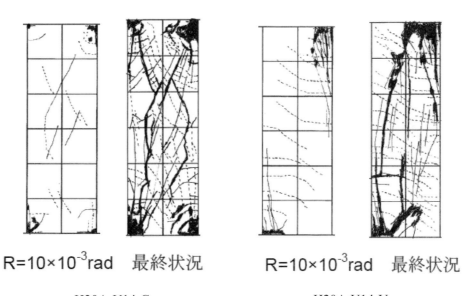

H20A-U14-C   H20A-U14-V

図3.1.4 損傷状況と最終破壊状況[3.1.5)]

b. 多数回繰返し地震荷重を受けるRC梁の構造特性

2011年3月11日の東日本大震災では，長時間にわたり地震動が励起され，都内の超高層ビルなどでは，10分以上にわたりゆれ続けたものもあったといわれている。ここでは，文献3.1.7)を参考に繰り返し荷重を多数回受けるRC梁の構造特性について紹介する。

(1) 実験目的

本震とそれに続く大規模余震を一つの地震動と考えると，建物には従来想定してきた数回レベル以上の繰返し荷重を受けていることになることや，また，近年話題の長周期地震動による超高層建物などは，数十回レベルの繰返しを受けることが予想される。一般の設計が梁降伏先行型である観点から多数回繰返し荷重を受けるRC梁の実験を行う。なお，実験因子はコンクリート強度，主筋強度・量，横補強筋比，載荷パターンなどである。

(2) 実験計画

試験体は超高層RC造建物の代表的な梁の縮尺1/2.5程度で，形状と配筋例を図3.1.5に示す。文献3.1.7)では計6体の曲げせん断実験を示しているが，本節で示す試験体は，載荷パターンを変えた3体とする。載荷プログラムを図3.1.6に示す。

載荷プログラムは，応答解析結果における代表的な梁の弾性範囲と弾性を超える範囲の振動数を参考に，振幅が漸増する一般的な地震動を想定した「載荷プログラムA」，阪神大震災で見られた比較的大振幅の地震荷重が早期に作用する「載荷プログラムB」，最後に一方向に偏って振動する場合を想定した「載荷プログラムC」の3種類とした。

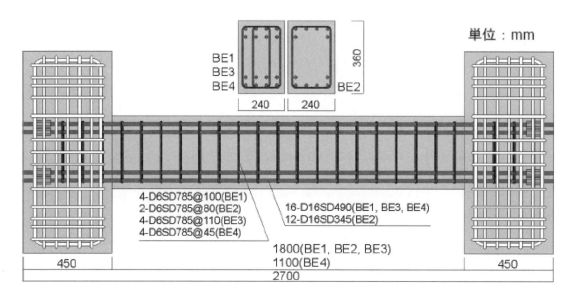

図3.1.5　試験体形状・配筋例[3.1.7)]

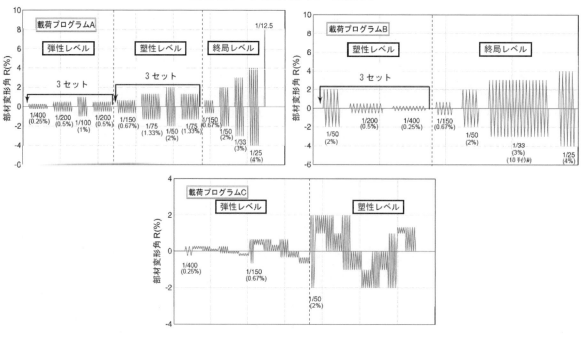

図3.1.6　載荷プログラム[3.1.7)]

(3) 実験結果

図3.1.7に各試験体の梁せん断力と部材角の関係を示す。ここで，BE1A，BE1B，BE1Cは，試験体がBE1で載荷プログラムをA，B，Cとしたものである。なお，図中に日本建築学会RC規準に示される曲げ終局強度略算式[3.1.8]により算定された曲げ耐力を示す。また，試験体の塑性レベル載荷終了時および部材角R=4/100載荷終了時の損傷状況を図3.1.8に示す。

載荷プログラムAの試験体では，弾性レベル載荷1セット目の部材角R=0.5/100までに，曲げひび割れ，せん断ひび割れが順次発生し，部材角R=1.5/100までに付着割裂ひび割れが発生した。その後の弾性レベル載荷2～3セット目では新たなひび割れは発生しなかった。塑性レベル載荷1セット目では，部材角R=1.3/100程度で主筋が降伏した。その後の繰返し載荷では，上端主筋に沿った付着割裂ひび割れの数が増大した。引き続く終局レベル載荷では，部材角R=3/100で危険断面近傍の圧縮縁コンクリートの圧壊・剥落が激しくなった。部材角R=4/100では付着割裂ひび割れが進展・拡大したが，顕著な耐力低下は見られなかった。

載荷プログラムBの試験体では，最初から部材角R=2/100の大変形があるため，塑性レベル載荷1セット目で各種ひび割れが発生し主筋が降伏したが，その後の塑性レベル載荷2～3セット目では新たなひび割れは発生しなかった。終局レベル載荷では，部材角R=3/100の大変形で多数の繰り返し載荷を行ったため，梁端部の曲げ圧壊が進展しコンクリート剥落も顕著になった。

載荷プログラムCの試験体では，一方向に偏っての載荷で各種ひび割れが発生し主筋が降伏したが，最終的に明確な破壊に至らなかった。

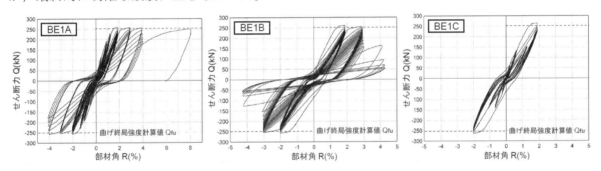

図3.1.7　せん断力－部材変形角関係[3.1.7]

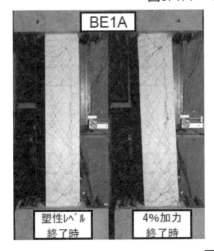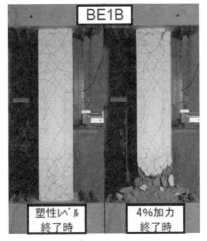

図3.1.8　損傷状況[3.1.7]

3.1.3 骨組解析で用いる解析モデル

a. 非線形挙動を表現する部材モデル

RC柱や梁の従来良く用いられた部材モデルには，材端ばね，分割梁，柔性パラボラ，片持ちばり結合，離散ばね，塑性論，ファイバー，マルチスプリング，マルチシャースプリング（MSS）等，目的に合わせたいくつかのモデルがあるが，その概要は文献3.1.1)に記載されている。

ここでは，最近研究された新たな部材モデルの概要を紹介する。

(1) 曲げ変形のみ考慮する柱，梁部材のマクロFEMモデル

このモデルは，陳，壁谷澤[3.1.9]等が開発したモデルで，柱，梁部材の断面をファイバーに分割して評価し，曲げ変形のみを考慮する変位分布関数を仮定したFEM手法によるマクロ的部材モデルである。片持ち梁の実験に適用し，大変形時の耐力低下は再現できないが，耐力や繰り返し曲げ変形による軸方向の伸び現象などを一定の精度で再現できたと述べている。

本モデルの特徴は，図3.1.9に示すように，端部節点のみの2つの節点を持つ1本の線材剛性マトリクスを形状関数を用いた局所座標系から算出する。また，断面の剛性マトリクスは，かぶりコンクリート（鉄筋あり）とコアコンクリート（無筋）に分類してセル分割し，主筋は1本ずつ応力度—ひずみ関係を評価して作成している。図3.1.10にコンクリート断面のセル分割を示す。

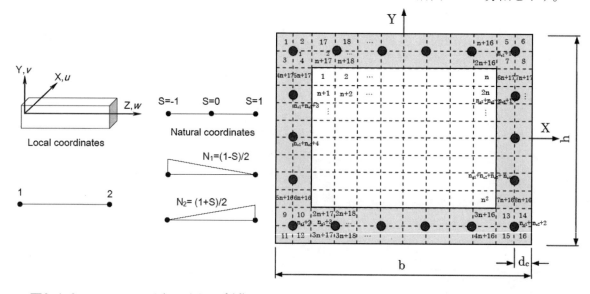

図3.1.9　フレーム要素の座標系[3.1.9]　　　図3.1.10　コンクリート断面のセル分割[3.1.9]

(2) 耐力劣化を表現する柱の部材モデル

このモデルは，金，壁谷澤[3.1.10]等がRC造建物の3次元非線形地震応答解析用に開発した柱のマクロ的部材モデルで，E-ディフェンスによる実大6層RC造建物実験のシミュレーション解析[3.1.11]に適用し，耐力劣化による層崩壊やその後の隣接構面へのせん断力負担の移行がおおむね表現できたと述べている。

本モデルの特徴は，図3.1.11に示すように，2つの節点を持つ1本の線材を3つの面材に変換し，線材では考慮できない平面応力—平面ひずみ関係に基づく2軸応力状態から曲げ—軸—せん断力の相互作用を考慮していることや，コンクリートの引張ひずみの影響によるコンクリートの圧縮

強度の軟化効果から耐力劣化性状を考慮していることである。図3.1.12にコンクリートの圧縮モデル，引張モデルを示す。

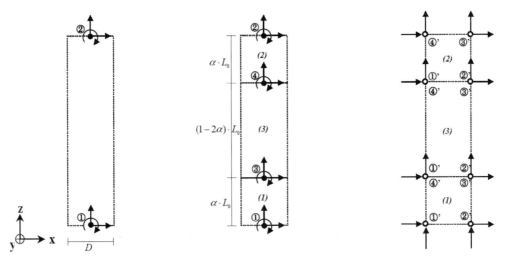

(a) 線材モデル　　(b) 内部節点をもつ線材モデル　　(c) 4節点面材モデル

図3.1.11　柱モデル[3.1.10)]

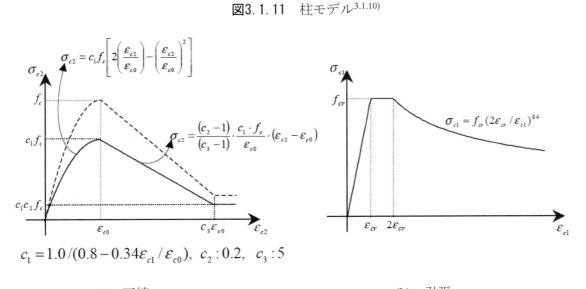

(a) 圧縮　　(b) 引張

図3.1.12　コンクリートの構成則[3.1.10)]

(3) 柱，梁，柱梁接合部を一体としたマクロエレメント部材モデル

このモデルは，田尻，塩原，楠原が開発したRC造骨組の弾塑性解析用モデル[3.1.12)]で，柱梁接合部の弾塑性挙動と柱端部と梁端部の弾塑性挙動が通し主筋の付着滑り現象を介して互いに影響を及ぼしあうことを考慮し，柱，梁，柱梁接合部を一体として扱うモデルである。十字形柱梁接合部の各種破壊実験のシミュレーション解析を行い，それぞれの破壊形式に応じた定性的な特徴を捉えることができたと述べている。

図3.1.13に示すように，8つの剛板を設け，内側の4つの剛板間で柱梁接合部の変形，平行に隣接する2つの剛板間で柱端部，梁端部の変形を表し，それぞれの剛板は，コンクリート，鉄筋，付着

の復元力特性を持つ一軸ばねで結合されている。

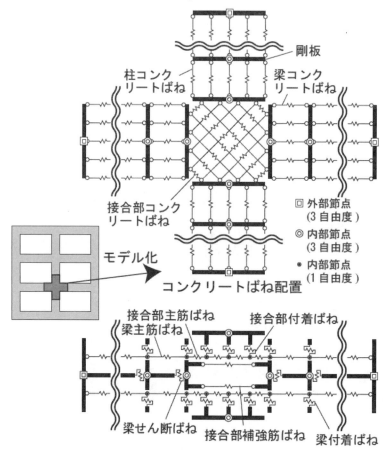

図3.1.13 柱梁接合部マクロエレメント[3.1.12)]

(4) パネル要素

このモデルは，陳，壁谷澤[3.1.13)]等が開発したモデルで，RC耐震壁を一つのアイソパラメトリック板要素と側柱，側梁にモデル化して，連層耐震壁を有する鉄筋コンクリート造建物の構造解析用に開発した部材モデルである。

本モデルの特徴は，図3.1.14に示すように，解析モデルの梁要素に側柱の拘束効果を評価した軸剛性を考慮したことと，4節点アイソパラメトリック板要素の形状関数に2次項を追加することにより，平板の曲げ変形を考慮し，曲げ変形によるせん断ひずみが評価されない非適合要素を取り入れたことにある。この解析法を用いて，各種耐震壁のシミュレーション解析を行い，それぞれの耐力や変形成分評価によい合致が得られたと述べている。

また，近年実施されたE－ディフェンスの6層鉄筋コンクリート建物の震動実験[3.1.14)]に適用する際に，図3.1.15のように，1層の耐震壁を2個のパネル要素にモデル化することで，耐震壁のせん断変形がよりよく評価されると述べている。

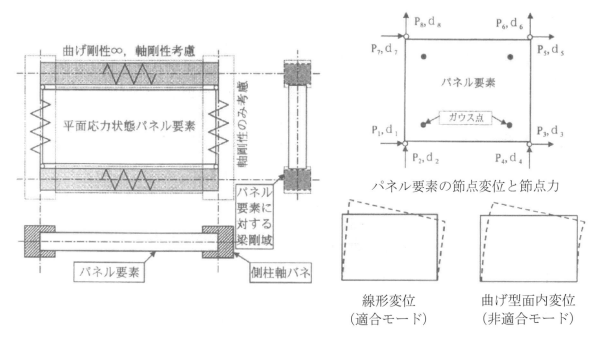

耐震壁解析モデル　　　　　　　　　　要素内の変位分布

図3.1.14　解析モデル概要[3.1.13)]

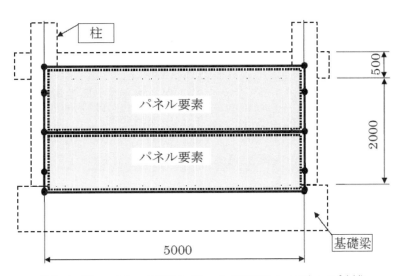

図3.1.15　パネル要素を用いた耐震壁のモデル化[3.1.14)]

b.　耐力低下・剛性低下を表現する復元力特性モデル

RC柱や梁の復元力特性については，設計でよく用いられる曲げ破壊型の代表的モデルとして，Nielsenモデル，Cloughモデル，武田モデル，武藤モデル，深田モデル等があるが，その概要は文献3.1.1)に記載されている。

ここでは，耐力低下を考慮した新たな復元力特性モデルの概要を紹介する。

(1) せん断破壊する柱の耐力低下モデル

　芳村らは，兵庫県南部地震における建物の中間層崩壊の研究[3.1.15)]で，せん断破壊型のRC柱を対象とした比較的低軸力下での水平加力実験を行い，その実験結果を用いて，RC柱の崩壊現象を考慮出来るせん断型復元力特性を設定し，応答解析を行っている。

　図3.1.16にその復元力モデルを示す。(a)は，層せん断力と層間変形との関係の包絡線を示す。実験結果から，保有水平耐力時の変形δyを部材角0.8/100，崩壊時変形δuを部材角6/100～10/100とし，δyとδuとの間に第3折点δbを設け部材角5/100としている。また，δuを越えても解析を継続するため，その後の剛性を1/10000としている。

　(b)の繰り返しによる履歴ルールは，本来付着性状の劣化を表現した曲げ破壊型の履歴特性である武田スリップモデル[3.1.16)]を，実験結果から判断して採用している。

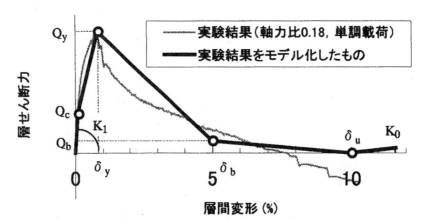

(a) 包絡線（折点の定義）

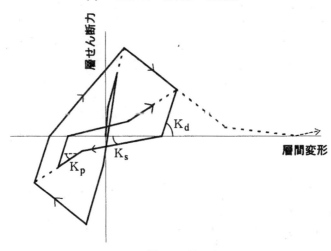

(b) 繰返し性状

図3.1.16　復元力モデル[3.1.15)]

(2) せん断破壊する耐震壁の耐力低下モデル

近森, 芳村らは, ピロティ階にせん断破壊型耐震壁を有する地震応答変形に関する研究[3.1.17)]で, 耐震壁のせん断特性のスケルトンカーブを4折れ線で表し, せん断降伏後の勾配や折れ点をパラメーターとし, 各種パラメーター解析を行っている。

図3.1.17にその復元力モデルを示す。(a)は, 層せん断力と層間変形との関係の包絡線を示す。せん断破壊時の変形角を0.4/100とし, せん断破壊後の負勾配 βを-10と-0.1並びに第3折れ点 γを0.4と0.1とした。

(b)の繰り返しによる履歴ルールは, ある方向でせん断破壊が生じ耐力が低下した場合, その方向での最大変形点の原点に対する対称点を反対方向では指向するモデルとしている。

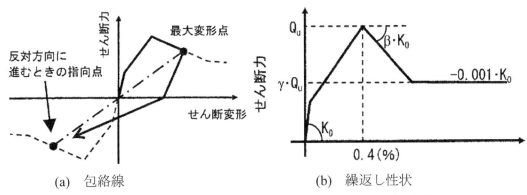

(a) 包絡線　　　　　　　　(b) 繰返し性状

図3.1.17　せん断破壊する耐震壁の耐力低下モデル[3.1.17)]

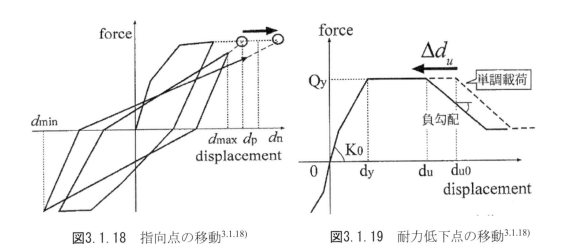

図3.1.18　指向点の移動[3.1.18)]　　　　図3.1.19　耐力低下点の移動[3.1.18)]

(3) 繰り返しによる曲げ降伏後の耐力低下を表すRC部材の復元力特性

梅村, 市之瀬らは, RC部材の復元力特性によく用いられる武田モデルに繰り返し載荷による耐力低下の効果を取り入れた復元力モデル[3.1.18)]を提案している。

本モデルの特徴は, 繰り返しによる剛性低下を, 前回までに経験した履歴ループのピークに当たる指向点の変位を増大させる剛性低下係数 χ を用いて表現するとともに, 累積損傷変形係数γを用いて単調載荷のスケルトンカーブの耐力低下開始点を移動させていることである。図3.1.18

並びに図3.1.19にその移動の考えを示す。

この復元力特性を用いて，χ=0.06〜0.07，γ=1.70（実験結果を最もよく再現出来た数値）で，実験の再現解析を行ったが，スリップ形状は再現出来ないが，各サイクルのピーク荷重については実験結果とよく対応していると述べている。

(4) 繰り返しを考慮したRC梁の復元力，履歴モデル

鈴木，兵頭らは，文献3.1.18で表現できなかった，RC梁の繰り返しによるスリップ型の履歴性状を表現可能な履歴モデル[3.1.19]を提案している。

本モデルの特徴は，本節3.1.2(2)に示した実験結果[3.1.7]で観察された繰り返し荷重による逆S型のスリップ性状が顕著になる履歴特性の特徴（履歴吸収エネルギーの減少）を考慮するために，スリップ時の剛性低下ルールに履歴エネルギー減少比率h_{n+1}を用いていることである。なお，その他の最大変形を更新する漸増振幅の場合は武田モデルとし，繰り返しによる耐力低下は梅村らの指向点移動によるχを採用している。

この復元力，履歴特性を用いて，各種変位履歴を有するRC梁の実験の解析を行い，正負対称に近い加力ばかりでなく，片揺れやランダム加力に対しても繰り返しの影響を良好な精度で考慮出来ていることが確認されたと述べている。

本節の3.1.4にて，本解析法を用いて検討を行うことにより，本解析法の特徴であるスリップ性状の設定法を以下に示す。

i) 指向点移動量の設定

繰り返しによる剛性低下の履歴性状を表現するために，指向点の移動量は，図3.1.20に示す梅村らのχによる定式化を用いて以下のように表現する

$$\chi = (d_{n+1} - d_n)/(d_{max} - d_{min}) \tag{3.1.1}$$

ここに，d_{n+1}，d_nは$n+1$ステップ，nステップでの変形を表し，d_{max}は過去に経験した正側の最大変形，d_{min}は過去に経験した負側の最大変形を表す。

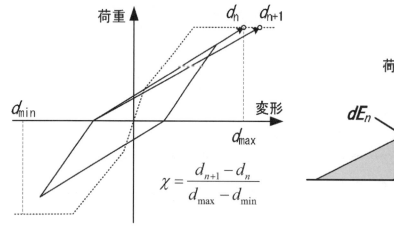 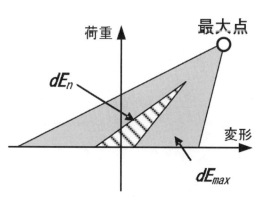

図3.1.20 指向点の移動量 χ [3.1.19]　　図3.1.21 変数 dE_n, dE_{max} の定義[3.1.19]

ここで，χ を図3.1.21で示すような，前回の片側履歴吸収エネルギー量を過去に経験した最大変形時の片側履歴吸収エネルギー量で規準化した変数 dE_n/dE_{max} の関数で表すと，過去の実験から以下のように表される。

$$\chi = 0.02(dE_n/dE_{max})^6 \tag{3.1.2}$$

ii) スリップ特性の設定

繰り返しによる履歴性状の劣化と逆S字型の履歴性状を表現するために，新たなスリップ型履歴特性を設定した。図3.1.22に示すように，荷重が0となる点から始まる剛性をスリップ剛性，ループ開始点に向かう剛性を立ち上がり剛性とし，途中で剛性が切り替わる点を残留変形点 δ_d の1/2倍とした。繰り返し変形を受けるたびにスリップ剛性が低下してゆくルールは以下とした。

図3.1.23に示す n 回目と $n+1$ 回目の履歴吸収エネルギーの減少比率を h_{n+1} とすれば，次式の関係式が成立する。

$$Ks_{n+1} = h_{n+1}\chi(Ks_n + \beta) - \beta \tag{3.1.3}$$

ここに，

$$\beta = Q_{max}/3(2d_{max} - Q_{max}/Kd) \tag{3.1.4}$$

この履歴吸収エネルギーの減少比率 h_{n+1} を過去の梁実験結果から変数 dE_n/dE_{max} を用いて表現すると，次式のように近似的に表される。

$$h_{n+1} = 1 - 0.2(dE_n/dE_{max})^2 \tag{3.1.5}$$

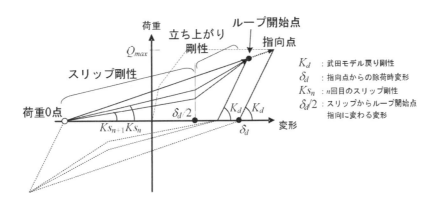

図3.1.22 スリップ剛性の導入[3.1.19)]

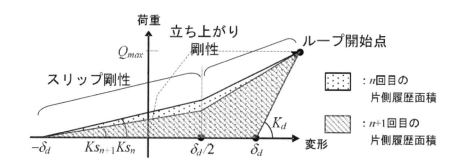

図3.1.23 スリップ剛性低下ルールに用いる履歴面積の定義[3.1.19)]

3.1.4 骨組の弾塑性応答解析

a. 解析対象

解析対象骨組の基準階平面図および軸組図をそれぞれ図3.1.24および図3.1.25に示す。この建物は，X，Y両方向とも6スパンで，辺長が29.8mの正方形の辺中央部にへこみを有するX，Y両方向に対称な30階建RC造集合住宅である。

この骨組の耐震設計は，ベースシア係数0.12のAi分布による地震力に対して許容応力度設計を行っており，主として梁の断面と配筋をこれにより決定している。また，レベル2相当以上の架構方向地震力に対して，最上階柱頭と1階柱脚以外は梁曲げ降伏先行型の全体降伏機構を想定し，梁曲げ降伏時における柱の曲げモーメントとせん断力の終局耐力に対する余裕度が1.25倍以上あるように柱の断面と配筋を決定している。

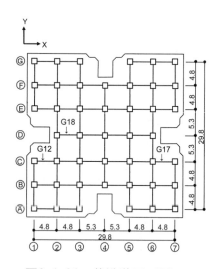

図3.1.24 基準階平面図

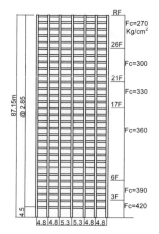

図3.1.25 軸組図

b. 解析方法

地震応答解析の解析方法は，柱に塑性論を用いた部材レベルの弾塑性地震応答解析法[3.1.20)]であり，梁の復元力履歴特性のみを変えた解析とする。

なお，P-Δ効果や幾何学的非線形特性については考慮していない。

c. 解析ケース

地震応答解析の解析ケースは，梁の復元力履歴特性のみを変えた以下の6ケースとする。

(1) 基本ケースでの比較
   CASE1　武藤モデル
   CASE2　武田モデル
   CASE3　武田繰返し劣化モデル

(2) 極めて稀な地震動を2回繰り返したケースでの比較（基本ケース×2回）
   CASE4　武藤モデル
   CASE5　武田モデル
   CASE6　武田繰返し劣化モデル

梁の各モデルの履歴特性の概要を図3.1.26に示す。

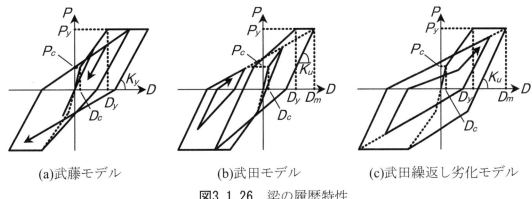

(a)武藤モデル　　　　(b)武田モデル　　　　(c)武田繰返し劣化モデル

図3.1.26　梁の履歴特性

d. 入力地震動

地震応答解析に当たっては入力地震動として極めて稀な地震動を想定し，告示スペクトルに適合したランダム位相の模擬地震波を採用した。最大加速度は387cm/sec^{2}で加速度時刻歴を図3.1.27に示す。解析継続時間は163.84秒とし演算時間刻みは0.005秒とした。なお，地震動2回繰返しの場合，1回目の入力後に入力の無い時間帯を設け，2回目の地震入力は200秒からの開始とし，合計継続時間を363.84秒とした。減衰は瞬間剛性比例型の内部粘性減衰とし，弾性1次固有周期1.60秒に対して3%を仮定した。なお，入力方向は，X，Y両方向共に対称なため，X方向のみとする。

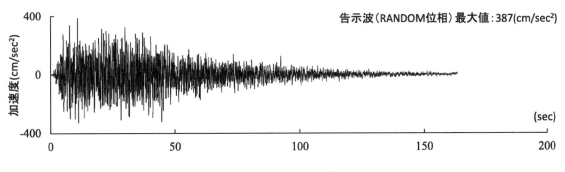

図3.1.27　入力地震動

3.1.5 解析結果
a. 基本ケースでの比較
(1) 骨組の塑性化状況

CASE1，CASE2，CASE3モデルにおけるCフレームの柱，梁のひび割れおよび降伏の発生状況を図3.1.28に示す。

どのケースも柱は降伏を生じていないが，梁は降伏を生じている。

梁の降伏箇所数は，X方向の全梁端部数2176に対して，CASE1は1416箇所と最も多く，CASE2は869箇所と最も少ない。CASE3は1200箇所でCASE1に似た塑性化状況を示しているが，CASE2はCASE1に比べ中間層から上層にかけて梁の降伏箇所が少なくなっている。

凡例（△：ひび割れ，○：降伏）

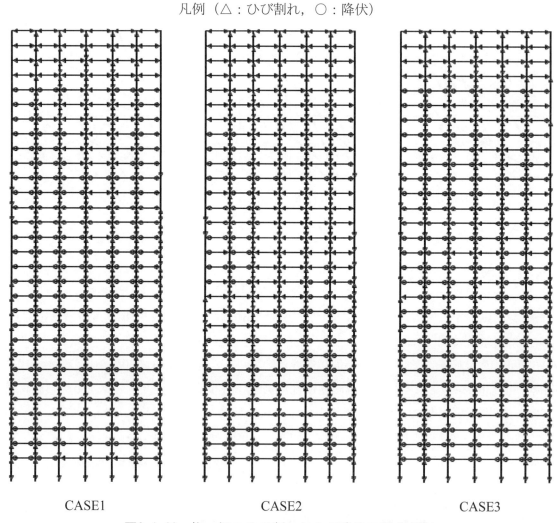

CASE1　　　　　　　　　　CASE2　　　　　　　　　　CASE3

図3.1.28　柱，梁のひび割れおよび降伏の発生状況

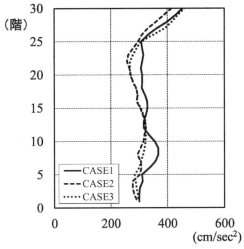
図3.1.29 応答最大加速度

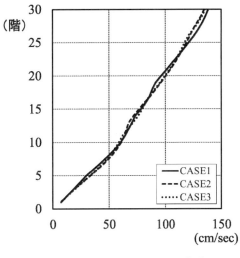
図3.1.30 応答最大速度

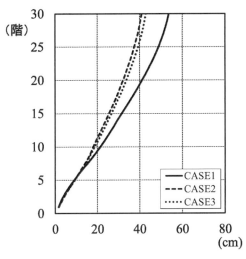
図3.1.31 応答最大変位

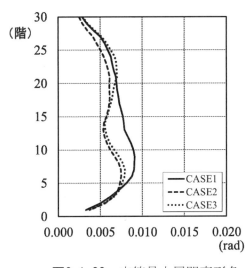
図3.1.32 応答最大層間変形角

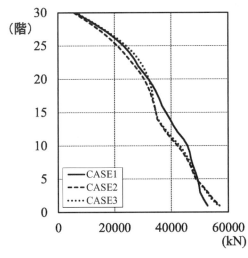
図3.1.33 応答最大層せん断力

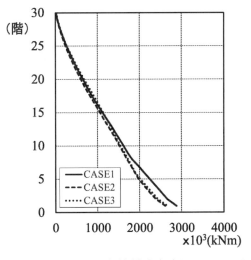
図3.1.34 応答最大転倒モーメント

(2) 骨組の応答最大値

CASE1，CASE2，CASE3モデルにおける骨組の応答最大値分布を図3.1.29～34に示す。

図3.1.29の応答最大加速度のCASE1とCASE2を見ると，ほぼ全層に亘りCASE1の方が大きい。その違いは大きいところで2割程度である。また，CASE2とCASE3を見ると，上層部ではCASE3が若干大きいが，それ以外はほぼ同じである。

図3.1.30の応答最大速度を見ると，3ケースともほぼ全層に亘りほぼ同じである。

図3.1.31の応答最大変位を見ると，CASE1が最も大きく，CASE2とCASE3はほとんど変わらないが，上層部でCASE3の方が若干大きい。CASE1は，他のケースに比べ最上階で3割程度大きい。

図3.1.32の応答最大層間変形角を見ると，全体的にCASE1が最も大きく，CASE2とCASE3では上層部でCASE3が大きい。その違いは大きいところで5割程度異なる。

図3.1.33の応答最大層せん断力を見ると，CASE1は他のモデルと比べ中間層で大きくなっているが，下層部では逆に小さい。CASE2とCASE3を比較すると，上層部でCASE3が若干大きいがそれ以外はほぼ同じである。

図3.1.34の応答最大転倒モーメントを見ると，CASE2とCASE3は全層に亘りほぼ同じであるが，下層部ではCASE1が他のケースに比べ若干大きい。

これらの結果から，設計レベルの極めて稀な地震動クラスでは，骨組の応答最大値は武藤モデルの方が武田モデルよりも大きくなる傾向がある。また，武田モデルと武田繰返し劣化モデルでは，若干武田繰返し劣化モデルの方が大きくなる傾向にあるが，設計に影響するほどではないと考えられる。

(3) 梁の応答値

CASE1，CASE2，CASE3モデルにおける梁の応答最大値分布を図3.1.35～6に示す。

図3.1.35の梁の応答最大塑性率を見ると，ほぼ全層に亘りCASE1が最も大きい。またその違いは大きいところで2倍弱となっている。

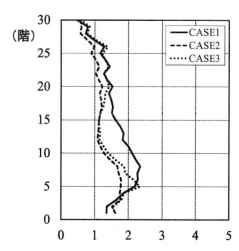 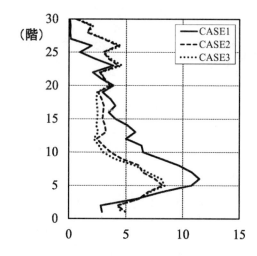

図3.1.35　梁の応答最大塑性率　　図3.1.36　梁の応答最大累積エネルギー倍率

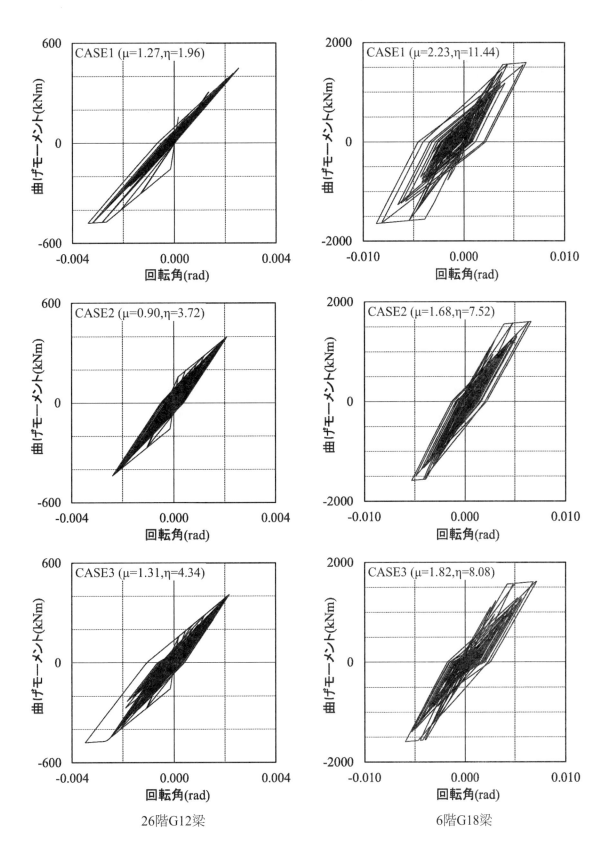

図3.1.37 代表的な梁のM－θ応答履歴

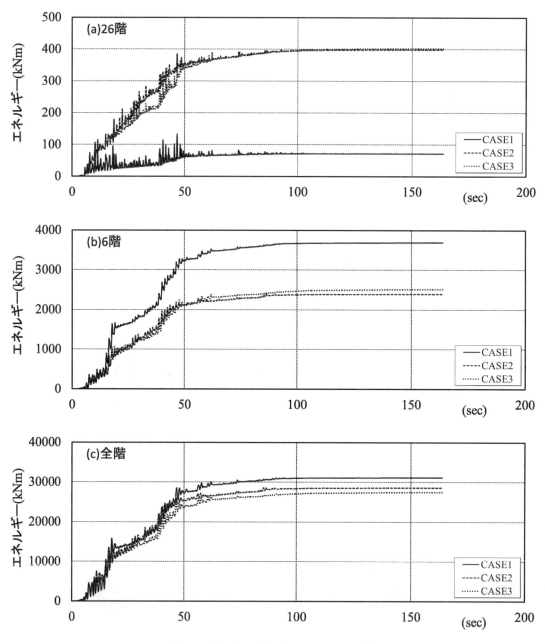

図3.1.38 梁の履歴エネルギー時刻歴

　CASE2とCASE3を比較すると，上層部と下層部でCASE3の方が大きくなっている。その違いは大きいところで2割程度である。

　図3.1.36の梁の応答最大累積エネルギー倍率を見ると，CASE2とCASE3はほぼ同じ値を示しているが，CASE1は他のモデルに比べ，塑性率の小さい上層部で小さく塑性率の大きい下層部で大きくなっている。その違いは大きいところで2倍くらいになっている。

　梁の塑性率，並びに累積エネルギー倍率の違いを調べるために，上層と下層の代表的な梁についてM－θ応答履歴を図3.1.37に示す。図中のμは応答最大塑性率，ηは応答最大累積エネルギー

倍率を示す。

　図3.1.37を見ると，上層部の26階ではCASE1はCASE2に比べ塑性率は大きいが累積エネルギー倍率は小さい。CASE2とCASE3を比べると，塑性率も累積エネルギー倍率もCASE3の方が大きい。一方，下層部の６階では，CASE1はCASE2に比べ塑性率だけでなく累積エネルギー倍率も大きい。CASE2とCASE3では２６階と同様な傾向を示す。

　これらの結果を見ると，武藤モデルは武田モデルに比べ梁の応答塑性率が大きくなる傾向にある。これは，武藤モデルが武田モデルに比べ塑性化が進んでいない状態では，ひび割れからの除荷時での履歴エネルギーが小さいためと，塑性化が進んだ降伏状態では，除荷後の再加力時での剛性が小さいためと考えられる。

　上層及び下層の代表階，並びに全階での梁の履歴エネルギー時刻歴を図3.1.38に示す。

　図3.1.38を見ると，塑性化があまり進んでいない上層階では，CASE1はCASE2とCASE3に比べ約1/6となっているのに対し，塑性化が進んでいる下層階では，CASE1はCASE2とCASE3に比べ約５割大きくなっている。

　全階で見ると，CASE1が最も大きく，CASE2，CASE3と順次小さくなっている。その割合は，CASE1はCASE2およびCASE3に比べ約１割大きくなっている。

b.　極めて稀な地震動が２回来たケースでの比較

(1)　骨組の塑性化状況

　CASE4，CASE5，CASE6モデルにおけるＣフレームの柱，梁のひび割れおよび降伏の発生状況を図3.1.39に示す。

　CASE4は柱降伏を生じていないが，CASE5とCASE6は１階柱脚に柱降伏が生じている。

　梁の降伏箇所数は，X方向の全梁端部箇所数2176に対してCASE4は1430箇所，CASE5は996箇所とCASE1，CASE2に比べ若干の増加であるが，CASE6は1542箇所とCASE3に比べ約３割増加している。

(2)　骨組の応答最大値

　CASE4，CASE5，CASE6モデルにおける骨組の応答最大値分布を図3.1.40〜45に示す。

　図3.1.40〜図3.1.45を図3.1.29〜図3.1.34と比較すると，CASE4とCASE5はCASE1とCASE2の応答最大値とほとんど同じである。しかし，CASE6はCASE3に比べ加速度，速度，変形に対してすべて大きくなっている。また，せん断力と転倒モーメントはCASE1~3とCASE4~6はほとんど同じである。

　すなわち，同じ地震動を繰り返し２回入力した場合，梁の繰返し劣化を考慮したCASE6では，建物の最大応力はほとんど変わらないが，応答加速度，応答速度，応答変位は大きくなる。その違いは，大きいところで応答加速度で３割程度，応答速度で２割程度，応答変位で１割程度である。

凡例（△：ひび割れ，○：降伏）

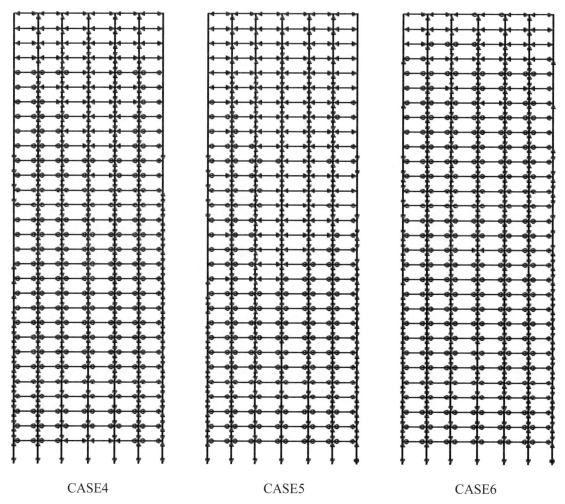

| CASE4 | CASE5 | CASE6 |

図3.1.39　柱，梁のひび割れおよび降伏の発生状況

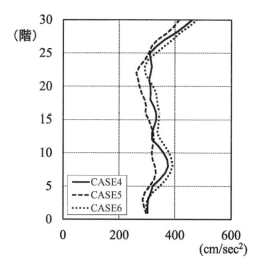

図3.1.40　応答最大加速度

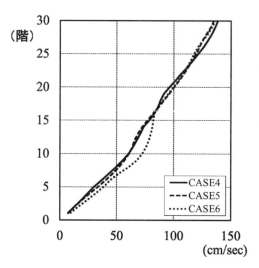

図3.1.41　応答最大速度

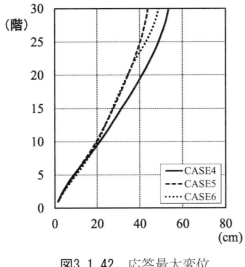

図3.1.42 応答最大変位　　　　　　　図3.1.43 応答最大層間変形角

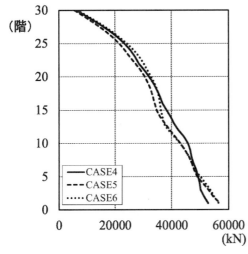 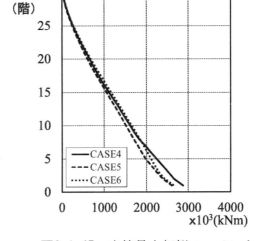

図3.1.44 応答最大層せん断力　　　　図3.1.45 応答最大転倒モーメント

(3) 梁の応答値

　CASE4，CASE5，CASE6モデルにおける梁の応答最大値分布を図3.1.46～47に示す。

　図3.1.46と図3.1.35の梁の応答最大塑性率を比較すると，CASE4とCASE5はCASE1とCASE2の応答最大値とほとんど同じであるが，CASE6はCASE3に比べ値が全層に亘り大きくなっている。その違いは大きいところで2倍以上となっている。

　一方，図3.1.47と図3.1.36の梁の最大累積エネルギー倍率を比較すると，層によって若干の違いはあるものの，ほぼ全層に亘りCASE4~6はCASE1~3の約2倍となっている増加傾向はほとんど同じである。

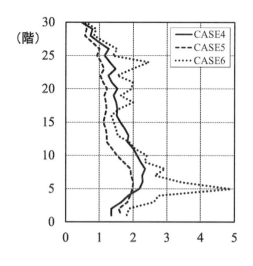 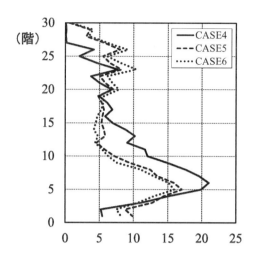

図3.1.46 梁の応答最大塑性率　　　図3.1.47 梁の応答最大累積エネルギー倍率

CASE4~6の下層階での代表的な梁のM-θ応答履歴を図3.1.48に示す。

図3.1.48の左の１波目（200秒まで）と右の２波目（200秒以後）の図を見比べると，CASE4では，応答最大塑性率は変わらず，応答最大累積エネルギー倍率は1.85倍となっている。CASE5では，応答最大塑性率は1.08倍，応答最大累積エネルギー倍率は2.08倍となっている。CASE6では，応答最大塑性率は1.15倍，応答最大累積エネルギー倍率は1.89倍となっている。

これらの結果から，武田繰返し劣化モデルは，武藤モデル並びに武田モデルに比べ，同じレベルの地震動が２回来るような場合，応答最大変形角すなわち応答最大塑性率が大きくなる傾向を示す。

これは，武田繰返し劣化モデルが他のモデルに比べ，降伏後の繰返し劣化に伴う剛性低下のため，履歴エネルギーが小さくなっていくためと考えられる。

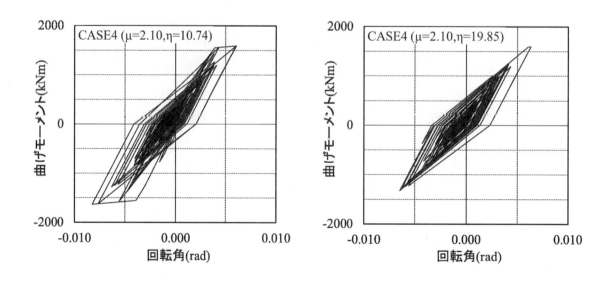

図3.1.48　５階G18梁のM-θ履歴（CASE4）

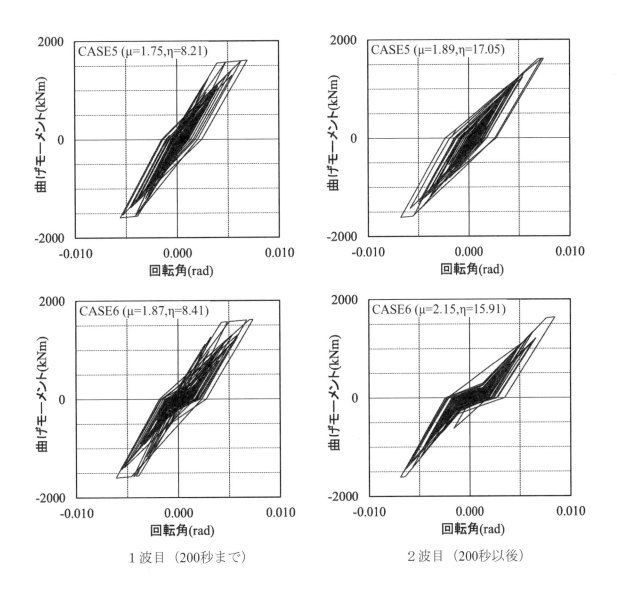

図3.1.48　5階G18梁のM－θ履歴（CASE5, CASE6）

3.1.6　むすび

(1)最近のRC部材の研究開発において，柱では超高強度材料（コンクリート：Fc200N/mm², 鉄筋：主筋SD980，横補強筋SD1275）の構造実験を，梁では多数回繰返し地震荷重を受ける構造実験を紹介し，その構造特性について要約した。
また，骨組解析で用いる解析モデルにおいて，最新の非線形挙動を表現する部材モデルと耐力低下を表現する復元力特性モデルを各々4例ずつ紹介した。

(2)30階建RC造立体骨組を対象に，梁の復元力特性を武藤モデル，武田モデル，武田繰返し劣化モデルに設定した各モデルについて，告示スペクトルに基づく乱数位相による模擬地震波を入力地震動とした地震応答解析を行った結果，本建物に関しては以下のような結果となった。
i) 建物の最大応答値は，武藤モデルが武田モデル，武田繰返し劣化モデルと比較し大きくなる傾

向を示す。層せん断力や転倒モーメントといった応力の違いは小さいが，層間変形などは大きいところで，5割程度異なる。

ii) 梁の応答最大塑性率は，武藤モデルが最も大きく，武田繰返し劣化モデル，武田モデルと小さくなっている。その違いは大きいところで，2倍弱程度となっている。また，梁の応答最大累積エネルギー倍率は，塑性化が進む部材では武藤モデルが大きく，塑性化してない部材では武藤モデルが小さい。

iii) 梁の降伏後の繰返し劣化の影響を見るために地震動を2回繰り返した場合では，建物の応答最大値は，2回繰り返した場合の方が1回の場合に比べ若干大きくなるが，ほとんど変わらない。しかし梁の応答最大塑性率は，武藤モデル，武田モデルともに大きく変わらないが，武田繰返し劣化モデルは大きく異なり，大きいところでは2倍以上異なる。

iv) 建物全体の塑性化状況は，入力地震動が1回の場合，武藤モデルでの梁降伏箇所が最も多く，武田繰返し劣化モデル，武田モデルの順で少なくなっているが，地震動を2回繰り返した場合では，武田繰返し劣化モデルが最も多く，1回の場合に比べ3割程度増加している。また一部で柱降伏も見られた。

　以上より，梁の降伏を許容した高層RC造建物の地震応答解析を行う場合，梁の復元力特性の違いが建物の挙動に及ぼす影響は大きく，地震後の余震など繰り返し地震が起きるような場合，建物の崩壊挙動の追跡には，梁の繰返し劣化を考慮した弾塑性地震応答解析をすることが重要であると判断される。

参考文献

3.1.1)　日本建築学会：応用力学シリーズ4　構造物の崩壊解析（基礎編），第4章1節鉄筋コンクリート造骨組系，pp.193-208，1997年3月

3.1.2)　日本建築学会：応用力学シリーズ7　構造物の崩壊解析（応用編），第3章1節高層RC造骨組の3次元入力弾塑性地震応答解析，pp.145-164，1999年6月

3.1.3)　日本建築学会：応用力学シリーズ11　最近の建築構造解析理論の基礎と応用，第3章鉄筋コンクリート造高層骨組の弾塑性地震応答解析，pp.65-88，2004年5月

3.1.4)　木村秀樹，石川裕次：超高強度鋼繊維コンクリートを用いたRC柱の高軸力下における力学性状，コンクリート工学年次論文集，Vol.27，No.2，pp.685-690，2005

3.1.5)　丸田　誠，高稲宣和，永井　覚，鈴木紀雄：200N/mm² コンクリートを用いたRC柱の曲げせん断実験，コンクリート工学年次論文集，Vol.32，No.2，pp.559-564，2010

3.1.6)　American Concrete Institute : Building Code Requirements for Structural Concrete and Commentary ACI 318-02/318R-02，2002

3.1.7)　永井　覚，金子貴司，丸田　誠，小鹿紀英：多数回繰り返し荷重を受けるRC梁部材の構造特性，コンクリート工学年次論文集，Vol.30，No.3，pp.979-984，2008

3.1.8)　日本建築学会：鉄筋コンクリート構造計算規準・同解説，許容応力度設計法，1999

3.1.9)　陳　少華，壁谷澤寿海：曲げ変形のみを考慮するRC柱梁部材のFEMモデルの開発，コ

ンクリート工学年次論文集，Vol.26，No.2，pp.25-30，2004

3.1.10) 金　裕錫，壁谷澤寿海：鉄筋コンクリート柱のモデル化に関する研究，コンクリート工学年次論文集，Vol.26,No.2，pp.43-48，2004

3.1.11) 金　裕錫，松森泰造，壁谷澤寿海，真田靖士，壁谷澤寿一：Ｅ－ディフェンスによる実大６層鉄筋コンクリート建物実験　その6　柱の挙動に関する解析，日本建築学会大会学術講演梗概集構造Ｃ，pp.695-696，2006年9月

3.1.12) 田尻清太郎，塩原　等，楠原文雄：ＲＣ柱梁接合部マクロエレメントによる十字型柱梁接合部の弾塑性挙動の検討，日本建築学会大会学術講演梗概集構造Ｃ，pp.51-52，2006年9月

3.1.13) 陳　少華，壁谷澤寿海：鉄筋コンクリート建物の構造解析における耐震壁のモデル，コンクリート工学年次論文集，Vol.22，No.3，pp.481-486，2000

3.1.14) 陳　少華，松森泰造，松井智哉，壁谷澤寿海：Ｅ－ディフェンスによる実大６層鉄筋コンクリート建物実験　その5　耐震壁の挙動に関する解析，日本建築学会大会学術講演梗概集構造Ｃ，pp.693-694，2006年9月

3.1.15) 中村孝也，芳村　学：兵庫県南部地震において中間層崩壊した鉄筋コンクリート系建物の地震応答，日本建築学会構造系論文報告集，第556号，pp.123〜130，2002年6月

3.1.16) 江戸宏彰，武田寿一：鉄筋コンクリート構造物の弾塑性地震応答フレーム解析，日本建築学会大会学術講演梗概集構造Ｃ，pp.1877-1878，1977年10月

3.1.17) 近森俊宏，芳村　学，保木和明：ピロティ階に剪断破壊型耐震壁を有する建物の地震応答変形に関する研究，コンクリート工学年次論文集，Vol.27，No.2，pp.991-996，2005

3.1.18) 梅村　恒，市之瀬敏勝，大橋一仁，前川純一：耐力低下を考慮したＲＣ部材の復元力特性モデルの開発，コンクリート工学年次論文集，Vol.24，No.2，pp.1147-1152，2002

3.1.19) 鈴木芳隆，兵頭　陽，丸田　誠，鈴木紀雄，小鹿紀英：多数回繰返し荷重を受ける鉄筋コンクリート造建物の挙動に関する研究，日本建築学会構造系論文報告集，第646号，pp.2317〜2325，2009年12月

3.1.20) 磯崎　浩，福澤栄治，高橋元美：柱の変動軸力と２軸曲げモーメントを考慮したＲＣ造立体骨組の弾塑性地震応答解析（その1）解析法，日本建築学会構造系論文報告集，第441号，pp.73〜83，1992年11月

第3章　RC造
第2節　RC耐震壁および柱・梁部材の非線形特性と材料構成モデル

3.2.1　はじめに

　一般的なRC建物の非線形挙動はフレーム解析によって静的・動的に予測することが可能である。しかし，あくまでも部材レベルの解析であることから，各層の変形や部材の降伏状況は把握できるものの，コンクリートひび割れや圧壊の進展状況など，各部材の損傷状況を詳しく知ることは難しい。そのような目的では，FEMのような材料レベルの構成モデルに基づいた詳細解析が有力な手法と言える。

　RC構造物の設計では地震力が支配的となる場合がほとんどである。地震力に対しては，柱と梁で構成されるラーメン構造と耐震壁の二つが主要な抵抗機構となるが，そのメカニズムは大きく異なっている。地震時においては，柱は軸力，曲げ，せん断を受け，梁は主に曲げとせん断（実際には軸力も生じる），耐震壁は主にせん断を受けるが，高層建物になると耐震壁にも軸力や曲げがかなり作用するようになる。耐震壁は平面応力状態に近いと見なすことができるが，柱や梁は基本的に三次元応力状態となることから，解析においては三軸応力下の材料構成モデルが必要となる。

　FEMによる現状の解析精度としては，耐力低下域を含む破壊までの挙動については，まだ十分な信頼性が得られていない面があるが，最大耐力に到達するまでの挙動に関しては，比較的高い精度で予測できるようになっており，三軸応力下の材料構成モデルを用いた地震応答解析も可能になりつつある。

　本節では，まず3.2.2においてRC構造の特性を考慮するための有限要素によるモデル化方法について紹介する。次に3.2.3ではコンクリートの応力－ひずみ構成関係について，二軸応力下および三軸応力下の直交異方性モデルを紹介する。3.2.4では多軸応力下におけるコンクリートの破壊条件として，二軸応力下および三軸応力下での代表的なものを紹介する。3.2.5ではコンクリートの引張，圧縮，せん断のそれぞれに関する応力－ひずみ曲線の表現式と，繰返し応力下における履歴特性のモデル化例を紹介する。3.2.6では鉄筋とコンクリートの相互作用に着目し，付着による引張硬化や付着すべりのモデル化方法，および，鉄筋と交差するひび割れによるコンクリートの圧縮劣化特性のモデル化に関する既往の研究を紹介する。

3.2.2　ＲＣ構造のモデル化方法

a. 概要

　RC構造の解析においては，コンクリート中に埋め込まれている鉄筋をモデル化する必要があるが，それにはいくつかの方法があり，配筋状況や解析目的に合わせて適切なものを選択することになる。さらに，コンクリートのひび割れや，鉄筋とコンクリート間の相対すべり（付着すべり）などの強非線形現象を適切に表現することが重要であり，そのためには変形の不連続性を表現するための接合要素を導入する手法などが用いられる。

b. コンクリートのひび割れのモデル化

FEM でコンクリートのひび割れを表現する方法としては，図 3.2.1 に示す離散ひび割れモデル（discrete crack model）と分散ひび割れモデル（smeared crack model）の二つが代表的である。

離散ひび割れモデルはコンクリートを表現する要素と要素の間に接合要素（クラックリンクなどと呼ばれる）を挿入して，接合要素に作用する応力がコンクリートの引張強度を越えたら，その剛性を零とすることで，コンクリートを表現する要素同士の連結を切り離し，ひび割れを直接的に表現するものである。ひび割れの方向が要素分割に依存するため，あらかじめ，ひび割れの方向を想定して要素分割を行っておく必要がある。コンクリートの打継ぎ部や断面が変化する箇所など，ひび割れの発生が予測される場合を除き，あまり実用的ではない。ひび割れの進展に応じて，要素分割を自動的に修正したり，新たな要素を発生させたりする方法も提案されているが，プログラムが煩雑になる上，計算時間がかかるなどの欠点があり，ほとんど普及していない。

一方，分散ひび割れモデルは要素内のある方向に一様にひび割れが生じている状態を表現するもので，要素の主応力がコンクリートの引張強度を越えたら，主応力方向の垂直剛性を零とするものである。要素分割に依存せず，扱いも簡単であることから，広く普及している。ひび割れ発生後にひび割れ直交方向のひずみが零または負になった場合はひび割れが閉じたものとして，垂直剛性を復活させることで，再び力を伝達することができる。ひび割れの方向は記憶しておき，ひび割れ直交方向に引張力が作用し，引張ひずみに転じた場合は，ひび割れが再開したものと判断して，再び垂直剛性を零とする。

分散ひび割れモデルには，ひび割れの方向を固定する一般的なモデルと，ひび割れの方向を主ひずみ方向と一致するように常に変化させる回転ひび割れモデルがある。固定ひび割れモデルには互いに直交するひび割れのみを表現するものと，直交しないひび割れも表現できるものがある。回転ひび割れモデルは常に1本，あるいは，それと直交するひび割れしか表現できないため，荷重の方向が変わったり，主方向が変化したりすると，初期のひび割れが徐々に方向を変えていくことになり，実現象とはやや異なるため，地震時のような正負繰返し荷重を受ける場合の解析に適用する際は注意が必要である。

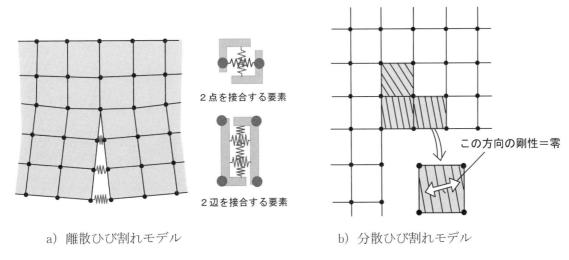

a) 離散ひび割れモデル　　　　　　　　b) 分散ひび割れモデル

図 3.2.1　コンクリートのひび割れのモデル化方法

c. 鉄筋のモデル化

鉄筋のモデル化方法は，線材置換，ソリッド置換，埋込み型の三種類に大別され，それぞれに特徴があるため，解析の目的や解析対象の規模に合わせて決定する必要がある。

図3.2.2に示す線材置換は，集中的に配筋された鉄筋（柱や梁の主筋など）や，配筋間隔が比較的粗い場合に適しており，通常はトラス要素が用いられる。要素分割は鉄筋の位置を考慮して決める必要がある。鉄筋の曲げ剛性やせん断剛性を考慮する場合は梁要素を用いる必要があるが，部材や構造物全体を対象とする解析では，特に太径の鉄筋でない限り，その曲げ剛性やせん断剛性の影響はあまり大きくない。

図3.2.2　線材置換による鉄筋のモデル化

太径鉄筋の場合や，ダボ効果など鉄筋近傍の挙動に着目する場合には図3.2.3に示すソリッド置換が適している。二次元では四辺形要素，三次元では六面体要素が用いられる。ソリッド置換の場合，鉄筋を表現する要素の断面は鉄筋の断面積に等価な矩形断面とするのが一般的で，その断面の大きさに対応した要素分割とした上で，図3.2.3に示すように，鉄筋を表現する要素はコンクリートを表現する要素の上に重ね合わせる必要がある。

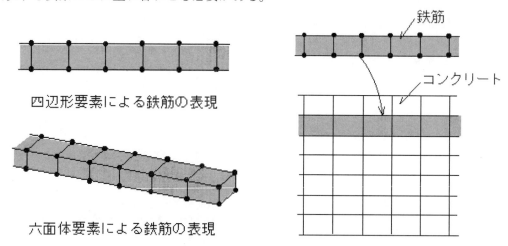

図3.2.3　ソリッド置換による鉄筋のモデル化

線材置換やソリッド置換の場合，通常はコンクリートを表現する要素と鉄筋を表現する要素は節点を共有させる。これは鉄筋とコンクリート間の付着が完全であり，相対すべり（付着すべり）は生じないことを仮定したことになる。付着すべりを考慮する場合は，後述するように鉄筋とコンクリートの間に接合要素を挿入する必要がある。

埋込み型は，要素の剛性マトリックスにおいて鉄筋の剛性を考慮するもので，付着すべりは考慮できない。埋込み型には分散型と離散型があり，分散型は鉄筋の方向と鉄筋比を指定するもので，鉄筋の壁やスラブなどのように比較的均一に配筋されている場合に適している。図3.2.4に示すように，配筋方向毎に等価な層に置換して，四辺形要素やシェル要素に鉄筋層として埋込まれる。こ

の場合，要素分割においては，鉄筋比が変化する位置を考慮しておく必要がある。

　離散型の埋込み鉄筋は要素内における鉄筋の位置と配筋方向，および鉄筋径を指定するもので，要素分割とは無関係に任意の位置に鉄筋を配置することができるが，位置を指定するためのデータが煩雑になるという欠点がある。

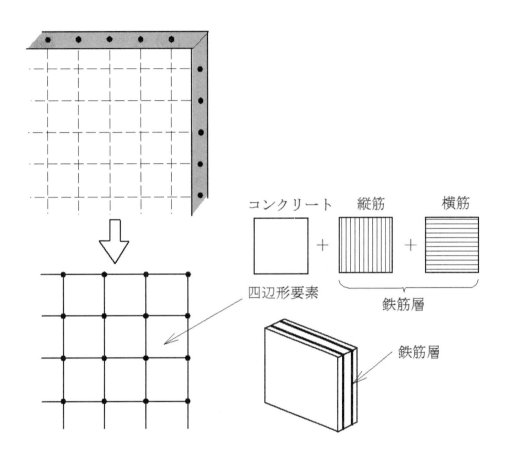

図 3.2.4　分散型の埋込み鉄筋によるモデル化

d. 付着すべりのモデル化

　RC 構造においては，柱や梁の主筋の定着部からの抜け出しや，柱梁接合部を通し配筋された梁主筋の繰返し載荷による付着劣化などが，地震時の変形量やエネルギー吸収能に及ぼす影響が大きい。これを解析で考慮するためには，鉄筋とコンクリートの間の相対すべりである付着すべりを考慮する必要がある。

　付着すべりを考慮するためには，要素分割の際にコンクリートと鉄筋を表現する要素の節点を別々に定義した上で，図 3.2.5 に示すようにコンクリートと鉄筋のそれぞれを表現する要素の間に接合要素（ボンドリンクなどと呼ばれる）を挿入する必要がある。接合要素の鉄筋軸方向のすべり特性には付着応力－付着すべり関係を与え，鉄筋軸に直交する方向には大きな剛性を持たせることが一般的である。

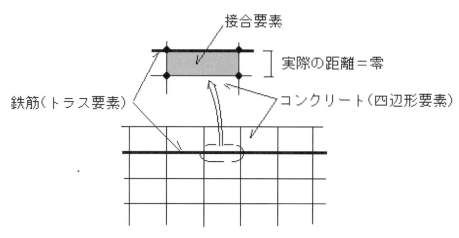

図3.2.5 二次元モデルにおける付着すべりのモデル化

　鉄筋が層状置換されていて，分散ひび割れモデルを用いる場合には，ひび割れ前は完全付着状態（付着すべり無し），ひび割れ後は付着が全く無い状態になる。但し，後述するコンクリートのテンションスティフニング特性（ひび割れ後のコンクリートの引張応力を，ひび割れ直交方向ひずみの増大と共に徐々に低下させる方法）を考慮することで，ひび割れ後のコンクリートが付着により引張応力をある程度負担することを考慮できる。(3.2.3節参照)

　分散ひび割れモデルでは，付着すべり量やひび割れ幅を陽な形で求めることはできないが，付着応力分布と付着－すべり関係を仮定することで，分散ひび割れモデルを用いた解析でも，ひび割れ幅やひび割れ間隔を表現できる手法が提案されている（3.3節参照）。

3.2.3 コンクリートの応力－ひずみ構成関係
a. 概要

　一軸応力状態のコンクリートの挙動はシリンダーの圧縮試験などから得られる応力－ひずみ曲線をモデル化することで解析できるが，実際の構造においては二軸あるいは三軸応力状態となることが一般的である。そこで，多軸応力状態におけるコンクリートの応力とひずみの構成関係が必要となる。これまでに各種のモデルが提案されているが，それらは①非線形弾性型，②弾塑性型，③弾塑性損傷型の三つに大別できる。

　非線形弾性型には等方モデルと直交異方性モデルがあり，等方モデルは応力経路に依存せず，体積弾性係数とせん断弾性係数を作用応力の大きさから求めるものである。一方，直交異方性モデルは応力経路に依存し，内部の損傷の進行により，応力－ひずみ関係が方向によって異なることを考慮したものである。

　弾塑性型はひずみを弾性成分と塑性成分に分けて考え，降伏曲面を設定して，降伏後の塑性流れ則および硬化則を用いて応力－ひずみ関係を規定するものである。コンクリートの破壊曲面には，せん断強度が垂直応力の大きさに応じて増大すると仮定したMohr-Coulombの条件式や，さらにそれに中間主応力の影響を考慮したDrucker-Pragerの条件式などが用いられる。

　弾塑性損傷型は弾塑性型に損傷理論を組み合わせたもので，コンクリート中に微小亀裂が成長

することで，非可逆ひずみが蓄積し，剛性が低下すると仮定したものである。繰返し劣化特性や応力－ひずみ曲線の軟化域を考慮できる点に特徴があり，損傷係数を用いた Bazant らのモデル[3.2.1]や，破壊パラメータの概念を導入した前川らの弾塑性破壊モデル[3.2.2]が知られている。

その他のモデルとして，粗骨材とモルタル間の微視的損傷機構に着目したマイクロプレーンモデル[3.2.3]や，応力や変形の履歴を表す内部時間の概念を用いたエンドクロニックモデル[3.2.4]なども提案されている。

b. 二軸応力下の直交異方性モデル

コンクリートの構成モデルの一例として，非線形弾性型の一つである Darwin と Pecknold による直交異方性モデル[3.2.5]を紹介する。このモデルは様々な応力状態におけるコンクリートのひずみ性状を比較的良好に再現できることが確認されている[3.2.6]。

主軸方向のひずみ増分を $d\varepsilon_i$，応力増分を $d\sigma_i$，接線剛性を E_i，ポアソン比を ν_i とすると，主軸1および主軸2の方向の増分ひずみ－増分応力関係は次式で表現される。

$$d\varepsilon_1 = \frac{d\sigma_1}{E_1} - \nu_2 \frac{d\sigma_2}{E_2} \tag{3.2.1}$$

$$d\varepsilon_2 = -\nu_1 \frac{d\sigma_1}{E_1} + \frac{d\sigma_2}{E_2} \tag{3.2.2}$$

式(3.2.1)，式(3.2.2)を逆変換すると，次式が得られる。

$$\begin{Bmatrix} d\sigma_1 \\ d\sigma_2 \end{Bmatrix} = \frac{1}{1-\nu_1\nu_2} \begin{bmatrix} E_1 & \nu_2 E_1 \\ \nu_1 E_2 & E_2 \end{bmatrix} \begin{Bmatrix} d\varepsilon_1 \\ d\varepsilon_2 \end{Bmatrix} \tag{3.2.3}$$

ここで，Maxwell Betti の相反定理より，次式が成立する。

$$\nu_1 E_2 = \nu_2 E_1 \tag{3.2.4}$$

ポアソン比については方向性を考えないこととし，相乗平均を用いて等価ポアソン比 μ を次式で定義する。

$$\mu = \sqrt{\nu_1 \nu_2} \tag{3.2.5}$$

式(3.2.5)を用いると，式(3.2.4)は次式となる。

$$\nu_1 E_2 = \sqrt{(\nu_2 E_1)^2} = \sqrt{(\nu_1 E_2)^2} = \sqrt{\nu_1 \nu_2 E_1 E_2} = \mu \sqrt{E_1 E_2} \tag{3.2.6}$$

応力－ひずみ構成方程式は式(3.2.3)にせん断の項を含め，式(3.2.6)を用いることにより，次式で表現される。

$$\begin{Bmatrix} d\sigma_1 \\ d\sigma_2 \\ d\tau \end{Bmatrix} = \frac{1}{1-\mu^2} \begin{bmatrix} E_1 & \mu\sqrt{E_1 E_2} & 0 \\ & E_2 & 0 \\ symm. & & (1-\mu^2)G \end{bmatrix} \begin{Bmatrix} d\varepsilon_{1u} \\ d\varepsilon_{2u} \\ d\gamma \end{Bmatrix} \tag{3.2.7}$$

ここで，G はせん断剛性であり，ポアソン比と同様に方向性を考えないこととし，θ だけ座標変換した後のせん断剛性と，変換前のせん断剛性を等置することで次式が得られる。

$$G = \sin^2\theta\cos^2\theta(E_1 + E_2 - 2\mu\sqrt{E_1 E_2}) + (\cos^2\theta - \sin^2\theta)^2 G \tag{3.2.8}$$

式(3.2.8)を G について解くと次式が得られる。

$$(1-\mu^2)G = \frac{1}{4}(E_1 + E_2 - 2\mu\sqrt{E_1 E_2}) \tag{3.2.9}$$

一般に，荷重増分の始めと終わりでは垂直応力のみならず，せん断応力が加わるので，主軸の方向は回転する。そこで，等価一軸ひずみの概念を導入し，応力や接線剛性の決定，載荷や除荷の判定などを等価一軸ひずみを用いて行う。等価一軸ひずみ ε_{iu} は，直交方向の応力を零とした場合の i 方向の垂直応力のみによって生じるひずみと考えられ，次式で算定する。

$$\varepsilon_{iu} = \int d\varepsilon_{iu} = \int \left(\frac{d\sigma_i}{E_i}\right) \tag{3.2.10}$$

$$d\varepsilon_{iu} = \frac{\sigma_i^{new} - \sigma_i^{old}}{E_i} \tag{3.2.11}$$

ここで，σ_i^{new} と σ_i^{old} はそれぞれ新旧の主軸に関する応力で，E_i は増分の始めにおける主軸方向の接線剛性である。主軸の回転量が最初の主軸方向から±45度以上になった場合は主軸の1と2に関する履歴データを入れ替えることで，履歴の連続性を保つようにしている。即ち図3.2.6に示すように，一つの主軸はその方向を中心とする90度の範囲の特性を表現していることになる。

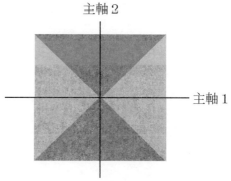

図3.2.6　一つの主軸が表現する範囲

c. 三軸応力下の直交異方性モデル

異方性の主軸方向を 1,2,3 とすると，三軸応力下における直交異方性の増分ひずみ－増分応力関係は次式で与えられる[3.2.7)]。

$$
\begin{Bmatrix} d\varepsilon_1 \\ d\varepsilon_2 \\ d\varepsilon_3 \end{Bmatrix} =
\begin{bmatrix}
\dfrac{1}{E_1} & -\dfrac{v_{12}}{E_2} & -\dfrac{v_{13}}{E_3} \\[2mm]
-\dfrac{v_{21}}{E_1} & \dfrac{1}{E_2} & -\dfrac{v_{23}}{E_3} \\[2mm]
-\dfrac{v_{31}}{E_1} & -\dfrac{v_{32}}{E_2} & \dfrac{1}{E_3}
\end{bmatrix}
\begin{Bmatrix} d\sigma_1 \\ d\sigma_2 \\ d\sigma_3 \end{Bmatrix}
\tag{3.2.12}
$$

$d\varepsilon_i$：i 方向の垂直ひずみ増分

$d\sigma_i$：i 方向の垂直応力増分

E_i：i 方向の接線剛性

v_{ij}：i-j 面内のポアソン比

せん断に関しては二軸応力下と同様に次式で与えられる。

$$
\begin{Bmatrix} d\gamma_{12} \\ d\gamma_{23} \\ d\gamma_{31} \end{Bmatrix} =
\begin{bmatrix}
\dfrac{1}{G_{12}} & 0 & 0 \\[2mm]
0 & \dfrac{1}{G_{23}} & 0 \\[2mm]
0 & 0 & \dfrac{1}{G_{31}}
\end{bmatrix}
\begin{Bmatrix} d\tau_{12} \\ d\tau_{23} \\ d\tau_{31} \end{Bmatrix}
\tag{3.2.13}
$$

$d\gamma_{ij}$：i-j 面内のせん断ひずみ増分

$d\tau_{ij}$：i-j 面内のせん応力増分

G_{ij}：i-j 面内のせん断剛性

ここで，Maxwell Betti の相反定理より，式(3.2.12)の非対角項には次式が成立する。

$$
\frac{v_{ij}}{E_j} = \frac{v_{ji}}{E_i}
\tag{3.2.14}
$$

平面応力下と同様に，i-j 面内の等価ポアソン比 μ_{ij} を次式で定義する。

$$
\mu_{ij} = \sqrt{v_{ij} v_{ji}}
\tag{3.2.15}
$$

式(3.2.15)を用いると，式(3.2.12)の非対角項は次式となる。

$$\frac{v_{ij}}{E_j} = \sqrt{\left(\frac{v_{ij}}{E_j}\right)^2} = \sqrt{\frac{v_{ij}}{E_j}\frac{v_{ji}}{E_i}} = \frac{\mu_{ij}}{\sqrt{E_j E_i}} \tag{3.2.16}$$

式(3.2.16)を用いて式(3.2.12)，式(3.2.13)を逆変換すると，応力－ひずみ構成関係として次式が得られる。

$$\begin{Bmatrix} d\sigma_1 \\ d\sigma_2 \\ d\sigma_3 \\ d\tau_{12} \\ d\tau_{23} \\ d\tau_{31} \end{Bmatrix} = \frac{1}{\phi} \begin{bmatrix} C_{11} & C_{12} & C_{13} & 0 & 0 & 0 \\ & C_{22} & C_{23} & 0 & 0 & 0 \\ & & C_{33} & 0 & 0 & 0 \\ & & & G_{12} & 0 & 0 \\ & symm. & & & G_{23} & 0 \\ & & & & & G_{31} \end{bmatrix} \begin{Bmatrix} d\varepsilon_1 \\ d\varepsilon_2 \\ d\varepsilon_3 \\ d\gamma_{12} \\ d\gamma_{23} \\ d\gamma_{31} \end{Bmatrix} \tag{3.2.17}$$

$$\phi = 1 - (\mu_{12})^2 - (\mu_{23})^2 - (\mu_{31})^2 - 2\mu_{12}\mu_{23}\mu_{31} \tag{3.2.18}$$

$$C_{11} = E_1(1 - (\mu_{23})^2) \tag{3.2.19}$$

$$C_{12} = \sqrt{E_1 E_2}(\mu_{31}\mu_{23} - \mu_{12}) \tag{3.2.20}$$

$$C_{13} = \sqrt{E_1 E_3}(\mu_{12}\mu_{23} - \mu_{31}) \tag{3.2.21}$$

$$C_{22} = E_2(1 - (\mu_{31})^2) \tag{3.2.22}$$

$$C_{23} = \sqrt{E_2 E_3}(\mu_{12}\mu_{31} - \mu_{23}) \tag{3.2.23}$$

$$C_{33} = E_3(1 - (\mu_{12})^2) \tag{3.2.24}$$

$$G_{12} = \frac{1}{4}(E_1 + E_2 - 2\mu_{12}\sqrt{E_1 E_2} - (\sqrt{E_1}\mu_{23} + \sqrt{E_2}\mu_{31})^2) \tag{3.2.25}$$

$$G_{23} = \frac{1}{4}(E_2 + E_3 - 2\mu_{23}\sqrt{E_2 E_3} - (\sqrt{E_2}\mu_{31} + \sqrt{E_3}\mu_{12})^2) \tag{3.2.26}$$

$$G_{31} = \frac{1}{4}(E_3 + E_1 - 2\mu_{31}\sqrt{E_3 E_1} - (\sqrt{E_3}\mu_{12} + \sqrt{E_1}\mu_{23})^2) \tag{3.2.27}$$

式(3.2.25)から式(3.2.27)は，二軸応力下と同様に，座標軸 θ が回転しても，せん断剛性が不変であるとの条件より得られる。等価一軸ひずみの算定法，および，主軸方向の決定法は二軸応力下と同様である。

3.2.4 多軸応力下のコンクリートの破壊条件

a. 概要

コンクリートは引張には弱いが圧縮には強い材料であり，特に，圧縮と直交する方向が拘束された状態では非常に大きな圧縮強度を示す。二軸圧縮応力下では一軸圧縮強度の1.2～1.3倍，三軸圧縮応力下では一軸圧縮強度の10倍以上の強度を示すことが既往の多くの実験結果で確認されている。しかし，三軸圧縮応力下では拘束応力の少しの変化で圧縮強度が大きく変動することも分かっており，実験条件や載荷装置の影響も受けやすいと言える。これまでに実験データは数多く発表されているが，実験シリーズ間のばらつきが比較的大きい。破壊条件も数多く提案されているが，それぞれベースとした実験条件が異なるため，拘束度の大小に関わらず精度の良い破壊条件は今のところ確立されていない。

一方，引張に対しては，圧縮強度の1/10程度の応力でひび割れ破壊を生じ，直交方向に圧縮力が作用している場合には，さらに低い引張応力でひび割れを生じる。二方向あるいは三方向に引張を受ける場合，実験データは少ないが，直交方向の引張応力の影響はあまり大きくなく，ほぼ一軸引張強度と同等であるとされている。

b. 二軸応力下のコンクリートの破壊条件

二軸応力下の破壊条件として代表的なKupfer-Gerstleの提案[3.2.8]を紹介する。主応力が共に圧縮となる二軸圧縮下での破壊条件は次式で与えられる。

$$\left(\frac{\sigma_1}{\sigma_B}+\frac{\sigma_2}{\sigma_B}\right)^2-\frac{\sigma_2}{\sigma_B}-3.65\frac{\sigma_1}{\sigma_B}=0 \tag{3.2.28}$$

$\sigma_1,\ \sigma_2$：主応力（$|\sigma_1|\leqq|\sigma_2|$）

σ_B：一軸圧縮強度

一方向引張－他方向圧縮状態での破壊条件は，圧縮応力の大きさに応じて引張強度が低下する次式で与えられる。

$$\frac{\sigma_1}{\sigma_T}=1.0-0.8\frac{\sigma_2}{\sigma_B}\quad(\geqq 0.0) \tag{3.2.29}$$

σ_T：一軸引張強度

二軸引張下では次式でひび割れ発生を判定する。

$$\max(\sigma_1,\ \sigma_2)\geqq\sigma_T \tag{3.2.30}$$

以上の破壊条件をまとめて図3.2.7に示す。

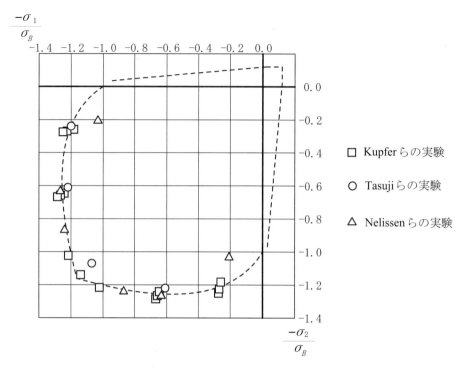

図 3.2.7　Kupfer-Gerstle の二軸応力下の破壊条件

圧縮強度時のひずみ ε_P に関しては，以下に示す Darwin-Pecknold の提案式[3.2.8]が実験との対応性が良いことが示されている。

$|\sigma_P| \geqq |\sigma_B|$ の時

$$\varepsilon_P = \varepsilon_B \left(3.15 \frac{\sigma_P}{\sigma_B} - 2.15 \right) \tag{3.2.31}$$

$|\sigma_P| < |\sigma_B|$ の時

$$\varepsilon_P = \varepsilon_B - 1.6 \left(\frac{\sigma_P}{\sigma_B} \right)^3 + 2.25 \left(\frac{\sigma_P}{\sigma_B} \right)^2 + 0.35 \frac{\sigma_P}{\sigma_B} \tag{3.2.32}$$

ε_B：一軸圧縮強度時のひずみ

σ_P：圧縮強度

c. 三軸応力下のコンクリートの破壊条件

これまでに数多くの破壊条件が提案されているが，様々な応力条件下で比較的良好に実験結果を再現できる Ottosen の破壊基準[3.2.9]と Willam-Warnke の破壊基準[3.2.10]を紹介する。

破壊曲面を記述するための用語と記号の定義は以下の通りである。

σ_B：一軸圧縮強度

$\sigma_1, \sigma_2, \sigma_3$：主応力（圧縮を正）

静水圧軸：主応力空間で$\sigma_1=\sigma_2=\sigma_3$となる軸

偏差平面：主応力空間で静水圧軸に直交する平面

子午面：主応力空間で静水圧軸を含む平面

子午線：子午面と破壊曲面の交線

I_1：応力の一次不変量（次式）

$$I_1 = \sigma_1 + \sigma_2 + \sigma_3 \tag{3.2.33}$$

J_2：偏差応力の二次不変量（次式）

$$J_2 = \frac{1}{6}\left[(\sigma_1 - \sigma_2)^2 + (\sigma_2 - \sigma_3)^2 + (\sigma_3 - \sigma_1)^2\right] \tag{3.2.34}$$

静水圧成分を表わす量：$\xi = I_1\sqrt{3}$

偏差成分を表わす量：$r = 2\sqrt{J_2}$

θ：偏差平面上の位置を表わす量（相似角）

$$\cos\theta = \frac{2\sigma_1 - \sigma_2 - \sigma_3}{2\sqrt{3}J_2} \quad (0 \leqq \theta \leqq 60) \tag{3.2.35}$$

引張子午線：$\theta = 0$度（$\sigma_1 = \sigma_2 > \sigma_3$）の子午線

圧縮子午線：$\theta = 60$度（$\sigma_1 > \sigma_2 = \sigma_3$）の子午線

八面体垂直応力：$\sigma_{oct} = I_1/3$

八面体せん断応力：$\tau_{oct} = \sqrt{\dfrac{2}{3}J_2}$

<u>Ottosen の破壊基準（4 パラメータモデル）</u> [3.2.9)

$$A\frac{J_2}{\sigma_B^2} + \lambda\frac{\sqrt{J_2}}{\sigma_B} + B\frac{I_1}{\sigma_B} - 1 = 0 \tag{3.2.36}$$

$$\lambda = K_1\cos\left[\frac{1}{3}\cos^{-1}(K_2\cos 3\theta)\right] \quad (\cos 3\theta \geqq 0) \tag{3.2.37}$$

$$\lambda = K_1\cos\left[\frac{\pi - \cos^{-1}(K_2\cos 3\theta)}{3}\right] \quad (\cos 3\theta < 0) \tag{3.2.38}$$

$A,\ B,\ K_1,\ K_2$：材料試験結果から決まる係数

<u>Willam-Warnke の破壊基準（5 パラメータモデル）</u> [3.2.10)]

$$\tau_{oct} = \frac{2B(B^2 - A^2)C^2 + B(2A - B)\sqrt{4(B^2 - A^2)C^2 + 5A^2 - 4AB}}{4(B^2 - A^2)C^2 + (B - 2A)^2} \quad (3.2.39)$$

$$A = \left[a_0 + a_1 \left(\frac{\sigma_{oct}}{\sigma_B} \right) - a_2 \left(\frac{\sigma_{oct}}{\sigma_B} \right)^2 \right] \sigma_B \quad (3.2.40)$$

$$B = \left[b_0 + b_1 \left(\frac{\sigma_{oct}}{\sigma_B} \right) - b_2 \left(\frac{\sigma_{oct}}{\sigma_B} \right)^2 \right] \sigma_B \quad (3.2.41)$$

$$C = \cos\theta \quad (3.2.42)$$

$a_0,\ a_1,\ a_2,\ b_0,\ b_1,\ b_2$：材料試験結果から決まる係数

　表 3.2.1 および表 3.2.2 にこれらの破壊曲面の形状を決定するための係数を示す。各圧縮子午線の形状の比較を図 3.2.8 に示す。比較的低側圧下では Hatanaka らの係数 [3.2.11)]を用いた Ottosen の 4 パラメータモデルが適している。側圧レベルが高くなると実験データのばらつきが大きく，大沼らの係数 [3.2.12)]を用いた Willam-Warnke の 5 パラメータモデルが下限，Hatanaka らの係数を用いた Ottosen の 4 パラメータモデルがほぼ上限となる。

表 3. 2. 1　Ottosen の 4 パラメータモデルの係数

提案者	A	B	C	D
Ottosen[3.2.9)]	1.2756	3.1962	11.7365	0.9801
Hatanaka ら [3.2.11)]	1.2560	4.0300	14.6300	0.9870

表 3. 2. 2　Willam-Warnke の 5 パラメータモデルの係数

提　案　者	a_0	a_1	a_2	b_0	b_1	b_2
Elwi,Murray；Kupfer らの実験 [3.2.7)]	0.0630	0.6627	-0.0494	0.1136	1.137	-0.3005
Elwi,Murray；Schickert らの実験 [3.2.7)]	0.0692	0.6611	-0.0493	0.1230	1.1505	-0.3155
大沼・青柳 [3.2.12)]	0.0689	0.6868	-0.0964	0.2040	0.8424	-0.1204

　三軸圧縮下における圧縮強度時のひずみ ε_P の評価式としては，次式が提案されている [3.2.13)]。

$$\varepsilon_P = \varepsilon_B \left(\frac{\sigma_P}{\sigma_B} \right)^{1.8} \quad (3.2.43)$$

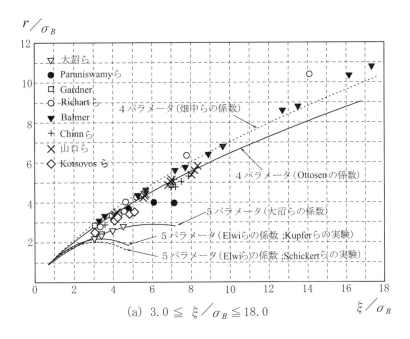

(a) $3.0 \leqq \xi/\sigma_B \leqq 18.0$

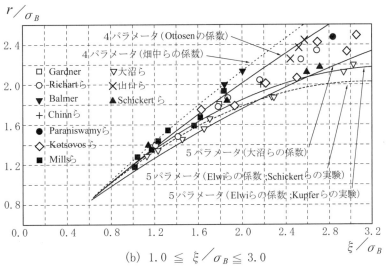

(b) $1.0 \leqq \xi/\sigma_B \leqq 3.0$

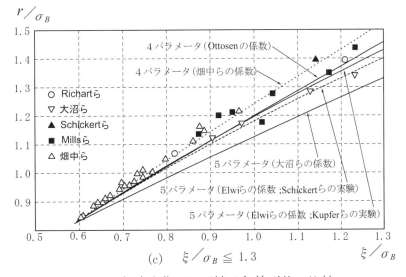

(c) $\xi/\sigma_B \leqq 1.3$

図 3.2.8　各破壊曲面の圧縮子午線形状の比較

3.2.5　コンクリートの応力－ひずみ曲線と履歴特性

a. 概要

コンクリートは引張応力下と圧縮応力下では大きく異なる特性を示すため，それぞれについて，その特徴を生かした応力－ひずみ曲線が必要となる。引張側および圧縮側に関して，それぞれ最大強度点までの包絡線，および強度到達後のひずみ軟化域までの応力－ひずみ曲線に加えて，繰返し応力下では，引張側と圧縮側の間を結ぶ履歴特性モデルも必要となる。また，コンクリートにひび割れが生じた後は，ひび割れに沿ってせん断力が伝達されるため，それを表現するためのせん断伝達特性モデルも必要となる。

b. 引張側の特性

コンクリートは引張側ではひび割れ発生までほぼ線形弾性と見なすことができる。厳密にはひび割れ発生の直前に剛性の低下が見られるが，その影響は小さいため，通常の解析では引張強度に達するまでは線形と仮定し，強度到達と同時にひび割れが生じるとの仮定が一般的である。

ひび割れ発生後は引張応力を負担しないものとして扱うことが多いが，厳密には図 3.2.9 に示すように引張強度到達後に応力が徐々に低下するひずみ軟化域が存在することが分かっている。引張応力－ひび割れ幅関係のグラフにおいて，引張軟化曲線が描く面積は破壊エネルギーと呼ばれ，その値はコンクリートの調合条件や粗骨材の大きさなどによって変化するが，これまでの実験によると，ひび割れ面の単位面積当たりの破壊エネルギーは 0.1～0.2 N/mm 程度であることが示されている。

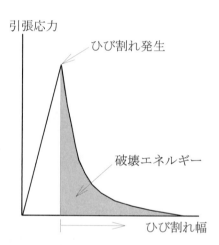

図3.2.9　コンクリートの引張特性

c. 圧縮側の特性

コンクリートが圧縮力を受けた場合，応力が低い領域では線形弾性とみなせるが，応力の大きさが一軸圧縮強度の 1/4 から 1/3 程度になると徐々に剛性が低下し，圧縮強度に到達した後は応力が低下するひずみ軟化域が存在する。

図 3.2.10(a)に示すように，応力－ひずみ曲線の上昇域の特徴は，一軸圧縮強度が低いものほど，高応力下での剛性低下が顕著で，一軸圧縮強度が高いものほど，強度近くまで剛性の低下が生じにくいという特徴がある。ひずみ軟化域の形状は一軸圧縮強度が低いものは緩やかで，一軸圧縮強度が高くなるほど急勾配となり，急激に応力が低下する脆性的な特性を示す。

一方，図 3.2.10(b)に示すように，圧縮と直交する方向に拘束応力（圧縮応力）が作用している場合には拘束応力の大きさに応じて圧縮強度は高くなるが，一軸圧縮強度が高い場合とは異なり，応力－ひずみ曲線の形状はなだらかで，ひずみ軟化域も緩やかとなり，靭性的な挙動を示す。このような場合，コンクリートの応力状態は三軸圧縮となり，その強度は一軸圧縮より大幅に高くなることが特徴である。

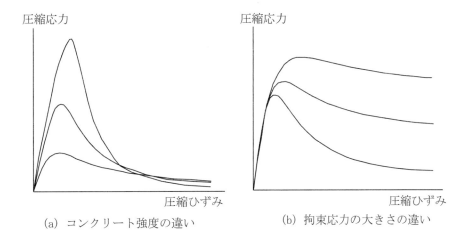

図 3.2.10 コンクリートの圧縮特性

圧縮応力－圧縮ひずみ関係の表現式はこれまでに数多く提案されているが，コンクリート強度や拘束応力の影響を考慮して，上昇域および下降域（ひずみ軟化域）の特徴を表現できる修正 Ahmad 式[3.2.23)]を紹介する。圧縮強度到達までの上昇域は次式で表現される。

$$\sigma = \frac{\left(\dfrac{E_0}{E_P}\dfrac{\varepsilon}{\varepsilon_P} + (D-1.0)\left(\dfrac{\varepsilon}{\varepsilon_P}\right)^2\right)\sigma_P}{1.0 + \left(\dfrac{E_0}{E_P} - 2.0\right)\dfrac{\varepsilon}{\varepsilon_P} + D\left(\dfrac{\varepsilon}{\varepsilon_P}\right)^2} \quad (|\varepsilon| \leqq |\varepsilon_P|) \tag{3.2.44}$$

$$D = \frac{19.6}{\sigma_B} - \left(\frac{E_B}{E_P} - 1.0\right)^2 (\geqq 1.0 - E_0/E_P) \quad (\text{単位 N/mm}^2) \tag{3.2.45}$$

E_0：初期剛性

σ_P：最大圧縮応力

ε_P：最大圧縮応力時のひずみ

E_P：最大圧縮応力点へ割線剛性（$=\sigma_P/\varepsilon_P$）

σ_B：一軸圧縮応力

ε_B：一軸圧縮応力時のひずみ

E_B：最大圧縮応力点へ割線剛性（$=\sigma_B/\varepsilon_B$）

圧縮強度到達後のひずみ軟化域（下降域）は次式で表現される。

$$\sigma = \frac{\left(\dfrac{E_0}{E_P}\left(\dfrac{\varepsilon}{\varepsilon_P}\right)^n + (D-1.0)\left(\dfrac{\varepsilon}{\varepsilon_P}\right)^{2n}\right)\sigma_P}{1.0 + \left(\dfrac{E_0}{E_P} - 2.0\right)\left(\dfrac{\varepsilon}{\varepsilon_P}\right)^n + D\left(\dfrac{\varepsilon}{\varepsilon_P}\right)^{2n}} \quad (|\varepsilon| > |\varepsilon_P|) \tag{3.2.46}$$

$$n = 0.9 + 3.4\left(\frac{\sigma_B}{98.07}\right)^2 \quad \text{(単位 N/mm}^2\text{)} \tag{3.2.47}$$

$$D = 1.0 + \frac{176.5}{\sigma_B}\left(\frac{\sigma_P}{\sigma_B} - 1.0\right) \quad \text{(単位 N/mm}^2\text{)} \tag{3.2.48}$$

d. 繰返し応力下の履歴特性

地震力のような正負繰返し荷重に対する解析を行う場合には，繰返し応力下の履歴特性のモデル化が必要となる。最も簡単なモデルは圧縮，引張共，除荷時には原点に向かって直線で戻る原点指向型であるが，実際の挙動を精度よく再現するためには，除荷時には塑性ひずみが残り，除荷－再載荷の間にエネルギーを消費するようなモデルが望ましい。以下では，それらの特徴を考慮したモデル [3.2.14] を紹介する。

圧縮応力下の履歴特性を図 3.2.11 に示す。図中の記号の意味は以下の通りである。

P：圧縮強度到達点（ε_P, σ_P）

E：除荷開始点（ε_E, σ_E）

C：除荷曲線と再載荷曲線の交点（ε_C, σ_C）

R：再載荷開始点（ε_R, σ_R）

Z：除荷後に応力が零となる点（ε_Z, σ_Z）

各点間は以下のように結ばれる。

E－C 間：直線（剛性は E－Z 間割線剛性の α_1 倍）

C→Z 間：二次曲線（点 C で剛性連続）

R－C 間：二次曲線（点 R の剛性は除荷時の α_2 倍）

C→包絡線：直線（点 C で剛性連続）

Z→引張側：ひび割れ発生まで直線

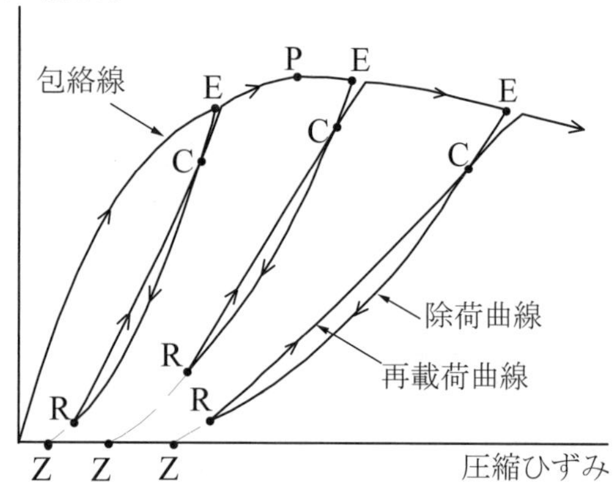

図 3.2.11 コンクリートの圧縮側の履歴特性

点 C の応力 σ_C は次に示す Darwin らの提案 [3.2.5] に従う。符号は圧縮を負とする。

$$\sigma_C = \frac{5}{6}\sigma_E \quad (\varepsilon_E \geqq \varepsilon_P) \tag{3.2.49}$$

$$\sigma_C = \min\left(\frac{2}{3}\sigma_E, \ \sigma_E - \frac{1}{6}\sigma_P\right) \quad (\varepsilon_E < \varepsilon_P) \tag{3.2.50}$$

除荷後の残留ひずみ ε_Z は次に示す Karsan らの提案式 [3.2.15] に従う。

$$\varepsilon_Z = \left[0.145\left(\frac{\varepsilon_E}{\varepsilon_P}\right)^2 + 0.127\left(\frac{\varepsilon_E}{\varepsilon_P}\right)\right]\varepsilon_P \tag{3.2.51}$$

式(3.2.50)はε_Eが約$4\varepsilon_P$を超えるとE−Z間の割線剛性E_{EZ}が減少から増加に転じ，ε_Eがおよそ$6\varepsilon_P$を超えるとE_{EZ}が負になるなどの不合理な点があることから，ε_Eが$4\varepsilon_P$以上の場合にはε_Eの増大に伴ってE_{EZ}が漸減し続けるように次式で算定する。

$$\varepsilon_Z = \left(\frac{\varepsilon_E}{\varepsilon_P} - 1.172\right)\varepsilon_P \quad (|\varepsilon_E| \geqq 4.0|\varepsilon_P|) \tag{3.2.52}$$

包絡線上からの除荷開始時の剛性E_EはE_{EZ}に比例するものとして，次式で与える。

$$E_E = \alpha_1 E_{EZ} \quad (\leqq E_0：初期剛性) \tag{3.2.53}$$

係数α_1は実験との対応性から1.5とする。また，点Zでの剛性が零以下にならないとの条件から，E_Eの上限を次式で規定する。

$$E_E \leqq \frac{2\sigma_E}{\varepsilon_E - \varepsilon_Z} \tag{3.2.54}$$

包絡線上の除荷開始点Eから点Cまでの間は直線とし，その後は次式に示す二次曲線で応力零の点Zに向かうものとする。

$$\sigma = a\varepsilon^2 + b\varepsilon + c \tag{3.2.55}$$

ここで，定数a，b，cは点Cと点Zを通過し，点Cで剛性E_Eであるとの条件より，以下のように求められる。

$$a = \frac{E_E(\varepsilon_E - \varepsilon_Z) - \sigma_E}{(\varepsilon_E - \varepsilon_Z)^2} \tag{3.2.56}$$

$$b = \varepsilon_E - 2a\varepsilon_E \tag{3.2.57}$$

$$c = \sigma_E - a\varepsilon_E^2 - b\varepsilon_E \tag{3.2.58}$$

再載荷時の剛性は直前の除荷剛性に対してα_2倍に増大するものとして，係数α_2は点Rが点Cに一致する場合に1.0，点Rが点Zに一致する場合にα_{2Z}とし，その間は線形補完して次式で与える。但し，再載荷剛性は初期剛性を越えないものとする。

$$\alpha_2 = \frac{(\alpha_{2Z} - 1.0)}{(\varepsilon_Z - \varepsilon_C)}(\varepsilon_R - \varepsilon_C) + 1.0 \tag{3.2.59}$$

$$\alpha_{2Z} = 2.0 \quad \left(\frac{\varepsilon_E}{\varepsilon_P} \leqq 1.0\right) \tag{3.2.60}$$

圧縮強度到達後のひずみ軟化域からの除荷では，点 Z における剛性がかなり小さくなり，$\alpha_{2Z}=2.0$ では実験の再載荷時の剛性と履歴面積を過小評価するため，次式によりε_Eの増大に伴ってα_{2Z}を大きくすることで，再載荷時の剛性と履歴面積の対応性を向上させる。

$$\alpha_{2Z} = 2.0\frac{\varepsilon_E}{\varepsilon_P} \left(\frac{\varepsilon_E}{\varepsilon_P} > 1.0\right) \tag{3.2.61}$$

再載荷は式(3.2.55)と同様の二次曲線で点 R から点 C に向かう。再載荷状態から再び除荷に転じる場合は，図 3.2.12(a)に示すように，点 Z に二次曲線で向かうものとし，点 Z での剛性 E_Z を，最後に包絡線から除荷した時の E_Z に一致させる。その後，再び載荷に転じた場合は，その点を新たな点 R と定義し直し，前述の方法で点 C に向かう。

その後の点 Z と点 C の間の繰返しに対しては，点 Z と点 C を固定して扱う。但し，点 C と包絡線の間で除荷が生じた場合には，図 3.2.12(b)に示すように，包絡線からの除荷曲線がその点を通るように点 C と点 Z を定義し直す。この方法によって，ある応力振幅での除荷，再載荷の繰返しによって，ひずみが漸増する現象を定性的に再現することができる。

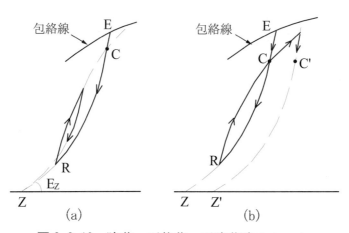

図 3.2.12　除荷－再載荷－再除荷時のルール

コンクリートの引張側の履歴特性は，ひび割れ発生までは線形弾性とする。引張応力下の履歴特性を図 3.2.13 に示す。図中の記号の意味は以下の通りである。

T：ひび割れ発生点（ε_T, σ_T）

G：除荷開始点（ε_G, σ_G）

L：除荷曲線と再載荷曲線の交点（ε_L, σ_L）

R：再載荷開始点（ε_R, σ_R）

H：除荷後に応力が零となる点（ε_H, σ_H）

各点間は以下のように結ばれる。

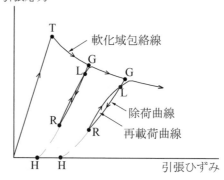

図 3.2.13　コンクリートの引張側の履歴特性

G－L間：直線（剛性はG-H間割線剛性のα_3倍）

L→H間：二次曲線（点Lで剛性連続）

R－L間：二次曲線（点Rの剛性は除荷時のα_4倍）

L→包絡線：直線（点Lで剛性連続）

G－H間の割線剛性E_{GH}は除荷開始点のひずみの増大に伴って減少するものとして，ひび割れ時のひずみε_Tを用いて次式で与える。

$$E_{GH} = \frac{\varepsilon_T}{\varepsilon_G} E_0 \quad （E_0：初期剛性）\tag{3.2.62}$$

圧縮側と同様に，除荷開始時の剛性E_GはG－H間の割線剛性E_{GH}に比例するものとして，次式で与える。

$$E_G = \alpha_3 E_{GH} \quad （\leqq E_0：初期剛性）\tag{3.2.63}$$

係数α_3は実験との対応性から1.5とする。但し，除荷剛性は初期剛性を越えないものとする。点Gから点Lまでの間は直線とし，その後は応力零の点Hに式(3.2.55)と同様の二次曲線で向かうものとする。

再載荷時の剛性に関しても圧縮側と同様に，直前の除荷剛性のα_4倍に増大するものと仮定し，係数α_4は点Rが点Lに一致する場合は1.0，点Rが点Hに一致する場合はα_{4H}とし，その間は線形補完して次式で与える。但し，再載荷剛性は初期剛性を越えないものとする。

$$\alpha_4 = \frac{(\alpha_{4H} - 1.0)}{(\varepsilon_H - \varepsilon_L)}(\varepsilon_R - \varepsilon_L) + 1.0 \tag{3.2.64}$$

$$\alpha_{4H} = \frac{\varepsilon_L}{\varepsilon_T} \tag{3.2.65}$$

再載荷は点Rから点Lに式(3.2.55)と同様の二次曲線で向かうものとし，点Lの応力σ_Lは次式で与える。

$$\sigma_L = 0.9\sigma_G \tag{3.2.66}$$

点Hと点Lの間で除荷，再載荷を繰り返す場合は，圧縮の場合と同様に点Hと点Lを固定する。再載荷後に点Lと包絡線の間で再び除荷となる場合も，圧縮の場合と同様に包絡線からの除荷曲線が再除荷点を通るように点Lと点Hを定義し直す。本モデルでは，包絡線からの除荷点のひずみが増大する程，除荷および再載荷剛性が低下し，履歴面積が大きくなる特徴を再現することができる。

87

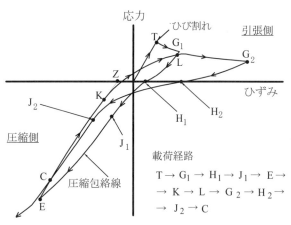
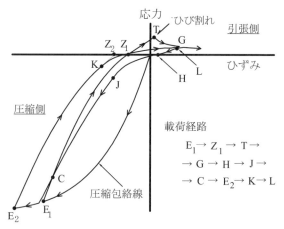

a) 引張側でひび割れ後に圧縮側に移行する場合　　b) 圧縮側からの除荷後に引張側に移行する場合

図 3.2.14　引張－圧縮間の履歴特性モデル

次に，引張－圧縮間の履歴特性は図 3.2.14 に示すようにモデル化する。図中の記号の意味は以下の通りである。

　J：引張除荷曲線から圧縮包絡線への移行点（ε_J, σ_J）

　K：圧縮除荷曲線から引張再載荷曲線への移行点（ε_K, σ_K）

各点間は以下のように結ばれる。

　H→J 間：対数曲線（点 J で剛性連続）

　J→C 間：二次曲線（点 J で剛性連続）

　C→K 間：二次曲線（点 K は C→Z への除荷曲線上）

　K→L 間：対数曲線（点 K で剛性連続）

引張側からの除荷で応力が零となる点 H から点 J に向かう曲線，および点 K から引張側の除荷曲線との交点 L に向かう曲線を，次式に示す対数曲線で表現する。

$$\sigma = \left(\log_e(\varepsilon + a) + b\right) - c \tag{3.2.67}$$

ここで a, b, c は係数で，2 点を通過し，その内 1 点における剛性から決定することができる。点 J の応力 σ_J は引張強度 σ_T（ひび割れ発生応力）に比例するものと仮定して，次式で与える。

$$\sigma_J = -\alpha_5 \sigma_T \tag{3.2.68}$$

既往の実験結果より，除荷開始点のひずみが大きい程，点 J の応力も大きくなる傾向が見られることから，係数 α_5 を ε_L の関数として，次式で算定する。

$$\alpha_5 = 1.0 + 0.02\left(\frac{\varepsilon_L - \varepsilon_T}{\varepsilon_T}\right) \tag{3.2.69}$$

点Kの応力σ_Kは点Jの応力に比例するものと仮定して，実験結果を参考に，次式で与える。

$$\sigma_K = 0.5\sigma_J \tag{3.2.70}$$

圧縮側から除荷した後にひび割れが生じる場合は，圧縮履歴によるコンクリートの劣化が剛性低下に現れていると思われ，引張強度もその影響で小さくなるものと考えて，引張強度σ_Tを次式で低減する。

$$\sigma_T = \sigma_{To}\frac{E_{EZ}}{E_o} \tag{3.2.71}$$

σ_{To}：圧縮履歴を受けない場合の引張強度

図3.2.14のb)に示すように，圧縮包絡線から除荷した後に引張側に移行する場合は，点Zから点T（ひび割れ発生点）までは点Zにおける除荷剛性で直線とし，ひび割れ発生後は点Zを原点と考えて引張側の除荷・再載荷ルールを適用する。

e. ひび割れ後のせん断伝達特性

コンクリートにひび割れが生じた後に応力再配分が起こったり，荷重の方向が変わったりすることで，ひび割れが開くだけでなく，ずれるような変位が生じ，ひび割れに沿ってせん断力が伝達される。この現象を考慮するために，これまでに数多くのモデルが提案されている。最も簡単なものは，ひび割れ後のせん断剛性を弾性時の剛性から一定の低減率で低下させるものであるが，実際にはひび割れ後のせん断剛性は，ひび割れ幅，ひび割れ面のずれ変位，コンクリート強度などの影響を受けるため，一定の剛性で表現することには無理がある。以下に実験結果から誘導された3つのモデルを紹介する。

<u>山田・青柳のモデル</u>[3.2.17]（図3.2.15）
ひび割れ面のせん断剛性K_{IST}を次式で定義する。

$$K_{IST} = \frac{3.53}{w_m} \quad （単位 N/mm^3） \tag{3.2.72}$$

$$w_m = \varepsilon_t \cdot L \tag{3.2.73}$$

w_m：平均ひび割れ幅
ε_t：ひび割れ直交方向の垂直ひずみ
L：平均ひび割れ間隔

ひび割れ後のせん断剛性G_{cr}は次式となる。

$$G_{cr} = K_{IST} \cdot L = \frac{3.53}{\varepsilon_t} \tag{3.2.74}$$

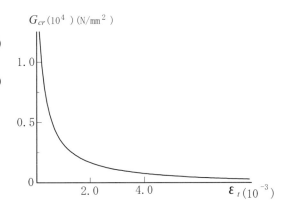

図3.2.15　ひび割れ後のせん断剛性－引張ひずみ関係（山田・青柳のモデル）

<u>Al-Mahaidi のモデル</u>[3.2.18]（図 3.2.16）

ひび割れ後のせん断剛性 G_{cr} を次式で定義する。

$$G_{cr} = \frac{0.4\varepsilon_{cr}}{\varepsilon_t} G_o \qquad (3.2.75)$$

ε_{cr}：ひび割れ発生時のひずみ

ε_t：ひび割れ直交方向の垂直ひずみ

G_o：弾性せん断剛性

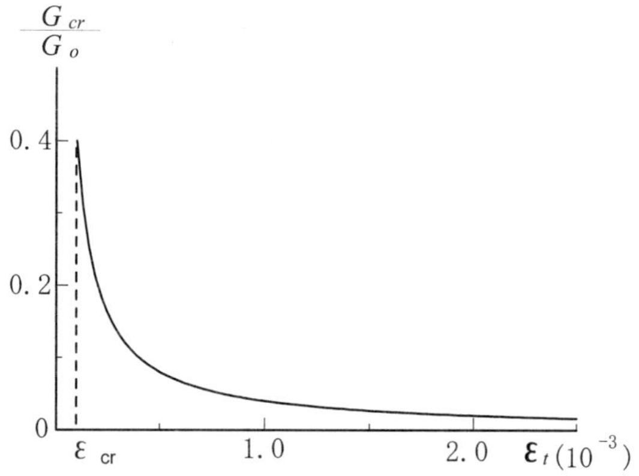

<u>長沼の提案モデル</u>[3.2.19]（図 3.2.17）

ひび割れ方向のせん断応力 τ_{nt} とせん断ひずみ γ_{nt} の関係を鉄筋比，鉄筋降伏点，ひび割れ直交方向の垂直ひずみ ε_t の関数として次式で与える。最大応力点は（τ_{ntmax}，γ_{ntmax}）で，$\gamma_{ntmax} = \varepsilon_t$ と仮定している。

図 3.2.16 ひび割れ後のせん断剛性－引張ひずみ関係（Al-Mahaidi モデル）

$$\tau_{nt} = \frac{\tau_{nt\max}(2.0 - d\varepsilon_t)}{1.0 - d\gamma_{nt} + \left(\dfrac{\gamma_{nt}}{\varepsilon_t}\right)^2} \frac{\gamma_{nt}}{\varepsilon_t} \qquad (3.2.76)$$

$$\tau_{ntmax} = \frac{\tau_{du}}{1.0 + 25700\varepsilon_t^2} \qquad (3.2.77)$$

$$\tau_{du} = \tau_{dux}\cos 2\phi + \tau_{duy}\sin 2\phi \qquad (3.2.78)$$

$$\tau_{dux} = 1.38 + 0.8\, p_{sx}\sigma_{yx} \quad (\leqq 0.3\sigma_B \text{；単位 N/mm}^2) \qquad (3.2.79)$$

$$\tau_{duy} = 1.38 + 0.8\, p_{sy}\sigma_{yy} \quad (\leqq 0.3\sigma_B \text{；単位 N/mm}^2) \qquad (3.2.80)$$

$$d = \frac{2.03}{\varepsilon_t} - 100 \qquad (3.2.81)$$

ϕ：ひび割れと鉄筋軸が成す角度

p_{sx}：横筋比

σ_{yx}：横筋の降伏点

p_{sy}：縦筋比

σ_{yy}：縦筋の降伏点

σ_B：コンクリートの一軸圧縮強度

ε_t：ひび割れ直交方向の垂直ひずみ

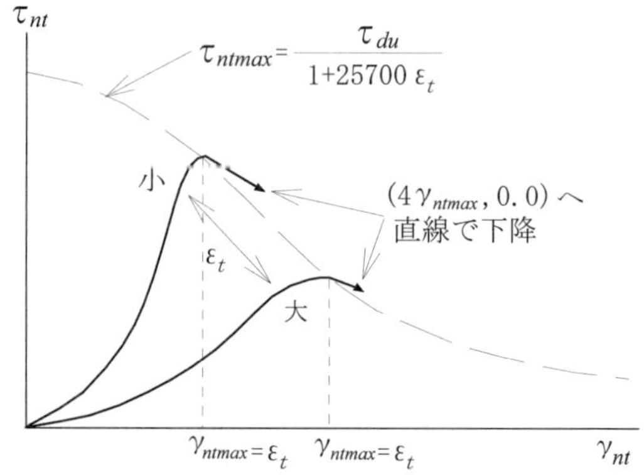

本モデルは正負繰返し載荷に対しても適用可能であり，履歴特性モデルを図 3.2.18 に示す[3.2.14]。図中の記号の意味は以下の通りである。

図 3.2.17 ひび割れ方向のせん断応力 τ_{nt} －せん断ひずみ γ_{nt} 関係の包絡線

D：包絡線からの除荷開始点（γ_D, τ_D）
F：除荷後に応力が零となる点（γ_F, 0.0）
R：再載荷開始点（γ_R, τ_R）
M：除荷曲線と再載荷曲線の交点（γ_M, τ_M）

各点の間は次のように結ばれる。

D→F：四次曲線（点Fで剛性零）
F→原点：応力零を保持（$\tau = 0.0$）
R→包絡線：四次曲線（点M通過）

四次曲線は次式で表現する。

$$\tau = a(\gamma - b)^4 \tag{3.2.82}$$

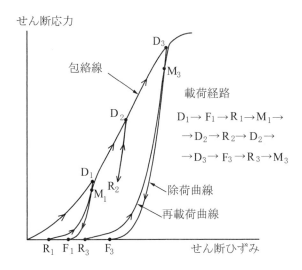

図 3.2.18 ひび割れ方向のせん断応力－せん断ひずみの履歴特性

ここで，a, b は係数で，点 D→F 間は，$b = \gamma_F$，a は点 D を通過する条件より決定できる。点 F のひずみ γ_F は包絡線上の除荷開始点 D のひずみ γ_D に比例するものと仮定して次式で与える。

$$\gamma_F = 0.5\gamma_D \quad (\leq \gamma_D - \frac{4\tau_D}{G_o}) \tag{3.2.83}$$

式(3.2.83)の括弧内の制限は，除荷開始時の剛性が初期せん断剛性 G_0 を越えないとの条件を満たすためのものである。点 R→包絡線間では，点 R と点 M の 2 点を通過する条件より定数 a, b を決定できる。点 M の応力 σ_M は包絡線上の除荷点 D の応力 σ_D を用いて次式で与える。

$$\sigma_M = 0.9\sigma_D \tag{3.2.84}$$

3.2.6 鉄筋とコンクリートの相互作用のモデル化
a. 概要

コンクリートと鉄筋のそれぞれの力学特性を個別にモデル化しただけでは RC 構造の挙動を精度良く表現することはできない。コンクリートと鉄筋が共存することによる相互作用が無視できず，特に，鉄筋とコンクリート間に作用する付着応力や，付着が劣化することにより生じる相対すべりは，RC 構造の変形量や地震時の履歴性状に大きな影響を及ぼす場合があるため，それらを解析で適切に考慮する必要がある。また，耐震壁のように面内せん断力を受け，コンクリートのひび割れが鉄筋と斜めに交差するように生じると，ひび割れに平行な方向のコンクリートの圧縮強度や剛性が低下する現象が現れるため，配筋状況や荷重条件によっては，この現象を考慮する必要がある。

b. テンションスティフニング特性

コンクリート部材に埋め込んだ鉄筋を引っ張るとコンクリートにはひび割れが生じる。この時の引張力と変形量の関係は図 3.2.19 に示すような特性を示す。即ち，ひび割れ発生後に直ちに鉄筋のみの剛性になるのではなく，徐々に鉄筋剛性に近づく。これは鉄筋とコンクリートの付着により，鉄筋からコンクリートに引張力が伝達され，ひび割れていない部分のコンクリートが引張力を負担するためである。この特性はテンションスティフニング（tension stiffening），あるいは引張硬化などと呼ばれている。

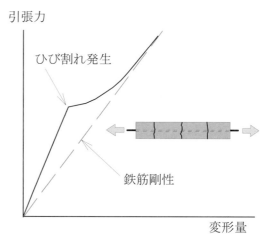

図 3.2.19 引張を受ける鉄筋コンクリート部材の荷重－変形関係

離散ひび割れモデルを用いた解析では，鉄筋とコンクリートの間に付着すべりを考慮できる接合要素を挿入することで，実際と同様のひび割れ性状を再現し，ひび割れ間のコンクリートに引張応力が生じる現象を表現することができる。一方，分散ひび割れモデルを用いる場合は，コンクリートには一様にひび割れが生じることになり，ひび割れ発生後に直ちに応力を零とすると，引張応力の分担を考慮することができない。そこで，コンクリートの引張応力－ひずみ関係において，ひび割れ発生後に応力が徐々に低下する軟化域を設けることで，ひび割れを含むコンクリートの引張応力分担を平均的に表現しようというものである。但し，コンクリートそのものが示すひび割れ後の引張軟化特性とは全く別のものであり，あくまでも鉄筋とコンクリートの間の付着作用に起因するものである。

テンションスティフニング特性は鉄筋径，配筋状況，コンクリート強度など，多くの因子の影響を受けると考えられており，これまでに様々なモデルが提案されている。以下に2つのモデルを紹介する。

<u>出雲らのモデル</u>[3.2.20)]

次式に示す簡便な形で表現されており，係数 c の値によって特性を変化させることができる。

$$\sigma = \left(\frac{\varepsilon_t}{\varepsilon}\right)^C \sigma_t \tag{3.2.85}$$

σ：応力
σ_t：コンクリートの引張強度
ε：ひずみ
ε_t：引張強度時のひずみ（ひび割れ発生時のひずみ）
c：係数

本モデルで係数 c の値を変化させた場合の特性を図 3.2.20 に示す。係数 c の値を小さくする程，コンクリートの引張負担を大きく見込むことになる。

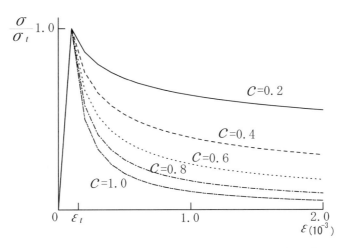

図 3.2.20 出雲らのテンションスティフニングモデル

長沼・山口のモデル[3.2.20)]

本モデルは，面内せん断力を受ける鉄筋コンクリート平板の実験から誘導されたものであり，耐震壁のようにひび割れと鉄筋が斜めに交差するような場合を対象としたもので，コンクリートの一軸圧縮強度，鉄筋比，ひび割れ方向のコンクリートの剛性低下の度合いが考慮されている点に特徴がある。本モデルの特性を図 3.2.21 に示す。縦軸は応力 σ と引張強度 σ_t の比，横軸はひずみ ε をとり，ひび割れ発生点を起点として示している。基本モデルは直線の下降域と水平領域の 2 折線で表現される。鉄筋比が大きいもの程，下降域の勾配は急になり，コンクリートの圧縮強度が高いもの程，水平領域の応力は低くなる。さらに，水平領域ではひび割れ方向のコンクリートの剛性低下に応じて応力が低下する。下降域から水平領域への移行点 (r_m, ε_m)，およびコンクリートの剛性低下率 β は次式で与えられる。

$$r_m = 0.6 - \frac{\sigma_B}{176.5} \quad (\geqq 0.0 ; 単位 \ N/mm^2) \tag{3.2.86}$$

$$\varepsilon_m = 0.0016 - 0.024 p_s \quad (\geqq 0.0) \tag{3.2.87}$$

$$\beta = \frac{E_T}{E_0} \tag{3.2.88}$$

σ_B：コンクリートの一軸圧縮強度
p_s：鉄筋比
E_T：ひび割れ方向のコンクリートの接線剛性
E_0：コンクリートの初期剛性

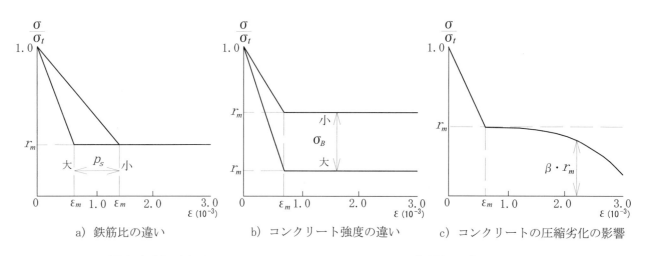

a) 鉄筋比の違い　　b) コンクリート強度の違い　　c) コンクリートの圧縮劣化の影響

図 3.2.21　長沼・山口のテンションスティフニング特性モデル

c. 付着すべりモデル

　鉄筋とコンクリート間の付着応力－相対すべり関係のモデルとしては，繰返し応力下までを対象とした森田・角の提案モデル[3.2.22)]が実際の付着すべり特性を適切に表現したものとして知られている。図 3.2.22 に示すように，除荷，再載荷を含む様々な経路に関してルールを定めている。但し，このモデルは直線を組み合わせたものであることから，正負繰返し載荷解析や地震応答解析に適用する場合，折れ点を通過する際の急激な剛性変化により，過大な不釣合い力が生じやすいという数値解析上の扱い難さがある。

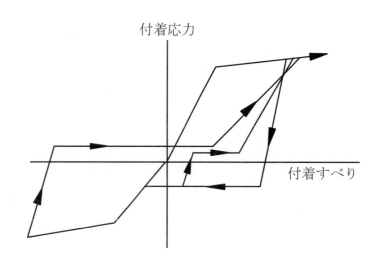

図 3.2.22　森田・角の付着応力－すべり特性モデル[3.2.22)]

　この点を克服するため，高次の関数を用いて実際の挙動をできるだけ忠実に表現することを意図したモデル[3.2.23)]も提案されている。ここでは，そのモデルの概要を紹介する。

　まず，付着強度到達までの付着応力 τ －すべり S 関係包絡線は次式で表現する。

$$\tau = \frac{\tau_{max}(2.0 - d \cdot S_{max})}{1.0 - d \cdot S + \left(\dfrac{S}{S_{max}}\right)^2} \frac{S}{S_{max}} \tag{3.2.89}$$

ここで，d は曲線の形状を決める係数で，最大強度点の割線剛性と初期剛性の比率から求める。初期剛性(K_o)は最大強度点の割線剛性(K_{Smax})の20倍と仮定する（次式）。

$$K_o = 20 \cdot K_{Smax} = 20 \cdot \left(\frac{\tau_{max}}{S_{max}}\right) \tag{3.2.90}$$

式(3.2.89)を S で偏微分して求められる接線剛性の式において，S=0.0 として式(3.2.90)を代入することで，係数 d は次式のように表される。

$$d = \frac{2.0 - \dfrac{K_o}{K_{Smax}}}{S_{max}} = -\frac{18.0}{S_{max}} \tag{3.2.91}$$

包絡線からの除荷および再載荷曲線を図3.2.23a)に示す。図中の各記号の意味は以下の通りである。

E：除荷開始点（S_E, τ_E）
C：除荷曲線と再載荷曲線の交点（S_C, τ_C）
R：再載荷開始点（S_R, τ_R）
N：除荷後に剛性が零となる点（S_N, τ_N）
M：再載荷後に剛性が零となる点（S_M, τ_M）

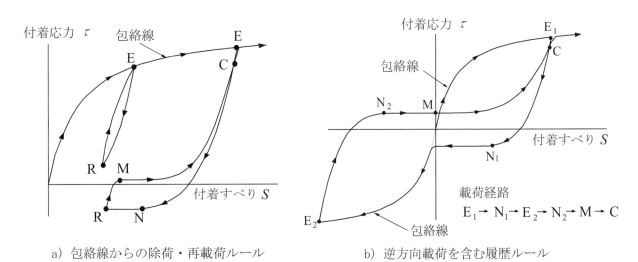

a) 包絡線からの除荷・再載荷ルール　　　　b) 逆方向載荷を含む履歴ルール

図 3.2.23 Naganuma らの付着応力－すべり関係のモデル [3.2.23]

各点間は以下のように結ばれる。

E→N 間：四次曲線（次式；点 N で剛性零）

$$\tau = a(S - S_N)^4 + \tau_N \tag{3.2.92}$$

ここで，a は定数で，点 N で剛性零となる条件より決定される。S_N は除荷点 E における剛性が初期剛性に一致するとの条件より求められる。τ_N は森田・角による提案 [3.2.22] に従い，次式で与える。

$$\tau_N = -0.18 \cdot \tau_E \tag{3.2.93}$$

N→R 間：直線（応力 τ_N で一定；剛性零）
R→M 間：E→N 間と同様の四次曲線（点 R が点 E，点 M が点 N に対応；点 M で剛性零）

$$\tau_M = -0.18 \cdot \tau_R \tag{3.2.94}$$

M→包絡線：E→N 間と同様の四次曲線（点 M で剛性零；点 C を通過)

点 C の応力 τ_C は森田・角による提案 [3.2.22] に従い，次式で与える。

$$\tau_C = 0.9 \cdot \tau_E \tag{3.2.95}$$

なお，除荷後に点 N に到達する前に再載荷となる場合は，再載荷点 R を基点として，除荷曲線と逆対称となる曲線（次式）で除荷開始点 E に向かうものとする。

$$\tau = -a(S - b)^4 + c \tag{3.2.96}$$

ここで，上式の定数 a は式(3.2.92)で求められる値，定数 b, c は点 E を通過する条件と，点 R での剛性が初期剛性に等しいとの条件から求められる。

すべりが逆向きになるような大きな振幅を受ける場合の繰返し履歴特性を図 3.2.23b)に示す。まず，除荷後に点 N を通過し，逆方向の包絡線に達するまでは応力 τ_N で一定（剛性零）の直線とし，以後は包絡線上をたどる。逆方向の包絡線からの除荷後は，剛性が零となる点 N に達した後，応力一定の直線となり，すべりが零となる点を M として，E→N 間と同様の四次曲線で点 M から包絡線に向かう。即ち，式(3.2.92)で点 N を点 M として，定数 a は点 C を通過するとの条件から求められる。

d. ひび割れ後のコンクリートの圧縮劣化特性

　鉄筋コンクリート壁が地震力のような面内せん断力を受けると，図 3.2.24 に示すように斜めひび割れが生じ，以後は縦横の鉄筋の引張力と，コンクリートの斜め圧縮力によって抵抗するメカニズムを形成する。この場合，ひび割れに平行なコンクリートの圧縮強度は，シリンダーの圧縮試験で得られる一軸圧縮強度よりかなり小さくなることが分かっている。解析においては，この特性を適切に考慮しないと，耐震壁の最大強度を過大評価することになる。ひび割れ発生後のコンクリートの圧縮劣化の度合いは，ひび割れ幅やひび割れ直交方向の平均引張ひずみが大きくなるほど顕著となる傾向があり，コンクリートの圧縮強度の低下率を平均引張ひずみの関数として与える提案式が数多く提案されている。しかし，コンクリートの一軸圧縮強度が高いものほど，ひび割れ後の圧縮強度の低下が大きくなることも分かっており，平均引張ひずみだけで圧縮強度の低下率を適切に評価することには無理がある。

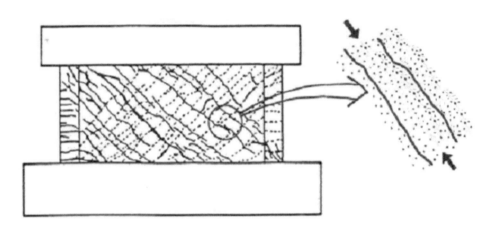

図 3.2.24　面内せん断力を受ける鉄筋コンクリート壁のひび割れと斜め圧縮力

　以下では，平板の面内せん断実験に基づいて，コンクリートの圧縮強度の低下を一軸圧縮強度，作用圧縮軸応力，および鉄筋量の関数で表現した提案式 [3.2.19)] を紹介する。面内せん断応力下で鉄筋と斜めに交差するひび割れが生じた後のコンクリートの圧縮強度は，一軸圧縮強度に低減係数 λ を乗じて決定する。λ は次式で与えられる。

$$\lambda = \lambda_{ps} + 1.45\eta \quad (\leqq 0.95) \tag{3.2.97}$$

$$\lambda_{ps} = 0.74 - \frac{\sigma_B}{255} \quad (\sigma_B < 80 \text{ N/mm}^2 \text{の場合}) \tag{3.2.98}$$

$$\lambda_{ps} = \frac{1.91}{\sigma_B^{0.34}} \quad (\sigma_B \geqq 80 \text{ N/mm}^2 \text{の場合}) \tag{3.2.99}$$

ここで，λ_{ps} は純せん断状態における圧縮強度の低減係数であり，図 3.2.25 に示すようなコンクリートの一軸圧縮強度の関数である。η は次式で定義される有効圧縮軸応力度比である。

$$\eta = \min(\eta_x, \eta_y) \tag{3.2.100}$$

$$\eta_x = \frac{\sigma_{ox} - \sigma_{ocx}}{\sigma_B} \quad (\geqq 0) \tag{3.2.101}$$

$$\eta_y = \frac{\sigma_{oy} - \sigma_{ocy}}{\sigma_B} \quad (\geqq 0) \tag{3.2.102}$$

$$\sigma_{ocx} = 0.95\,\sigma_B^{0.66} - p_{sx}\,\sigma_{yx} \quad (\geqq 0) \tag{3.2.103}$$

$$\sigma_{ocy} = 0.95\,\sigma_B^{0.66} - p_{sy}\,\sigma_{yy} \quad (\geqq 0) \tag{3.2.104}$$

σ_B：一軸圧縮強度
σ_{ox}：横筋方向の作用圧縮軸応力（圧縮を正）
σ_{oy}：縦筋方向の作用圧縮軸応力（圧縮を正）
p_{sx}：横筋比
σ_{yx}：横筋の降伏点
p_{sy}：縦筋比
σ_{yy}：縦筋の降伏点

強度低減係数 λ と有効圧縮軸応力度比 η の関係を図 3.2.26 に示す。なお，縦横筋の方向とひび割れ方向の成す角度がいずれも 30 から 60 度の範囲外の場合は，λ は 1.0 とする。

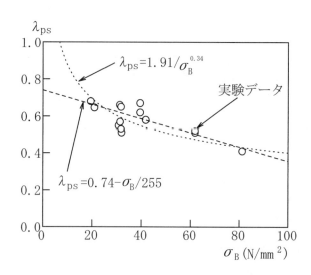

図 3.2.25 コンクリートの圧縮強度低減係数と一軸圧縮強度の関係

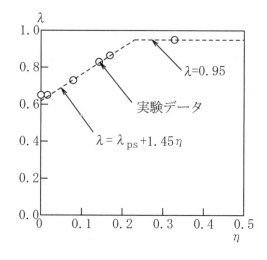

図 3.2.26 コンクリートの圧縮強度低減係数と有効圧縮軸応力度比の関係

3.2.7 むすび

RC構造の構成材料であるコンクリートと鉄の力学的挙動は大きく異なっており，また，それらの接合面では，すべりや離間が生じるなど，幾何学的な不連続性を示すことから，RC構造をFEMにより解析するためには様々な工夫が必要である。コンクリートと鉄の材料特性を忠実にモデル化したとしても，単にそれらを組み込んだだけでは不十分であり，コンクリートと鉄の相互作用を考慮する必要がある。これまでに様々な材料構成モデルが提案されているが，解析対象の特徴と荷重条件，および解析の目的に応じて，適切なものを選択することが重要である。

参考文献

3.2.1) Bazant, Z.P. and Kim, S.S.: Plastic-Fracturing Theory for Concrete , Journal of the Engineering Mechanics Division, ASCE, Vol.105, No.EM3, pp.407-428, 1979

3.2.2) 前川宏一，岡村 甫：弾塑性破壊モデルに基づくコンクリートの平面応力構成則，コンクリート工学, Vol.3.2, No.5, pp.111-121, 1983.5

3.2.3) Bazant, Z.P. and Oh, B.H. :Microplane Model for Progressive Fracture of Concrete and Rock, Journal of the Engineering Mechanics Division, ASCE, Vol.111, No.EM4, pp.559-583, 1985

3.2.4) Bazant, Z.P.: On Endocronic Inelasticity and Incremental Plasticity, International Journal of Solids and Structures, Pergamon Press, Vol.14, No.9, pp.691-714, 1978.

3.2.5) Darwin, D. and Pecknold ,D.A. :Nonlinear Biaxial Stress - Strain Law for Concrete, Journal of the Engineering Mechanics Division, ASCE, Vol.103, No.EM2, pp.229-241, 1977.

3.2.6) 野口博：有限要素法による鉄筋コンクリートの非線形解析，第1報：二軸応力下のコンクリートの応力－ひずみ関係，日本建築学会論文報告集，No.252，pp.1-11，1977.2

3.2.7) Elwi, A. A. and Murray D. W. : A 3D Hypoelastic Concrete Constitutive Relationship, Journal of the Engineering Mechanics Division, ASCE, Vol.105, No.EM4, pp.623-641, 1979

3.2.8) Kupfer, H.B. and Gerstle, K.H. :Behavior of Concrete Under Biaxial Stresses, Journal of the Engineering Mechanics Division, ASCE, Vol.99, No.EM4, pp.853-866, 1973

3.2.9) Ottosen, N. S. :A failure Criterion for Concrete, Journal of the Engineering Mechanics Division, ASCE, Vol.103, No.EM4, pp. 527-535, 1977

3.2.10) Willam, K. J. and Warnke, E. P. :Constitutive Model for the Triaxial Behavior of Concrete International Association for Bridge and Structural Engineering Proceedings, Vol.19, pp.1-30, 1975

3.2.11) Hatanaka, S., Kosaka, Y. and Tanigawa, Y. :Plastic Deformational Behavior of Axially Loaded Concrete Under Low Lateral Pressure - An Evaluation Method for Compressive Toughness of Laterally Confined Concretes (Part 1), Transactions of AIJ, No.377, pp.27-40, July 1987

3.2.12) 大沼博志，青柳征夫：三軸圧縮応力下におけるコンクリートの強度特性，電力中央研究所報告，No.381021，1981.12

3.2.13) 長沼一洋：三軸圧縮下のコンクリートの応力－ひずみ関係，日本建築学会構造系論文集，第474号, pp.163-170, 1995.8

3.2.14) 長沼一洋，大久保雅章：繰返し応力下における鉄筋コンクリート板の解析モデル，日本建

築学会構造系論文集，第 536 号, pp.135-142, 2000.10

3.2.15) Karsan, I. D. and Jirsa, J. O. :Behavior of Concrete Under Compressive Loadings, Journal of the Structural Division, ASCE, Vol.95, No.ST12, pp.2543-2563, 1969

3.2.16) 長沼一洋，米澤健次，江戸宏彰：RC 構造部材の三次元繰返し FEM 解析の精度向上，日本建築学会大会学術講演梗概集，構造Ⅱ, pp.427-428, 2003.9

3.2.17) 山田一宇，青柳征夫：ひびわれ面におけるせん断伝達，第 2 回ＲＣ構造のせん断問題に対する解析的研究に関するコロキウム論文集，日本コンクリート工学協会，JCI-C5, pp.19-26,1983.10

3.2.18) Al-Mahaidi, R.S.H.:Nonlinear Finite Element Analysis of Reinforced Concrete Deep Members, Report 79-1, Department of Structural Engineering, Cornell University, Jan. 1979.

3.2.19) 長沼一洋：鉄筋コンクリート壁状構造物の非線形解析手法に関する研究（その１），平面応力場における鉄筋コンクリート板の非線形解析モデル，日本建築学会構造系論文報告集，第 432 号, pp.39-48, 1991.3

3.2.20) 出雲淳一，島　弘，岡村　甫：面内力を受ける鉄筋コンクリート板要素の解析モデル，コンクリート工学論文，No.87.9-1, pp.107-120, 1987.9

3.2.21) 長沼一洋，山口恒雄：面内せん断応力下におけるテンションスティフニング特性のモデル化，日本建築学会大会学術講演梗概集，構造Ⅱ, pp.649-650, 1990.10

3.2.22) 森田司郎，角　徹三：繰返し荷重下における鉄筋とコンクリート間の付着特性に関する研究，日本建築学会論文報告集，第 229 号，pp.15-24, 1975.3

3.2.23) Naganuma, K., Yonezawa, K., Kurimoto, O. and Eto, H. : Simulation of Nonlinear Dynamic Response of Reinforced Concrete Scaled Model Using Three-Dimensional Finite Element Method, 13th World Conference on Earthquake Engineering, Paper No.586, August 2004.

3.2.24) 長沼一洋：コンクリート構造物の設計手法としての FEM 解析，（その４）コンクリート構造の解析モデル(Ⅰ)，コンクリート工学，Vol.30, No.8, pp.81-86, 1992.8

3.2.25) 関口和彦，中井章裕：よくわかる PC 構造物の FEM 解析，第 2 回モデリングをしてみよう，プレストレストコンクリート，Vol.43, No.2, pp.155-160, 2001.3

第3章 RC 造
第3節 RC 集合住宅の非線形動的 FEM 解析

3.3.1 はじめに

従来の建築構造物全体の動的解析においては，部材を少ない要素数で簡易にモデル化せざるを得ないことが多かった。しかし近年の計算環境の向上により，部材レベルでも細かな要素分割が可能になり，詳細な応力状態を把握できるようになりつつある[3.3.1, 3.3.2, 3.3.3,]。これは Pseudo dynamics のような部材実験を，ある程度まで計算機上で実行できることを意味し，地震被害の分析や，将来の新構造部材開発に資するものと期待される。

本節は長周期地震として知られる 1985 年 9 月 19 日のメキシコ地震において倒壊した RC 集合住宅 Nuevo León 棟[3.3.4]（図 3.3.1）を取り上げ，有限要素法により解析した事例を示す。この例では特に倒壊の直接の原因と推定される 1 階柱の損傷の進行を詳しく検証する。

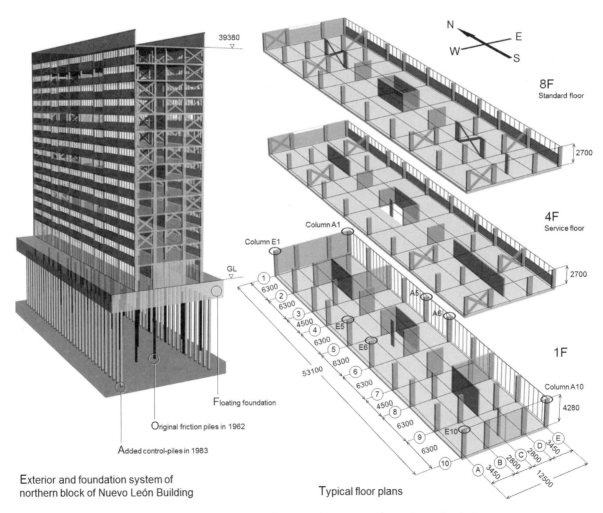

図 3.3.1　Nuevo León 棟北側ブロック外観と主要階平面

Nuevo León棟はメキシコ市都心部のNonoalco Tlatelolco団地内の住宅棟の1つであり，1962年に竣工した。Tlatelolco団地は1958年から1964年にかけて建設され，標準設計された5～21階建ての8種類（A，B，C，I，K，L，M，Nタイプ）合計102棟の住宅棟からなる。5階建ての低層棟にはほとんど被害が見られなかった一方，8階建て以上の中高層棟にかなりの被害を生じた。Nuevo León棟はCタイプと呼ばれ，10棟の同型棟が建てられている。構造形式はRCワッフルスラブ構造地上14階建（地下基礎階1層），塔屋1階，高さ39.4 m，梁間（東西）方向4スパン12.5 m，桁行（南北）方向27スパン160 mである。桁行方向は9スパン53.1 mごとの3ブロックに分割され，幅0.1mのエクスパンションジョイントを介して繋がっている。1階は店舗であり，階高は4,280 mmである。2階～14階の階高は2,700 mmであり，合計288の住戸が設けられている。各ブロック中央にエレベータシャフトがあり，耐震壁を兼ねている。エレベータは1，4，7，11，13階のみに停止し，各住戸にアクセスするサービス階となっている。1985年の地震では北側と中央の2ブロックが倒壊した。南側ブロックは大破したものの，倒壊は免れている（後に解体）。

図3.3.1には北側ブロックの外観と主要階の平面を示している。表3.3.1と図3.3.2に主要な外柱の断面を，表2に材料強度を示す。表3.3.1の外柱の位置は，図3.3.1内に○印で示している。1階柱の断面は300 mm×700 mmであり，14階では300 mm×250 mmと非常に細くなる。中間階では下層より上層の柱断面の方が大きくなる場合も見られる（例えばA1柱，E1柱の9階と10階など）。束ね主筋が用いられているほか，せん断補強筋量も少なく，せん断・付着劣化を生じやすかったと考えられる。

表3.3.1　主要な柱の断面（断面/主筋; 帯筋）

階	A1, E1	A5, E5, A6, E6	A10,E10
1	300×600/8#8; 2#3@200	300×700/10#10; 3#3@200	300×600/8#8; 2#3@200
2	300×600/8#8; 2#3@200	300×700/8#10; 2#3@150	300×600/8#8; 2#3@200
3	300×600/8#6; 2#3@200	300×700/8#8; 2#3@200	300×600/8#6; 2#3@200
4	300×500/8#6; 2#3@200	300×600/8#8; 2#3@200	300×500/8#6; 2#3@200
5	300×500/8#6; 2#3@200	300×600/8#8; 2#3@200	300×500/8#6; 2#3@200
6	300×500/8#6; 2#3@200	300×600/8#8; 2#3@200	250×500/8#6; 2#3@200
7	300×400/8#6; 2#3@200	300×500/8#6; 2#3@200	250×400/8#6; 2#3@200
8	300×400/8#5; 2#2@200	300×500/8#6; 2#3@200	250×500/8#5; 2#2@200
9	300×400/8#5; 2#2@200	300×500/8#6; 2#3@200	250×400/8#5; 2#2@200
10	300×500/4#6; 2#2@200	300×400/8#6; 2#3@200	250×350/4#6; 2#2@200
11	300×500/4#6; 2#2@200	300×400/8#6; 2#3@200	250×350/4#6; 2#2@200
12	300×500/4#6; 2#2@200	300×350/8#6; 2#3@200	250×350/4#6; 2#2@200
13	300×250/4#5; 2#2@200	300×350/4#6; 2#2@200	250×250/4#5; 2#2@200
14	300×250/4#5; 2#2@200	300×250/4#5; 2#2@200	250×250/4#5; 2#2@200

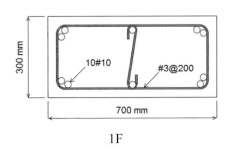 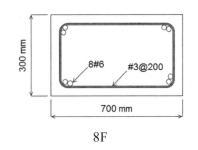 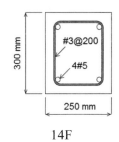

1F　　　　　　　　　　　8F　　　　　　　　14F

図 3.3.2　主要階の A5, E5, A6, E6 柱の断面

表 3.3.2　材料強度

コンクリート圧縮強度（柱・壁）	27.4 N/mm² （1~6 階），20.6 N/mm² （7 階以上）
コンクリート圧縮強度（スラブ）	27.4 N/mm² （1~3 階），20.6 N/mm² （4 階以上）
鉄筋降伏応力	392 N/mm² （主筋），230 N/mm² （帯筋）

　竣工当初の基礎はフローティング基礎と摩擦杭で構成されていたが，1983 年に不同沈下対策として杭が増設された。増設された杭はコントロール杭と呼ばれ，頂部に可動反力治具が付いており，沈下量に応じて垂直位置を調整する仕組みになっている。

　建物の倒壊原因として，基本的には設計規準の不備が挙げられる。当時想定していた地震加速度は 0.6 m/sec² と低く，市内全般の建物の耐震性が不足していた。これに加え，長周期地震動と中高層建物の固有周期が一致し，共振を生じたと指摘されている。弾性状態を仮定した Nuevo León 棟の固有周期は約 1 秒であるが，損傷の進行により長周期化し，最終的に地震動の卓越周期に近い 2 秒に達したと考えられている。表 3.3.3 に同型 2 棟において地震後に計測された固有周期を示す。損傷の少ない J.M. Arteaga 棟の周期が 1.64～1.19 秒，やや損傷の大きい Chihuahua 棟は 1.95～1.44 秒となっている。

表 3.3.3　同型棟の被災度判定と固有周期の関係

	被災度判定		固有周期(sec)*	
	日本基準	メキシコ基準	桁行方向	梁間方向
J.M. Arteaga 棟	軽微	非構造大破	1.64	1.19
Chihuahua 棟	小破	構造中破	1.95	1.44

*日本建築学会調査団の計測：上層部フーリエスペクトルより決定

　この他，エクスパンションジョイントにおける棟間衝突や [3.3.5]，腰壁付き柱の短柱破壊も倒壊の一因として指摘されている。

　本節は倒壊原因分析の試みとして，北側ブロックを有限要素モデル化し，特に 1 階柱の破壊に焦点を絞って検討を行う。使用する解析ソフトは FINAL である [3.3.6]。モデル化に当たっ

ては，既往の有限要素解析[3.3.6, 3.3.7]において実績のある非線形材料構成則を適用する。要素分割は，2015年時点の平均的な市販PCを用いて1週間程度で計算できるように計画した。

3.3.2 コンクリートのひび割れのモデル化：分散ひび割れモデルにおけるひび割れの離散化手法

a. 離散化手法の概要

本節においては，3.2節に示した鉄筋コンクリートに関する材料構成モデル[3.3.6, 3.3.8-14]を用いるが，コンクリートのひび割れに関しては，「分散ひび割れモデルにおけるひび割れの離散化手法[3.3.15, 3.3.16]」と呼ぶ手法を用いる。

FEMにおけるコンクリートのひび割れの表現法としては，3.2.2節に示したとおり，離散ひび割れモデル（discrete crack model）と分散ひび割れモデル（smeared crack model）の2つがある。本解析で用いたひび割れの離散化手法は，分散ひび割れモデルを基に，離散ひび割れモデルの長所を取り入れた改良法である。

図3.3.3は，正負繰返しせん断・曲げを受けるRC梁を，分散ひび割れモデルに基づくFEMにより解析した例である。図3.3.3(a)に示す従来法の解析では，現実にはひび割れの生じない場所の要素にもひび割れ面が描かれており，またひび割れ面相互の連続性も表現できない。一方，同じ要素分割による図3.3.3(b)の離散化手法の解析では，ひび割れの生じる場所と生じない場所の違いが明瞭となり，ひび割れ面の連続性も表現されている。また主筋応力についても，従来法では単調な分布となるのに対し，離散化手法では凹凸を持つ現実的な分布となっている。RC部材の鉄筋応力分布は，ひび割れが生じた後，コンクリートとの付着によってひび割れ位置では大きく，ひび割れから離れた場所では減少する。図3.3.3(b)の離散化手法による主筋応力分布は，このような付着による応力再配分に対応している。

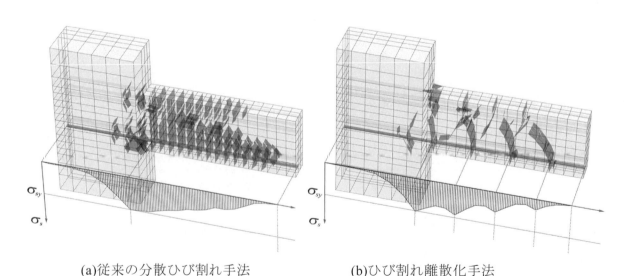

(a)従来の分散ひび割れ手法　　　　(b)ひび割れ離散化手法

図3.3.3　正負繰返しせん断・曲げを受ける梁のひび割れ分布と主筋の応力分布

このような計算は，従来の離散ひび割れモデルによっても可能であるが，細かな要素分割を必要とする上，正負繰返し載荷のようにひび割れ方向が大きく変化する場合の分割に相当な工夫を要するなど，制約が大きい。図3.3.4は，一軸引張部材に生じたひび割れ周辺のコンクリートひずみ，鉄筋ひずみ，付着滑りの分布を，(a)離散ひび割れモデル，(b)分散ひび割れモデル，および(c)離散化手法の3種類について比較している。(a)に示す離散ひび割れモデルは，ひび割れリンク要素と付着リンク要素を用いてひび割れ両側のひずみと滑りの分布を再現している。ただし，モデルの節点数は増大する。(b)の分散ひび割れモデルは，コンクリートと鉄筋のひずみがモデル全長にわたって一定となる。滑りの値はゼロとなり，すべての要素にひび割れが発生する。(c)に示す離散化手法は，ひずみと滑りを連続な解に基づいて再配分する。このため，ひび割れも離散ひび割れモデルと同じく中央に1本のみ導入される。この手法では，解析解によるひずみの平均値と，通常の分散ひび割れ手法によって計算されるひずみの平均値が一致するよう計算する。この方法により，分散ひび割れ手法と同じ節点数で，離散ひび割れモデル以上に詳細なひずみと滑りの分布を得られる。また離散化手法においては，差分法による数値計算ではなく，連続な関数により解析的に算定するため，繰返し載荷にともなう履歴変数の記録は最小限で済む。

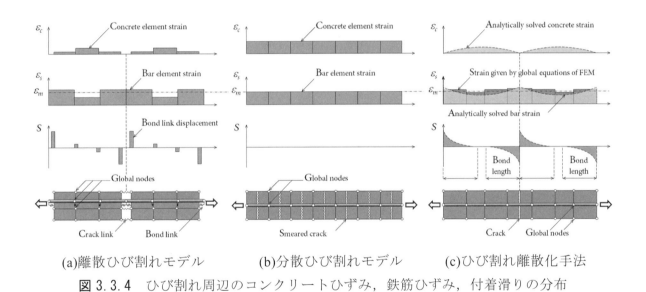

(a)離散ひび割れモデル　　(b)分散ひび割れモデル　　(c)ひび割れ離散化手法

図3.3.4　ひび割れ周辺のコンクリートひずみ，鉄筋ひずみ，付着滑りの分布

b. ひび割れ判定と応力再配分の流れ

　離散化手法の処理は，大きく以下の3つの部分に分けられる。

(1) 鉄筋連続性の判定：1つのひび割れが発生すると，ひび割れを横切る鉄筋の付着状態が変化する。応力再配分計算は鉄筋に沿って付着滑りが発生する区間（以下，付着区間と呼ぶ）にわたり実施する。この区間は有限要素モデルにおいて複数の要素にわたることが多いため，プレ処理段階において鉄筋の連続性をプログラムに認識・記憶させる。

(2) ひび割れ判定と応力再配分：一般的な分散ひび割れモデルは，各解析ステップにおいて，ひび割れ条件を満たした要素全てを同時にひび割れ判定する。これに対し本手法は，未

ひび割れ要素のうち応力が最も大きいもの1つのみをひび割れ判定して再配分計算を行う。次いで主引張応力の大きさの順に，ひび割れ判定，再配分計算を繰り返す。したがって1つの解析ステップにおける再配分計算は，新たにひび割れが発生する要素の数だけ繰り返される。この処理における付着応力と滑りの算定方法は次節以降に詳述する。

(3) ひび割れの延伸と重心移動：新しい小さなひび割れは，ひずみの増加とともに長く卓越したひび割れに延伸していく。このような延伸ひび割れについては，図3.3.5に示すように重心を移動し，ひび割れの連続性を明瞭に表示する。

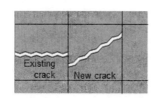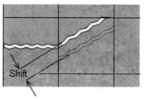

図3.3.5 延伸するひび割れの重心移動

図3.3.6に，本手法によるひび割れ判定と応力再配分の流れの例を示す。この例は片持ち梁を6×12分割し，下向き荷重を加えて固定端に曲げひび割れを生じさせている。処理は次の順序で進める。

(1) モデル中の72個の要素のうち，ひび割れ発生応力を上回る要素が8個あると仮定する。この8個の要素に，最大主応力の大きさに応じた順位を付け，ひび割れ発生要素の候補とする。
(2) 8要素の中で最大主応力が最も大きいものに1番目のひび割れを導入する。
(3) 1番目のひび割れと交差する鉄筋に沿った要素を選択する。
(4) 鉄筋に沿って付着区間を求める。この例では1，4，6の順位が振られた要素が区間内に入る。
(5) 付着区間内にある要素のコンクリート応力と鉄筋応力を再配分する。その結果，コンクリート応力がひび割れ応力を下回った要素を，ひび割れ候補から除外する。この例では3要素が除外され，4要素がひび割れ候補として残る。
(6) この時点で4つ残ったひび割れ候補要素に，再配分後の応力に応じた順位を付ける。
(7) 4要素の中で応力が最大のものに2番目のひび割れを導入する。
(8) 2番目のひび割れは，1番目のひび割れから延伸する形となるため，ひび割れ重心を移動して，1番目のひび割れと連続させる。
(9) 2番目のひび割れと交差する鉄筋に沿った要素を選択する。
(10) 鉄筋に沿って付着区間を求める。この例では1，2の順位の要素が区間内に入る。
(11) 付着区間内の応力を再配分し，ひび割れ応力を下回った要素を，ひび割れ候補から除外する。この例では2要素が除外され，1要素のみがひび割れ候補として残る。
(12) 最後に残った1要素に3番目のひび割れを導入する。

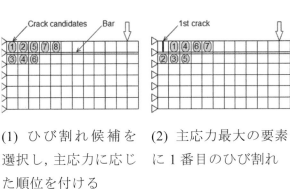 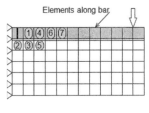 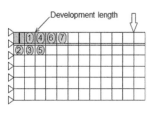

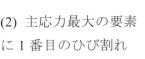

(1) ひび割れ候補を選択し，主応力に応じた順位を付ける
(2) 主応力最大の要素に1番目のひび割れ
(3) ひび割れと交差する鉄筋に沿う要素を選択
(4) 選択した要素に沿って付着区間を決定

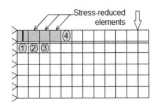 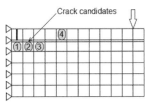 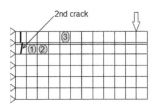 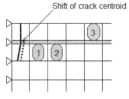

(5) 付着区間にある要素の応力を再配分し，ひび割れ候補から除外
(6) ひび割れ候補を選択し，主応力に応じた順位を付ける
(7) 主応力最大の要素に2番目のひび割れ
(8) 2番目のひび割れの重心を移動

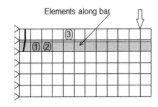 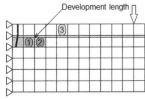 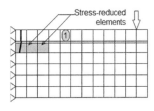 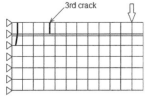

(9) 2番目のひび割れと交差する鉄筋に沿う要素を選択
(10) 選択した要素に沿って付着区間を決定
(11) 付着区間にある要素の応力を再配分，ひび割れ候補から除外
(12) 最後に1つ残ったひび割れ候補に3番目のひび割れ

図 3.3.6　ひび割れ判定と応力再配分の流れ

c. 付着応力～滑り関係と鉄筋応力～ひずみ関係

　付着挙動の計算にはしばしば差分法が用いられるが，本手法は計算負荷の低減のため常微分方程式の一般解を用いる。このため付着応力～滑り関係は一般解の導出が容易な多点折線によりモデル化し，以下の8つの条件と仮定を用いる。

(1) 本研究で提案する付着モデルは，比較的よく拘束された柱，梁や，付着の良好な壁などへの適用を想定する。付着滑りは正側にとどまるものと仮定し，負側への反転は考慮しない。接合部，柱，梁などにおいて付着割裂破壊により過大滑りが生じる場合は，付着リンク要素を併用して算定する。

(2) 付着応力～滑り関係の包絡線は多点折線でモデル化する。この多点折線は，(i)第1勾配，

(ii)第 2 勾配，(iii)平坦部，(iv)軟化勾配，(v)残留摩擦応力域の 5 つの部分からなる（図 3.3.7）。

(3) 鉄筋降伏による付着強度低減を考慮する。本来，強度低減率は鉄筋ひずみの分布に応じて変化するが，ここでは付着区間にわたって付着強度低減率が一定の平均値を取るものと仮定する。低減率は，鉄筋ひずみが減少しても回復しないものと仮定する。

(4) 付着応力～滑り関係における除荷経路と再載荷経路を同一と仮定する。森田の研究によれば，再載荷勾配は除荷勾配よりも緩やかになる[3.3.14]。一方で，Eligehausen は除荷・再載荷経路を一致させている[3.3.17]。本研究は後者の仮定を採用する。

(5) 滑りの大きさに関わらず，除荷・再載荷勾配は一定とする。森田の研究[3.3.14]によれば，滑りが大きくなるほど除荷・再載荷勾配が緩やかになるが，ここでも Eligehausen のモデル化[3.3.17]に従う。

(6) 除荷経路と再載荷経路は，負摩擦応力経路を含むものとする。

(7) 載荷繰返し回数による付着強度低減は考慮しない。

(8) 鉄筋応力～ひずみ関係はバイリニアの移動硬化則を仮定する（図 3.3.8）。

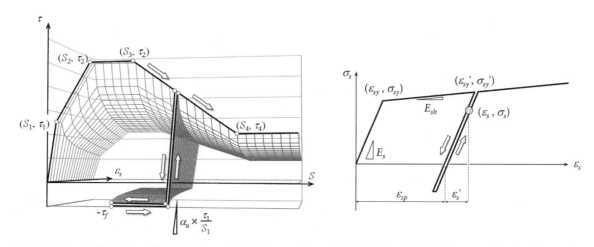

図 3.3.7　付着応力～滑り関係の多点折線モデル　　図 3.3.8　鉄筋応力～ひずみ関係モデル

鉄筋降伏後の付着強度低減については，多くの既往研究があるが[3.3.18-23]，ここでは最も新しい fib Model Code 2010[3.3.24]に基づいて与える。

鉄筋応力～ひずみ関係は上述の通り，図 3.3.8 に示すような移動硬化則に基づくバイリニア仮定とする。

d. 付着に関する常微分方程式

前項の仮定に基づく付着応力，滑り，鉄筋応力等の計算には差分法を用いず，付着の釣合条件と適合条件から導かれる 2 階の常微分方程式の一般解を用いる。

付着問題に関する 2 階の常微分方程式は 1909 年に Arnovljević が初めて導いた[3.3.25]。その後，福田，Bufler，Rehm が実際の RC に適用して計算例を示し[3.3.26, 3.3.27, 3.3.28]，今日まで用い

られている。しかしその適用範囲は，鉄筋弾性時の条件に限られてきた。本研究はこの方程式を，鉄筋が塑性化し，かつ付着応力～滑り関係が除荷・再載荷経路上にある条件に拡張する。方程式は以下の 3 通りに場合分けされる。

(1) 鉄筋が弾性

鉄筋が弾性の場合，方程式は式(3.3.1)で表される [3.3.25]。

$$\frac{d^2S}{dx^2} = \frac{4}{d_b}\left(\frac{1}{E_s} + \frac{\rho}{E_c}\right)\cdot\tau \tag{3.3.1}$$

ここに d_b は鉄筋径，E_c はコンクリート弾性係数，E_s は鉄筋弾性係数，x は鉄筋軸に沿う座標，ρ は鉄筋断面積比である。式(3.3.1)は付着応力～滑り関係が包絡線上にある場合，および除荷・再載荷経路上にある場合ともに成立する。

(2) 鉄筋が塑性化，付着応力～滑り関係が包絡線上

鉄筋が塑性化した場合は，鉄筋弾性係数 E_s をひずみ硬化係数 E_{sh} に置き換えて，式(3.3.2)で表される。

$$\frac{d^2S}{dx^2} = \frac{4}{d_b}\left(\frac{1}{E_{sh}} + \frac{\rho}{E_c}\right)\cdot\tau \tag{3.3.2}$$

(3) 鉄筋が塑性化，付着応力～滑り関係が除荷・再載荷経路上

鉄筋が塑性化し，かつ付着応力～滑り関係が除荷・再載荷経路上にある場合は式(3.3.3)で表される。

$$\frac{d^2S}{dx^2} = \frac{4}{d_b}\cdot\left\{\left(\frac{1}{E_{sh}} + \frac{\rho}{E_c}\right)\cdot\tau_u + \left(\frac{1}{E_s} + \frac{\rho}{E_c}\right)\cdot(\tau - \tau_u)\right\} \tag{3.3.3}$$

式(3.3.3)において，現時点の付着応力 τ に加え，除荷開始時の付着応力 τ_u も x の関数であり，計算過程において記憶する必要がある。差分法を用いた場合，全ての区間で τ_u の履歴を記憶しなければならず，鉄筋とひび割れが増えれば，実用上不可能なまでの計算機資源を必要とする。一方，常微分方程式の一般解を用いれば，τ_u の分布と履歴を最小限の変数で記憶できる。

式(3.3.1), (3.3.2), (3.3.3)の一般解は，付着応力増加区間は双曲線関数により，応力一定区間は二次式により，応力減少区間は三角関数により与えられる。付着応力～滑り関係の折点と，鉄筋弾塑性境界の位置関係により，包絡線上の一般解は 25 通り，除荷・再載荷経路上は 7 通り，合計 32 通りに分類される。この一般解の全式は文献 [3.3.29] に示す。

鉄筋降伏後の除荷・再載荷を考慮した付着計算は，数本程度の鉄筋に関するものであれば，数値的な解析は多数行われてきた [3.3.17, 3.3.30]。これらの解析は，いずれも式(3.3.3)を暗黙に満

たしている。にもかかわらず、これまで直接式(3.3.3)が導かれなかったのは、その利用価値がほとんど認められなかったためと考えられる。しかし今日、RCの強非線形挙動を安定して解析する有限要素プログラムが出現し、多数の鉄筋が無数のひび割れと交差する際に起こる再配分現象を忠実に再現する可能性が拓け、式(3.3.3)を用いる工学的意義を見出すに至った。

3.3.3 ワッフルスラブ架構試験の解析

建物全体のモデル化に先立ち、柱やスラブの要素分割の妥当性を検討するため、ワッフルスラブ架構試験体を有限要素モデル化し、実験と解析の整合を確認する。

a. 解析対象試験体の概要

1985年以前のメキシコにおいては、Nuevo León棟を含め、おおむね15階建以下のRC建物にワッフルスラブ構造が多用されていた。地震時のワッフルスラブ構造建物の倒壊・大破率は、一般的なラーメン構造建物の約2倍であったと報告されている[3.3.30]。

Rodriguezらはワッフルスラブ構造の問題点を定量的に評価するため静的載荷実験を実施した[3.3.31, 3.3.32]。実験では図3.3.9に示すような1/3スケール2層2スパンの試験体を作製し、全体変形角が0.0035 rad.に至るまで繰返し荷重を加えている。柱は171 mm正方断面、スラブ梁断面は50 mm×107 mm、梁の格子間隔は250 mmである。コンクリート圧縮強度は27.4 N/mm^2、鉄筋はすべて丸鋼であり、柱主筋降伏応力は412 N/mm^2、それ以外の鉄筋の降伏応力は189〜226 N/mm^{2}である。水平荷重〜全体変形角関係を図3.3.10に示す。架構は柱脚及びスラブ断面減少部の塑性ヒンジからなる崩壊機構を形成したが、柱には顕著なせん断ひび割れが生じ、主筋抜け出しによる履歴のピンチングも観察され、全般的に脆性的な挙動を示した。なお同図中の解析結果については次項で述べる。

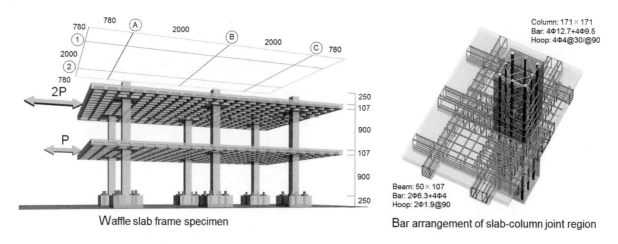

図3.3.9 ワッフルスラブ架構実験概要（Rodriguez 1995）

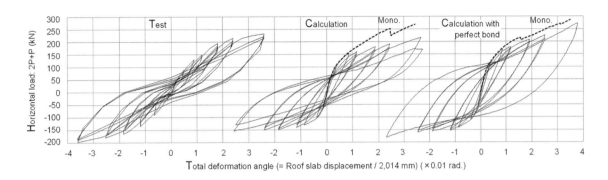

図 3.3.10 ワッフルスラブ架構の荷重〜回転角関係

b. 解析モデルと計算結果

架構試験体を有限要素モデル化し，その挙動を適切に再現できることを確認した。モデル化は後述の Nuevo León 棟の全体モデルへの適用を念頭に置き，1階を比較的詳細な要素分割とする一方，2階は簡略な分割とした。要素分割図を図 3.3.11 に示す。モデルは対称性を考慮した 1/2 モデルとし，1階外柱を 4×4×8 分割の 8 節点六面体要素により，1階内柱に 2×8 分割の 4 節点シェル要素により表現する。主筋とコンクリートとの界面には 4 節点接合要素を挿入する。付着強度は実験結果と解析結果が最も良く整合するように調整し，最終的に 0.96 N/mm² とした。この柱の配筋条件を日本建築学会 RC 終局強度型設計指針[3.3.33]にあてはめた場合の異形鉄筋付着強度計算値は 3.8 N/mm²，fib Model Code 2010[3.3.24]では 13.9 N/mm² となる。解析で決定した値はそれぞれこれらの 0.25 倍，0.07 倍となるが，丸鋼であることを考慮すれば現実的な値と考えられる。

2 階柱は 2 節点線材要素（梁要素）を用いてモデル化する。スラブには 4 節点シェル要素を用い，これに梁断面と等価な断面となるよう 2 節点線材要素を重ねて配している。ここで用いる 4 節点シェル要素は断面を厚さ方向に 8 分割する。また 2 節点線材要素（梁要素）はせい方向 8 分割，幅方向 8 分割の合計 64 分割とする。

なお 1 階と 2 階の水平力比を常に 1:2 に保つため，図 3.3.11 の左側に示すような線材要素とバネ要素からなる載荷梁を設けている。

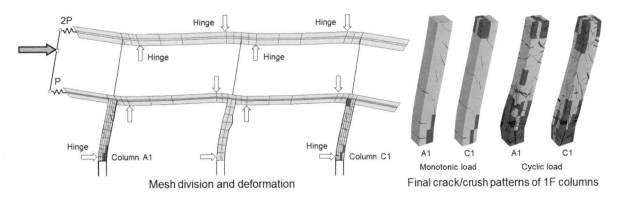

図 3.3.11 ワッフルスラブ架構試験体要素分割及び最終コンクリートひび割れ図

モデルの総要素数は 766（六面体要素 256，四辺形シェル要素 98，線材要素 350，接合要素 90，バネ要素 2），総節点数は 731，総自由度は 2,447 である。表 3.3.4 に部材ごとの鉄筋比入力値を示す。

表 3.3.4　ワッフルスラブ架構試験体の各部材の鉄筋比

部材	主筋	せん断補強筋（端部）	せん断補強筋（中央）
柱	1.10%	0.49%	0.25%
ワッフルスラブ：梁	1.17%	0.94%	0.94%
ワッフルスラブ：スラブ	0.01%	--	--

計算による架構の最終変形状態と外柱のひび割れ状況を図 3.3.11 に，水平荷重～全体変形角関係を図 3.3.10 に示す。これらの図には，単調載荷と繰返し載荷の計算結果を示している。繰返し載荷の計算結果は，実験結果の耐力，ピンチング性状ともに適切に再現している。繰返し載荷計算の最大耐力は，単調載荷よりも 19%低い。これは繰返し荷重下における主筋付着滑りの増大による影響が大きい。図 3.3.11 に示す外柱の最終コンクリートひび割れ・圧壊状況は，単調載荷時に比べ，繰返し載荷時の柱の劣化進行が著しいことを示している。

なお，図 3.3.10 には 1 階柱主筋の完全付着を仮定した荷重～全体変形角関係も併せて示す。計算は耐力とエネルギー吸収能力を過大評価しており，付着のモデル化が必用であることを示している。

3.3.4　建物の有限要素モデル化

a.　検討過程

図 3.3.12 に要素分割の検討過程を示す [3.3.34]。1 次～6 次モデルまで作成し，その特徴と問題点を検証しながら，最終的に 6 次モデルを採用した。

1 次：柱に線材要素（梁要素）を，床，壁に四辺形シェル要素を用いている。しかし梁要素は，せん断破壊の表現が不十分で，損傷状況を再現できなかった。一方でこのモデルから，基礎階の変形・ひび割れが比較的少なく，省略可能と判断した。

2 次：柱コンクリート部に六面体要素，主筋に線材要素（トラス要素）を用い，基礎を省略したモデルを作成したが，計算機容量の制約から解析が困難となった。

3 次：いったん 3 次元解析を断念し，梁間方向 10 構面のうち 1 つを平面応力要素により 2 次元モデル化した。しかし本建物は，構面ごとに架構が異なり，耐力差も大きい。ここでモデル化した構面は耐力が高く，限定的な損傷しか生じなかった。

4 次：再び 3 次元化し，柱を四辺形シェル要素に置き換えた。四辺形シェル要素は梁間方向と平行になるよう配置している。このモデルによって解析した結果，地震動との共振をある程度再現することができた。なお主筋応力は座屈を考慮し，圧縮ひずみ 1.3%で降伏応力の 0.4 倍に低減した。また引張ひずみ 1%で破断するものと仮定している。

5次： 4次モデルを細分割化したモデルである。4次モデルの主筋応力～ひずみ関係の仮定の妥当性について多少の懸念があったため，本モデルでは弾塑性バイリニア包絡線と仮定した。一方，柱の細分割化によりせん断破壊をより現実的に再現することを意図した。しかし建物耐力は過大評価となり，倒壊を再現できなかった。

6次： 3節に記載したワッフルスラブ架構試験体の計算結果に基づいてモデル化を再検討し，主筋付着の考慮，1階外柱の六面体要素分割化，3階以上の要素分割の簡略化を行った。このモデル化により，建物の損傷進展を再現できた。

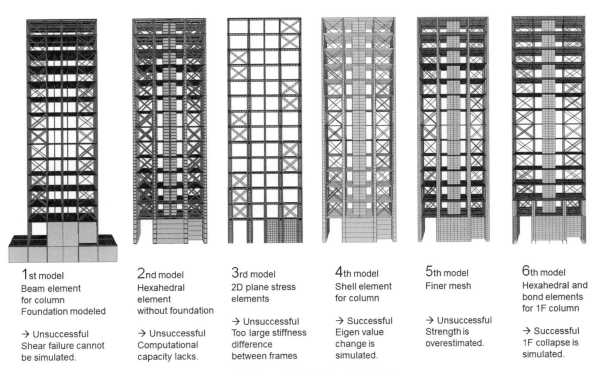

図 3.3.12　要素分割の検討過程

b. 6次モデルの詳細

6次モデルにおいては，1階外柱のうち，特に荷重条件が厳しくなる8本（A1，E1，A5，E5，A6，E6，A10，E10）に六面体要素を用いた。これら8本は，図 3.3.1，図 3.3.2 及び表 3.3.1 に示したものと同一である。要素分割の詳細を図 3.3.13 に示す。この8本以外の1階と2階の柱は4節点シェル要素によりモデル化している。これは計算機容量を勘案し，梁間（EW）方向のみのせん断破壊を考慮することを意図したものである。1階と2階の柱主筋は2節点線材要素（トラス要素）でモデル化し，かつ4節点接合要素により付着を考慮した。その一方で3階以上の柱は2節点線材要素（梁要素）を用いた簡略なモデルとした。

モデル全体で使用した要素は8節点六面体要素，4節点四辺形シェル要素，2節点線材要素，4節点接合要素（ライン要素）の4種類である。このうち六面体要素，四辺形シェル要素，線材要素はいずれも1次要素であり，要素重心において剛性を平均評価している。シェル要

素は厚さ方向を 8 層に分割している。総要素数は 27,132，総節点数は 20,008，総自由度は 102,708 である。

表 3.3.5 に要素種類ごとの要素数を示す。参考として 4 次モデルと 5 次モデルの値も併記する。

1 階と 2 階の柱主筋付着強度を日本建築学会終局強度型設計指針 [3.3.33)] 及び fib Model Code 2010[3.3.24)] により計算すると，例えば A1 柱はそれぞれ 2.1 N/mm^2, 7.5 N/mm^2 となる。これらに 3 節のワッフルスラブ架構の柱主筋付着強度の比率 0.25 倍及び 0.07 倍を乗じると，いずれも 0.54 N/mm^2 となる。他の柱についても同様に計算すると，0.43～0.61 N/mm^2 となり，これらの値を用いることにした。

建物の単位面積あたり重量は，日本建築学会の調査報告[3.3.4)]に基づいて 1 ton/m^2 と仮定した。この仮定に基づくと，建物自重と積載荷重の総質量は 9,868 ton となる。

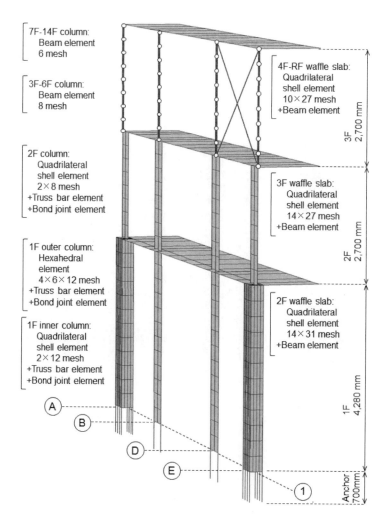

図 3.3.13　要素分割詳細図（1 通りの 1 階～3 階）

表 3.3.5　要素分割概要

	4 次モデル	5 次モデル	6 次モデル
8 節点六面体要素	0	0	2,304
4 節点四辺形要素	4164	16,008	8620
2 節点線材要素	6145	20,489	14,198
4 節点接合要素	0	0	2,010
節点数	6,189	22,862	20,008
総自由度	36,624	136,206	102,708

3.3.5 解析結果
a. 静的単調載荷

時刻歴応答解析に先立ち，桁行（NS）方向及び梁間（EW）方向への静的単調載荷を実施し，建物の静的耐力と変形性能を把握した。耐力低下以降の挙動も計算するため，建物端部に付加した載荷梁に強制変位を加えた。図 3.3.14 に静的単調載荷時の変形およびコンクリート圧壊状況の例（4 次モデル EW 方向及び 6 次モデル NS 方向）を示す。6 次モデル NS 方向の図の左側にトーナメント式に配された部材が静的載荷梁である。最左端の 1 点に強制変位を与えることにより，Ai 分布に応じた荷重が各階に分配されるよう設定している。

図 3.3.15 に EW 方向及び NS 方向の水平荷重～全体変形角関係を示す。水平荷重は建物重量で除して無次元化している。全体変形角は，屋上中央の節点変位を建物高さ 39,380 mm で除した値である。参考として 4 次モデルと 5 次モデルの計算結果も示す。4 次モデルの NS 方向を除き，回転角 0.004～0.005 rad. において自重の約 0.3 倍相当の荷重に達し，以降は耐力が減少に転じている。6 次モデル EW 方向は最大耐力到達直後に 1 階の圧縮側外柱（A 通りの柱）の圧壊が発生し，計算が停止した。

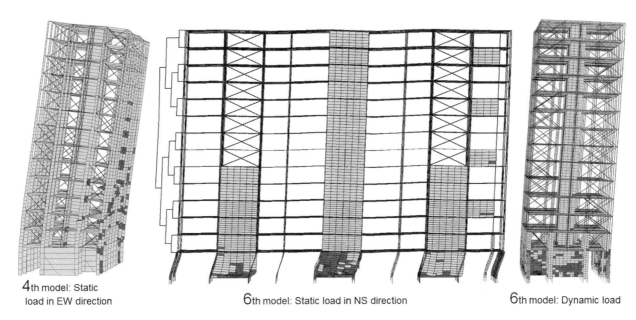

図 3.3.14 最終時変形及びコンクリート圧壊状況（変形表示倍率 10 倍）

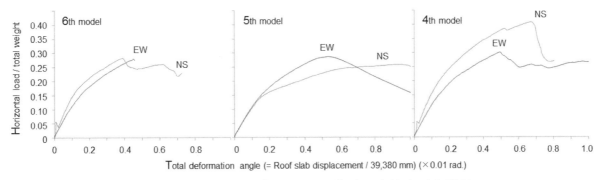

図 3.3.15 静的単調解析による荷重～全体変形角関係

図3.3.16にEW方向載荷における外柱8本の最大耐力時コンクリートひび割れ状況を示す。引張側となるE通りの柱（E1, E5, E6, E10）には大きな引張軸力が加わるため，水平ひび割れが高さ方向に連続して生じ，一軸引張部材に似た様相を呈している。一方圧縮側となるA通りの柱（A1, A5, A6, A10）には大きな軸圧縮力が加わるため，ひび割れは皆無である。A通りの柱はこの直後に圧壊している。

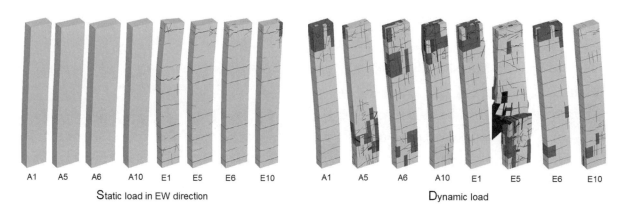

図3.3.16　主な1階外柱の最終コンクリートひび割れ・圧壊状況

b. 時刻歴応答解析

サブスペース法により求めた弾性状態の固有周期は0.987秒であった。入力波は，メキシコ通信運輸省において記録された「SCT1」波（図 3.3.17）[3.3.4]を直接用いる。ただし最初の20秒の震動はかなり小さいため，震動開始時刻から20秒経過した時点より解析を始めている。1解析ステップあたり時間増分は原則として0.02秒とするが，入力加速度増分が$0.01m/s^2$を越える場合は，時間増分を制限する。建物倒壊が始まる時刻は震動開始より59.2秒，それまでの解析ステップ数は5635であり，計算対象とした震動時間は39.2秒となる。1階柱脚部の節点に入力加速度と逆符号の加速度を一様に与えた。時間積分はNewmarkのβ法により，係数 β＝0.25, γ＝0.5 とした。減衰は初期剛性比例型の内部粘性減衰とし，固有値解析による1次固有周期0.987秒に対して1％を仮定した。これは梁要素等を用いた架構解析において一般に仮定される減衰に比べかなり小さいが，本節で使用する有限要素法は非線形材料構成則によって履歴減衰を考慮しており，これまでの研究[3.3.1, 3.3.6, 3.3.7]で良好に実験結果を再現することを確認している。また解析においては幾何非線形を考慮する。所要計算時間は約130時間であった。

図 3.3.18 に全体変形角〜時刻関係，図 3.3.19 に屋上中央節点垂直変位〜時刻関係を，図 3.3.20 に屋上中央節点加速度〜時刻関係を示す。これらの応答の最大値は，EW方向入力加速度が最大になる時刻と対応し，最終解析ステップの回転角は0.0042 rad., 加速度は$3.13 m/sec^2$でいずれも最大となっている。また時刻の経過とともに屋上垂直変位（沈下）が徐々に増加している。

図 3.3.21 に総水平荷重～全体変形角関係を示す。時刻歴応答解析の履歴は静的単調解析の曲線上をなぞる形で推移している。静的解析では EW 方向の荷重が変形角 0.0046 rad.において最大となったが，時刻歴応答解析もほぼ同じ変形角に達した時点で解析が終了している。

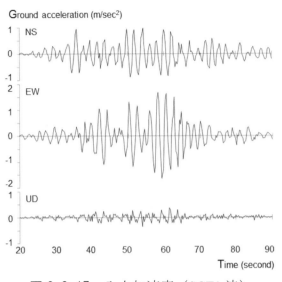

図 3.3.17 入力加速度（SCT1 波）

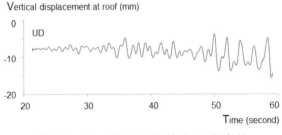

図 3.3.19 屋上中央節点垂直変位
～時刻関係

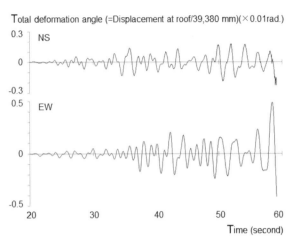

図.3.3.18 全体変形角～時刻関係

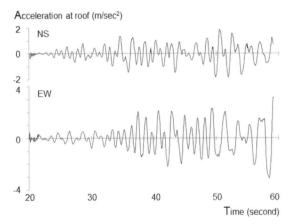

図 3.3.20 屋上中央節点加速度～時刻関係

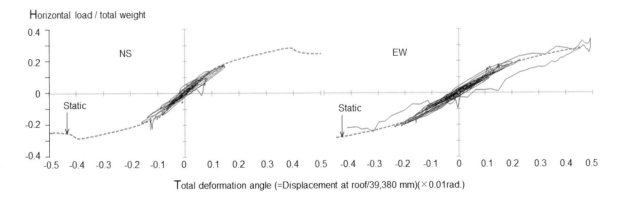

図 3.3.21 総水平荷重～全体変形角関係

図 3.3.22 に主な外柱の軸力～時刻関係を示す。軸力はコンクリート圧縮強度と柱断面積で除して無次元化し，正を圧縮，負を引張としている。多くの柱において，圧縮側となった時に軸力比が 1.0 を超える一方，引張側となった時には軸力比 0.2 程度の引張軸力が生じている。

図 3.3.16 の右半分に主な 1 階外柱の最終時コンクリートひび割れ・圧壊状況を示す。図中，黒く塗りつぶされた部分が圧壊を示す。引張軸力作用時に生じた水平ひび割れは静的載荷時と同様の分布を示す。一方，圧縮軸力と曲げ変形に起因する柱頭部の圧壊の進行が見られる。E5 柱については柱中央付近に大きなせん断変形を生じている。

図 3.3.23 に外柱の断面内最大せん断力～時刻関係を示す。縦軸は，高さ方向に 12 分割した柱の各水平断面内せん断力のうち，各ステップの最大値を示している。このうち図 3.3.16 において大きなせん断変形を示した E5 柱は，時刻 54.6 秒にせん断力が最大値 186kN に達し，せん断破壊した。この 54.6 秒は，全体変形角の振幅が中立位置にある時刻に相当する。

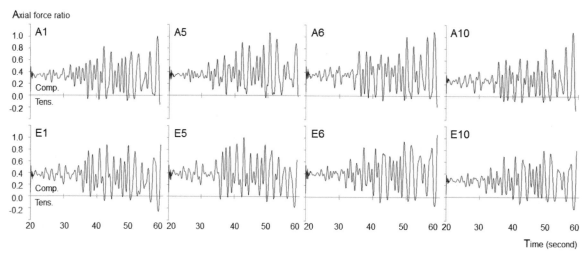

図 3.3.22　主な 1 階外柱の軸力～時刻関係

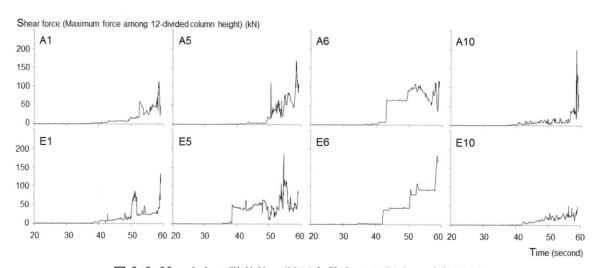

図 3.3.23　主な 1 階外柱の断面内最大せん断力～時刻関係

それから 3.9 秒後の 58.5 秒に A10 柱のせん断力が最大値 201kN に達しているが，同時刻に軸圧縮力も最大値に達している。この軸圧縮の作用によりせん断破壊は起きず，柱頭の一部が圧壊するものの，除荷に向かっている。同じく 58.5 秒に A5 柱のせん断力が最大値 165kN に達しているが，せん断破壊は起きていない。それから 0.7 秒後の倒壊開始時刻 59.2 秒まで 1 階柱の軸圧縮変形が進行し，最終的に荷重を支えきれずに倒壊開始に至ったと考えられる。

　図 3.3.24 に外柱の断面内最大せん断力～柱頭水平変位関係を示す。図 3.3.22 同様，縦軸は各水平断面内せん断力の最大値である。横軸は柱頭水平変位の絶対値を示す。図内には柱単体の静的単調載荷時（NS 方向，EW 方向及び 45°方向の 3 つ）を示す。柱頭水平変位はいずれも 0.003 rad. 以下にとどまっており，せん断力も E5 柱と A10 柱を除くとそれほど大きな値となっていない。このため 1 階外柱の破壊は，せん断力よりも主として軸圧縮力によって引き起こされたと考えられる。

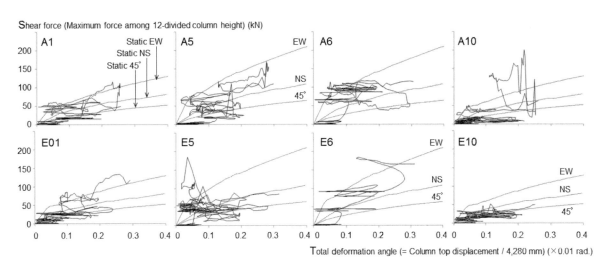

図 3.3.24　主な 1 階外柱の断面内最大せん断力～柱頭水平変位関係

　図 3.3.25 に主な外柱（E1，E5）の柱頭付近のコンクリート応力～ひずみ関係を，図 3.3.26 に同位置の主筋付着応力～滑り関係を示す。応力，ひずみ，滑りは，いずれもピーク時の値で除して無次元化している。E1 柱はコンクリートがポストピーク域に入り，圧壊が進行しつつあることを示しているが，E5 柱のコンクリートは圧縮強度に到達していない。

　その一方，E1 柱の主筋付着滑りは小さいが，E5 柱の付着滑りはかなり大きく，付着強度を超えて劣化域に達している。このことから，外力条件次第では，付着劣化による柱の曲げ・せん断耐力の低下が倒壊の主因にもなり得たことを示唆している。

　図 3.3.27 に地盤と建物頂部節点の東西方向加速度スペクトルの推移を示す。図の左より時刻 20 秒～30 秒，30 秒～40 秒，40 秒～50 秒，および 49.14 秒～59.14 秒の数値を用いたスペクトルを描いており，鎖線は地盤，実線は建物頂部を示す。地盤のスペクトルのピークは常に 2 秒にある。一方建物頂部スペクトルは，当初 1 秒であったものが，徐々に 1 秒と 2 秒の 2 か所にピークを持つ形となり，損傷の進行による長周期化が生じている。49.14 秒～59.14

秒の最終時には2秒の周期が卓越し，これが地盤の周期と一致して共振を生じたことが確認できる。

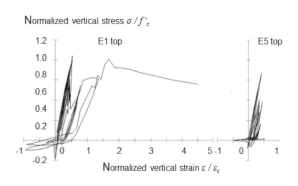 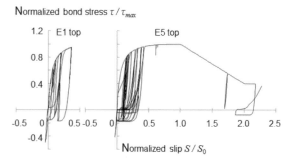

図 3.3.25　主な外柱の柱頭付近　　　　　図 3.3.26　主な外柱の柱頭付近
　　　コンクリート応力〜ひずみ関係　　　　　　　　主筋付着応力〜滑り関係

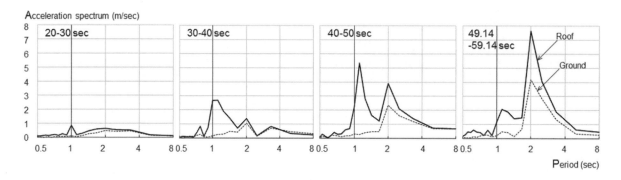

図 3.3.27　地盤および建物頂部の東西方向加速度スペクトルの推移

3.3.6　むすび

　1985年メキシコ地震において倒壊した14階建RC集合住宅Nuevo León棟の北側ブロックを有限要素モデル化し，時刻歴応答解析を実施した。モデル化に当たっては，複数の要素分割を比較検討するとともに，既往のワッフルスラブ架構実験の解析に基づいて詳細を決定した。この14階建RC建物モデルを用いた解析結果をまとめると以下の通りである。

(1) ワッフルスラブ架構試験体挙動の検討から，柱主筋付着のモデル化が必用と判断した。主筋付着強度は，学会終局指針で計算される値の0.25倍程度，fib Model Code 2010による計算値の0.07倍程度と推定した。

(2) 静的単調解析に基づくNuevo León棟の水平耐力は，桁行（NS）方向及び梁間（EW）方向いずれも建物総重量の0.3倍相当であった。全体変形角が0.004 radを超えると，1階外柱の損傷により耐力が低下に向かった。

(3) 観測地震波を直接入力した動的解析においても，EW 方向に建物総重量の 0.3 倍相当の荷重が加わったことを確認した。建物の倒壊は主として 1 階外柱の軸圧縮破壊に起因し，せん断破壊の影響は限定的であった。

(4) 上記の損傷の進行によって建物の剛性が低下し，約 2 秒に長周期化した。その結果，地震動（卓越周期 2 秒）と共振を生じた。

　なお建物倒壊原因としては，エクスパンションジョイントにおける棟間衝突や，腰壁付き柱の短柱破壊も指摘されており，今後検討を重ねる必要がある。

参考文献

3.3.1) 長沼一洋, 米澤健次, 松森泰造, 壁谷澤寿海：1／3スケールRC造6層壁フレーム模型振動台実験の 3 次元動的FEM解析(その 1, その 2), 日本建築学会大会学術講演梗概集, C-2, 構造 IV, pp. 403-406, 2007

3.3.2) M. Sasani, M. Bazan, and S. Sagiroglu: Experimental and analytical progressive collapse evaluation of actual reinforced concrete structure, ACI Structure Journal, Vol.104, No.6, pp. 731-739, 2007

3.3.3) M. Sasani and S. Sagiroglu: Progressive collapse of reinforced concrete structures: multihazard perspective, ACI Structure Journal, Vol.105, No.1, pp. 96-103, 2008

3.3.4) 日本建築学会：1985 年メキシコ地震災害調査報告書, 1987

3.3.5) 磯部大吾郎, 太田外氣晴, 井上智広, 松枝冨士雄：長周期地震動を受ける隣接建築物の棟間衝突・崩壊解析, 第 13 回日本地震工学シンポジウム論文集, PS3-Sat-26, 2010

3.3.6) K. Naganuma, K. Yonezawa, O. Kurimoto and H. Eto: Simulation of Nonlinear Dynamic Response of Reinforced Concrete Scaled Model Using Three-Dimensional Finite Element Method, 13th World Conference on Earthquake Engineering, Paper No.586, 2004

3.3.7) Y. Sato, S. Kajihara and Y. Kaneko: Analytical study of performance evaluation for seismic retrofitting of reinforced concrete building using 3D dynamic nonlinear finite element analysis, Earthquake Engineering and Engineering Vibration, Vol. 10, No. 2, pp. 291-302; DOI: 10.1007/s11803-011-0066-0, 2011

3.3.8) S. H. Ahmad and S. P. Shah: Complete triaxial stress-strain curve for concrete. Journal of Structural Division, ASCE, Vol. 108(ST4), pp. 728–742, 1982

3.3.9) I. D. Karsan and J. O. Jirsa: Behavior of concrete under compressive loadings. Journal of Structural Division, ASCE, Vol. 95(ST2), pp. 2543–2563, 1969

3.3.10) D. Z. Yankelevsky and H. W. Reinhardt: Uniaxial behavior of concrete in cyclic tension." Journal of Structural Division, ASCE, Vol. 115, No. 1, pp. 166–182, 1989

3.3.11) 渡邉史夫, 河野進, 六車熙：ひびわれ面における骨材のかみ合い作用とそのモデル化, コンクリート工学年次論文集, Vol. 11, No. 1, pp. 311–316, 1989

3.3.12) 米澤健次, 長沼一洋, 江戸宏彰：RC 構造部材の三次元繰返し FEM 解析の精度向上 (その 1 三軸応力下の非直交ひび割れモデルの開発), 日本建築学会大会学術講演梗概集, C-2, 構造 IV, pp. 37-38, 2001

3.3.13) V. Ciampi, R. Eligehausen, V. Bertero and E. Popov: Analytical model for concrete anchorages of reinforcing bars under generalized excitations, Report No.EERC-82/23, Earthquake Engineering Research Center, University of California, 1982

3.3.14) S. Morita and T. Kaku: Local bond stress-slip relationship under repeated loading. IABSE Symposium on Resistance and Ultimate Deformability of Structures Lisbon, International Association of Bridge and Structural Engineering, Zürich, pp. 221–227, 1973

3.3.15) Y. Sato and K. Naganuma: Discrete-like crack simulation by smeared crack-based FEM for reinforced concrete, International Journal for Earthquake Engineering and Structural Dynamics, Vol. 36, pp. 2137-2152, 2007; DOI: 10.1002/eqe.720

3.3.16) Y. Sato and K. Naganuma: Discrete-Like Crack Simulation of Reinforced Concrete Incorporated with Analytical Solution of Cyclic Bond Model, Journal of Structural Engineering, ASCE, Vol.140, Issue 3, March 2014; DOI: 10.1061/(ASCE)ST.1943-541X. 0000864

3.3.17) R. Eligehausen, E. P. Popov, and V. V. Bertero: Local bond stress-slip relationships of deformed bars under generalized excitations. Report No. UCB/EERC 83-23, Univ. of California, Berkeley, California, 1983

3.3.18) 島弘, 周礼良, 岡村甫：マッシブなコンクリートに埋め込まれた異形鉄筋の付着応力－すべり －ひずみ関係, 土木学会論文集, Vol. 378, No. 6, pp. 165-174, 1987

3.3.19) A. Ayoub and F. C. Filippou: Mixed Formulation of Bond-Slip Problems under Cyclic Loads. Journal of Structural Engineering, ASCE, Vol. 126, pp. 661-671, 2000

3.3.20) L. N. Lowes, J. P. Moehle and S. Govindjee: Concrete-Steel Bond Model for Use in Finite Element Modeling of Reinforced Concrete Structures. ACI Structural Journal, pp. 501-511, 2004

3.3.21) H. M. Salem, and K. Maekawa: Pre- and Postyield Finite Element Method Simulation of Bond of Ribbed Reinforcing Bars. Journal of Structural Engineering, ASCE, Vol. 130, pp. 671-680, 2004

3.3.22) M. F.Ruiz, A. Muttoni and P. G. Gambarova: Analytical Modeling of the Pre- and Postyield Behavior of Bond in Reinforced Concrete. Journal of Structural Engineering, ASCE, Vol. 133, pp. 1364-1372, 2007

3.3.23) M. Haskett, D. J. Oehlers, M. S. M. Ali, and C. Wu, C: Yield Penetration Hinge Rotation in Reinforced Concrete Beams. Journal of Structural Engineering, ASCE, Vol. 135, pp. 130-138, 2009

3.3.24) fib: fib Model Code 2010. Fédération Internationale de la Précontrainte, Lausanne, Switzerland, pp.233-239, 2010

3.3.25) I. Arnovljević: Das Verteilungsgesetz der Haftspannung bei axial beanspruchten Verbundstäben. Zeitschrift für Architektur und Ingenieurwesen, Heft 2, pp. 413-418, 1909

3.3.26) 福田武雄:軸方向力を受くる鉄筋コンクリート部材における応力分布に関する二, 三の理論的問題について, 土木学会誌, Vol. 19, No. 3, pp.201-212, 1933

3.3.27) H. Bufler: Ein neuer Ansatz zur Berechnung der Draht- und Haftspannungen im Stahlbeton. Bauingenieur, Heft 10, pp. 382-388, 1958

3.3.28) G. Rehm: Über die Grundlagen des Verbundes zwischen Stahl und Beton. Deutscher Ausshcuss für Stahlbeton, H. 138, 1961

3.3.29) Y. Sato: Solutions of Multilinear Bond Stress-Slip Model.
(http://www.kaneko.archi.kyoto-u.ac.jp/BondSolution2012.pdf), 2012

3.3.30) F. C. Filippou, E. P. Popov, and V. V. Bertero: Modeling of R/C Joints under Cyclic Excitations. Vol. 109, pp. 2666-2684, 1983

3.3.31) M. E. Rodriguez, S. Santiago and R. Meli: Seismic load tests on two-story waffle-flat-plate structure. Journal of Structural Engineering, ASCE, Vol. 121, No. 9, pp. 1287-1293, 1995

3.3.32) M. E. Rodriguez and S. Santiago: Simulated seismic load tests on two-story waffle-flat-plate structure rehabilitated by jacketing. ACI Structural Journal, Vol. 95, No. 2, pp. 129-138, 1998

3.3.33) 日本建築学会：鉄筋コンクリート構造物の終局強度型耐震設計指針・同解説, pp.104-150, 1990

3.3.34) 日本コンクリート工学協会:非線形有限要素解析法の利用に関する研究委員会報告書, 2008

第3章　RC造
第4節　RC シェルの非線形特性と実験・解析

3.4.1　はじめに

建築における RC シェルは大スパン構造における代表的な形式であった 1950 年代の特徴的な作品で語られることも多い（キャンデラ，トロハ，サーリネン，ネルヴィら）。国内でも 1953 年の愛媛県民ホール（スパン 50m・球形）から 1980 年の大垣体育館（スパン 54m・HP 組合）など多くの作品があるが，空間構造における屋根構造への適用として捉えると，1960 年代以降は圧倒的に鉄骨系にシフトしていることは周知である（インドでは近年でも大型化の例がある）[3.4.1],[3.4.2]。

一方，RC シェルを"機能"で見ると，後出の一葉 HP シェルによる冷却塔は世界的に見ても数も多く大型化も進む代表的な薄肉シェル構造であり，また，産業用の各種の容器では，耐漏洩や遮蔽も兼ねて厚肉 RC 容器が選定される。次に"力学"的な観点で見ると，ガウディやイスラーの逆さ吊り形態の応用のように，対重力の合理的形態を実現する形状として，さらに上部に土盛のある場合の常時圧縮応力場での合理的な構造として，近年，国内でも図 3.4.1 に示すような大スパンのコンクリート系の偏平な球形シェルが適用されている（大阪体育館・スパン 110m の PS や[3.4.3]，完全埋設 LNG 地下タンクの蓋[3.4.4]）。

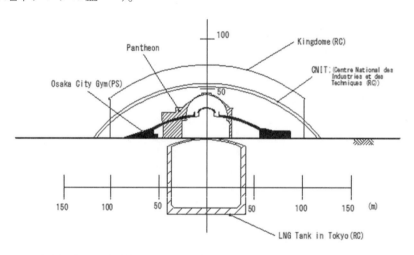

図 3.4.1　各種ドームと近年のコンクリート系シェル

3.4.2　RC シェルの損傷・破壊と数値解析の基本事項

a．損傷・破壊の特徴

破壊に至るまで変形が微小である通常のはりや柱のような RC 部材においては，荷重の増加に伴い，一般にコンクリートのひび割れ・鉄筋の降伏・付着の劣化・さらにコンクリートの圧縮破壊といった損傷の発生・進展により，材料的な非線形性を示す。一方，薄肉で偏平な RC シェルの特徴的な例として，材料的な非線形性に加え，幾何学的非線形性が同時に影響する，いわゆる複合非線形性が顕著となる場合も多い。図 3.4.2 にはその例として，鉛直荷重を受ける屋根型円筒シェルの解析例を示す[3.4.5]。

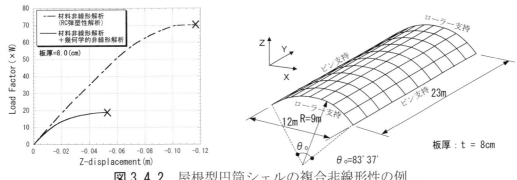

図 3.4.2 屋根型円筒シェルの複合非線形性の例

　勿論，シェルの形状や荷重により，幾何学的非線形性が先行して顕著に現れ，材料非線形がひび割れ程度の場合や，その逆の場合など，構造物によってその状況は大きく異なる（コンクリートの限界ひずみレンジから見ても，塑性加工のような大ひずみにはならない）。改めて図 3.4.3 には，RC シェルにおいて想定される破壊モードの基本要素を模式的に示す。

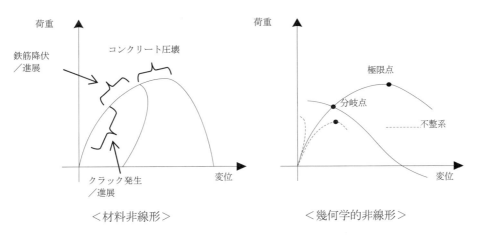

図 3.4.3 想定される破壊モードの基本要素

b. 実際の破壊事故について

　さて，RC シェルの実際の破壊現象であるが，もともと"むくり"のある構造であるシェルは高い剛性と耐荷力を有することが多く，さらに軽量であることから一般に耐震性能も高いと予想される。しかし後述するように種々の形態があり，また，常に座屈の可能性や初期不整の影響が指摘され，設計に際しての耐力予測や安全率の設定に際しては多くの不確定要素があることも事実である。このことから，従来からその変形・損傷・耐力・破壊モード等に関して多くの実験的・解析的・数値解析的な検討が試みられてきた。国内でも円筒・球形・円錐・HP 形状の構造物縮小モデルに対して，1950 年代から現在まで多くの先駆的な破壊実験が行われ，本来の高い耐力と共に慎重な設計がなされている。幸い，国内での過去の大地震での RC シェルの被害は報告されていないが，勿論一般のビル建築の RC 造と比較すると，ルーフシェルの建設数は非常に少なく，例えば阪神淡路大震災の甚大な被害エリアに大規模な RC シェルは存在していなかったことも事実ではある。

一方，塔状の形状を有する薄肉で大型の HP 冷却塔に関しては，海外で実際の崩壊事例がいくつか報告されている（表 3.4.1）[3.4.6]。これに関しては，風荷重の評価，長期劣化・温度応力の取扱い，使用材料や施工の問題に合わせ，形状初期不整の影響も指摘され，現在も研究が進められている。加えて近年では，高さ 200m 級の大型の建設事例や既存の補強等，海外では大きな問題となっている。

表 3.4.1　RC 冷却塔の崩壊事故の報告事例の要約

	事故概要	想定破壊モード	事故後の対応
(1)Ferrybridge 英/1965	H=114m 円錐形の 8 タワー中 3 基が強風により崩壊	風上側の母線方向引張破壊	タワーの座屈/振動の研究が促進 ⇒事故後，ダブル配筋が主流に
(2)Ardeer at Ayrshire 英/1973	(1)の事故を受け，直後に完成した H=106m HP タワーが強風（3 秒平均で推定 31m/sec～36m/sec）で崩壊	強風による周方向筋の引張破壊	強風が直接の原因であるが，初期不整の影響が大きいとの報告
(3)Fiddlers Ferry 英/1984	(1)の事故後，ダブル配筋に変更されたが，H=115m HP タワーが強風（3 秒平均で推定 36m/sec 超）で崩壊	崩壊形は(2)と同様	強風が直接の原因であるが，初期不整の影響が大きいとの報告
(4)Bouchain 仏/1979	低風速でタワーが崩壊（詳細は不明）	―	―

c.　一般的な数値解析の概要

RC シェルにおける上記の現象を評価する為に実施される構造解析の項目を表 3.4.2 に分類して示す。次に，同表中に示す動的な複合非線形解析に関して実施される FEM 解析手法の概要について例示する。ひずみと応力は Green-Lagrange ひずみ，2nd Piola-Kirchhoff 応力とし，幾何学的非線形性は Total Lagrange により定式化し，時間方向は直接時間積分を行う場合で示す。即ち，複合非線形性を考慮した RC シェルの多次元入力の地震力に対する過渡応答に関する釣合式の例を離散化して示す [3.4.7]。

表 3.4.2　RC シェルの構造解析の分類

＜静的解析＞
・線形解析　　　　　・・・線形応力／変位
・非線形解析；
　　幾何学的非線形・・・大変形，弾性座屈
　　材料非線形　　・・・弾塑性（材料的な損傷・破壊）
　　複合非線形　　・・・大変形弾塑性，弾塑性座屈，破壊
＜動的解析＞
・線形解析　　　　　・・・固有値，線形応答，モーダル解析
・非線形解析；
　　幾何学的非線形・・・動的大変形，動的弾性座屈
　　材料非線形　　・・・動的弾塑性
　　複合非線形　　・・・動的大変形弾塑性，動的破壊

まず，後の数値積分の準備の為に時刻 $n+1$ ステップについて表示すると，

$$\mathbf{M}\ddot{\mathbf{x}}_{n+1} + \mathbf{p}_{n+1} = \mathbf{f}_{n+1} \tag{3.4.1}$$

ここに $\mathbf{M}$, $\mathbf{p}$, $\mathbf{f}$, $\mathbf{x}$ はそれぞれ質量マトリクス，内力ベクトル，外力ベクトル，及び変位ベクトルである。

(3.4.1)式はコンクリートのクラックの開閉・圧壊や，鉄筋の降伏発生により履歴依存の問題となり，一般に内力ベクトルは $\mathbf{p}_{n+1} = \mathbf{f}(\mathbf{x}_1, \cdots ; \mathbf{x}_{n+1}, \dot{\mathbf{x}}_1, \cdots ; \dot{\mathbf{x}}_{n+1})$ となる。

(3.4.1)式において接線剛性および減衰マトリクスは次式で示される。

$$\mathbf{K}_{n+1} = \partial \mathbf{p}_{n+1} / \partial \mathbf{x}_{n+1} \quad , \quad \mathbf{C}_{n+1} = \partial \mathbf{p}_{n+1} / \partial \dot{\mathbf{x}}_{n+1} \tag{3.4.2}$$

コンクリート及び鉄筋の損傷履歴により，内力ベクトルは経路に依存する。尚，以後の計算ではRayleigh型の減衰を用いる。

$$\begin{aligned}\mathbf{p}_{n+1} &= \mathbf{C}_{n+1}\dot{\mathbf{x}}_{n+1} + \mathbf{K}_{n+1}\mathbf{x}_{n+1} \\ &= (\alpha_0\mathbf{M} + \beta_0\mathbf{K}_{n+1})\dot{\mathbf{x}}_{n+1} + \mathbf{K}_{n+1}\mathbf{x}_{n+1}\end{aligned} \tag{3.4.3}$$

外力ベクトルとしては，多次元の地震入力及び自重等の外力を考慮して，次式のように設定する。

$$\mathbf{f}_{n+1} = -\mathbf{M}\boldsymbol{\xi}\ddot{\mathbf{g}}_{n+1} + \mathbf{b}_{n+1} \quad , \boldsymbol{\xi} = \begin{bmatrix} 1 & 0 & 0 \\ 0 & 1 & 0 \\ 0 & 0 & 1 \\ \vdots & & \end{bmatrix} , \ddot{\mathbf{g}}_{n+1} = \begin{Bmatrix} \ddot{g}^x_{n+1} \\ \ddot{g}^y_{n+1} \\ \ddot{g}^z_{n+1} \end{Bmatrix} \tag{3.4.4}$$

ここに，$\boldsymbol{\xi}$，$\ddot{\mathbf{g}}_{n+1}$ はそれぞれ，地震影響マトリクス，入力加速度ベクトルであり，$\mathbf{b}_{n+1}$ は地震力以外の時間依存の荷重を示す。

ここでは図3.4.4に示すような形状の8節点アイソパラメトリック退化シェル要素を積層分割して用いる場合を示す。コンクリートは厚さ方向に層分割され，鉄筋は等価な層として表現される。なお，ひずみ成分は(3.4.5)式に示すように，法線方向変位の一回微分に関する2次項までの非線形項を面内ひずみに考慮している例である（工学ひずみで表示）。

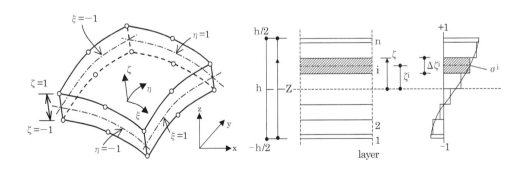

図 3.4.4　シェル要素の形状と要素の層

$$\begin{aligned}\varepsilon = &\{\partial u/\partial x, \partial v/\partial y, \partial u/\partial y + \partial v/\partial x,\\ &\partial u/\partial z + \partial w/\partial x, \partial v/\partial z + \partial w/\partial y\}^T\\ &+ \left\{\frac{1}{2}\left(\frac{\partial w}{\partial x}\right)^2, \frac{1}{2}\left(\frac{\partial w}{\partial y}\right)^2, \frac{\partial w}{\partial x}\frac{\partial w}{\partial y}, 0, 0\right\}^T\end{aligned} \quad (3.4.5)$$

要素の各応力成分は

$$\boldsymbol{\sigma} = \{\sigma_x, \sigma_y, \tau_{xy}, \tau_{xz}, \tau_{yz}\}^T = \mathbf{D}\boldsymbol{\varepsilon} \quad (3.4.6)$$

と示される。要素に関する座標系，変位場，形状関数は省略する。また，構成関係行列 **D** のモデル化に際しては，各層に分割したそれぞれについては平面応力の構成関係を用いることが多く，面外せん断に関する非線形特性に関しては実験データに基づくなどにより，厚さ方向全体で別途検討されることも多い。各断面力については以下のように示される。

$$\begin{aligned}N_{x(y)} &= \int_{-h/2}^{h/2} \sigma_{x(y)} dz = \frac{h}{2}\sum_{i=1}^{n} \sigma_{x(y)}^{i} \Delta\zeta^{i}\\ M_{x(y)} &= -\int_{-h/2}^{h/2} \sigma_{x(y)} z dz = \frac{h^2}{4}\sum_{i=1}^{n} \sigma_{x(y)}^{i} \zeta^{i} \Delta\zeta^{i}\\ Q_{x(y)} &= \int_{-h/2}^{h/2} \tau_{xz(yz)} dz = \frac{h}{2}\sum_{i=1}^{n} \tau_{xz(yz)}^{i} \Delta\zeta^{i}\end{aligned} \quad (3.4.7)$$

材料非線形性に関しては，数値計算の安定性確保を優先し，コンクリートに関して比較的単純な構成則を適用する場合で例示する。コンクリート及び鉄筋の応力－ひずみ関係は図 3.4.5 に示すような比較的単純なモデルを想定する。コンクリートの破壊曲面は，Kupfer の実験結果 [3.4.8] を塑性論に基づいて近似することが一般的に行われる（図3.4.6）。

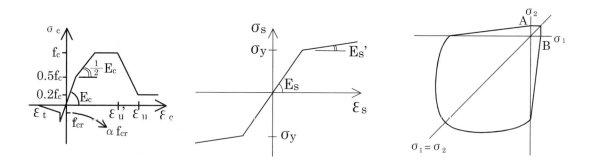

図 3.4.5 コンクリート及び鉄筋の応力－ひずみ関係　　**図 3.4.6** コンクリートの破壊曲面

図 3.4.5, 3.4.6 に模式的に示すような RC の材料非線形のモデル化については，一般には図 3.4.7 に示すような項目を取扱う必要がある。これらのモデル化に際しては，比較的単純な塑性論に基づくものから精緻なものまで種々の試みがなされ，コンクリートのひび割れや圧縮破壊・鉄筋の降伏・付着といった RC の材料非線形性とそのミクロモデルの詳細は **3.2** 節を参照されたい。

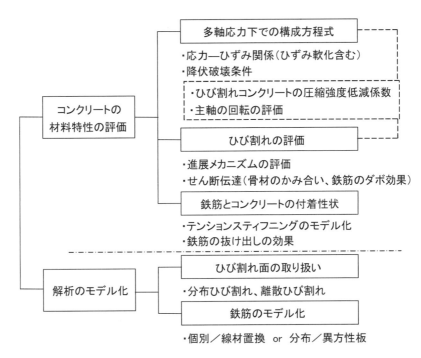

図 3.4.7　RC の材料非線形解析に必要な事項

3.4.3　破壊現象や解析の検証に有益な情報元について

a.　RC 連続体としての構成則に関する基本情報

　この種の構造物の解析の基本情報を与えるものとしては，Kupfer の 2 軸載荷実験に対する破壊曲面のモデリング[3.4.8)]，Vecchio&Collins による面内の複合応力に対する実験(membrane tester)[3.4.9)]や，その後の国内外の実験成果は，ひび割れたコンクリートの構成則に関して基本的な情報を与えている。さらに繰返し荷重下に対するモデルも精度の良いものが提案されている[3.4.10)]。一方，面外挙動に関しては Polak&Vecchio による試験装置により，面内および面外の組み合わせ荷重に対する挙動の追跡が可能となり(shell element tester)[3.4.11)]，その知見は設計に活用されつつある（図 3.4.8）。

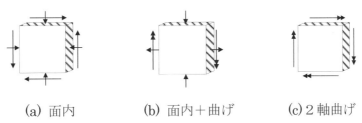

(a) 面内　　　　(b) 面内＋曲げ　　　(c) 2 軸曲げ

図 3.4.8　解析に必要な応力状態模擬の加力モード

b.　RC シェルのＦＥＭ解析に関する基本情報

　この分野に関する纏まった出版物の例として「空間構造の数値解析ガイドライン 2001」[3.4.5)]，「コンクリート構造物に FEM 解析を適用するためのガイドライン」[3.4.12)]がある。なお，連続体としての壁・床板，シェル構造の FEM 解析に対応する要素との関係を表 3.4.3 に示す[3.4.5)]。なお，

要素の開発は継続的な進歩を見せており，それらは複数のベンチマークテストに基づいて検証が進められ（幾何学的非線形を考慮した問題までの検証），公開されることが多い[3.4.13)]。

表3.4.3 曲面や板構造の解析に用いられる要素の概要[3.4.5)]

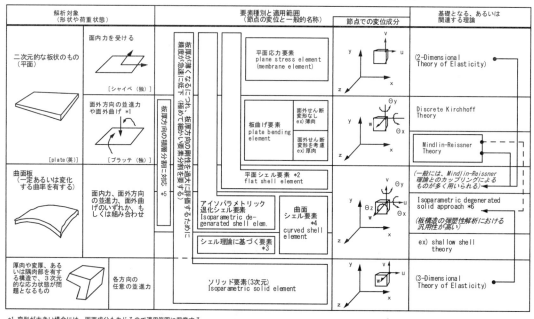

*1 変形が大きい場合には，面内成分も生じるので適用範囲に留意する。
*2 各要素の形状は平面であり，要素分割により曲面を近似する。従って，各要素内では面内と曲げ成分間の連成は考慮されない。又，平面応力に基づいているが，Cauchy応力ではなく，合力による表示が一般に用いられる。
*3 形状が円筒などに規定した定式化のものや，曲線座標への変換による一般の形状に適用可能なものもある。厚さ方向の数値積分は不要となる。
*4 シェル理論による高精度の要素や，高次のアイソパラメトリックシェル要素を用いると，連続的な形状で応力分布も連続的な場合には少ない要素で良い解が得られるが，形状や弾塑性解析において応力やひずみに局所的な応答が生じると，連続性の維持のために逆に表現性が悪くなる場合もある。
*5 積層板（異方性を含む）の解析，弾塑性解析における板厚方向の塑性化の進行の表現に用いられる。
*6 シェル中央面に関する法線の直線保持を仮定し，法線方向の応力を無視する。

c. RCシェルの形状毎の破壊実験の基本情報

現代の種々の空間構造の基礎となった連続体シェルに関する理論的・実験的研究は古くから膨大な蓄積があり，国際シェル学会(IASS)，ASCEや建築学会を始めとした出版物等に発表されている。一方，個々の実験データは散逸しつつあり，近年，国内の破壊実験データを取り纏める試みがなされた。そこでは一定の項目に従って再整理され，数値解析による検証に有益と考えられるデータも少なくない。一部は次に示す資料集に加え，追加情報はホームページで公開されている[3.4.16)]。

・「鉄筋コンクリート耐荷力実験資料集」[3.4.14)],
　⇒部分円筒シェル13例（実験1986～1993）
・「補強コンクリートシェル破壊実験資料集」[3.4.15)],
　⇒上記13例以外の55例（実験1950～）で，以下の
　分類で記述されている。

　1）シェルの形状； ガウス曲率の正，零，負に対応して，球形，円筒，円錐，HP各シェル
　2）実験結果の記載事項； A 試験体形状,
　　B 配筋状況，C 材料定数，D 加力方法,
　　E 支持条件，F ひび割れ，G 荷重・変形関係

なお，個々の物件の設計に応じた縮小実験はその都度行われているが，その一例として近年，国内でも低ライズのRC部分球形シェルの破壊実験・解析が，大型の完全埋設式容器の蓋の開発目的で行われた[3.4.4)]。このような対象ではRCの弾塑性性状に合わせ，幾何学的非線形の影響が顕著であり，安定問題を含めた損傷・耐力・ポストピーク挙動の評価が重要な問題である。

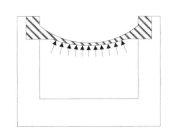

図3.4.9　部分球形RCシェルの水圧実験の事例

3.4.4　RCシェルの形態による分類と力学的特性の理解

用語としての"シェル(shell)"は貝がらを意味し，シェル理論では，厚さが他の2方向の寸法に比べて非常に小さいわん曲した板として定義されている。それらが，大きな耐荷能力を有することは，貝がらや卵のからが薄いわりには大きな強度と剛性を示すことからも容易に想像できる。これらは各種の形状のルーフシェルとして古くから存在する。

一方，上述の"薄肉"ではないが，"幾何学的には曲面形状をなすこと，力学的には曲率の存在により面に垂直な荷重に対して面内応力によって抵抗しうるメカニズムを内包する"という点では，比較的"厚肉"の容器であったり，あるいは，面内と面外の連成するメカニズムを有する部材としても，"シェル"の用語が広く用いられることも多いと考えられる。このことは，FEM連続体の数値解析が一般的方法となった現在，設計等に際して，各種"シェル要素"が何らか適用される対象まで広義に用いられると言っても良いかも知れない[3.4.5)]。

a. シェルの形状による分類

(1) ルーフシェルの形状による分類

・明確な幾何学形状を有するシェル；

これらはガウス曲率（互いに直交する2つの主曲率（最大および最小曲率）の積）で大きく分類され，正曲面，零曲面および負曲面がそれぞれ，部分球形シェル，屋根型円筒シェル・円錐シェル，HPシェル，などに対応する。HPシェルは複数枚を組み合わせたものも多い。

・任意形状シェル；

布の吊り下げを逆転する逆転懸垂曲面を始めとして，力学的観点からの形状や，近年実現された数理的な手法によりひずみエネルギーを最小化するような形状の応用などや，あるいはデザイン上の発想に基づくものや力学特性との調整を図ったものなどが挙げられよう。

(2) 容器等の形状による分類

・一葉HPシェル

・球形や楕円などの閉じた容器

・円筒容器（＋平板で閉じたもの）

　前述のように，シェル構造の特徴は，幾何学的には曲面形状をなすこと，力学的には曲率の存在により面に垂直な荷重に対して面内応力によって抵抗しうるメカニズムを内包している点にある。面内応力だけが生じ，曲げのない応力状態を膜応力状態と呼ぶ。膜応力状態では，荷重に対して全断面の応力が有効に活用されて抵抗するため，耐荷能力に関しては最も理想的な応力状態となる。勿論完全な膜応力状態というのはシェルが有限な境界を有する限り有り得ず，ある程度の曲げの発生は避けられないが，このような曲げによる応力や変形の乱れは，多くの場合境界のごく近傍にのみ発生し，境界を離れるにつれて急速に減衰する性質のものであることが知られている。シェルが薄い板厚にもかかわらず大きな空間を覆うことができるのは，この境界の曲げ応力を正しく処理することによって，ほぼ全面で膜応力状態が実現できるからである。このようなシェル構造の力学特性は曲面の形状によって大きく異なるほか，荷重の作用状態や支持条件によっても著しく影響される。

b. シェル構造の形態的分類

　表 3.4.4 に，シェル構造の形態を大まかに分類する。なお，シェルの形状を表す指標として，下式で定義されるガウス曲率がよく用いられる。

$$\kappa = (1/R_1)(1/R_2) \qquad (R_1, R_2：主曲率半径) \tag{3.4.8}$$

これは互いに直交する 2 つの主曲率（最大および最小曲率）の積を表し，この符号と上記の正曲面，零曲面および負曲面が対応する。

　空間構造の屋根や容器構造としては，これらの形状や，一部分を切り出した形状が代表的な構造として用いられることが多い。代表的なルーフシェルの形態を図 3.4.10 に示すが，特にシェル構造の数値解析に際しては，幾何学的な形状と支持条件，それに荷重の種別による抵抗メカニズムがまったく異なり，設計等に際してはこれらに関する特性を十分に理解しておくことがきわめて重要である。

表 3.4.4　シェルの形態的分類

曲面の構成／曲率	回転曲面 1 つの平面曲線（母線）を同じ平面内の 1 本の回転軸周りに回転	推動曲面 1 つの平面曲線を，これと直交する別の平面曲線（導線）上を移動
単曲率（零曲率）：一方向のみの曲率（ヴォールト）	・円筒 ・円錐	・円筒 ・筒型
複曲率（正曲率）：2 つの曲率が同じ方向	・ドーム型 ・球	・ドーム型 ・ＥＰ曲線
複曲率（負曲率）：2 つの曲率が反対の方向	・鼓型 ・一葉双曲面	・鞍型 ・HP 曲面

132

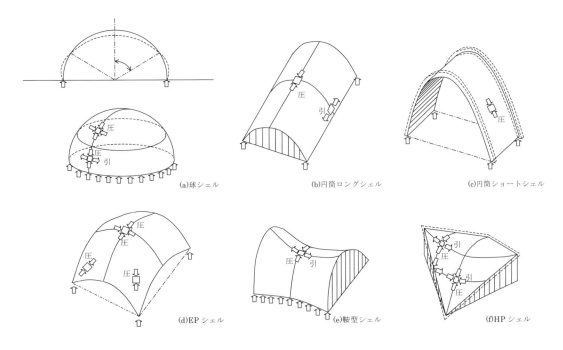

図 3.4.10　代表的な幾何形状のルーフシェルの形状

3.4.5　実験や解析の事例の紹介
a.　薄肉シェルの耐荷力実験

前述のように，国内で半世紀ほど前から実施されてきた薄肉のルーフシェルの実験は整理されつつある．ここでは比較的新しい実験について幾つか紹介する．

(1)　正方形平面を有する4点支持RCシェル[3.4.17)]

高山らにより実施された，正方形平面の4点支持シェルについて，曲面形状の微妙な違いがシェルの力学性状に与える影響の分析事例である．ここでは球形シェル（SR16）と逆転懸垂シェル（CR16）を対象として，ライズ／スパン比20％（CR16, SR16）と30％（CR24, SR24）の場合について模型実験が実施された（概要を図3.4.11に示す）．

試験体の形状は，上述のように曲面形状を2種類に変化させているが，全試験体とも80×80cmの矩形平面で，シェル厚は中央部で8 mm，支持部で16 mmとし，4隅角部を支持した4点支持シェルである．

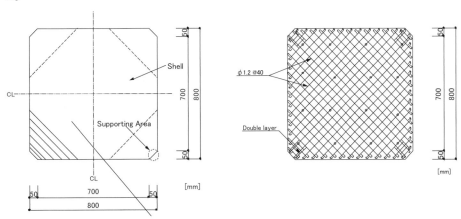

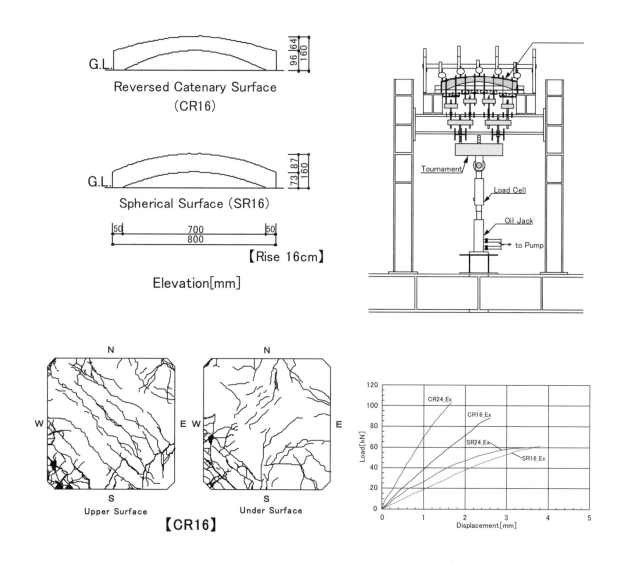

図 3.4.11　国内の逆転懸垂シェルの実験例

逆転懸垂型シェルの高い剛性・耐力が確認され，形状による変形モードの違いも分析された。
(2) 炭素短繊維補強コンクリート造円筒シェル [3.4.18)]

真下らにより実施された，静的点荷重及びシェル開口部による応力攪乱問題，並びに炭素短繊維補強コンクリート（CFCRC）造を対象とした新素材の問題の検討事例である。従来の RC と対比させ，合わせて縁部材による境界条件の影響を検討するため，小型実験供試体による破壊実験が行われた（概要を図 3.4.12 に示す）。

実験と解析の結果から，シェル板厚の変動がシェル耐力に大きく影響することが再確認された。また，炭素短繊維補強コンクリート造では，コンクリート終局引張強度の増大と共にほぼ直線的に耐力が上昇することが確認された。

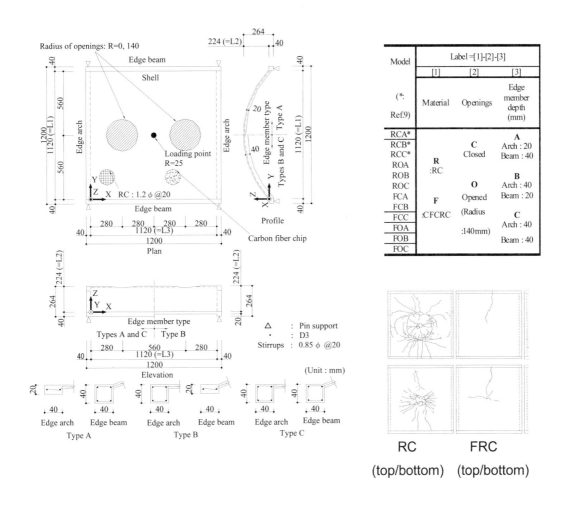

図 3.4.12 国内の円筒シェルの実験例

b. 薄肉シェルの静的・動的な解析

(1) 部分球形シェルの静的・動的な評価[3.4.7]

前述のように，覆土等の上載圧による圧縮応力下において，RC 球形シェルは力学的に合理的な構造と考えられるが，一方で大地震時を想定した場合の挙動の評価は重要な課題である。この問題に対し，複合非線形性を考慮した応答解析手法が提示され，基本的な非線形応答性状の分析が試みられた。その結果以下が分析された（概要を図 3.4.13 に示す）。

・崩壊レベルのステップ荷重に対しては，シェルが偏平になるにつれて，半周期程度で急速に塑性変形が進行し，振動中心がシフトする現象が確認された。
・ステップ荷重による最大耐力は，静的な耐荷力と比較して大きく低下する可能性がある（事例では，16～32％程度低下）。
・上下動入力により大きな応答値を示す可能性がある。
・偏平度が大きく薄肉でも十分な耐震性能を有する可能性がある。
・崩壊レベルの地震入力時の軸力応答値は，非線形解析時に大きく低下する可能性がある。

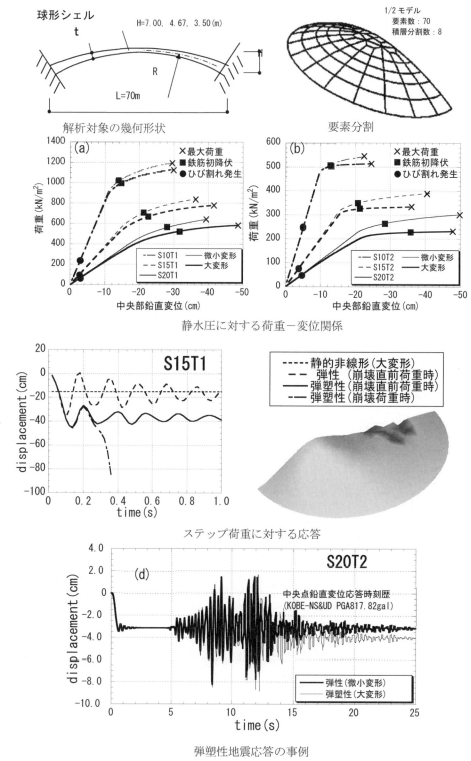

図 3.4.13 覆土のある部分球形シェルの評価

(2) 一葉回転 HP シェルの耐風性能の評価 [3.4.6), 3.4.10)]

突風による倒壊事故を起した HP 冷却塔に関して, 事故以前に測定された形状誤差データが 3 次

元で再現され，その空間分布特性が詳細に分析された。再現された全体3次元解析モデルにより，耐風性能に与える形状誤差の影響の定量的な予測が試みられた。また，熱応力による影響の概略検討や，補強方法についても総合的に評価が試みられた（図 3.4.14 参照 [3.4.6]）。

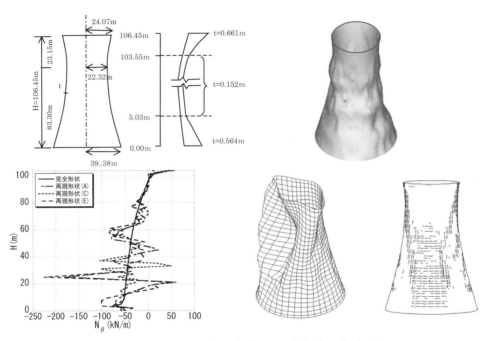

図 3.4.14　初期不整を考慮した冷却塔の解析例

また，実験モデルに対し，加藤らは格子モデルにより繰返し水平荷重に対する弾塑性挙動に関する詳細な数値解析を実施し [3.4.19]，実験との良い一致を報告している（図 3.4.15 参照）。

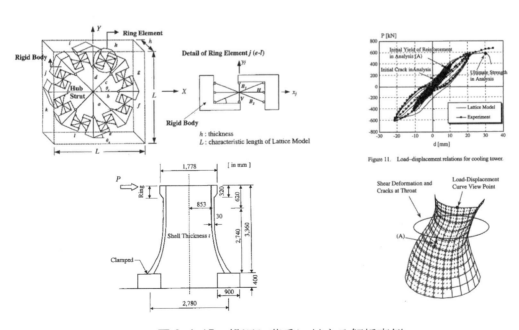

図 3.4.15　繰返し荷重に対する解析事例

(3) HPシェルによる実構造物の耐震性能評価 [3.4.20), 3.4.21]

4辺形プランの6面のHP曲面によるRCシェル屋根を有する既存のアリーナを対象とした同時多点測定による振動性状の把握，全体3次元振動解析モデルの同定が実施された。1次固有振動モードと減衰定数は，測定された位相と固有値解析結果から同定され，全体3次元解析モデルの妥当性の検証がなされた。この全体モデルによる3次元複合非線形地震応答解析により，上下地震動の影響を含むルーフシェルの応答が定量的に分析され，強震時のひび割れの予測も実施された（結果の概要を図3.4.16に示す）。

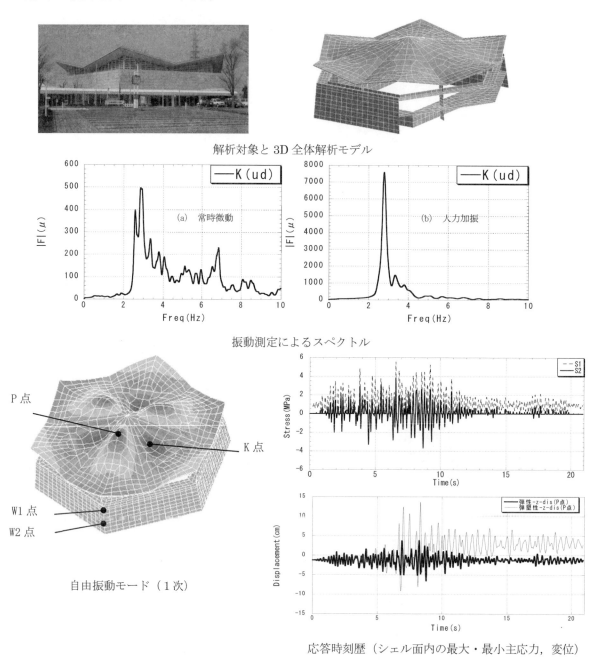

図 3.4.16　既存屋根シェルの振動特性評価

c. RC アーチの振動破壊のシミュレーション[3.4.22)]

RC 系の曲面構造における動的な複合非線形挙動の解明と数値解析手法の検証を目的として，シェルに比して1次元リダクションしたアーチを取り上げて振動破壊実験及び数値解析による評価を試みた。なお，本稿では両端ピン支持の円弧形状とし，既往のシェルで見られるシングル配筋を設定した。

図 3.4.17 に示すような，断面の中央に一段に配筋したアーチを対象とした。

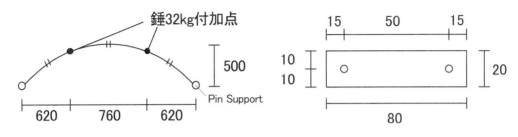

図 3.4.17　試験体概要（シングル配筋）

数値解析において初期不整を考慮するため，振動実験を実施する前に，試験体を等倍で写し取り詳細に形状を計測した。図 3.4.18 に計測の様子と計測結果を示す。

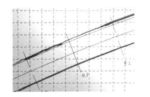 

板厚最大 (A)	2.47cm
板厚最少 (B)	1.79cm
板厚平均	2.13cm

図 3.4.18　形状不整計測

表 3.4.5 に材料試験の結果を示す。なお，材料試験の結果は各々の供試体 3 体の平均値である。以下に示す実験後の比較解析においては，この物性値を使用した。

表 3.4.5　材料物性値（シングル配筋）

モルタル		鉄筋	
ヤング係数	19663N/mm^2	ヤング係数	204000N/mm^2
ポアソン比	0.167	ポアソン比	0.3
圧縮強度	34.55N/mm^2	降伏点	563.73N/mm^2
引張強度	3.46N/mm^2		

錘を載荷後にスイープ加振を行い，続いて地震波を入力した（図 3.4.19）。地震波としては JMA-Kobe 波を時間圧縮したものを 0.25 倍で入力後，事前解析において破壊発生と予測した 1.0 倍を入力した（NS+UD2 方向）。なお，本例では想定するスパンを 20 m と設定し，その 1/10 の試験体に対する寸法効果のみの相似則を考慮し，$1/\sqrt{10}$ の時間圧縮波形を用いた。

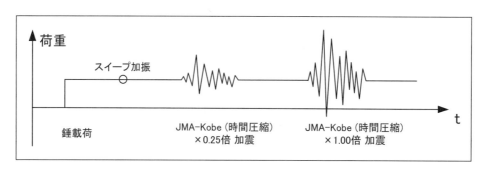

図 3.4.19 加振計画（シングル配筋）

表 3.4.6 には固有振動数に関して，実験値，予備解析，事後解析の比較で示す。実験で観察された固有振動数が同定した物性値を用いた数値解析による値と異なった要因として，試験体に錘を載荷する際に発生したひび割れの影響などが考えられる（震動破壊の再現の為，事前の設定であり，試験体中央付近，及び支持端部付近で浅いひび割れを確認）。

表 3.4.6 固有値比較結果

		実験値	予備解析	事後解析 完全形状	事後解析 形状不整考慮
1次	固有振動数（Hz）	3.22	4.56	4.57	4.85
	固有周波数（s）	0.31	0.22	0.22	0.21

図 3.4.20，3.4.21 には，JMA-Kobe 1.0 倍加振時の 1 次モードピーク点における加速度，変位応答時刻歴を実験と数値解析との比較を示す。ここで，変位の実験値は測定した加速度を数値積分して得られたものである。

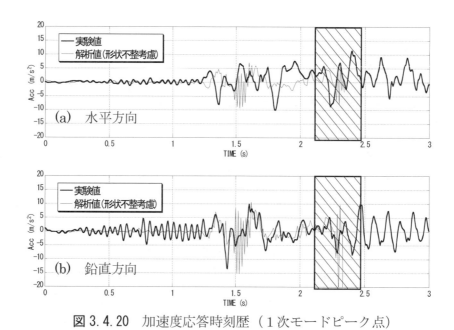

図 3.4.20 加速度応答時刻歴（1 次モードピーク点）

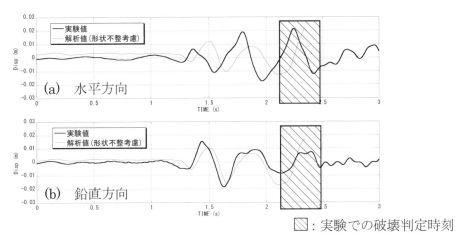

図 3.4.21 変位応答時刻歴（1次モードピーク点）

実験における破壊時刻は図 3.4.20 及び 3.4.21 の時刻歴に加え映像（本稿未掲載）から判断すると，図中の斜線部（2.0～2.5 秒）と判定され，数値解析による不安定発生とほぼ同時刻で発生した。完全形状の試験体において破壊発生を推定した 1.0 倍加振時では，実験においても破壊が発生した（図 3.4.22）。破壊領域は小さく，全体の構造不安定（4ヒンジ）には至っていない。

図 3.4.22 破壊モード

図 3.4.23 には M-N 相関関係を示す。図中の太実線は RC 柱の軸力＋1 曲げの包絡線を示すが，RC アーチに対する破壊までの数値解析結果は，この包絡線と一定の対応が見られる。

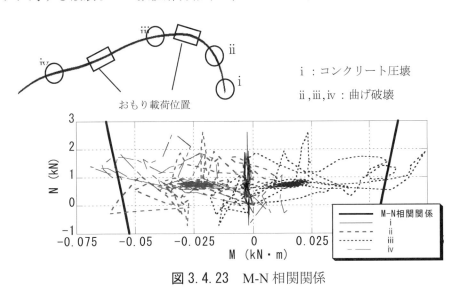

図 3.4.23 M-N 相関関係

3.4.6　むすび

　RC シェルについて，その損傷・破壊と数値解析の基本事項を概観した。具体的には複合非線形性の発現とその数値解析時の取扱いについて示し，破壊事故の例や評価に関する基本事項の整理，実験や解析に関する事例を紹介した。次いで，シェルの形態による分類と力学的特性を概観し，実験や解析の事例の紹介として，薄肉シェルの耐荷力実験・繰返し載荷実験と解析・実構造物の耐震性能評価事例や２次元にリダクションしたアーチの動的な破壊実験と解析を紹介した。

　現在では適切な複合非線形解析により，静的および動的な崩壊挙動までの追跡に関して一定の予測が可能なケースもある段階と考えられるが，本稿で概観したような事項を適切に評価することが大前提である [3.4.5), 3.4.23), 3.4.24)]。留意すべき事項について，今後の課題を含めて下記に示す。

・対象構造物の力学特性に敏感なケースが多く，荷重・形状・境界条件等の影響の分析が重要

・動的な問題については，近接した固有値や特に複曲面シェルにおける高次モードでの大きな刺激係数を有するケースの認識，局所的に大きな曲げを伴うモードの分析，シェル屋根部分と下部構造との支持条件，地盤との相互作用の検討，ひび割れを含む弾塑性応答解析による加速度応答値の評価に際しての数値解析手法の確認

・各種の形態創生手法の開発や施工技術の向上により，新たな自由曲面の事例が発表されているが [3.4.25), 3.4.26), 3.4.27)]，これらは比較的単純な荷重条件下で弾性を仮定していることが多く，性能評価に際しては，地震時挙動を始め，温度応力や長期の変形性状の評価も重要

参考文献

3.4.1)　青木　繁，「連続体シェルの歴史的展望」，第２回／新「シェル・空間構造」セミナー資料集，日本建築学会，pp. 1-4，2003

3.4.2)　佐々木睦朗，「構造デザインにおける連続体シェルの未来像」，第２回／新「シェル・空間構造」セミナー資料集，日本建築学会，pp. 7-8，2003

3.4.3)　鵜飼邦夫，原　克巳，阿波野昌幸，「大阪市中央体育館－プレストレストコンクリート球形シェル－」，空間構造の数値解析ガイドライン，日本建築学会，pp. 353-363，2001

3.4.4)　後藤貞雄，中村正文，中澤　亨，黒田正信，「世界初の埋設式 LNG 地下タンクの開発と建設」，コンクリート工学，Vol.35，No.2，日本コンクリート工学協会，pp. 18-25，1997

3.4.5)　松井徹哉，村田　賢，元結正次郎，武藤　厚，「シェル構造」，空間構造の数値解析ガイドライン~第３章~，日本建築学会，2001

3.4.6)　武藤　厚，花井建吾，舟崎孝介，加藤史郎，「一葉双曲面 RC 造冷却塔の構造特性に及ぼす形状不整の影響の分析（実測された形状の再現モデルを用いた損傷・耐力評価）」，日本建築学会構造系論文集，No.584，pp. 103-110，2004.10

3.4.7)　武藤　厚，小山信夫，村田　賢，加藤史郎，「上載圧を受ける鉄筋コンクリート球形シェルの非線形振動性状に関する検討（複合非線形性を考慮した数値解析手法と基本的な応答性状について）」，日本建築学会構造系論文集，No.549，pp. 83-90，2001.11

3.4.8)　Kupfer, H., Hilsdorf., H.K. and Rush, H. : Behavior of concrete under biaxial stresses, ACI Journal, Vol. 66, No. 8, pp. 656-666, 1969

3.4.9) Vecchio, F. and Collins, M.P. : The response of reinforced concrete to in-plane shear and normal stresses, Univ. of TORONTO, Pub. No.82-03, 1982

3.4.10) 岡村 甫, 前川宏一, 「鉄筋コンクリートの非線形解析と構成則」, 技報堂, 1991

3.4.11) Polak, M.A. and Vecchio, F. : Reinforced concrete shell elements subjected to bending and membrane loads, ACI Structural journal, Vol.91, No.3, 1994

3.4.12) 鉄筋コンクリート構造の有限要素解析と設計法研究委員会, 「コンクリート構造物の設計に FEM 解析を適用するためのガイドライン」, 日本コンクリート工学協会, 1989

3.4.13) http://www.nafems.org/

3.4.14) 鉄筋コンクリートシェルの弾塑性解析および破壊のメカニズムに関する研究班, 「鉄筋コンクリート耐荷重力実験資料集」, 日本建築学会・連続体構造小委員会, 1993

3.4.15) シェル・空間構造運営委員会, 「補強コンクリートシェル破壊実験資料集」, 日本建築学会, 2003

3.4.16) http://news-sv.aij.or.jp/kouzou/s13/newpage.htm

3.4.17) 林 信実, 高山 誠, 「正方形平面を有する4点支持鉄筋コンクリートシェルの力学性状に及ぼすシェル形状の影響」, 日本建築学会構造系論文集, No.561, pp. 145-152, 2002

3.4.18) 真下和彦, 小林 剛, 「点荷重を受ける開口部付き炭素短繊維補強コンクリート造円筒殻の耐力」日本建築学会構造系論文集, No.539, pp. 79-86, 2000

3.4.19) 加藤史郎, 島岡俊輔, 中澤祥二, 「繰返し風荷重を受ける鉄筋コンクリート造冷却塔の弾塑性挙動」, 構造工学論文集, 日本建築学会, Vol.53B, pp. 257-263, 2007

3.4.20) 武藤 厚, 「RC シェルの動的な複合非線形解析とその応用」, 空間構造におけるコンピュータ利用の新しい試み〜第3章第2節〜, 日本建築学会, pp. 130-147, 2005

3.4.21) 武藤 厚, 加藤友和, 糠谷真理, 平墳義正, 「鉄筋コンクリート造空間構造の振動特性に関する評価の試み－既存アリーナにおける振動測定と数値解析による振動特性の分析例－, 日本建築学会構造系論文集, No.592, pp. 113-119, 2005

3.4.22) Atsushi MUTOH, Makoto TAKAYAMA, Kazuhiko MASHITA and Shiro KATO, Study on Nonlinear Vibration Characteristics of Reinforced Concrete Circular Arches by Vibration Tests and Simulations, IASS, Shanghai-China, total 6 pages(CD-ROM), 2010

3.4.23) 武藤 厚, 「有限要素法による構造解析ソフトウェア」, 建築雑誌, Vol. 117, No.1488, pp. 4-5, 2002

3.4.24) 武藤 厚, 「コンクリート系の構造における非線形解析の現状と将来に関する一考察」, 建築雑誌, Vol.118, No.1511, pp.21-23, 2003.11

3.4.25) 武藤 厚, 構造委員会・RCシェル構造小委員会, (特集・建築情報学 アーキインフォマティックス), 建築雑誌, Vol. 129, No.1658, pp.11, 2014.5

3.4.26) 坪井善昭, 川口衞, 佐々木睦朗, 他, 「力学・素材・構造デザイン」, 建築技術, 2012

3.4.27) 武藤 厚, 加藤史郎, RCシェル構造の振動性状の分析と地震荷重の設定（MIHO 美学院チャペル）, 建築技術, No.768, pp.35-37, 2014.1

第4章　木造軸組構法住宅の地震倒壊解析

4.1　はじめに

　兵庫県南部地震(1995)における約6,400人の死亡者のうち9割近くが建物の下敷きになり，また低層建物の全壊・大破建物約46,000棟のうち94%が木造であったと言われている[4.1.1]。これらの木造建物のほとんどは耐力壁量，接合部補強，またはその双方が不十分な既存不適格建物であり，その後の新潟県中越地震(2004)，新潟県中越沖地震(2007)，東北地方太平洋沖地震(2011)においても相当数の既存不適格木造住宅が全壊・大破の被害を受けている。現在，既存不適格の住宅は1,000万戸を超えると言われ，その大部分を木造住宅が占める。このような既存木造住宅の地震被害を未然に防ぐために，それらの耐震改修促進は依然重要な課題である。

　既存木造住宅の耐震改修促進のためには，住宅所有者が地震動による倒壊の危険性の有無および耐震改修による倒壊防止効果を具体的にイメージすることが重要である。したがって，木造住宅の倒壊を含む地震応答性状を解析によって求め，それを写実的なアニメーションとして示すことができれば，耐震改修に対する所有者の理解を促すための有効なツールとなり得ると期待できる。また，木造住宅は他構造建築物と比べて一般に小規模かつ軽量であるので，実大住宅を試験体とした振動台実験を実施することが可能であり，その結果を解析結果と比較することにより解析手法と構造モデル設定手法の精度を検証することができる。

　このような背景のもと，既存木造住宅の耐震性向上を目的として平成14年度から18年度に渡って文部科学省大都市大震災軽減化特別プロジェクト・木造建物実験[4.1.2]-[4.1.6]（以下「大大特」）が実施され，その一環として，既存木造住宅の振動台実験を始めとした各種動的・静的実験および調査等が行われている。また，本プロジェクトを契機として，有限要素法(Finite Element Method)に基づく地震倒壊解析手法[4.1.2-4.1.6]および個別要素法(Distinct Element Method)に基づく地震倒壊解析手法[4.1.7], [4.1.8]が開発されている。本章では前者を"方法F"，後者を"方法D"と称し，これらの解析手法の概要と解析結果を紹介する。また，当然ながら，これらの解析手法は既存木造住宅の耐震改修促進にとどまらず，倒壊防止技術の開発および耐震診断・耐震設計技術の高度化等への活用も期待できる。

　時間の離散化に関して陰解法の一種である有限要素法は構造物の応力変形解析手法として周知である。ただし地震力による構造物の倒壊などの強非線形問題に対応するためには大変形問題やP-Δ効果などへの対応が必要となり解析理論に特別の工夫が求められる。和田らは，有限要素法において一般に非線形問題に対する振動方程式は解析時間刻み間の増分を対象として表現されるが，それを前ステップまでの累積量に当該ステップの増分を加算して，当該時刻における力の釣り合いの表現とすることでこれらの問題が解決されることを示している[4.1.9]。本章における方法Fも同様の解析理論に基づいている。

　時間の離散化に関して陽解法の一種である個別要素法はCundall（カンドール）によって開発さ

れた非連続体解析法 [4.1.10)] で現在では市販ソフトも存在する。我が国では伯野らにより開発が進められ主に土木分野において土壌や岩盤の崩壊の解析に用いられてきた [4.1.11)]。個別要素法では運動方程式を「連立させず」に「動的」に解いて計算を進める。全体剛性マトリクスを解かずに各要素で個別に応力を算出する点が特徴であり，一般に解析の時間刻みを有限要素法の 1/100～1/1000 程度以下に設定する必要があるが，時刻が進むことによる要素間の応力の伝播によって釣り合いを保つため，不釣合い力や，崩壊後の挙動については特別な処理をすることなく計算することができる。個別要素法は，元々は物体と物体が接触した際にバネを生成し，反発力，摩擦力を計算する手法であるが，目黒・伯野らによって連続体としての挙動も解析できる「拡張個別要素法」[4.1.12)] が開発され，様々な構造体に応用されている。本章における方法Dでは，これらの知見を応用して，破壊前の連続体としての挙動を再現するため，各節点間に方法Fと同様の梁要素，バネ要素を定義し，計算時間の短縮のため，節点あるいは要素同士の接触による反発・摩擦の計算は行わず，地盤と節点の接触の計算を行うのみとしている。したがって，解析モデルおよび要素剛性マトリクスの構成方法は方法Fと同じであり，時間の離散化に関して陽解法を用いていることが方法Fとの相違点である。

4.2 解析モデル
4.2.1 木造軸組構法建築物の地震損傷パターン

地震倒壊解析に用いる木造軸組構法住宅に対応する解析モデルの構築に先立って，過去の震災における木造軸組構法住宅の損傷パターンを確認する。兵庫県南部地震における木造住宅の損傷パターンは図 4.2.1 に示すように多様であり，全体が崩壊して原形をとどめないような現象も多く発生した。解析モデル構築に関して，これらの損傷パターン，兵庫県南部地震被害報告書 [4.2.2)] および大大特の一環として行われ

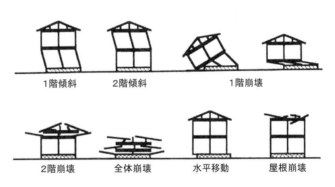

図 4.2.1 兵庫県南部地震における木造住宅の損傷パターン [4.2.1)]

た中規模振動台実験結果を参考にして，木造住宅各部の破壊現象に関する仮定を次のように設ける。

① 主要な水平耐力要素は筋かいおよび面材等壁(土塗り壁，面材張り壁，木ずり壁等)の耐力壁である。
② 面材等壁(面材張り壁，ラスモルタル壁，土塗り壁等)に接する柱は壁材により耐力壁面内の変位を拘束される(柱拘束力) (図 4.2.2(a))。壁材は筋かいの踏み外し(圧縮力により筋かい端部が壁面外に飛び出す現象)等により部分的に破壊されるが(図 4.2.2 (b))，その段階では柱拘束力を保持する。
③ 柱脚・柱頭接合部は所定の引張変形量に達した時点あるいは所定の回転変形角に達した時点

で X, Y, Z 全方向の耐力・剛性を喪失する。
④ 面材等壁はその仕様に応じて定まる限界せん断変形角に達した時点で柱拘束力を喪失する。
⑤ ラスモルタルも水平耐力を有する。所定のせん断変形角に達した時点で水平耐力を喪失し, 剥落する(図 4.2.2 (c))。
⑥ 通し柱には上下階の層間変位の差に応じた曲げ応力が生じる。曲げ応力が断面形状・材料に応じて定まる曲げ強さに達した時点で折損し, 曲げ耐力を喪失する(ピン接合となる)。その後, 限界曲げ変形角に達した時点で破断する(図 4.2.2 (d))。
⑦ 軸組(柱梁架構)もラーメン効果により水平耐力を有する(図 4.2.2 (e))。
⑧ 腰壁・小壁も水平耐力を有する。腰壁・小壁に接する管柱のまぐさ・窓台レベルにも通し柱と同様に折損が生じる(図 4.2.2 (f))。

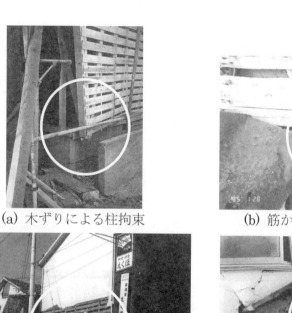
(a) 木ずりによる柱拘束

(b) 筋かいによる木ずり破壊

(c) ラスモルタルの剥落

(d) 通し柱の曲げ破壊

(e) 管柱頭部の曲げ破壊

(f) 管柱の曲げ破壊

図 4.2.2 木造住宅の地震被害[4.2.2, 他]

4.2.2　解析モデルの構成

a.　節点と自由度

　方法Fおよび方法Dのいずれにおいても，3次元空間に節点を定義し，部材の構造特性を表す線要素，および接合部の構造性能を表す長さの無いバネ要素を設定することで解析モデルを構成する。ただし，方法Fでは座標変換マトリクスが微小変形理論に基づく近似解であることにより，特に回転自由度については無視し得ない誤差が累積する可能性があることを考慮して，回転自由度は考慮せず，各節点について並進方向3自由度のみを定義する。したがって，各節点には方法Fでは質量のみを設定し，方法Dでは質量と慣性モーメントを設定する。

　このように方法Fと方法Dにおいて自由度の設定が異なるのは両解析法の本質的な相違によるものではなく，解析理論としては方法Fにおいても回転自由度を含めることは可能である。ただし，方法Fでは全自由度を連立した振動方程式を扱うため回転自由度を含めると全自由度が2倍に増加することにより，連立一次方程式の解法に関する演算時間が顕著に増大する。また，方法Fではこれまで解析の発散を防止するために節点質量の下限値を 0.025ton としたうえで，解析の時間刻みを高次の固有周期の 1/2 以下とすることに留意して 10^{-3}sec 程度以下としているが，回転自由度を含める場合は一般にこれをさらに小さくする必要があり，これも演算時間の増大の要因となる。したがって，少なくとも現時点において市販のコンピュータ程度の演算能力を前提とする場合は，方法Fに回転自由度を含めることは解析手法としての実用性を著しく損なうと言わざるを得ない。

　一方，方法Dでは動的応答を節点間の応力波の伝播として扱うために，演算の過程では要素で接続される二つの節点間の自由度のみが対象となり，全自由度の増加が演算時間に及ぼす影響が方法Fに比べて著しく小さい。また，解析の時間刻みは応力波が一つの要素を通過する時間より短く設定する必要があり，これまでの解析では節点の質量と慣性モーメントの下限値が 0.001ton，0.01ton·m^2 のとき 10^{-5}sec 程度以下としている。上述の微小変形理論に基づく座標変換マトリクスを用いることによる回転自由度に関する誤差の累積は方法Dにおいても同様であるが，これまでの解析事例では誤差は無視できるレベルにとどまっている。解析の刻み時間が方法Fに比べて極めて小さいことがその主要因と考えられる。

b.　要素

(1)　軸組・接合部 [方法F]

　方法Fでは，図 4.2.3 (b)のように全ての軸組部材(柱，梁)を両端ピンの線形トラス要素とし，柱，まぐさ，窓台の端部接合部にはバネ要素を配置する。このほか，軸組部材の曲げ耐力・剛性を表現するために棒要素と回転バネ要素からなる曲げ要素群を配置する。

　接合部バネ要素は図 4.2.4 (a)のように x 方向(接続トラス要素軸方向)とそれに直交する y, z 方向の3個のバネによって構成される。x 方向(接続トラス要素軸方向)バネの応力変形関係は非線形とし，復元力モデルは接合部の仕様に応じて実験結果等に基づいて設定する。y, z 方向バネは剛相当の線形剛性を与える。x, y, z 方向バネは x 方向バネの引張変形が限界変形に達した時点，または材端バネ要素が接続する二つのトラス要素相対変形角が限界変形角に達した時点で同時に破断す

るものとする。

　曲げ要素群を構成する棒要素の軸剛性は 0，曲げ剛性は無限大とし，曲げ要素群が定義される各節点における曲げ応力の釣合条件から回転剛性を各節点間の並進方向剛性の関係に変換して，回転自由度を除去する。曲げ要素群を構成する回転バネ要素は対応する軸組部材の曲げ剛性と等価な剛性を有し，曲げ応力が所定の値に達した時点で剛性・耐力を喪失するものとする。

(2) 軸組・接合部 [方法 D]

　方法 D では，図 4.2.3 (c)のように全ての軸組部材(柱，梁)を線形梁要素とし，その端部には y, z 軸回りの回転バネを配置する。これらの回転バネはいずれかの曲げ応力が所定の値に達した時点で同時に剛性・耐力を喪失するものとする。

　また，軸組部材端部接合部にはバネ要素を配置する。このバネ要素は図 4.2.4(b)のように x 方向(接続トラス要素軸方向)とそれに直交する y, z 方向の 3 個の軸バネと y, z 軸回りの 2 個の回転バネによって構成される。方法 F と同様に，x 方向軸バネの応力変形関係は非線形とし，復元力モデルは接合部の仕様に応じて実験結果等に基づいて設定する。y, z 方向軸バネは剛相当の線形剛性を与える。x, y, z 方向軸バネは x 方向軸バネの引張変形が限界変形に達した時点で同時に破断するものとする。y, z 軸回りの 2 個の回転バネは相互に独立な非線形応力変形関係を有し，その復元力モデルは接合部の仕様に応じて実験結果等に基づいて設定する。

　それぞれのバネは独立して作用するため，バネ同士に相互作用があるような接合部や，部材断面の幅が大きい集成材建築物の接合部ではモデル化が適切でない場合がある。

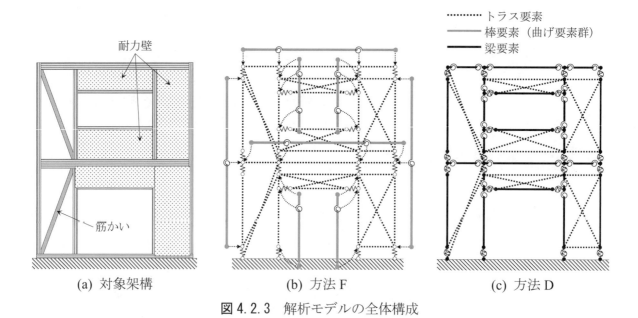

(a) 対象架構　　　　(b) 方法 F　　　　(c) 方法 D

図 4.2.3　解析モデルの全体構成

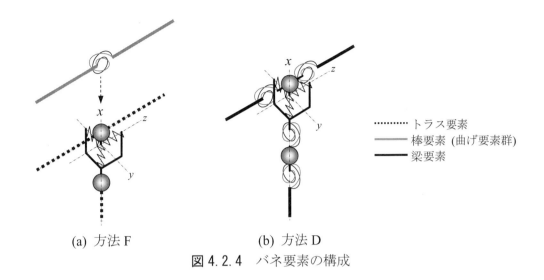

(a) 方法 F　　　　　　(b) 方法 D

図 4.2.4　バネ要素の構成

c. 復元力モデル

　本項では，方法 F，方法 D それぞれについて，これまでの解析で設定した復元力モデルを解説する。ただし，方法 F と方法 D で復元力モデルが異なるのは，両解析法の本質的な相違によるものではなく，いずれの復元力モデルも両解析法に適用することが可能である。

(1a)　軸組部材 [方法 F]

　軸組部材(柱・横架材)に相当するトラス要素の軸剛性は線形とし，部材の断面積と材料のヤング係数公称値に基づいて設定する。曲げ剛性・耐力を表す曲げ要素群を構成する回転バネの剛性も線形とする。回転バネの剛性と曲げ強さはヤング係数および基準強度の公称値および既往の実験結果を参考に設定する。

(1b)　軸組部材 [方法 D]

　軸組部材(柱・横架材)に相当する梁要素の軸剛性・曲げ剛性は線形とし，部材の断面性能と材料のヤング係数公称値に基づいて設定する。要素端部の回転バネについては，柱の折損の際に一方向の曲げで亀裂が入り塑性化しても逆方向の曲げに対してはモーメント抵抗を示す挙動をモデル化するため，本解析モデルの履歴特性は図 4.2.5 に示した履歴則[4.2.3)]を用いた。

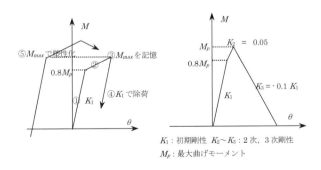

図 4.2.5　梁要素端部回転バネの履歴特性と骨格曲線 [方法 D]

(2a)　耐力壁・柱梁架構 [方法 F]

耐力壁・柱梁架構の復元力モデルは図 4.2.6 に示す剛性逓減型モデルとする。

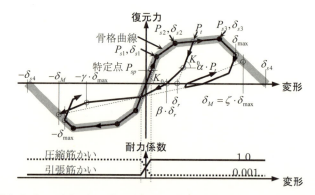

図4.2.6　耐力壁・水平構面の復元力モデル [方法F]

なお，方法 F，方法 D ともに，大変形を考慮して耐力壁等の水平力 P・水平変形 Δ と置換ブレースの軸力 T・軸変形 δ に次の関係を設定する。

$$\delta = \sqrt{H^2 + W^2 + 2W\Delta} - \sqrt{H^2 + W^2} \tag{4.2.1}$$

$$T = \frac{\sqrt{H^2 + W^2 + 2W\Delta}}{W + \Delta} P \tag{4.2.2}$$

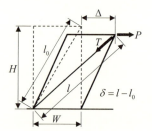

図4.2.7　耐力壁等と置換ブレースの応力・変形

(2b)　耐力壁・柱梁架構 [方法 D]

図 4.2.8 に示す，木造住宅の壁構面の簡便なモデル化法として用いられているバイリニア＋スリップ型履歴則[4.2.4)]を用いた。筋かい壁は，圧縮側と引張側で特性が異なるため，別のバネとし，それぞれ異なる骨格曲線を設定した。

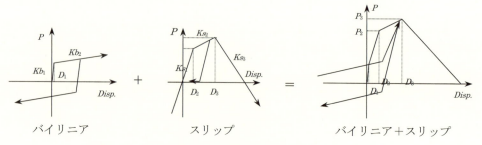

図 4.2.8　耐力壁・水平構面の復元力モデル [方法 D]

(3a) 接合部 [方法 F]

柱，窓台，まぐさ端部に配置する材端バネ要素の復元力モデルを図 4.2.9 に示す。正(引張)方向はトリリニアスリップ，負(圧縮)方向は非線形弾性とする。引張方向の骨格曲線は既往の接合部引張実験の結果を参考に設定する。圧縮方向は木材のめり込みに関する既往の知見に基づいて設定する。

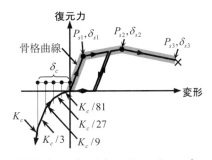

図4.2.9 接合部バネ要素の復元力モデル [方法F]

(3b) 接合部 [方法 D]

軸バネの復元力モデルは図 4.2.10 (a)に示すような圧縮側弾性＋引張側スリップ型とし，回転バネの復元力モデルは図 4.2.10 (b)に示すようなスリップ型とした。

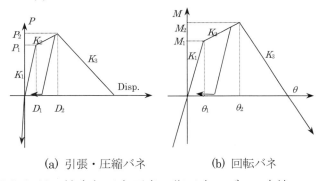

(a) 引張・圧縮バネ　　(b) 回転バネ

図 4.2.10 接合部バネ要素の復元力モデル [方法 D]

4.3 解析理論

4.3.1 方法 F の解析理論

a. 振動方程式

4.2.2 (1)項で述べたように，方法Fでは各節点について回転自由度は定義せず，X, Y, Z方向の並進3自由度のみを考慮する。このとき，微小時間 $\Delta t = t_{n+1} - t_n$ 内で構造物の瞬間接線剛性が一定であるとすると，応答変位増分に対して式(4.3.1)の振動方程式が成り立つ。変数名の添え字は解析ステップを表す。

$$[M]\{\ddot{U}\}_{n+1} + [C]_n\{\dot{U}\}_{n+1} + [K]_n\{\Delta U\}_n + \{F\}_n = -\{Q\}_{n+1} \tag{4.3.1}$$

ここで，[M] : 節点質量マトリクス

$[C]_n$: $t = t_n \sim t_{n+1}$ 間の減衰マトリクス

$[K]_n$: $t = t_n \sim t_{n+1}$ 間の接線剛性マトリクスで，$t = t_n$ の変形状態に基づいて作成する

$$\{\Delta U\}_n = \{U\}_{n+1} - \{U\}_n$$

$\{U\}_n$ ： $t = t_n$ の節点変位ベクトル

$\{F\}_n$ ： $t = t_n$ の応力ベクトル

$$\{Q\}_{n+1} = [M] \begin{bmatrix} 1 & 0 & 0 \\ 0 & 1 & 0 \\ 0 & 0 & 1 \\ & \cdots & \end{bmatrix} \begin{Bmatrix} \ddot{a}_{X.n+1} \\ \ddot{a}_{Y.n+1} \\ \ddot{a}_{Z.n+1} + g \end{Bmatrix}$$

$\ddot{a}_{X.n+1}, \ddot{a}_{Y.n+1}, \ddot{a}_{Z.n+1}$ ： $t = t_{n+1}$ における X, Y, Z 方向の地動の加速度

g ：重力加速度

この振動方程式を用い，Newmark β 法（$\beta = 1/4$）により未知数である $\{U\}_{n+1}, \{\dot{U}\}_{n+1}, \{\ddot{U}\}_{n+1}$ を逐次求める。このとき，大変形問題に対応するために，解析の過程で初期節点座標に $\{U\}_n$ を加算して節点座標を逐次更新するが，そのようにしても，$t = t_n$ の変形状態 $\{U\}_n$ は一つ前のステップ（$t = t_{n-1}$）の変形状態に基づいて計算されているので $\{F\}_n$ には $t = t_{n-1}$ と $t = t_n$ における変形状態の差異に起因する不釣合い力が含まれている。しかし，式(4.3.1)のように次のステップ（$t = t_{n+1}$）の応答量を求める際に $\{F\}_n$ が参照されることにより，その不釣合い力は自らを打ち消すように働くため，不釣合い力が累積することはなく無視できるレベルにとどまる。また，外力ベクトル $\{Q\}_{n+1}$ に重力加速度 g が含まれることにより，節点質量に応じた鉛直力が常時作用するため P-Δ 効果が自動的に考慮される。

b. 接線剛性マトリクス

トラス要素とバネ要素の全体座標系接線剛性マトリクス $[K_e]_n$ を式(4.3.2)のように求め，$[K]_n$ の所定の位置に順次加算する。

$$[K_e]_n = [T]_n^{\mathrm{T}} [k]_n [T]_n \tag{4.3.2}$$

ここで，$[k]_n$ ： $t = t_n \sim t_{n+1}$ 間の要素座標系接線剛性マトリクス

$$[k]_n = \begin{bmatrix} [k_1] & [k_2] \\ [k_2] & [k_1] \end{bmatrix} \tag{4.3.3}$$

$[T]_n$ ： $t = t_n$ の変形状態に基づく座標変換マトリクス

トラス要素については，$[k]_n$ の部分マトリクス $[k_1], [k_2]$ を次のように計算する。

$$[k_1] = \begin{bmatrix} {}_p k_n & 0 & 0 \\ 0 & N_n/L_n & 0 \\ 0 & 0 & N_n/L_n \end{bmatrix} \qquad [k_2] = \begin{bmatrix} -{}_p k_n & 0 & 0 \\ 0 & -N_n/L_n & 0 \\ 0 & 0 & -N_n/L_n \end{bmatrix} \tag{4.3.4}$$

ここで，${}_p k_n$ ：復元力モデルから求められる $t = t_n \sim t_{n+1}$ 間におけるトラス要素の接線軸剛性の予測値

L_n ： $t = t_n$ におけるトラス要素の長さ

N_n ：復元力モデルから求められる $t = t_n$ におけるトラス要素の軸力

式(4.3.4)中の N_n/L_n はトラス要素の変位を考慮した要素軸直交方向の剛性である。

バネ要素は前述のように柱トラス要素の材軸（x）方向と材軸直交（y, z）方向の三つのバネによっ

152

て構成される。バネ要素については部分マトリクス$[k_1]$,$[k_2]$を式(4.3.5)のように計算する。また，式(4.3.2)において$[k]_n$を$[K_e]_n$に変換する際の$[T]_n$はバネ要素が接続する柱トラス要素と同じものを用いる。

$$[k_1] = \begin{bmatrix} {}_pk_{x.n} & 0 & 0 \\ 0 & {}_pk_{y.n} & 0 \\ 0 & 0 & {}_pk_{z.n} \end{bmatrix} \quad [k_2] = \begin{bmatrix} -{}_pk_{x.n} & 0 & 0 \\ 0 & -{}_pk_{y.n} & 0 \\ 0 & 0 & -{}_pk_{z.n} \end{bmatrix} \quad (4.3.5)$$

ここで，${}_pk_{x.n}$：復元力モデルから求められる$t = t_n \sim t_{n+1}$間におけるx方向バネの接線軸剛性の予測値

${}_pk_{y.n}, {}_pk_{z.n}$：y, z方向バネの接線剛性で剛相当の大きな値とする。

トラス要素・バネ要素の復元力特性が非線形の場合は${}_pk_n$および${}_pk_{x.n}, {}_pk_{y.n}, {}_pk_{z.n}$を求めるために$t = t_{n+1}$における節点変位ベクトルの予測値${}_p\{U\}_{n+1}$が必要となり，例えば次式による近似解を用いることができる。

$$ {}_p\{U\}_{n+1} = \{U\}_n + \{\dot{U}\}_n \cdot \Delta t + \{\ddot{U}\}_n \cdot \frac{\Delta t^2}{2} \quad (4.3.6)$$

ただし，特にバネ要素の場合は柱端部の節点質量が小さく，かつ柱軸剛性などの高い剛性で拘束されるため応答値における高振動数成分が支配的となり，式(4.3.6)による変位予測が困難となることがある。そのような場合は前ステップおよび前々ステップの変形・応力をそれぞれ次ステップ予測値および前ステップにおける値として${}_pk_{x.n}$の値を決定するなどの方法をとる。当然ながら，その場合は誤差を含むので，解析の時間刻みΔtを十分に小さくする必要がある。

曲げ要素群は複数の節点と要素によって構成され，一繋がりの横架材・柱に対して設定される。本解析手法ではモーメント外力は考慮しないので，曲げ要素群を構成するすべての節点において当該節点に接続される要素の曲げ応力の合計は0となる。これを条件として回転自由度を消去して曲げ要素群の全体座標系剛性マトリクス$[K_e]_n$を作成する。

c. 減衰マトリクス

減衰マトリクス$[C]_n$は次式の瞬間剛性比例型としている。

$$[C]_n = \frac{2h}{\omega_1}[K]_n \quad (4.3.7)$$

ここで，h：減衰定数

ω_1：初期剛性による1次固有円振動数

d. 応力ベクトル

応力ベクトル$\{F\}_n$は式(4.3.8)のように$t = t_n$の全体座標系要素応力ベクトル$\{F_e\}_n$を計算し，これを全要素について積算して求める。

$$\{F_e\}_n = [T]_n^{\mathrm{T}}\{f\}_n \quad (4.3.8)$$

ここで，$[T]_n$：$t = t_n$における当該要素の座標変換マトリクス

$\{f\}_n$：$t = t_n$における当該要素応力ベクトル

トラス要素の応力ベクトルは軸方向成分のみであり，$t = t_i \sim t_{i+1}$間の伸び(要素長の増分)に接線軸剛性を乗じたものを順次加算して$t = t_n$の軸方向応力が算定される。

　バネ要素については要素応力ベクトルを次のように算出する。

$$\{f\}_n = \sum_{i=0}^{n-1} \left([k]_i \{\Delta u\}_i \right) \tag{4.3.9}$$

　ここで，$[k]_i$：$t = t_i$における当該要素の要素接線剛性マトリクス

　　　　$\{\Delta u\}_i$：$t = t_i \sim t_{i+1}$間の当該要素増分変位ベクトル

$\{\Delta u\}_i$は次のように$\{\Delta U\}_i$を$[T]_{i+1}$により要素座標系に変換して得られる。

$$\{\Delta u\}_i = [T]_{i+1} \{\Delta U\}_i \tag{4.3.10}$$

　ここで，$\{\Delta U\}_i$：$t = t_i \sim t_{i+1}$間の全体座標系増分変位ベクトル

　　　　$\{\Delta U\}_i = \{U\}_{i+1} - \{U\}_i$

ただし，座標変換マトリクスは微小変形仮定に基づく近似解であり誤差を含むため，時刻歴応答解析の過程で誤差が累積する可能性があるが，これまでに行った解析では倒壊以前の誤差の最大値は要素応力の1%程度以下である。

e. 座標変換マトリクス

　線材要素を用いた有限要素法に用いる座標変換マトリクス作成では一般に次の条件を設定する[4.3.1]。

　　材軸が鉛直(Z)方向に一致しているとき

　　　　x軸は全体座標系のZ軸の向きにとる

　　　　y軸は全体座標系のX軸の向きにとる

　　　　z軸は全体座標系のY軸の向きにとる

　　それ以外のとき

　　　　x軸は材軸方向にとる。

　　　　y軸は水平面内にとる

　　　　z軸は材軸を含む鉛直面内にとり，上向きを正にとる

このとき，倒壊解析のような大変形問題を扱う場合は，初期状態では材軸が鉛直(Z)方向に一致しない要素の材軸が解析の過程で鉛直(Z)方向に一致する可能性があり，その前後で要素座標系y, z軸と全体座標系の関係が異なることになる。この点は，解析モデルがトラス要素のみで構成される場合は，要素の軸(x)方向に関する応力・変形のみが変換の対象となるので支障はないが，バネ要素および曲げ要素群のようにy, z軸方向の応力・変形も変換の対象とする場合は問題となる。

また，例えば，図4.3.1のように材軸(x)方向が全体座標系X軸方向に一致する要素がY軸またはZ軸回りに180°回転すると，回転後の部材座標系y, zの方向は両者で異なる。回転後の状態のみに注目して座標変換マトリクスを作成する場合はこの違いを考慮できない。これらの問題に対応するために次の増分累積型座標変換マトリクス$[\overline{T}]_n$を用いる。

$$[\overline{T}]_n = [T_{init}] \prod_{i=1}^{n} [\Delta T]_i \tag{4.3.11}$$

ここで，$[T_{init}]$：初期状態における座標変換マトリクス

$[\Delta T]_i$：$t = t_{i-1}$の要素座標系を全体座標系とみなした$t = t_i$の座標変換マトリクス

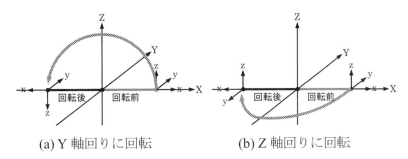

(a) Y 軸回りに回転　　　　　(b) Z 軸回りに回転

図4.3.1 要素の変位による座標系の変化

4.3.2 方法 D の解析理論

前述のように，方法 D における解析モデルは方法 F と同様であり，3 次元空間に設定した節点の間に梁要素およびバネ要素を配置する。要素 i について，解析の $n-1$ ステップにおける両端の節点の変位増分ベクトルを $\{\Delta d_i\}_{n-1}$ を用いて n ステップにおける増分応力ベクトル $\{\Delta f_i\}_n$ と応力ベクトル $\{f_i\}_n$ を次のように計算する。いずれも要素座標系における値である。

$$\{\Delta f_i\}_n = [k_i]_n \{\Delta d_i\}_{n-1} \tag{4.3.12}$$

$$\{f_i\}_n = \{f_i\}_{n-1} + \{\Delta f_i\}_n + [c_i]_n \cdot \{\Delta d_i\}_{n-1} / \Delta t \tag{4.3.13}$$

ここで，$[k_i]_n$：解析の n ステップにおける要素 i の接線剛性マトリクス。

$[c_i]_n$：解析の n ステップにおける要素 i の減衰マトリクス。

(4.3.7)式と同様の瞬間剛性比例型

Δt：解析間時間刻み ($= t_n - t_{n-1}$)

$\{f_i\}_n$ を次のように全体座標系における応力ベクトル $\{F_i\}_n$ に変換する。

$$\{F_i\}_n = \begin{Bmatrix} \{F_{i,s}\}_n \\ \{F_{i,e}\}_n \end{Bmatrix} = [T_i]_n^T \{f_i\}_n \tag{4.3.14}$$

ここで，$\{F_{i,s}\}_n$ および $\{F_{i,e}\}_n$ は要素 i の始端節点，終端節点に関する部分応力ベクトルである。$[T_i]_n$ は解析の n ステップにおける要素 i の座標変換マトリクスであり，4.3.1，e 項に示す増分累積型座標変換マトリクスを用いる。以上の計算をすべての要素について行う。

節点 j について，当該節点に接続されるすべての要素の部分応力ベクトルを加算して当該節点に作用する外力ベクトル $\{L_j\}_n$ を求める。節点 j を対象とすれば，

$$\{L_j\}_n = -\sum_{k=1}^{N} \{F_{k,j}\}_n \tag{4.3.15}$$

ここで，N：節点 j に接続する要素の数

$\{L_j\}_n$ の各項を次のように表す。

$$\{L_j\}_n = \{P_{x,j}\ P_{y,j}\ P_{z,j}\ M_{x,j}\ M_{y,j}\ M_{z,j}\}^T \tag{4.3.16}$$

この外力ベクトル $\{L_j\}_n$ を用い，Newmark β 法 (β= 1/4) に従って解析の n ステップにおける節点 j の加速度ベクトル $\{A_j\}_n$，速度ベクトル $\{V_j\}_n$，変位ベクトル $\{D_j\}_n$ を次のように計算する。

$$\{A_j\}_n = \{\ddot{D}_{x.j}\ \ddot{D}_{y.j}\ \ddot{D}_{z.j}\ \ddot{\Theta}_{x.j}\ \ddot{\Theta}_{y.j}\ \ddot{\Theta}_{z.j}\}_n^{\mathrm{T}}$$
$$= \{P_{x.j}/m_j\ \ P_{y.j}/m_j\ \ P_{z.j}/m_j - g\ \ M_{x.j}/I_{x.j}\ \ M_{y.j}/I_{y.j}\ \ M_{z.j}/I_{z.j}\}_n^{\mathrm{T}} \tag{4.3.17}$$

$$\{V_j\}_n = \{\dot{D}_{x.j}\ \dot{D}_{y.j}\ \dot{D}_{z.j}\ \dot{\Theta}_{x.j}\ \dot{\Theta}_{y.j}\ \dot{\Theta}_{z.j}\}_n^{\mathrm{T}} = \{V_j\}_{n-1} + \frac{\{A_j\}_{n-1} + \{A_j\}_n}{2}\cdot\Delta t \tag{4.3.18}$$

$$\{D_j\}_n = \{D_{x.j}\ D_{y.j}\ D_{z.j}\ \Theta_{x.j}\ \Theta_{y.j}\ \Theta_{z.j}\}_n^{\mathrm{T}} = \{D_j\}_{n-1} + \frac{\{V_j\}_{n-1} + \{V_j\}_n}{2}\cdot\Delta t + \{\Delta D_{0.j}\}_n \tag{4.3.19}$$

ここで，　g ：重力加速度

$\{\Delta D_{0.j}\}_n$ ：解析の n ステップにおける節点 j の強制変位増分ベクトル

$D_{x.j}, D_{y.j}, D_{z.j}$ ：節点 j の全体座標系 X, Y, Z 軸方向の並進変位

$\Theta_{x.j}, \Theta_{y.j}, \Theta_{z.j}$ ：節点 j の全体座標系 X, Y, Z 軸回りの回転変位

m_j ：節点 j の質量

$I_{x.j}, I_{x.j}, I_{x.j}$ ：節点 j の全体座標系 X, Y, Z 軸回りの慣性モーメント

なお，$\{\Delta D_{0.j}\}_n$ について，地震力を外力とする場合は地動の変位増分を地表面に固定される節点に与える。これらの結果に基づき，解析の n ステップにおける要素 i の要素座標系変位増分ベクトルは次のように得られる。

$$\{\Delta d_i\}_n = [T_i]_n\{D_i\}_n - [T_i]_{n-1}\{D_i\}_{n-1} \tag{4.3.20}$$

ここで，　$\{D_i\}_n$ ：解析の n ステップにおける要素 i の全体座標系変位ベクトル

以上の計算を各ステップにおいて逐次行うことにより，外力に対する解析モデル全体の応答が算出される。全体剛性マトリクスを解かずに各要素で個別に応力を算出する点が方法 D の特徴である。時刻が進むことによる要素間の応力の伝播によって釣り合いを保つため，不釣合い力の処理や，崩壊後の挙動などは特別な処理をすることなく解析をすることができる。

4.4　解析事例

4.4.1　事例 1：2 階建て既存木造住宅の震動台実験に対応する解析 [方法 F]

大大特の一環として平成 17 年 11 月に E-ディフェンスにおいて既存木造住宅の倒壊実験が実施された。本実験に対応する方法 F による倒壊応答解析の結果を，実験前の事前解析と実験後の事後解析に分けて以下に示す。なお，事後解析について方法 D によってもほぼ同じ結果が得られることが確認されている [4.4.1]。

a.　解析モデルの構成

試験体は写真 4.4.1 に示す 2 棟の既存木造住宅である。A 棟は既存状態のままであり，主な耐震要素は土塗り壁と筋かい(30×90mm)である。また柱端部・筋かい端部に補強金物は存在しない。B 棟には所定の耐震診断基準を満足するように，耐力壁および柱端接合部が補強されている。解析モデル設定上の要点を以下に述べる。

(1)　部材配置

両棟の実際の部材配置は若干異なるが，それが耐震性能に与える影響は無視できるとして，B 棟を基準として図 4.4.1 に示す解析モデルを設定した。なお，実験前に行った事前解析・実験後に

写真4.4.1 E-ディフェンスにおける倒壊実験試験体

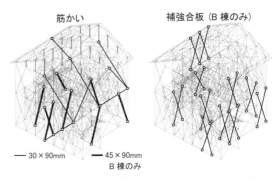
図4.4.1 試験体に対応する解析モデル

行った事後解析とも解析モデルの構成は同じである。本モデルの解析規模を下に示す。

　　節点数: 421(共通)　自由度数: 1173(A棟), 1170(B棟)
　　軸力要素数: 1373(A棟), 1405(B棟)
　　材端バネ要素数: 182(共通)　曲げ要素群数: 127(共通)

(2) 重量

　事前解析では試験体各部の単位重量を材料の公称重量を参考に設定した。事後解析では試験体移築解体時の材料計測重量および試験体設置時のクレーン吊上げ荷重に基づいて重量を修正した。

(3) 復元力モデル

　復元力モデルのパラメータは，事前解析では既報 4.1.2-4.1.4)を参考に設定し，事後解析では解析結果が実験結果と適合するように調整した。耐震要素の骨格曲線を図 4.4.2 に示す。耐力壁については幅 100cm，高さ 285cm の場合の値である。これと形状が異なる場合の補正方法は文献 4.1.4)による。また土塗り壁の耐力は頭部に梁が無いものは 0.5 倍に，頭部・脚部とも梁が無いものは 0.2 倍に低減した。2階床面と野地板面は合板張り相当とした。材端バネ要素(接合部)の骨格曲線は図 4.4.3 のように設定し，窓台・まぐさ端部はかすがい打ち相当とした。

(4) 入力波

　実験では，兵庫県南部地震(1995)において JR 鷹取駅で記録された地震動（以下「JR 鷹取」）を用い，NS 成分を Y 方向に，EW 成分を X 方向に入力した。事前解析では再現しようとする目標波を入力波とし，事後解析では実際の震動台の動き(加振波)を入力波とする。両者はほぼ一致することが確認されている。

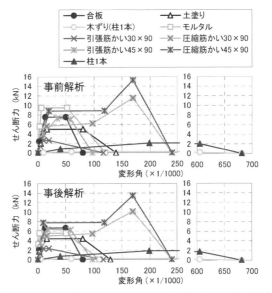
図 4.4.2 耐震要素復元力モデルの骨格曲線

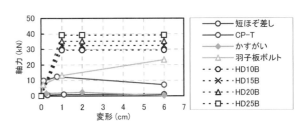
図 4.4.3 材端バネ要素復元力モデルの骨格曲線

b. 事前解析の結果

解析作業と並行して行われた試験体移築・設置作業の過程で試験体実重量が解析上の設定値の 90%程度以下であることが確認された。これを考慮して入力加速度縮小率 R を設定した。R は 0.75, 0.90, 0.95 および 1.0 の 4 種類とした。解析による 1 階の層間変位時刻歴を図 4.4.4 に示す。A 棟では $R = 0.95$ の場合を除き倒壊し，B 棟では $R = 1.0$ の場合を除き倒壊を免れる結果となり，実験では所期目標である A 棟倒壊・B 棟不倒壊という結果が得られるであろうことが確認された。また，R のわずかな違いにより倒壊・不倒壊が分かれ，あるいは倒壊方向が逆転しており，倒壊挙動は入力強さのわずかな違いにより大きく異なることも併せて確認された。

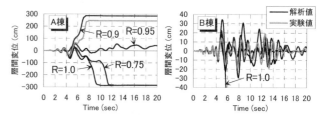

図 4.4.4 事前解析による 1 階の層間変位
（震動台 Y 方向）

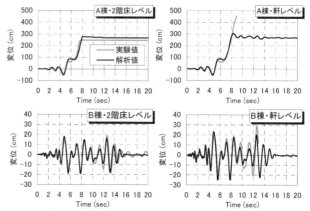

図 4.4.5 事後解析による基礎からの水平変位
（震動台 Y 方向）

c. 事後解析の結果

実験後の詳細調査により重量を修正した結果，事前解析時の 80%となった。事前解析では図 4.4.4 のように $R = 0.9$ の場合が最も実験結果に適合することを考慮して，耐力を事前解析時の 0.8 / 0.9 = 0.89 倍とすることを目安に，試行錯誤的に復元力モデルを調整した。

解析結果を図 4.4.5 に示す。A 棟について，1 階では解析値は実験値にほぼ一致している。2 階では 1 階部倒壊後の解析値が実験値と異なっているが，これは，解析では 1 階部倒壊後に 1 階の

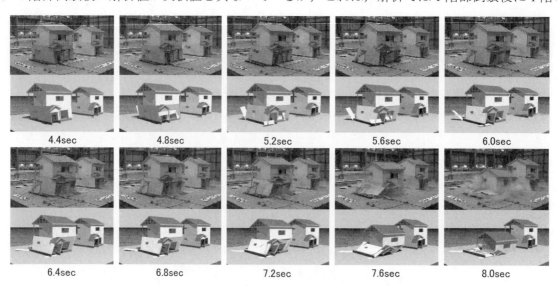

図 4.4.6 解析アニメーション(事後解析)と実写画像の比較

構成部材が2階部の下敷きになることによる接地衝撃の緩和効果が考慮されていないことが原因と考えられる。B棟では1,2階とも解析値は実験値にほぼ一致している。解析結果を用いて作成したアニメーション画像と実写画像を比較して図4.4.6に示す。両者は良好に一致している。アニメーション画像は写実的であり，適切な耐震仕様の重要性の訴求効果が期待できる。

d. 柱端接合部仕様をパラメータとした解析例

前述のようにB棟の柱端接合部は所定の耐震診断基準を満足する補強仕様となっている。下記のようにこれらの補強が無い場合，および補強が軽微であった場合の挙動を解析により予測した。

Case 1 全て無補強（端ほぞ差しのみ）
Case 2 耐力壁両端の柱端部のみCP-T金物補強
Case 3 全て無補強（端ほぞ長さ無限大）

解析結果を図4.4.7, 4.4.8に示す。Case 1では倒壊，Case 2では不倒壊であり，本結果は柱端部には何らかの補強が必要であること，および必ずしもホールダウン金物などによる高度な補強は必要ないことを示唆している。また，Case 3も不倒壊である。柱端部を補強せずに耐力壁のみ補強しても，柱端部のほぞの抜出しとその後の柱の踏み外しが無ければ倒壊を免れ得る可能性を示している。このように，本倒壊解析手法を用いたシミュレーションを重ねることにより，倒壊を免れるために真に必要な仕様を特定でき，耐震診断の精度向上が可能となる。

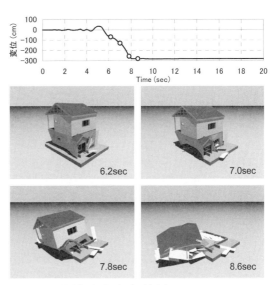

図4.4.7 解析結果 Case 1

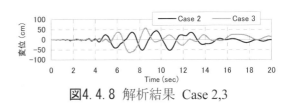

図4.4.8 解析結果 Case 2,3

耐震補強工事において，一般に柱端接合部の補強は耐力壁の補強に比べ困難であり，これが耐震改修の促進を阻害する一要因になっていることは多く指摘されるところである。上記の解析例のように，シミュレーションの結果として得られる倒壊防止条件は，特に柱端接合部の仕様について現行の耐震診断基準に比べ大幅に緩和されると予想できる。前述の倒壊過程アニメーションによる適切な耐震仕様の重要性の訴求効果に加え，このような耐震診断技術の高度化により耐震改修促進が期待できる。

4.4.2 事例2：3階建て木造住宅の震動台実験に対応する解析 [方法D]

a. 解析モデルの概要

本項で解析の対象とした振動台実験は国土交通省補助事業「3階建て木造軸組構法の設計法検証事業」の一環として，防災科学技術研究所との共同研究で平成21年度にE-ディフェンスで実施されたものである。実験の詳細は文献4.4.2)を参照されたい。解析対象の試験体は，上記事業の実験で用いられた試験体1～2である。写真4.4.2に示したように，いずれも平面の寸法が

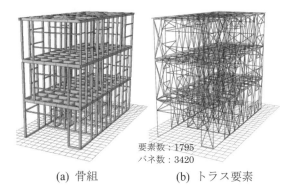

写真4.4.2 震動台実験試験体の概要

(a) 骨組　(b) トラス要素

要素数：1795
バネ数：3420

図4.4.9 3次元骨組による解析モデル

4.55m×10.01m，軒高さ8.905mの総3階建て木造軸組構法軸組建築物である。両試験体は，1階部分に大きな開口を有し，平面プランと軸組・耐力壁・水平構面の配置は同一であるが，柱端接合部の仕様が異なる。解析モデルの概要を図4.4.9に示した。試験体1～2の接合部の柱脚接合部の仕様応じて，2つの解析モデルを作成した。軸材は試験体に用いられた木質材料（スプルース集成材）の物性値を考慮して，曲げ強度を60 N/mm^{2}として断面係数に従い最大曲げモーメントを設定した。ヤング係数は各部材のJAS表示（E95，E105，E120）に従って設定した。

以下，方法Dによる解析モデルと解析結果について，実験前に実施した事前解析と，実験後に実施した事後解析に分けて説明する。

b. **事前解析で用いたパラメータ**

事前解析では，実験計画と並行して行われた耐力壁の要素実験のほか既往の部分実験の結果に基づいて図4.4.10のように復元力特性の応力変形骨格曲線を設定した。水平耐力要素としては，水平力を負担する可能性のあるすべての部材を考慮することとし，筋かい，石こうボード準耐力壁，サイディングのほか柱材についても水平耐力を設定した。また，圧縮筋かいについては図4.4.10に示すように「O-O」，「O-I」，「I-I」の3種類を設定した。「O-O」は両側サイディング張り壁内，「O-I」は片側サイディング・他方石こうボード張り壁内，「I-I」は両側石こうボード張り壁内を意味する。事前解析では「O-O」と「O-I」は同じ骨格曲線とした。鉛直構面のバネは復元力がゼロ

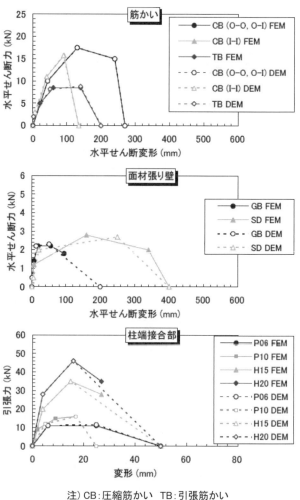

注）CB：圧縮筋かい　TB：引張筋かい
　　GB：石こうボード　SD：サイディング

図4.4.10 復元力モデル骨格曲線

となった時点で喪失される条件としたが，面材に関しては柱脚柱頭にリンク要素を設定し，バネ喪失後も柱脚，柱頭間の拘束は継続する設定とした。

柱端接合部については，既往の引張実験結果に基づいて引張力に対する骨格曲線を設定した。圧縮力に対してはめり込み剛性を考慮した骨格曲線を設定した。

c. 入力地震波及び重量

重量は試験体が設置された鉄骨架台の下の三分力計による実測重量を，部材拾いによる重量の比率に基づき，各階の要素に配分して下記の通り設定した。

1F：50.1 kN　2F：103.1 kN　3F：104.3 kN　RF：61.2kN

入力地震波は実験で使用された人工地震波(以下，BSL)を用いた。解析モデルの土台レベルの各要素に，短辺方向に強制変位を与えることで外乱入力を行った。事前解析では実験前に地震波の入力レベルを決定する目的で，地震波の振幅を80%～160%まで5%刻みで大きくして各解析モデルに入力を行った。なお，BSLは建築基準法告示に規定される極めて稀に発生する地震に相当する。詳細は文献4.4.2)を参照されたい。

d. 事前解析結果

試験体1，2の解析モデルの各階の最大層間変位と入力地震動の関係を図4.4.11に示した。試験体1は130%，試験体2は105%の入力レベルで倒壊する解析結果となった。振動台実験前の解析による予測精度の検証という観点で，本節の事前解析と実験結果の比較を行ったが，1/30rad.程度までの変形は実験結果をよく再現できたものの，倒壊までを予測することは出来なかった。その理由として，要素実験において荷重変形関係に及ぼす加力速度の影響や，柱脚接合部が完全に引き抜けた後の耐力壁の各部材の挙動など，事前解析における解析手法でモデル化できていない現象の影響が挙げられる。

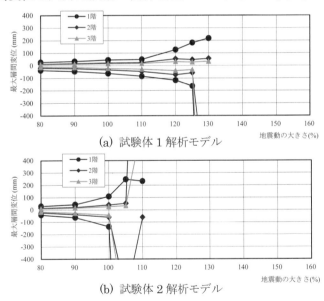

(a) 試験体1解析モデル

(b) 試験体2解析モデル

図4.4.11　最大層間変位と入力時震動の関係

e. 事後解析による実験結果の追跡

振動台実験における試験体の倒壊までの現象の再現のため，解析モデル，骨格曲線の改良を行った。事前解析では，荷重変形関係に及ぼす加力速度の影響が実験と解析の相違の要因の一つとして挙げられたため，壁構面，接合部の要素実験

表4.4.1 解析モデルに用いたパラメータ

解析モデル	鉛直構面骨格曲線	接合部引張骨格曲線	軸組によるモーメント抵抗(P06, P10)	軸組によるモーメント抵抗(HD15, HD20)
A	Post-Analysis	Post-Analysis	Post-Analysisの耐力70%	Post-Analysisの耐力100%
B	Pre-Analysis	Post-Analysis	Post-Analysisの耐力70%	Post-Analysisの耐力100%
C	Pre-Analysis	Post-Analysis	Post-Analysisの耐力70%	Post-Analysisの耐力90%

を動的・静的な加力方法に基づき再実験を行った。実験結果と事後解析で用いた骨格曲線を図4.4.12 に示した。事後解析では試行錯誤的に数パターンの骨格曲線の組合せで解析を行ったが，代表的な組合せパターンを表 4.4.1 に示し，各解析モデルの 1 階の層間変形の最大値を表 4.4.2，層間変形の時刻歴を図 4.4.13，荷重変形関係を図 4.4.14 に示した。また，図 4.4.15 には実験と解析による倒壊過程を比較して示した。モデル B と C の差は軸組のモーメント抵抗 10%のみであるが，試験体 1 の倒壊の有無を決定するパラメータとなっている。軸組のモーメント抵抗は単体では無視出来るほど小さいが，柱全てに関連するパラメータであり，500～600mm の大変形の層間変形で最大モーメントを示すため，建物全体の倒壊挙動に大きく影響を及ぼすことが示唆された。

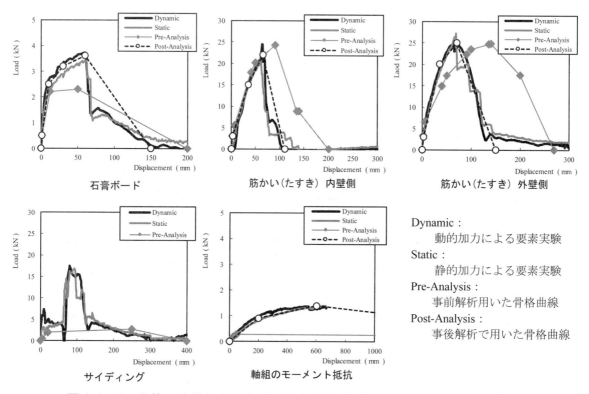

図 4.4.12 動的・静的加力による要素実験結果と事後解析で用いた骨格曲線

表4.4.2 最大層間変形（1F）

解析モデル		1F最大層間変形 (mm)
A	No.1	倒壊
	No.2	倒壊
B	No.1	-676
	No.2	-1048
C	No.1	倒壊
	No.2	-1048
実験	No.1	倒壊
	No.2	-426

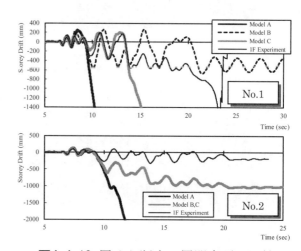

図4.4.13 層せん断力－層間変形の比較

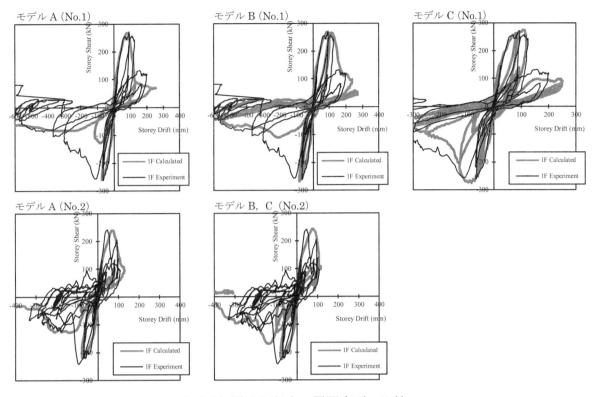

図4.4.14 層せん断力－層間変形の比較

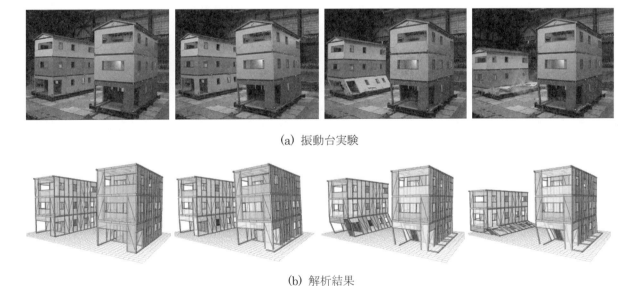

(a) 振動台実験

(b) 解析結果

図4.4.15 振動台実験と解析の倒壊過程

4.4.3 事例3：伝統的木造住宅の震動台実験に対応する解析 [方法D]

　本節で解析の対象とした実験は国土交通省補助事業「伝統的木造軸組住宅の耐震性能検証実験」の一環として，防災科学技術研究所との共同研究で平成22年度にE-ディフェンスで実施されたものである．実験の詳細は文献4.4.3)を参照されたい．伝統的木造住宅の耐震性能はこれまでに多くの研究によって検討されているが，多数の組物による応力の伝達機構や，柱脚が基礎に固定

されずに石場立てになっている場合の大変形域での応答の複雑さがあり，未だ明らかになっていないことが多い。本節では，伝統的構法特有の地震時挙動のモデル化を行い，振動台実験との比較検討を行った解析例を紹介する。

a. 柱脚のモデル化

振動台実験の試験体の概要を写真4.4.3に示した。対応する解析モデルを図4.4.16に示す。柱は礎石の上に立てられ，柱脚は固定されない仕様（石場立て）となっている。解析モデルでは図4.4.17に示したように，柱脚を滑り支承として，各計算ステップにおいて各柱の下端部に加わる鉛直荷重Nから摩擦力を算出し，柱脚要素に加わる水平力（F_x, F_y）との比較から滑りの有無を判定した。礎石－柱脚間の静止摩擦係数μ_1，動摩擦係数μ_2を各計算において設定した。なお、摩擦力の方向は柱脚に作用する水平力と逆方向とした。

- 試験体が滑り出す条件：$\mu_1 \times N < V_{xy}$
  ここで，$V_{xy} = \sqrt{F_x^2 + F_y^2}$
- 滑りが停止する条件：柱脚の速度ベクトルと，地盤の速度ベクトルの内積が負になった場合に停止
- 滑り中に柱脚要素にかかる摩擦力：$\mu_2 \times N$

(a) 試験体概要　　(b) 柱脚の状況

写真4.4.3 振動台実験試験体の概要

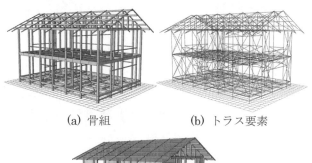

(a) 骨組　　(b) トラス要素

要素数：1620
バネ数：2380

(c) 解析モデル外観

図4.4.16 解析モデルの概要

b. 解析の概要

その他の耐震要素のモデル化に関しては，4.2節と共通であり，試験体で用いられた土塗り壁や，接合部の骨格曲線は要素実験結果や，既往の文献を参考に設定した。事前解析では，耐震要素の骨格曲線のばらつき

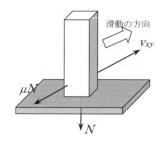

図4.4.17 柱脚のモデル化

を考慮して，土塗り壁の耐力を要素実験の「60%，80%，100%，120%，150%」の5種類，動摩擦係数が「0.5，0.4，0.3」の3種類の水準で計算を行った。図4.4.18～4.4.20に土塗り壁の耐力が「80%」，動摩擦係数が「0.4」の解析結果を実験結果と比較して示した。2Fの耐力が実験に比べ過大評価であったが，滑り挙動と1F，2Fの層間変形は，どの加振においても，ほぼ適合する結果であった。

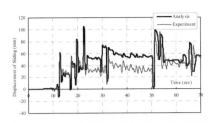
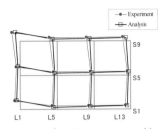

図4.4.18 柱脚の滑り量の時刻歴　　図4.4.19 変形モードの比較

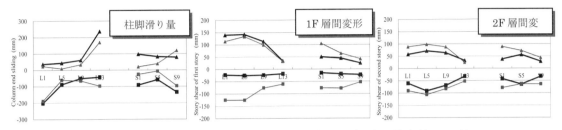

図4.4.20 柱脚の滑り量，各階層間変形の最大値の比較

4.4.4 計算時間

方法Fについては，4.4.1項で紹介した2階建て木造住宅に対して20秒間の地震動の入力を行った場合，標準的なPC(Core i5 2.0GHz程度)を用い60分間程度の計算時間であった。方法Dについては，4.4.2項，4.4.3項で紹介した2～3階建ての木造住宅の規模の解析モデルで，20～30秒間の地震波の入力の計算を行った場合，30～60分間程度の計算時間であった。

4.5 むすび

本章では木造軸組構法住宅を対象として，方法F(有限要素法)および方法D(個別要素法)による地震倒壊解析の解析理論の概要と解析事例を紹介した。

陰解法の一種である方法Fは構造物の応力変形解析手法として周知である。全自由度を連立した振動方程式を対象とするために逆行列演算が必要であり，構造物の自由度の増加に対して解析時間が顕著に増加する。ここで紹介した解析手法では，木造軸組構法住宅の地震応答において構造部材接合部の曲げ抵抗は副次的なものであることに着目して，節点の回転自由度は考慮しないことにより全自由度数を削減している。また，地震力による構造物の倒壊などの強非線形問題に対応するためには大変形問題やP-Δ効果などへの対応が必要となり解析理論に特別の工夫が求められる。

一方，陽解法の一種である方法Dでは動的応答を節点間の応力波の伝播として扱うために，演算の過程では要素で接続される二つの節点間の自由度のみが対象となり，原則として逆行列演算は不要である。このため1ステップ当りの解析時間は方法Fより方法Dの方が圧倒的に短く，かつ全自由度の増加が演算時間に及ぼす影響が方法Fに比べて著しく小さい。ただし，解析の時間刻みは，応力波が一つの要素を通過する時間より短く設定する必要があり，ここで紹介した方法Dの時間刻みは方法Fの1/100程度としている。そのため，2,3階建て程度の木造軸組構法住宅を対象とする場合の方法Dの解析時間は方法Fよりやや短い程度であるが，さらに全自由数が大きな構造物を対象とする場合は，方法Dの解析時間は方法Fより明らかに短くなると考えられる。

方法 F および方法 D のいずれにおいても，3 次元空間に節点を定義し，部材の構造特性を表す線要素，および接合部の構造性能を表す長さの無いバネ要素を設定することで解析モデルを構成する。これまでの解析事例おいて，同一の構造物に対する方法 F および方法 D による倒壊解析では，復元力モデルなどの解析条件がやや異なるものの，解析結果はほぼ一致している。解析条件を厳密に揃えれば両者の解析結果はほぼ一致するものと考えられる。

　ここで対象とした木造軸組構法住宅の倒壊にはさまざまな破壊現象が組合わさっているため，解析モデルの構成要素の力学特性をわずかに変化させるだけで，倒壊過程や最終的な倒壊形が大きく変わることが多々あり，ただ 1 回の計算結果で倒壊状況を結論付けることは難しい。特に木質構造の場合は，材料の強度特性のばらつきや，施工誤差の分布などにも注意を払う必要があり，これらを考慮に入れて数値解析結果から倒壊過程を判断するためには，例えば，それぞれの入力パラメータについて設定値の分布を考慮したモデルを複数個準備して計算を行い，全ての計算結果から確率論的に結論を導き出すといったアプローチが望まれる。北米やヨーロッパでは，性能設計の流れから崩壊解析プログラムを活用した確率論的な研究報が報告されてきており [4.5.1]，わが国においても，崩壊解析の果たす役割は今後大きくなって行くと考えられる。

参考文献

4.1.1)　坂本　功監修：日本の木造住宅の 100 年，日本木造住宅産業協会，pp.26-33, 2001.3

4.1.2)　文部科学省研究開発局, 他：大都市大震災軽減化特別プロジェクト，II 震動台活用による構造物の耐震性向上研究，平成 14 年度成果報告書，pp.514-549, 2003.5

4.1.3)　文部科学省研究開発局, 他：大都市大震災軽減化特別プロジェクト，II 震動台活用による構造物の耐震性向上研究，平成 15 年度成果報告書，pp.538-579, 2004.5

4.1.4)　文部科学省研究開発局, 他：大都市大震災軽減化特別プロジェクト，II 震動台活用による構造物の耐震性向上研究，平成 16 年度成果報告書，pp.613-615, 2005.5

4.1.5)　文部科学省研究開発局, 他：大都市大震災軽減化特別プロジェクト，II 震動台活用による構造物の耐震性向上研究，平成 17 年度成果報告書，pp.263-311, 2006.5

4.1.6)　三宅辰哉, 河尻　出, 腰原幹雄, 槌本敬大, 五十田博, 箕輪親宏：震動台による既存木造住宅の耐震性能検証実験，その 25 解析による実験結果の予測・分析，日本建築学会大会学術講演梗概集，2007.8

4.1.7)　T. Nakagawa, M. Ohta, T. Tsuchimoto, N. Kawai, "Collapsing process simulations of timber structures under dynamic loading III: Numerical simulations of the real size wooden houses", Journal of Wood Science, Vol.56, No.4, p.284-292 (2010)

4.1.8)　中川貴文, 佐藤弘美, 多幾山法子, 腰原幹雄, 林康裕：「2007 年能登半島地震における木造住宅の被害の再現」日本建築学会構造系論文集，第 78 巻，第 688 号，pp.1113-1122, 2013.6

4.1.9)　和田　章，向　秀元：一方向大スパン複層円筒トラス構造物の地震応答解析，日本建築学会構造系論文報告集，第 413 号，pp.87-96，1990.7

4.1.10)　P. A. Cundall., "A computer model for simulating progressive, large-scale movements in blocky rock systems", Symp. ISRM, Nancy, pp 129-136, 1971

4.1.11)　伯野元彦「破壊のシミュレーション」森北出版, 1997 年 10 月

4.1.12)　目黒公郎, 伯野元彦「拡張個別要素法を用いた地震による構造物の崩壊過程のシミュレーション解析」日本建築学会大会学術講演概要集, C-1, p.763-764 (1991)

4.2.1)　日本建築学会近畿支部：1995 年兵庫県南部地震―木造建物の被害―, 1995.9

4.2.2)　木造住宅等震災調査委員会：平成 7 年兵庫県南部地震木造住宅等被害調査報告書(中間報告), 日本住宅・木材技術センター, 1995.3

4.2.3)　加藤勉, 秋山宏 「鋼構造部材の耐力(その４)」日本建築学会論文報告集, 第 151 号, pp.15-20,（1968）

4.2.4)　五十田博, 河合直人：木造軸組構法住宅に用いる壁の復元力特性モデル, 日本建築学会構造系論文集 No. 616, pp.157-163 (2007)

4.3.1)　戸川隼人：有限要素法の基礎と応用シリーズ 1, 有限要素法概論, 培風館, 昭和 56.11.25

4.4.1)　T. Nakagawa, T. Tsuchimoto, T. Miyake, N. Kawai, M. Ohta, "Numerical Analysis for Evaluation of the Effect of Exterior Walls on Seismic Performance of Wooden Post-and-beam Houses" 13th World Conference on Timber Engineering, Itary (2010)

4.4.2)　一般社団法人 木を活かす建築推進協議会：「3 階建て木造軸組構法の設計法検証事業の報告」, URL：http://www.kiwoikasu.or.jp/upImages/ , pdf20100804115602.pdf

4.4.3)　NPO 法人 緑の列島ネットワーク：「伝統的木造軸組住宅の耐震性能検証実験」 平成 22 年度 事業報告書, URL：http://green-arch.or.jp/dentoh/report_2010.html

4.5.1)　J. W. Lindt, et.al. : Nonstructural Elements in Performance -Based Seismic Design of Wood Frame Structures, Journal of Structural Engineering, pp.432-439 (2007)

第5章　組積造壁の繰返し載荷実験と非線形有限要素解析

5.1　はじめに

　近年，豊かな街づくりや美しい景観形成を通じた地域の活性化が，我国の都市政策における重要課題として取り上げられている。このような課題に対して，地域の歴史を象徴する文化財的価値を有する建造物の活用は有効な処方箋である。ところが国宝や重要文化財に指定された建造物は修復等に関する規制や費用の問題のため活用が難しく，手がつけられないまま放置される例が多かった。このような状況を打開するため，より緩やかな規制の下で幅広く保護の網をかけることを目的として，1996年に登録文化財制度が制定された。それ以降，登録文化財に登録される建造物は急増し，組積造建造物だけでも180件を越える登録が行われている[5.1]。また，これに加えて，地方公共団体が指定する歴史的組積造建造物や，登録や指定を受けていない歴史的組積造建造物も多数存在する。

　このような状況で，歴史的組積造建造物を文化施設や商業施設として再生・活用する動きが活発化している。しかし，これらの建造物は一般に，経年劣化等のため目地強度が低く，無補強の状態では所定の耐震性能を満足しない。近年，直下型地震が頻発していることや，今後，東海・東南海・南海地震等の海洋型巨大地震が発生することが高い確率で予測されている事実を踏まえれば，耐震安全性の確保は歴史的組積造建造物の再生と活用に当たっての最重要課題である。そのため，歴史的組積造建造物の耐震改修技術に関して，これまでのように個別建物毎の場当たり的な対応ではない体系的な技術開発が強く求められている[5.1]。

　組積造の耐震補強法としては様々なものがあるが，補強効果が明解でコストの面で有利なRC造壁やS造ブレースの増設が採用されることが多い。しかし，歴史的建造物では，文化的価値，特に組積造壁の外観や内観などの意匠の保全という強い制約があるため，これらの補強法の適用には限界がある。組積造壁の意匠を保つ手法として免震改修があるが，大規模な基礎工事に伴う建物外周部の形態変更やコスト上昇のため汎用性を欠き，特定の建築物以外への適用は難しい。

　このような背景の下で，著者ら[5.2]-[5.5]は「ピンニング補強法」と呼ばれる耐震補強法について実験と解析の両面から研究開発を実施してきた。ここで対象とするピンニング補強法は，組積造壁一面にステンレスピンを斜め下向きに打ち込みエポキシで固定する手法で，既存の屋根や基礎部を撤去することなく施工できるためトータルコストを低く抑えられ，施工に要する期間を短くできる。またステンレスを用いるため補強材の耐久性が高く，目地部からピンを打ち込むため組積造壁の外観や内観をほぼ完全に保全できる（図5.1，図5.2）という優れた特徴を持つ。

　本章では，まず，組積造建造物の破壊モード，耐震補強法，及び数値解析法の概要を述べる。次に，これまでに実施されてきたピンニング補強法による補強効果確認実験の結果と，非線形有限要素解析による実験結果の再現性の検討結果について紹介する。これらの検討結果を通して，組積造建造物の強非線形応答の数値解析の現状と課題を述べる。

(a) 挿入時 　　　　　　　　(b) 挿入後

図 5.1　ピン挿入前後の壁面 [5.2)]

図 5.2　ピンニング補強を施した実建物 [5.2)]

5.2　組積造の破壊モード

　無補強組積造建造物（Un-reinforced Masonry=URM）の破壊モードは，面外変形による破壊（図 5.3(a)）と面内変形による破壊（図 5.3(b)）に大きく分類できる [5.6)-5.9)]。また，面内変形による無補強組積造壁の破壊は，図 5.4 に示すように，(a)曲げ破壊，(b)ロッキング破壊，(c)滑り破壊，(4)階段状のせん断破壊に分類できる。挙動のシミュレーションを行う際には，破壊モードや補強方法に応じて，解析の対象とする変形のレベルを考慮した上で，適切な数値解析法を選択する必要がある。また，無補強組積造建造物の補強を行う際には，これらの破壊モードを考慮して，適切な補強方法を選択した上で，補強設計を行う必要がある。

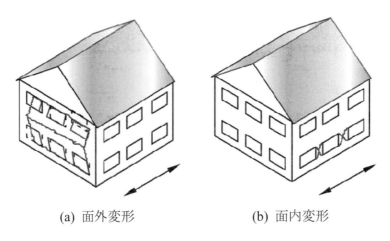

(a) 面外変形　　　　(b) 面内変形

図 5.3　破壊モードの例

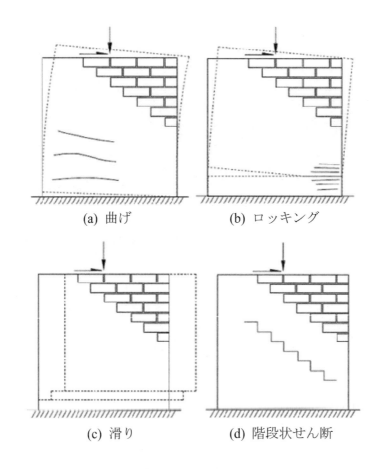

(a) 曲げ　　　　(b) ロッキング

(c) 滑り　　　　(d) 階段状せん断

図 5.4　面内変形による破壊モードの分類

5.3　組積造の数値解析法

　組積造の数値解析法は，基本的に連続体と見做す有限要素法系の解法 [5.9)-5.11)] と，個別の要素の集合と見做す個別要素法系 [5.12)-5.14)] の解法に大別できる。また，有限要素法系の解法は，図 5.5，図 5.6 に示すように，煉瓦など組積造を構成する各ユニットを個別にモデル化するミクロモデル

と，煉瓦と目地モルタルなどを平均化して異方性材料からなる連続体として扱うマクロモデルに大きく分類できる[5.9]。さらにミクロモデルは，目地を有限要素分割する詳細ミクロモデルと，目地をインターフェース要素で近似する単純化ミクロモデルに分類できる。

以降，本章ではLourénçoら[5.9]により非線形有限要素解析ソフトDIANA[5.15]に実装された単純化ミクロモデルの定式化の概要と，単純化ミクロモデルを用いて解析を行った結果を示す。単純化ミクロモデルは，詳細ミクロモデルと同程度の精度を保ちながら要素数を大きく低減できる点が大きな特徴である。なお，ミクロモデルを用いる際は，組積部の中央にクラック形成面を配置しておかないと，耐力を過大評価することが指摘されている。

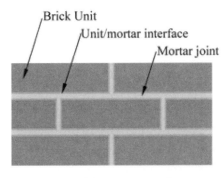
(a) 詳細ミクロモデル

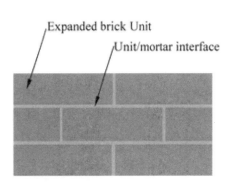
(b) 単純化ミクロモデル

図5.5　ミクロモデル

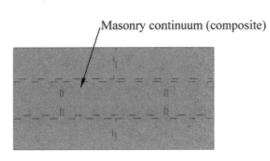

図5.6　マクロモデル

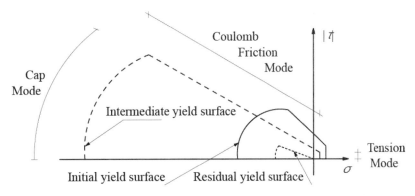

図5.7　インターフェース要素で用いるcapモデル[5.9]

2次元インターフェース要素では，図5.7に示すように横軸を垂直応力σ，縦軸をせん断応力τの絶対値として，Drucker-Pragerモデルに圧縮側の上限を設けたcapモデルの降伏曲面を持つ弾塑性構成則を用いる。capモデルでは，引張破壊により強度が決まる場合（Tension mode, Tension cut-off），せん断破壊により強度が決まる場合（Coulomb friction mode），圧縮破壊により強度が決まる場合（cap mode）の各場合について異なる降伏条件式$f_1(\sigma,\tau,\kappa_1)=0$，$f_2(\sigma,\tau,\kappa_2)=0$，$f_3(\sigma,\tau,\kappa_3)=0$をそれぞれ適用する。ここで$\kappa_i(i=1,2,3)$は相当塑性ひずみである。通常のcapモデルでは塑性ひずみ増分と降伏曲面の直交性を仮定する連合流れ則（associated flow rule）が用いられることが多い。しかし，組積造の目地のせん断変形摩擦の影響などのため膨張（体積変化）が極めて小さい。この場合，連合流れ則は適用できず非連合流れ則を適用する必要がある。また，引張破壊，せん断破壊，圧縮破壊のいずれの場合も軟化（softening）を扱う必要がある。ここでは，組積造目地の主要破壊モードである引張破壊とせん断破壊を取上げ，降伏条件と軟化則の定式化の具体例を示す。さらなる詳細や圧縮破壊の場合については文献5.9)を参照されたい。

引張破壊モードでは，$f_1(\sigma,\tau,\kappa_1)$は以下のように書ける。

$$f_1 = \sigma - \bar{\sigma}_1(\kappa_1) \tag{5.1}$$

降伏応力$\bar{\sigma}_1(\kappa_1)$を用いて図5.8の軟化則は以下の指数関数により表わされる。

$$\bar{\sigma}_1(\kappa_1) = f_t \exp\left(-\frac{f_t}{G_f^{\mathrm{I}}}\kappa_1\right) \tag{5.2}$$

ここでf_tは目地の引張強度であり，G_f^{I}はモードI（引張破壊モード）の破壊エネルギーである。（通常は目地単体の引張強度よりも目地モルタルと組積ユニットとの界面の接着強度の方が低いので，f_tは正確には界面での接着強度を表す。）引張破壊モードでは流れ則として連合流れ則を適用する。インターフェース要素の相対変位の塑性鉛直成分Δu_n^pを用いて，引張破壊モードにおける相当塑性ひずみκ_1の進展則は次式で定義される。

$$\dot{\kappa}_1 = \left|\Delta\dot{u}_n^p\right| \tag{5.3}$$

Van der Pluijm[5.16)]は組積ユニットの破壊実験を行い，図5.8に示すようにモードIの破壊モードに対して指数関数状の引張ひずみ軟化曲線を定義する材料定数の範囲を調べている。この実験を通して，組積ユニットとモルタルの組み合わせに応じて破壊エネルギーG_f^{I}は0.005 〜0.02 Nmm/mm^2，引張強度f_tは0.3 〜0.9 N/mm^{2}の範囲の値をとるという結果が得られている。なお破壊エネルギーは，組積ユニット－モルタル界面に沿って単位面積当たりのクラックが形成されるのに必要なエネルギーとして定義されている。図5.9に示すように，目地モルタルの乾燥収縮や施工過程の問題などのため，一般に，破壊後の断面における正味の接着面は試験体の断面よりも小さい。そのため，数値解析を行う場合，正味の接着面の断面積を平均的に評価する必要がある。特に歴史的建造物では接着面の面積が極めて小さい場合もあり，経時変化によるモルタルの劣化などの影響とあわせて，組積ユニットの引張強度が極めて低くなっている場合があるので注意を要する。

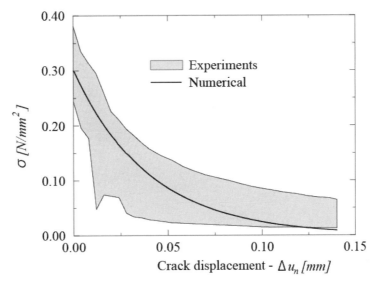

図5.8 引張方向の軟化則（$f_t = 0.30$ N/mm² and $G_f^I = 0.012$ Nmm/mm²）[5.16]

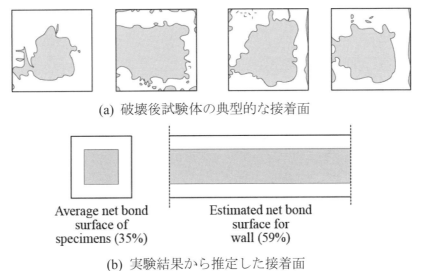

(a) 破壊後試験体の典型的な接着面

(b) 実験結果から推定した接着面

図5.9 組積ユニットの接着面 [5.16]

せん断破壊モードでは以下の降伏関数を用いる。

$$f_2 = |\tau| + \sigma \tan\phi(\kappa_2) - \bar{\sigma}_2(\kappa_2) \tag{5.4}$$

降伏応力 $\bar{\sigma}_2(\kappa_2)$ と図5.10の軟化則は以下の指数関数により表わされる。

$$\bar{\sigma}_2(\kappa_2) = c\exp\left(-\frac{c}{G_f^{II}}\kappa_2\right) \tag{5.5}$$

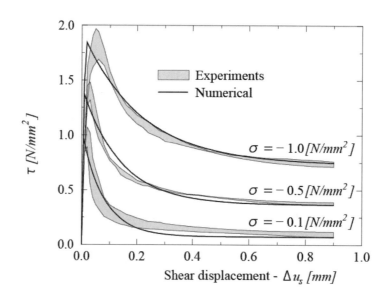

図5.10 せん断方向の軟化則（c =0.87 N/mm^2; $\tan\phi_0$ = 1.01; $\tan\phi_r$ =0.73; G_f^{II} =0.058－0.13 σ Nmm/mm^2) [5.17]

また，摩擦角 $\tan\phi(\kappa_2)$ は以下の関数で表される。

$$\tan\phi(\kappa_2) = \tan\phi_0 + (\tan\phi_r - \tan\phi_0)\frac{c-\overline{\sigma}_2(\kappa_2)}{c} \tag{5.6}$$

ここで c は組積ユニット－モルタル界面のせん断強度，ϕ_0，ϕ_r は初期，残留摩擦角，G_f^{II} はモードII（せん断破壊モード）の破壊エネルギーである。単純な摩擦角の軟化則として，せん断強度の軟化と線形関係を仮定する。せん断挙動については非連合流れ則を仮定し，以下の塑性ポテンシャル関数 g_2 を用いる。

$$g_2 = |\tau| + \sigma\tan\psi - c \tag{5.7}$$

ここで ψ は膨張角(dilatancy angle)である。インターフェース要素の相対変位の塑性せん断成分 Δu_s^p を用いて，せん断破壊モードにおける相当塑性ひずみ κ_2 の進展則は次式で定義される。

$$\dot{\kappa}_2 = |\Delta\dot{u}_s^p| \tag{5.8}$$

以上の仮定は構成則を一意に定めるために必要な材料定数の数をできるだけ少なくすることを意図して設けられており，これらの仮定に基づくと 4 つの材料定数（c，$\tan\phi_0$，$\tan\phi_r$，G_f^{II}）を用いて図 5.10 の軟化則を表現できることが報告されている[5.17]。

5.4 組積造の耐震補強法

無補強組積造の耐震補強法には様々なものがある。ここでは，これまでに実施された耐震補強法の中で，主なものをいくつか取り上げ説明する[5.2), 5.15)]。まず，図 5.11(a)に示すように，S 造ブレースや RC 造壁の増設が，一般的な手法である。また，図 5.11(b)に示すように，組積造壁の中に，S 造もしくは RC 造の柱を内蔵する補強方法や，添柱として用いる補強方法が用いられることも多い。また，図 5.12(a)に示すように繊維補強プラスチック（FRP）シートを貼り付ける工法や，図 5.12(b)に示すように表面に金網とともにコンクリートを吹き付ける工法が用いられることもある。他にも，モルタル目地にグラウト剤を充填する工法，組積造壁の厚さ方向の中央にコアを鉛直方向に穿孔し PC 鋼棒を通してポストテンションを与える工法や，コアに鉄筋を挿入してグラウト材で固定する方法などが挙げられる。

これらの補強方法と比較して，本章で扱うピンニング補強法は，以下の二点で特に優れており，比較的緩やかな規制の下で幅広く保護の網をかける登録文化財制度の趣旨に適している。

1) 既存の屋根や基礎部を撤去することなく施工でき，トータルコストを低く抑えられ，施工期間も短くできる。
2) 目地部からピンを打ち込むため組積造壁の外観や内観をほぼ完全に保全できる。

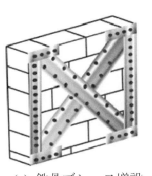
(a) 鉄骨ブレース増設

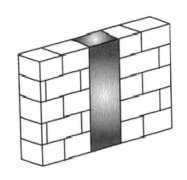
(b) RC 柱の内蔵

図 5.11　補強方法の例（1）

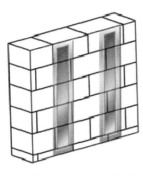
(a) FRP シート貼付

(b) コンクリート吹付

図 5.12　補強方法の例（2）

5.5 数値解析例
5.5.1 面外繰返し載荷実験の有限要素解析

ここでは，ピンニング補強を施した組積造壁の面外方向繰返し載荷実験と，単純化ミクロモデルを用いた有限要素解析による実験結果の再現性の検討結果について述べる。図 5.13 に，実験に用いた試験体の寸法と補強ピンの挿入位置を示す。側面の立面図では，実線が壁の表面から挿入したピンの位置を示す。また，正面の立面図では，黒色の丸が表面から挿入したピンの挿入位置を示す。図 5.14 に示すように，組積造壁試験体の脚部を鋼製治具により固定し，油圧ジャッキを用いて試験体頂部に準静的繰返し変位を与えた。

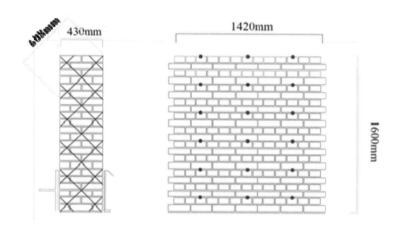

図 5.13 ピンの挿入位置 [5.3), 5.4)]

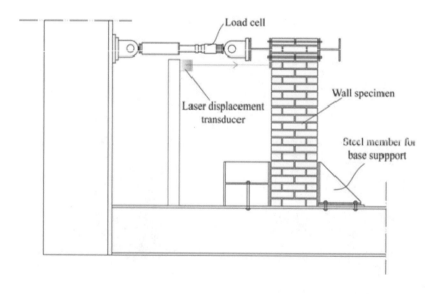

図 5.14 煉瓦壁の載荷条件と固定条件 [5.3), 5.4)]

非線形有限要素解析は商用ソフト DIANA[5.14]を用いて行った。2次元の有限要素を用いて試験体のモデル化を行った。図 5.15 に有限要素分割を示す。節点数は 1340 であった。煉瓦は4角形の4節点平面応力要素 Q8MEM（変位場を線形関数で近似）を用いてモデル化した。目地モルタルは，2節点と2節点をつなぐインターフェース要素 L8IF（変位場を線形関数で近似）を用いてモデル化した。インターフェース要素内に積分点を一つ配置し，要素に関する積分は Gauss 積分により行った。ピンは2節点トラス要素を用いてモデル化した。煉瓦とピンの間は完全付着を仮定した。

　構成則として，煉瓦は等方弾性体と仮定した。材料定数は圧縮試験結果より，ヤング係数 20GPa，ポアソン比 0.15，密度 2000 kg/m^3 とした。ピンは完全弾塑性則でモデル化した。材料定数は引張試験の結果からヤング係数 200GPa，降伏応力 667MPa とした。目地モルタルは，図 5.16 に示すクーロン摩擦則を用いてモデル化した。引張側の降伏曲面頂点での特異点を回避するため，引張強度 f_t=0.61MPa の tension cut-off を用いた。せん断強度を定める材料定数は c=0.67 MPa，$\tan\varphi$=1.1 とした。目地モルタルの引張強度とせん断強度は，煉瓦3段を用いたプリズムの曲げ試験とせん断試験結果に基づき定めた。本モデルでは引張強度を超えるとインターフェース間に離間が発生し，引張応力がすぐに 0 に低下する。これにより，目地モルタルの引張による脆性破壊をモデル化している。このモデルは物理的な意味が理解しやすいが，接線剛性が負勾配となるため，解を得るのが難しくなる原因になり易い。降伏曲面に達するまでは，弾性挙動を仮定し，垂直方向剛性は 30 N/mm^3，せん断方向剛性は 13 N/mm^3 とした。これらの材料定数の数値も，プリズム試験の結果と合致するように定めた。

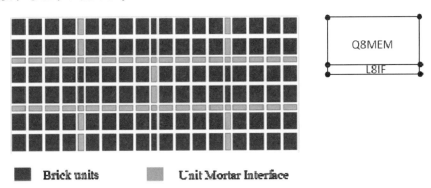

図 5.15　有限要素分割 [5.4]

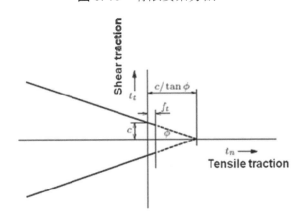

図 5.16　インターフェースの降伏曲面 [5.4]

ここでは，補強材モデルの単純化により，応答の予測精度を落とすことなく，計算効率の向上が可能かを検討するため，実際には図 5.17(a)のようにクロス状に挿入されている複数のピンを，図 5.17(b)のように直接モデル化した場合と，図 5.17(c)のように鉛直方向の等価な剛性と強度を持つ1本の棒としてモデル化した場合の二通りのモデル化について有限要素解析を実施した（等価な剛性と強度の設定法は文献5.4）を参照）。ここでは，実験の加力点に強制変位を与えた変位増分解析をおこなった。実験より得られた頂部での荷重と回転角の関係の比較を図 5.18 に示す。ここで，RM1 は複数のピンを直接モデル化した場合の結果を，$RM1^{eq}$ は等価モデルの結果を示す。この図から，どちらのモデルも実験結果を良好な精度で予測できていることがわかる。なお，解析に要した時間は，単純化モデルが直接モデルの約 1/3 程度であった。

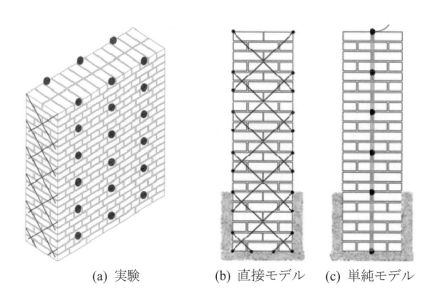

(a) 実験　　(b) 直接モデル　(c) 単純モデル

図 5.17　補強材の位置とモデル化 [5.4]

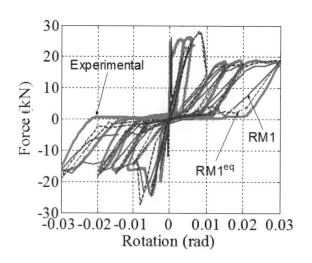

図 5.18　復元力特性の比較 [5.4]

5.5.2 面内繰返し載荷実験の有限要素解析

次に，面内挙動の実験結果と有限要素解析結果の比較について説明する。実験は図 5.19 に示す開口部付の試験体について実施した。図 5.20 に示す載荷方法を用いて鉛直力と水平力を与えた。本試験体では，鉛直方向の補強は前節の面外曲げ試験の時と同様に，ピンを斜め下向きに挿入する形で実施した。一方，水平方向の補強は，開口部の上下の目地を削り，長尺のピンを挿入しエポキシで固定し，さらに目地モルタルで上を覆う形で実施した。

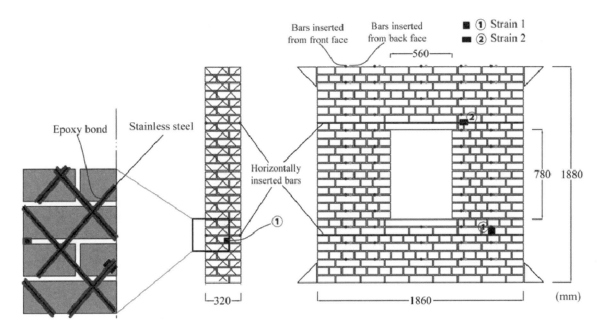

図 5.19　開口部付煉瓦壁試験体の寸法とピンの挿入位置 [5.5]

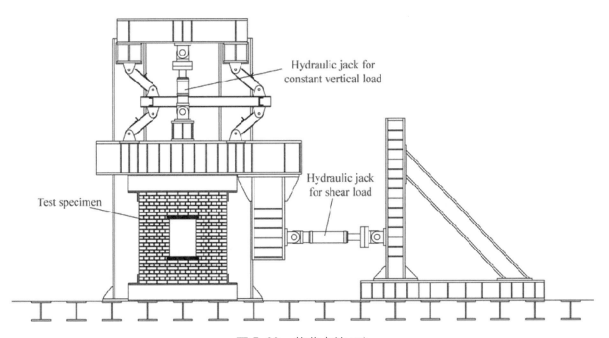

図 5.20　載荷方法 [5.5]

ここでも，非線形有限要素解析は商用ソフトの DIANA[5.14]を用いて実施した。2 次元の有限要素を用いて試験体のモデル化を行った。煉瓦の有限要素モデルの節点数は 4218 であった。図 5.21 に煉瓦と目地モルタルの有限要素分割を示す。煉瓦は黒色，目地モルタルは薄い灰色で示している。なお，本モデルでは，煉瓦の割れを簡便に評価するため，縦方向の目地モルタルと重なる部分（濃い灰色）にもインターフェース要素を設けた。煉瓦は 4 節点の四角形平面応力要素 Q8MEM を用いてモデル化した。目地モルタルは，インターフェース要素 L8IF を用いてモデル化した。ピンは 2 節点トラス要素を用いてモデル化した。ピンと煉瓦の間は完全付着を仮定した。2 次元の有限要素モデルを作成するため，鉛直方向のピンは，図 5.22 に示すように前節の面外方向の有限要素解析の単純化モデルと同様にモデル化を行った。

　構成則として，煉瓦は等方弾性体であると仮定した。材料定数は圧縮試験結果より，ヤング係数 20GPa，ポアソン比 0.15，密度 2000 kg/m^3 とした。煉瓦中のインターフェース要素の引張強度は，文献 5.9)を参考に 2MPa とした。ピンは完全弾塑性則でモデル化した。材料定数は引張試験の結果からヤング係数 210GPa，降伏応力 600MPa とした。目地モルタルは，図 5.16 に示すクーロン摩擦則を用いてモデル化した。引張強度 f_t=0.2MPa の tension cut-off を用いた。せん断強度を定める材料定数は c=0.24 MPa，$\tan\varphi$=0.6 とした。目地モルタルの引張強度とせん断強度は，煉瓦 3 段を用いたプリズムの曲げ試験とせん断試験結果に基づき定めた。降伏曲面に達するまでは，弾性挙動を仮定し，垂直方向剛性は 30 N/mm^3，せん断方向剛性は 13 N/mm^3 とした。これらの材料定数の数値も，プリズムの試験結果と合致するように定めた。煉瓦とピンの付着については，ピンの引き抜き試験を別途実施しており，十分な付着強度を持つ（ピンの塑性化が付着破壊に先行する）ことを確認できたため，完全付着を仮定した。

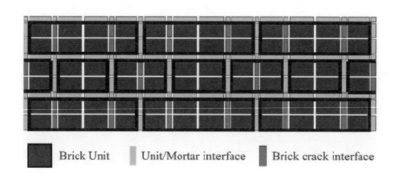

図 5.21　煉瓦と目地モルタルの有限要素分割 [5.5]

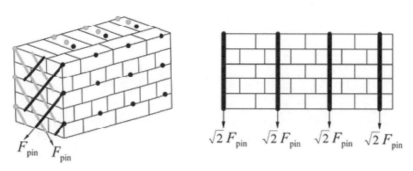

図 5.22　鉛直方向のピンの単純モデル化 [5.5]

無補強試験体の復元力特性と破壊モードの比較を図 5.23 と図 5.24 に示す。図 5.23 において，凡例の Weak beam，Weak pier，Final failure mechanism は，それぞれ，柱崩壊型の崩壊形，梁崩壊型の崩壊形，最終的に実験で確認された崩壊形を想定した時の崩壊荷重を示す。本試験体では実験結果，解析結果ともに非線形弾性の復元力特性となった。これは，開口部横の壁のロッキングに伴い載荷梁が持ち上げられることにより復元力（いわゆる傾斜復元力が発生すため）が生じたためと考えられる。実験で観察された履歴は解析ではとらえられていないものの，骨格曲線はおおむねとらえられている。また，開口部の四角から発生した，目地モルタルに沿った階段状のクラックも，有限要素解析によりおおむねとらえることができた。

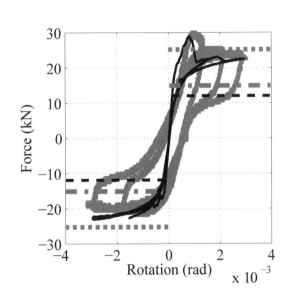
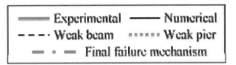

図 5.23　無補強試験体の復元力特性 [5.5]

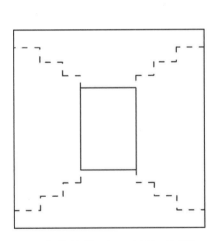

(a) 実験結果（ひび割れ位置）　　　　　(b) 解析結果

図 5.24　無補強試験体の破壊モード [5.5]

図 5.25 に補強試験体の復元力特性の比較を示す。図 5.26 は水平補強ピンのひずみの解析値と実験値の比較を示す。また，図 5.27 に実験と解析から得られた補強試験体の破壊モードを示す。これらの図から，有限要素解析により復元力特性の骨格曲線，補強ピンのひずみ，破壊モードはおおむね予測できていることが確認できた。なお，解析パラメターの設定によっては解が得られない場合などもあったため，これらの解析結果を得るためにはかなりの試行錯誤を必要とした。

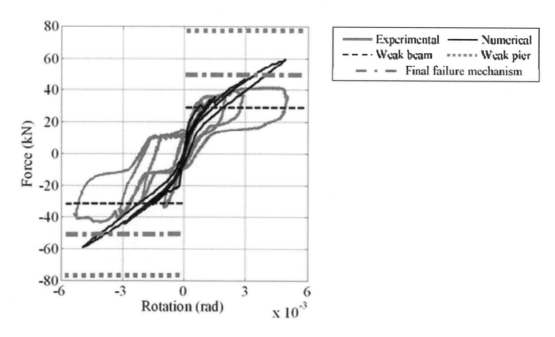

図 5.25　補強試験体の復元力特性 [5.5]

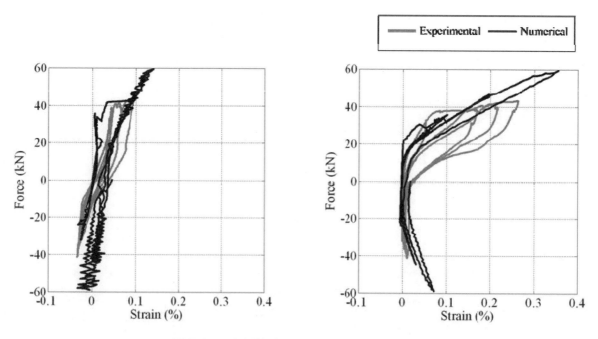

図 5.26　水平補強ピンのひずみの比較 [5.5]

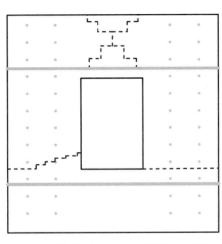
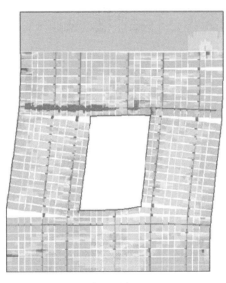

(a) 実験結果（ひび割れ位置）　　　　(b) 解析結果

図 5.27　補強試験体の破壊モード [5.5]

　図 5.23 と図 5.25 では，実験結果と解析結果の履歴特性に差異がみられる。履歴特性の違いは，煉瓦や目地の破壊面における摩擦が主要因と推測される。具体的には，実験では，変形が増加するときと減少するときの復元力の差がほぼ一定であることから，煉瓦や目地の破壊面における摩擦によるヒステレシスが発生したと考えられる。一方，解析では，煉瓦中央部で鉛直方向にインターフェース要素を配置することで煉瓦の割れを簡便に評価しており，破壊面を忠実に再現できていないため，実験結果のヒステリシスを精度よく再現できなかったと考えられる。

5.6　むすび

　本章では，組積造の数値解析法の概要と，ピンニング補強を施した組積造壁の準静的繰返し載荷実験の有限要素解析のモデル化と実験の加力点に強制変位を与えた変位増分解析結果について紹介した。補強組積造壁の数値解析では，比較的良好な精度で復元力特性，補強筋のひずみ，破壊モードなどを予測できた。しかし，これらの結果を得るまでには解析パラメーター（解析の増分長や収束判定の誤差など）の設定によっては解が得られない場合もあり，試行錯誤も必要であった。これは，目地モルタルの破壊に伴い，局所的に応力－ひずみ関係の接線剛性が負勾配となるところが多く現れたためと考え得る。これらの例のように補強を行うことで実際の挙動はかなり安定したものになったが，その挙動を有限要素解析により再現するには，いくつかの解析パラメーターに関する試行錯誤が今なお必要である。そのため，有限要素解析を行う際には，解析の目的や必要な精度を見極めた上で，なるべく安定した結果が得られるモデル化や解析手法を選択する事が重要である。

参考文献

5.1) 建築・土木分野における歴史的構造物の診断・修復研究委員会報告書，日本コンクリート工学協会，2007.

5.2) 荒木 慶一，吉田 亘利：ステンレスピン挿入補強された歴史的煉瓦造壁体の単調載荷面外曲げ耐力，日本建築学会技術報告集，第25号，pp. 147-152，2007.

5.3) 多幾山 法子，長江 拓也，前田 春雄，喜多村 昌利，吉田 亘利，荒木 慶一：ステンレスピン挿入による歴史的煉瓦造建築物の耐震補強—その1：補強煉瓦壁の繰返し面外曲げ実験，日本建築学会構造系論文集，第635号，pp. 167-176， 2009.

5.4) Shrestha, K.C., Nagae, T., Araki, Y.: Finite element modeling of out-of-plane response of masonry walls retrofitted by inserting inclined stainless steel bars, *Journal of Disaster Research*, Vol. 6, pp. 36-43, 2011.

5.5) Shrestha, K.C., Nagae, T., Araki, Y.: Finite element study on pinning retrofitting technique of masonry walls with opening subjected to in-plane shear load, *ACEE Journal*, Vol. 4, No. 4, pp. 81-96, 2011.

5.6) Zuccaro, G., Rauci G.: Collapse Mechanisms of Masonry Structures, *Proceedings of AIP Conference*, AIP, pp. 1168-1176, 2008.

5.7) Tomaževič, M.: *Earthquake-resistant design of masonry buildings*, Imperial College Press, 1999

5.8) Elgawady, M., Lestuzzi, P., Badoux M. A review of conventional seismic retrofitting techniques for URM, *Proceedings of 13th Brick Block Masonry Conference*, 2004.

5.9) Lourénço, P.B..: Computational strategies for masonry structures, Ph.D. Thesis, TU Delft, Delft, Netherland, 1996.

5.10) Giordano, A., Mele, E., Luca A.D.: Modelling of historical masonry structures: comparison of different approaches through a case study, *Engineering Structures*, 24(8): 1057-1069, 2002.

5.11) Gambarotta, L., Lagomarsino, S.: Damage Models for the Seismic Response of Brick Masonry Shear Walls. Part II: the Continuum Model and Its Applications, *Earthquake Engineering & Structural Dynamics*, 26(4), Apr. 1997, pp. 441-462.

5.12) Lemos, J.V.: Discrete Element Modeling of Masonry Structures, *International Journal of Architectural Heritage*, 1(2): 190-213, 2007.

5.13) Alexandris, A., Protopapa, E., Psycharis I.: Collapse mechanisms of masonry buildings derived by the distinct element method, *Proceedings of 13WCEE*, 2004.

5.14) Furukawa, A., Kiyono, J., Toki, K.: Proposal of a Numerical Simulation Method for Elastic , Failure and Collapse Behaviors of Structures and its Application to Seismic Response Analysis of Masonry Walls, *Journal of Disaster Research*, 6(1): 51-69, 2011.

5.15) DIANA. DIANA User's Manual Release 9.3, TNO DIANA BV, Delft, 2008.

5.16) Pluijm, R. Van Der: Material properties of masonry and its components under tension and shear, in: *Proc. 6th Canadian Masonry Symposium,* eds. V.V. Neis, Saskatoon, Saskatchewan, Canada, 675-686, 1992.

5.17) Pluijm, R. Van Der: Shear behavior of bed joints, in: *Proc. 6th North American Masonry Conf.,* eds. A.A. Hamid and H.G. Harris, Drexel University, Philadelphia, Pennsylvania, USA, 125-136, 1993.

第6章 鋼製下地在来工法天井の力学的性状に対する再現解析

6.1 はじめに
6.1.1 近年の地震による非構造要素の被害例

　2003年9月26日，十勝沖を震源とするマグニチュード8.0の地震が発生した。空港付近の震度は5強であった。この地震により釧路空港ターミナルビルの出発ロビー部分の天井材が落下した（写真6.1.1(a)）。また，2005年8月16日には宮城県沖を震源とするマグニチュード7.2の地震が発生し（仙台市での震度は5強～4とされている），仙台市にある屋内プール部分の天井材が落下した。これらの事例では，構造部材に目立った損傷は確認されていないにも関わらず，過去最大規模の天井落下が発生した（写真6.1.1(b)）。このような背景のもと，国交省は技術的助言を発表していたが[1]，十分な対策がなされない間に2011年3月11日東北地方太平洋沖地震が発生し，東北地方のみならず首都圏までを含む極めて広い地域において大規模な天井落下被害が発生した（写真6.1.1(c)）。このときも主要構造部にはほとんど損傷が確認されない建築物においても天井落下被害は発生していた。

(a) 2003年十勝沖地震による事例

(b) 2005年宮城県沖の地震による事例

(c) 2011年東北地方太平洋沖地震による事例

写真6.1.1　吊り天井の地震被害例

写真 6.1.2 2011 年東北地方太平洋沖地震による非構造要素の地震被害

吊り天井以外の非構造要素にも東北地方太平洋沖地震では甚大な被害が発生した（写真 6.1.2）。これらはいずれも力学的性状を踏まえた耐震設計がなされていなかったことに起因するが，非構造要素に対する耐震設計が重要視されていなかったことは，日本のみではなく，地震大国である米国やニュージーランドにおいても同様である。

6.1.2 鋼製下地在来工法天井の概要

　吊り天井は在来工法天井およびシステム天井に大きく分類される。また，同じ在来工法天井であっても屋内用あるいは軒天井のような屋外用など使用箇所によって全く異なる仕様となっている。これらのうち，ここでは，屋内における鋼製下地材を用いた在来工法による天井（以下，鋼製下地在来工法天井と記す）を主な対象とする。本天井に着目した理由は，前述した近年の地震による本工法天井に大規模な落下被害が確認されているためである。さらには，この仕様の天井が多くの建物に採用されている一般的な仕様であることも鋼製下地在来工法天井に着目した大きな理由である。ここで，鋼製下地在来工法天井の構成について述べておく。写真 6.1.3 に JIS A6517：建築用鋼製下地材（壁・天井）[6.1]（以下，JIS 規格）に準拠した鋼製下地在来工法天井の例を，図 6.1.1 に野縁および野縁受けの断面形状を示す。

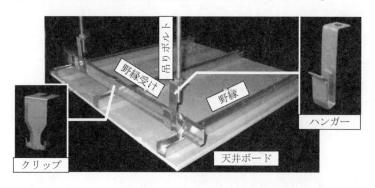

写真 6.1.3 鋼製下地在来工法天井の構成

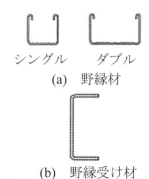

図 6.1.1 断面形状例

　JIS 規格におけるハンガーやクリップによる接合方法は，特殊な機材を用いずに下地材を組上げることが可能であること，および，下地材位置の微調整を比較的容易に行うことができ，所定の天井面を効率よく構成することが可能であることなどの施工上優れた特性を有するものであるこ

とから，鋼製下地在来工法天井は天井仕様のひとつとしてこれまで広く採用されてきた。鋼製下地在来工法天井の接合部が有する力学的特徴は以下のようにまとめられる。

① ハンガーあるいはクリップによる接合部では，ハンガー・野縁受け間，野縁受け・クリップ間または野縁・クリップ間の力の伝達はそれぞれの接触面に垂直方向の力（以下，接触力）および接線方向の力（以下，摩擦力）によってなされる。

② 上記の接合部および斜め振れ止め材の材端接合部では不可避的な偏心が存在するために，二次的な曲げあるいは捩りモーメントが各部材に発生する。

したがって，通常の構造体において用いられる剛接合あるいはピン接合といった一般に構造計算の際に設定されている接合条件とはならないこと，および，接合部での偏心によって発生する曲げ・捩りモーメントが剛性・耐力に及ぼす影響が大きいことに注意しなければならない。

本章では上記の天井システムの注意点に着目して，6.2 節では本章で用いるマスター・スレーブモデル，6.3 節では接合部のみを取り出して行った実験の力学的性状に対する再現解析，6.4 節では吊りボルトにおける不安定現象とその再現解析について説明する。

6.2 数値解析法の概要

前節で述べたように，鋼製下地在来工法天井における鋼製下地材間の接合状態は接触力・摩擦力によって力を伝達するものであることから，そのような接合状態を表現するためにマスター節点とそれに付随するスレーブ節点を考え，両節点間の接触・離間問題を再現する。この考え方は Crisfield らによって提案・展開されたものであるが[6.6]，Crisfield らが直接対象としている問題は「要素の材端の接合条件」であり，対象とする問題においてその条件が変化することはない。これに対して，ここで対象とする問題は接触・離間あるいはすべり・固定を繰り返すといった接合状態が変化する問題であることから，Crisfield らによる解法を条件に応じて接合状態が変化する問題に拡張して適用している。

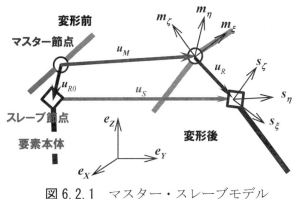

図 6.2.1 マスター・スレーブモデル

まず，マスター・スレーブモデルの基本概念について説明する。図 6.2.1 のように所定の要素の端部において所定の材端力が解放されるような問題に対して，要素本体が取りつくスレーブ節点を導入し，マスター節点（図中の○）とスレーブ節点（図中の◇）の変位のギャップを変数として考慮することにより要素材端力が解放されるようにするものである。マスター・スレーブモデルでは，図中の正規直交基底（e_x, e_y, e_z）にて規定される空間固定の座標系（以下，全体座標系），正規直交基底（m_ξ, m_η, m_ζ）にて規定されるマスター節点とともに移動回転する座標系，および，正規直交基底（s_ξ, s_η, s_ζ）にて規定されるスレーブ節点とともに移動回転する座標系の計3つの座標系を考えることとなる。このマスター節点の変位ベクトルおよび正規直交基底とこれに付随するスレーブ節点の変位ベクトルおよび正規直交基底には次のような関係があるものとする。

$$u_S = u_M + u_R \tag{6.2.1}$$

$$Q_S = Q_R Q_M \qquad Q_R = Q_R(\beta_R) \tag{6.2.2}$$

ここに，u_S, u_Mはスレーブ節点およびマスター節点の変位ベクトルを，u_R, β_Rは接合条件により解放される変位ベクトルならびに回転軸ベクトル（マスター節点値に対するスレーブ節点での相対値：以後，相対変位ベクトルおよび相対回転軸ベクトルと呼ぶ）である。また，Q_S, Q_Mはスレーブおよびマスター節点の正規直交基底に対する回転マトリクスであり，次のように定義される。

$$Q_M = \lfloor m_\xi \ m_\eta \ m_\zeta \rfloor, \qquad Q_S = \lfloor s_\xi \ s_\eta \ s_\zeta \rfloor \tag{6.2.3}$$

さらに，Q_Rは回転軸ベクトルβ_Rにより計算される回転マトリクスである（9.3節参照）。

u_SおよびQ_Sが一旦求められたならば，接合条件の影響を考慮した要素本体端部の節点変位/回転ベクトルが既知となるので，通常の梁要素と同様の取り扱いが可能となる。ただし，要素材端におけるすべり方向や回転軸方向をマスター節点の正規直交基底にて定義する場合には，要素が取りつく節点が回転することに伴い相対変位の方向も変化することから，その相対変位ベクトルや相対回転軸ベクトルは全体座標系成分で記述されるよりも，すべり方向等を定義するマスター節点にて設定される正規直交基底(m_r, m_s, m_t)にて定義される局所座標系成分にて記述されることが適当である。そこで，u_Rおよびβ_Rを以下のように表すこととする。

$$u_R = \{\bar{u}_R\}_\xi m_\xi + \{\bar{u}_R\}_\eta m_\eta + \{\bar{u}_R\}_\zeta m_\zeta \qquad \beta_R = \{\bar{\beta}_R\}_\xi m_\xi + \{\bar{\beta}_R\}_\eta m_\eta + \{\bar{\beta}_R\}_\zeta m_\zeta \tag{6.2.4,5}$$

ここに，$\overline{(\cdot)}$は(m_r, m_s, m_t)に対する成分から成るベクトルであることを示す。なお，特記しない限りベクトル等は全体座標系成分から成るものとする。

以上のことから，スレーブ節点における変位および正規直交基底はマスター節点の変位および両節点間の相対変位を用いて次のように表される。

$$u_S = u_M + u_R = u_M + Q_M \bar{u}_R \tag{6.2.6a}$$

$$Q_S = Q_M \bar{Q}_R(\bar{\beta}_R) \tag{6.2.6b}$$

式(6.2.6a)より，スレーブ節点の変位ベクトルu_Sの微小変化は次のように表わされる。

$$du_S = du_M + du_R = du_M + dQ_M \bar{u}_R + Q_M d\bar{u}_R \tag{6.2.7}$$

ここで，回転マトリクスの変化率dQ_Mは次のように表される[6.6]。

$$dQ_M = W(d\beta_M) Q_M \tag{6.2.8}$$

ここに，$W(a)$はベクトルaに対する反対称マトリクスを意味しており，その定義から，

$$W(a) = \begin{bmatrix} 0 & -a_z & a_y \\ a_z & 0 & -a_x \\ -a_y & a_x & 0 \end{bmatrix}, \qquad a = \begin{Bmatrix} a_x \\ a_y \\ a_z \end{Bmatrix} \tag{6.2.9}$$

として表されるものである。

$$du_S = du_M + W(d\beta_M) Q_M \bar{u}_R + Q_M d\bar{u}_R = du_M - W(Q_M \bar{u}_R) d\beta_M + Q_M d\bar{u}_R \tag{6.2.10}$$

となり，スレーブ節点変位とマスター節点変位間の変化率に関する関係が得られる。
なお，上記において$W(a)b = -W(b)a$を用いている。回転については，回転マトリクスの変化率の関係から求められる。

$$dQ_S = Q_M d\bar{Q}_R(\bar{\beta}_R) + dQ_M \bar{Q}_R(\bar{\beta}_R) \tag{6.2.11}$$

ここでdQ_Sなどは式(6.2.8)同様$dQ_S = W(d\beta_S) Q_S$であることを考慮して若干の式展開を行えば，

$$W(d\boldsymbol{\beta}_S) = W(\boldsymbol{Q}_M d\overline{\boldsymbol{\beta}}_R) + W(d\boldsymbol{\beta}_M) \tag{6.2.12}$$

となり，結局次の関係が求められる。

$$d\boldsymbol{\beta}_S = \boldsymbol{Q}_M d\overline{\boldsymbol{\beta}}_R + d\boldsymbol{\beta}_M \tag{6.2.13}$$

スレーブ節点を両端とする 2 節点梁要素を想定し，式(6.2.10)および(6.2.13)を次のように記すこととする。

$$d\boldsymbol{U}_S = \boldsymbol{H}_{MR}d\boldsymbol{U}_{MR} \qquad \boldsymbol{H}_{MR} = \begin{bmatrix} \boldsymbol{H}_{MI} & \boldsymbol{H}_{RI} & \boldsymbol{0} & \boldsymbol{0} \\ \boldsymbol{0} & \boldsymbol{0} & \boldsymbol{H}_{MJ} & \boldsymbol{H}_{RJ} \end{bmatrix}, \quad \boldsymbol{U}_{MR} = \left\{ \begin{matrix} \boldsymbol{U}_M \\ \overline{\boldsymbol{U}}_R \end{matrix} \right\} \tag{6.2.14}$$

ここに，$\qquad \boldsymbol{H}_{Mi} = \begin{bmatrix} \boldsymbol{I} & -\boldsymbol{W}(\boldsymbol{Q}_{Mi}\overline{\boldsymbol{u}}_{Ri}) \\ \boldsymbol{0} & \boldsymbol{I} \end{bmatrix}$, $\quad \boldsymbol{H}_{Ri} = \begin{bmatrix} \boldsymbol{Q}_{Mi} & \boldsymbol{0} \\ \boldsymbol{0} & \boldsymbol{Q}_{Mi} \end{bmatrix}$, $\quad i{=}I,J \tag{6.2.15a,b}$

$$d\boldsymbol{U}_S{}^\mathrm{T} = \left\langle d\boldsymbol{u}_{SI}{}^\mathrm{T} \ d\boldsymbol{\beta}_{SI}{}^\mathrm{T} \ d\boldsymbol{u}_{SJ}{}^\mathrm{T} \ d\boldsymbol{\beta}_{SJ}{}^\mathrm{T} \right\rangle, \ d\boldsymbol{U}_M{}^\mathrm{T} = \left\langle d\boldsymbol{u}_{MI}{}^\mathrm{T} \ d\boldsymbol{\beta}_{MI}{}^\mathrm{T} \ d\boldsymbol{u}_{MJ}{}^\mathrm{T} \ d\boldsymbol{\beta}_{MJ}{}^\mathrm{T} \right\rangle, \ d\overline{\boldsymbol{U}}_R{}^\mathrm{T} = \left\langle d\overline{\boldsymbol{u}}_{RI}{}^\mathrm{T} \ d\overline{\boldsymbol{\beta}}_{RI}{}^\mathrm{T} \ d\overline{\boldsymbol{u}}_{RJ}{}^\mathrm{T} \ d\overline{\boldsymbol{\beta}}_{RJ}{}^\mathrm{T} \right\rangle$$

$$\tag{6.2.16c,d,e}$$

であり，I,J は対応する要素節点を意味する。梁要素の節点力ベクトル $\boldsymbol{F}_S$ に対する仮想仕事；$\delta\boldsymbol{U}_S{}^\mathrm{T}\boldsymbol{F}_S$ に式(6.2.14)を代入することで，$\boldsymbol{F}_S$ によるマスター節点での節点力ベクトル $\boldsymbol{F}_M$ およびマスター・スレーブ節点間の相対変位に対する力ベクトル $\overline{\boldsymbol{F}}_R$ への寄与が求められる。

$$\delta\boldsymbol{U}_S{}^\mathrm{T}\boldsymbol{F}_S = \delta\boldsymbol{U}_{MR}{}^\mathrm{T}\boldsymbol{H}_{MR}{}^\mathrm{T}\boldsymbol{F}_S = \delta\boldsymbol{U}_{MR}{}^\mathrm{T}\boldsymbol{F}_{MR}, \quad \boldsymbol{F}_{MR} = \left\{ \begin{matrix} \boldsymbol{F}_M \\ \overline{\boldsymbol{F}}_R \end{matrix} \right\} \tag{6.2.17,18}$$

$\boldsymbol{F}_{MR}$ と $\boldsymbol{U}_{MR}$ 間の接線剛性マトリクス $\boldsymbol{K}_T$ は，上記の内力ベクトルの変化を考えることにより以下のように求められる。

$$d\boldsymbol{F}_{MR} = \boldsymbol{H}_{MR}{}^\mathrm{T}d\boldsymbol{F}_S + d\boldsymbol{H}_{MR}{}^\mathrm{T}\boldsymbol{F}_s = \boldsymbol{H}_{MR}{}^\mathrm{T}\boldsymbol{k}d\boldsymbol{U}_S + \frac{\partial\boldsymbol{H}_{MR}{}^\mathrm{T}}{\partial\boldsymbol{U}_{MR}}d\boldsymbol{U}_{MR}\boldsymbol{F}_S \tag{6.2.19}$$

ここに，$\boldsymbol{k} = \dfrac{\partial\boldsymbol{F}_S}{\partial\boldsymbol{U}_S}$ はスレーブ節点から成る要素に対する接線剛性マトリクスであり，本章においては Bernoulli-Euler の古典梁理論に基づく共回転梁要素に対するものを用いている。さらに，式(6.2.14)を代入することにより，

$$d\boldsymbol{F}_{MR} = \boldsymbol{H}_{MR}{}^\mathrm{T}\boldsymbol{k}\boldsymbol{H}_{MR}d\boldsymbol{U}_{MR} + \boldsymbol{K}_G d\boldsymbol{U}_{MR} = \boldsymbol{K}_T d\boldsymbol{U}_{MR} \tag{6.2.20}$$

となり，結局，$\boldsymbol{K}_T$ は次式にて表される。

$$\boldsymbol{K}_T = \boldsymbol{H}_{MR}{}^\mathrm{T}\boldsymbol{k}\boldsymbol{H}_{MR} + \boldsymbol{K}_G \tag{6.2.21}$$

ここで，$\boldsymbol{K}_G$ は所謂，幾何剛性マトリクスに対応するものであるが，$\boldsymbol{k}$ の中に既に要素単体としての幾何剛性の $\boldsymbol{F}_S$ への影響が含まれていることから，$\boldsymbol{K}_G$ の影響を無視しても収束性に及ぼす影響は小さいものとして本章における解析では $\boldsymbol{K}_G$ は考慮していない。

さらに，式(6.2.20)において $d\overline{\boldsymbol{U}}_R$ は局所的（要素レベル）に解くことができるために静的縮約を施すことにより，次式の $d\boldsymbol{U}_M$ に対する平衡方程式が得られる。

$$d\boldsymbol{F}_M = \left\lfloor \boldsymbol{K}_{MM} - \boldsymbol{K}_{MR}\boldsymbol{K}_{RR}{}^{-1}\boldsymbol{K}_{MR}{}^\mathrm{T} \right\rfloor d\boldsymbol{U}_M + \boldsymbol{K}_{MR}\boldsymbol{K}_{RR}{}^{-1}d\overline{\boldsymbol{F}}_R \tag{6.2.22}$$

ここに，$\qquad \begin{bmatrix} \boldsymbol{K}_{MM} & \boldsymbol{K}_{MR} \\ \boldsymbol{K}_{MR}{}^\mathrm{T} & \boldsymbol{K}_{RR} \end{bmatrix} = \begin{bmatrix} \boldsymbol{H}_M{}^\mathrm{T}\boldsymbol{k}\boldsymbol{H}_M & \boldsymbol{H}_M{}^\mathrm{T}\boldsymbol{k}\boldsymbol{H}_R \\ \boldsymbol{H}_R{}^\mathrm{T}\boldsymbol{k}\boldsymbol{H}_M & \boldsymbol{H}_R{}^\mathrm{T}\boldsymbol{k}\boldsymbol{H}_R \end{bmatrix} \tag{6.2.23}$

このことは全体平衡方程式における接線剛性マトリクスの次数は通常の問題の場合と同じである

ことを意味する。なお，$\overline{F}_R$はF_Sが通常の梁要素と同様の方法にて求められたならば，式(6.2.17)を用いて求められる。ただし，材端条件に応じて解放されるべきと判断される成分のみが実際には用いられる。

以上がマスター・スレーブモデルの基本概念である。条件に応じて接合状態が変化する問題では系全体の平衡方程式を解く段階での収束計算仮定において，F_RあるいはU_Rの値に応じて解放するか固定するかの判別を行っている。逆に，U_Rを初期値にて設定しこれを定数とする（固定とする）ことにより様々な偏心接合を表現することができ，本章で対象とする偏心接合を基本とするような場合にはモデル化の簡略化が図れるために，マスター・スレーブモデルは有用な方法であると言える。

6.3 鋼製下地材の力学的性状に対する再現解析

6.3.1 鋼製下地材の偏心の影響

支持点－金物－吊りボルト－ハンガーまでを幾何学上忠実にモデル化し，この棒状の構造が軸方向力を受ける場合の挙動について検討する。具体的な解析対象を図6.3.1に示す。解析は次の3種類のモデルにて行っている。

a. 偏心部分に剛な梁要素を配置したモデル
b. 前節で述べたマスター(図中の○)・スレーブ(図中の◇)モデルにて偏心(吊りボルト上部；X方向に20mm，同下部；Y方向に-15mm)を考慮するとともに，吊りボルト部を1要素にて取り扱うモデル
c. 偏心を無視して真直ぐな部材としたモデル

なお，すべて梁要素を用いており，吊りボルト部分はモデルb以外は20分割としている。なお，上下両端部を単純支持とし，下端のローラー部分にZ方向の強制変位を作用させている。図6.3.2に軸方向力と軸方向変位関係を示す。偏心のないモデルcの場合には圧縮時に明確な座屈点が観測され，それ以外の変位段階では線形に振舞う。これに対して，偏心を考慮したモデルaの結果は全体として滑らかな曲線となっている。これは偏心圧縮材の特徴であり，特に，初期剛性は偏心のない場合に比べ約1/1000程度となっている。また，図6.3.2中に○で示した結果はモデルbの結果であるが，モデルaとよく対応しており，マスター・スレーブモデルにて偏心を取り扱うことの妥当性を示している。なお，この程度の変形領域であれば吊りボルト部の要素分割は不要であることも理解される。

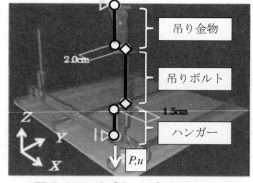

図6.3.1　鋼製下地在来工法天井

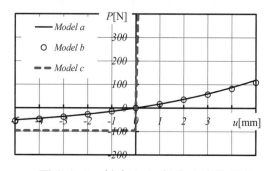

図6.3.2　軸方向力-軸方向変位関係

次に，前述のような軽微な部材から成る天井システム（全体系）における接合部偏心の影響を明らかにするために，図 6.3.3 および表 6.3.1 に示すような段差を有する天井を考える。質量は天井面の単位面積あたりの質量を 13kg/m² とし，野縁材の節点に負担面積分の集中質量を与えるとともに，振動台実験にて設置された付加質量（各 60kg）を該当する節点（図中の●）に設定している。

吊りボルトの検討同様ここでも次の 2 つのモデルを設定している。

Model A：吊りボルト・ハンガー間の偏心を無視
Model B：吊りボルト・ハンガー間の偏心を考慮
なお，本解析においては接合部でのすべりあるいは接触・離間は考慮していない。

まず，両モデルを用いて静的解析を行った結果について述べる。外力は質量に比例する水平力を作用させている。解析結果を図 6.3.4 に示す。Model A の結果では変位レベルが大きくなると，金物＋吊りボルト部分で座屈が生じるために剛性は急激に低下するのに対して，偏心を考慮した Model B の結果では当初から剛性が小さくなっている。本問題では水平剛性に寄与する吊りボルトの軸剛性の割合はそれほど大きくないために吊りボルト単体の時に見られた低下ほど大きくはないが，それでも Model A の 1/6 程度の剛性となっている。

次に，両モデルを用いた固有値解析結果（加振方向の固有周期および有効質量比）を表 6.3.2 に示す。小さな加速度の矩形波加振で計測された固有周期は 0.343 秒であった。Model A により得られた固有周期は 0.171 秒であり，実験値よりもかなり短くなっており，剛性が過大に評価されていることが解る。これに対して，Model B による結果は 0.322 秒であり実験値の 0.343 秒[6.5)]とよく対応しており，系全体としての剛性を正しく評価していると言える。したがって，鋼製下地在来工法天井を解析する場合には，このような接合部の偏心を正しく考慮しなければならない。

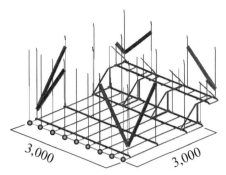

図 6.3.3　段差を有する天井の解析モデル

表 6.3.1　断面性能

部材	A(cm²)	I_s(cm⁴)	I_t(cm⁴)	J(cm⁴)
折板インサート金物	0.276	1.22×10^{-1}	3.31×10^{-4}	1.32×10^{-4}
吊りボルト	0.636	3.22×10^{-2}	3.22×10^{-2}	6.44×10^{-2}
ハンガー	0.276	1.22×10^{-1}	3.31×10^{-4}	1.32×10^{-4}
野縁受け・段差補強材	0.600	1.21	7.56×10^{-2}	2.93×10^{-3}
クリップ	0.138	6.08×10^{-2}	4.14×10^{-2} *注	1.66×10^{-4}
野縁	0.249	2.77×10^{-1}	9.70×10^{-2}	1.34×10^{-4}
ブレース	4.04	37.3	8.80	7.13×10^{-2}
段差上部斜材	0.370	—	—	—

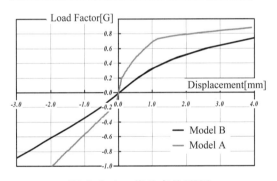

図 6.3.4　荷重変位関係

表 6.3.2　固有周期

モデル名	固有周期(sec)	有効質量比
Model A	0.171	98.7
Model B	0.322	98.5

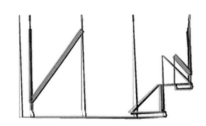

図 6.3.5　固有モード

6.3.2 接合部の特性と数値解析モデル
a. 接合部実験とその特筆すべき特徴

野縁と野縁受けのクリップによる接合部の力学的特性を明らかにするために行われた試験について説明する。図6.3.6はJIS規格に準ずるクリップを用いた接合部試験体ならびに加力装置である（詳細は文献6.3を参照のこと）。

鉛直方向に強制変位を与えた場合の鉛直力(V)-鉛直変位(v)関係および水平方向に強制変位を与えた場合の水平力(H)-水平変位(u)関係を図6.3.7(a)と図6.3.7(b)に示す[6]。

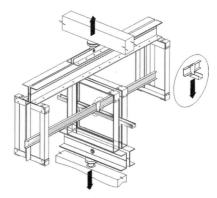

図6.3.6 クリップ接合試験

それぞれ正の方向は図中に示す方向である。図6.3.7(a)から，鉛直力に対する脱落時耐力はおよそ0.5kNであることが解る。この値は一般的な天井面の重量に対するクリップの負担荷重と比較すると10倍程度となっており，常時荷重に対してクリップは十分な安全性を有しているということができる。一方，図6.3.7(b)に示す水平載荷の場合の結果は，最初に負方向に強制変位を与えたのち正方向に強制変位を与えたものであるが，荷重変位関係は極めて特徴的なものとなっている。最も注意すべき点は，水平方向の強制変位のみを与えているにも関わらず，クリップが脱落することである。脱落時の値は0.3kN程度であり，地震時にクリップに発生する応力が上記の耐力を超えたときにクリップは脱落に到ることとなる。さらに，クリップ接合は力学的な方向性を

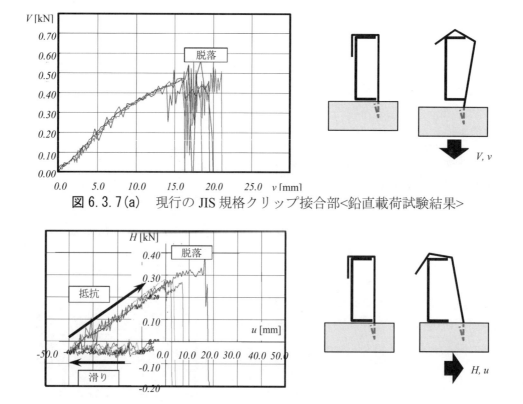

図6.3.7(a) 現行のJIS規格クリップ接合部<鉛直載荷試験結果>

図6.3.7(b) 現行のJIS規格クリップ接合<水平載荷試験結果>

有していることも注意しなければならない点である。すなわち，正方向に変位を与えた場合には比較的安定した剛性を保ちつつ耐力が上昇しているのに対して，負方向に変位を与えた場合には小さな荷重値（およそ0.05kN）にて野縁・野縁受け間ですべりが発生し（クリップは野縁受けとともに移動），それ以降の耐力上昇は確認されない。以上のような水平力が作用したときのクリップの脱落挙動および滑り挙動が，地震時における既存の鋼製下地在来工法天井の落下被害を引き起こしている原因の一つになっている。

b. 野縁＋クリップ＋野縁受けのモデル化

クリップ接合部実験を再現するためのモデル化について説明する。当該部位では接触により様々な力を伝達することから，以下の状態に対するモデル化が特に課題となる。

　　ⅰ. クリップと野縁・野縁受けとの接触状態　　ⅱ. 野縁と野縁受け間の接触状態

巨視的には図 6.3.8 に示すようなモデルとした上で，上記の状態 ⅰ および ⅱ に対して図 6.3.9 に示すようなモデルを設定する。同図(a)は野縁受けおよび野縁を表す梁要素を配置するための節点ならびにクリップ本体を表す梁要素を配置するための節点を示したものであり，図(b)(c)は状態 ⅰ を表現するためのダミー要素（D1〜D3 は「クリップ根元と野縁」，「クリップ下部と野縁」，「クリップと野縁受け」間の接触・離間・すべりを，D4 は「クリップ爪部と野縁受け」間の脱落を表現）を，図(d)は状態 ⅱ を表現するためのダミー要素（D5〜D6 は「野縁と野縁受け」間の接触離間・すべりを表現）を示したものである。図中の●および■はマスター節点およびスレーブ節点をそれぞれ表しており，スレーブ節点がいずれのマスター節点に付随するものであるかを矢印で示している。例えば，図(b)中のダミー要素 D1 の上部節点は野縁に対するマスター節点に付随するスレーブ節点であることを→にて表している。ただし，D2 についてはクリップの根元が初期状態を離間状態としている。また，接触時におけるすべり現象を表現するために，ダミー要素の材端力に対する許容条件としてクーロンの摩擦条件を

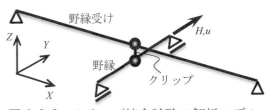

図 6.3.8　クリップ接合試験の解析モデル

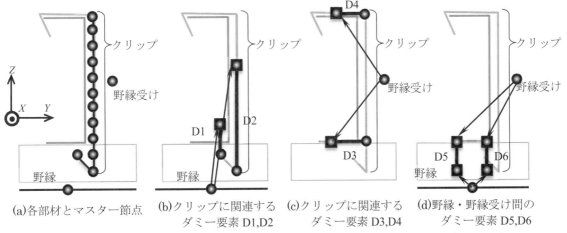

(a)各部材とマスター節点　　(b)クリップに関連するダミー要素 D1,D2　　(c)クリップに関連するダミー要素 D3,D4　　(d)野縁・野縁受け間のダミー要素 D5,D6

図 6.3.9　マスター節点とスレーブ節点の配置

仮定・適用している。例えば，ダミー要素 D1 について具体的に説明する。本モデルでは D1 要素の上端（スレーブ節点側）にてすべり現象を表現するものとしており，すべりは図 6.3.10 に示すように野縁方向（紙面左右方向）に発生するものとしている。すべり面に対して法線方向と接線方向の力成分を F_r, F_s とすれば，両成分に対する許容空間は次式にて表される。

$$\Phi = |F_s| + \mu F_r - c \leq 0 \quad \text{for } F_r < 0 \quad (6.3.1a)$$
$$\Phi = |F_s| = 0 \quad \text{for } F_r \geq 0 \quad (6.3.1b)$$

ここに，μ, c は摩擦係数および粘着力である。摩擦を考えた場合には粘着力という概念はそぐわないように思われるかもしれないが，c を正の数とすることによって式(6.3.1a)を条件とする解が安定して得ることが可能となる。さらに，式(6.3.1)にて摩擦力を評価するために，ダミー要素 D1 には水平加力以前に接触力 F_r が作用している必要がある。ここでは，クリップ本体を表現する要素群に温度荷重を加えることで結果として D1 要素に 0.07N 程度の接触力 F_r が作用するようにしている。

以上のモデル化によりクリップ接合部に現れる図 6.3.11(a)中の特徴①~④を系統的に表現できる。特徴①；D1 のすべり挙動，特徴②；図 6.3.9 に示すクリップ本体の根元部分の要素の塑性化，特徴③；D2 の接触挙動，特徴④；D2 のすべり挙動，がそれぞれ対応している。

時間に対する数値積分として HHT-α 法 [6.7] を採用し，時間刻みはクリップの根元折れまでを 1.0×10^{-3}sec，それ以降を 1×10^{-5}sec としている。なお，減衰は野縁受け単体の1次固有周期に対して2%とした剛性比例型としている。

数値解析結果を図 6.3.11 に示す。黒実線が数値解析結果で，灰色実線が実験結果である。異なる載荷速度（V）および野縁受け長さ（Lc）に対して共通のモデルにて実験結果と対応する結果が得られている。

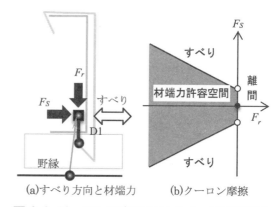

図 6.3.10　D1 要素におけるすべり評価例

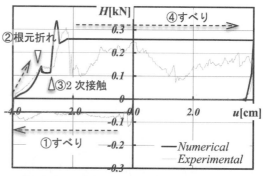

図 6.3.11(a)　背掛けクリップ；
V=0.1cm/s, L_C=250mm

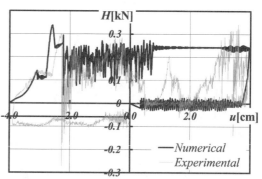

図 6.3.11(b)　背掛けクリップ；
V=10cm/s, L_C=250mm

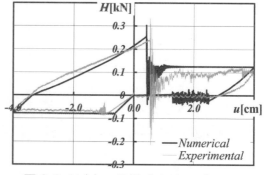

図 6.3.11(c)　背掛けクリップ；
V=10cm/s, L_C=900mm

6.4 吊り天井システムにおける不安定挙動

本節では，吊りボルトにて吊り下げられた天井（以下，天井システム）を考えて，当該システムにおいて静的および動的外乱下で発生し得るいくつかの不安定現象に対して行った数値解析事例を紹介する。なおここで示す現象は、鋼製下地在来工法天井のみに限定して生じるものではなく，吊りボルトのような細長比が大きな部材によって支持される圧縮材共通の問題である。

6.4.1 静的圧縮力を受ける天井システムの挙動

最初に，一様圧縮力を受ける従来工法による天井システムについて行った静的加力実験[6.4)]について説明する。図 6.4.1 に本実験における試験体を示す。試験体全体の寸法は 3,640×3,640mm で 910×910mm の石膏ボード（厚さ 9.5mm）を基本として天井面を構成している。ダブル野縁は 910mm ピッチでボードの継ぎ目に接続され，シングル野縁がその間に等間隔で 2 本配置されている。野縁受けは 803～850mm ピッチで配置され，野縁方向における吊りボルトのピッチとなっている。吊りボルトの長さは 1,500mm であり，野縁受けとの接合部ではハンガーが，吊り元では折板吊り金物が使用されている。載荷方法は天井面の一端を拘束し他端にて石膏ボード断面を一様に圧縮する形式となっている。

この静的圧縮実験を数値解析にて再現することを試みる。解析モデルにおいて，吊りボルト端部でのハンガーや吊り金物による偏心を考慮してモデルを作成した。すなわち，ハンガーは野縁受けと吊りボルトを，吊り金物は吊りボルトと吊り元を連結させることにより，ハンガー，吊り金物による接合部の偏心を表現している（図 6.3.1 参照）。なお，天井ボードを含むすべての部材は弾性状態にあるものとしている。

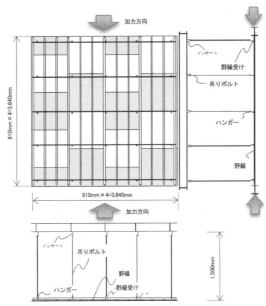

図 6.4.1 吊り天井圧縮試験の試験体

実験および数値解析で得られた圧縮力－縮み関係を比較したものを図 6.4.2 に示す。縦軸の圧縮力は単位幅当たりの値に換算している。両結果はよく対応しており，このことは解析モデルの妥当性を示すとともに，実験で得られた結果（現象）が一般性を有するものであることを示している。本結果の特徴的な点は，一般的に棒や板の弾性座屈直後の挙動では耐力は一定のまま変位のみが進行するのに対して，この結果はすべての部材を弾性として解析しているにも関わらず，急激な耐力劣化が発生している点

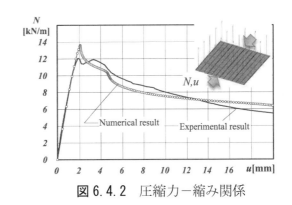

図 6.4.2 圧縮力－縮み関係

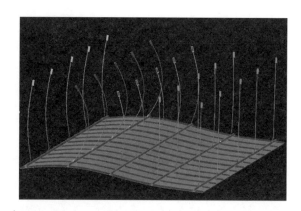

図 6.4.3　最終変形図

である。この詳細な理由については後述するが，図 6.4.3 に示す実験ならびに数値解析による変形状態から理解されるように吊りボルトが屈曲することで天井面の面外変形（座屈）に対する吊りボルトの補剛効果が消失するために，吊りボルトの屈曲とともに天井面の圧縮耐力は低下することとなる。以上の結果から，吊りボルトの長さが天井面の圧縮耐力に大きな影響を及ぼすと推定される。このことを具体的に吊りボルトの長さ(L)をパラメータとして解析した結果が図 6.4.4 である。また，図 6.4.5 は，各吊りボルト長さに対する最大圧縮耐力をプロットした結果である。図中には石膏ボード（厚さ 9.5mm）自体の圧縮強度も破線にて示してある。推定されたように，またこれらの結果から理解されるように，天井面の最大圧縮耐力は吊りボルトが長くなるにつれて急激に低下する。すなわち，天井面の圧縮力に対する安定性は吊りボルト長に強く依存する。

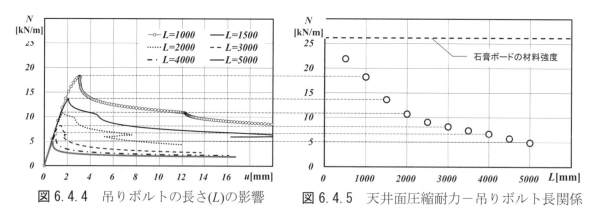

図 6.4.4　吊りボルトの長さ(L)の影響　　図 6.4.5　天井面圧縮耐力－吊りボルト長関係

以上では，できるだけ実際の試験体に忠実な解析モデルを作成することを念頭に置いていたために，加力直交方向（幅方向）についても実態に則してモデル化したが，図 6.4.3 の変形図からも理解されるように最大耐力以後も幅方向の変形は同一なものとなっていることから，これ以降では加力方向・鉛直方向の 2 次元問題として取り扱うこととする。

　2 次元問題に対するモデル（以下，2D モデル）では，幅方向について 900mm 幅の帯状の部位を抽出したものであり，約 300mm 間隔で配置される野縁の剛性については 3 倍として評価している。2D モデルを図 6.4.6 に示す。図中，W_{bolt} は吊りボルト間隔であり，W_{end} は最外端の吊りボルトと周辺要素間の距離である。それぞれ公共建築工事標準仕様書（建築工事編）平成 28 年度版[6.2]（以下，標準仕様書）に従い 900mm, 150mm としている。また，n は吊りボルト間隔数であり，

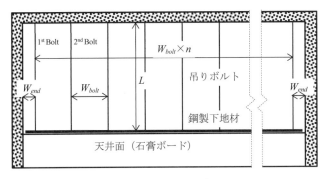

図 6.4.6　2D モデル

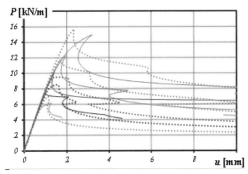

図 6.4.7　3D および 2D モデルの比較

L は吊りボルト長さである。なお，吊りボルト長が 1.5m 以上の場合には水平補強材・斜め補強材の付加的な部材が義務付けられてはいるが，構造的に有益なものか否かの判断が困難なものが多いことから，ここではこれら付加的な部材は無視するものとする。図 6.4.7 に 3D モデル（点線）と 2D モデル（実線）による結果を比較した結果を示す。W_{bolt} の値が一致していないために若干の差異は見られるが基本的には同様の結果となっている。

2D モデルを用いて L=3000mm，n=6 の場合を例として，先に述べた天井面が静的圧縮力を受けるときの吊りボルトの補剛効果消失過程について説明する。図 6.4.8-6.4.9 は天井面の圧縮力-縮み関係および吊りボルト軸力-天井面縮み関係をそれぞれ示している。なお，図 6.4.9 中の吊りボルトの序数（1st,2nd など）は図 6.4.6 中の左端部からの順番を示す。

両図において重要な特徴は，

A) このシステムには水平力，すなわち吊りボルトに直交する方向の外力しか作用していないにも関わらず，吊りボルトの軸力が初期変位段階から線形的に発生する様子が観られる。なお，軸力の符号は吊りボルト交互に変化する（例：初期変位段階において 1 番目；引張，2 番目；圧縮，3 番目；引張など）。

B) 吊りボルト軸力がその座屈耐力に達したときに圧縮力-縮み関係には何らかの変化が現れる（両図に示す一点鎖線 a-d を参照）。また，吊りボルト軸力の変化パターンもまた変化する（例：当初は引張となっている 3 番目吊りボルト軸力が 2 番目吊りボルトが座屈した後は圧縮へと転じている）。

C) 3 番目の吊りボルトの軸力が座屈耐力に達したときに，天井面の最大圧縮耐力となっている。

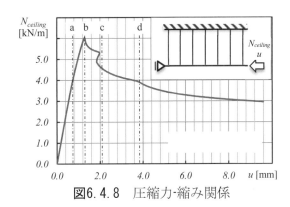

図6.4.8　圧縮力-縮み関係

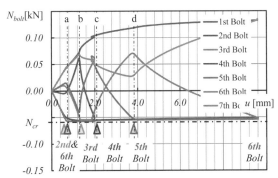

図6.4.9　吊りボルト軸力-天井面縮み関係

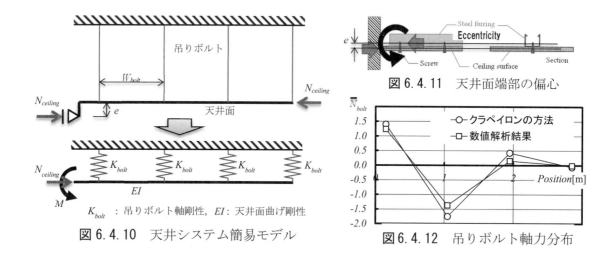

図 6.4.10 天井システム簡易モデル
図 6.4.11 天井面端部の偏心
図 6.4.12 吊りボルト軸力分布

の3点である。まず，特徴Aは，石膏ボードと野縁から成る合成梁として考えた場合の断面図心と支持点（天井ボード中央面位置）間の偏心の影響によって引き起こされる（図 6.4.11 参照）。完全なる合成梁と仮定すれば，この偏心量は次式で表され，それぞれの値を代入して得られる偏心量は 8.0mm となる。

$$e = \left\{1 + \frac{E_g A_g}{E_s A_s}\right\}^{-1} d \quad \begin{array}{l} E_g A_g, E_s A_s ; 天井ボードと下地材の軸剛性 \\ d ; 両者間の重心間距離 \end{array} \tag{6.4.1}$$

したがって，偏心によるモーメント M は天井面に作用する軸力（面内力）と偏心量との積として求められる。ここで図 6.4.10 に示す単純なモデルに置き換えてクラペイロンの方法を用いて吊りボルト軸力を求める。図 6.4.12 にクラペイロンの方法による結果を○にて，数値解析結果を□にて示す。縦軸は次式で求められる吊りボルト軸力を天井面圧縮力にて無次元化した値である。

$$\overline{N}_{bolt} = \frac{N_{bolt} W_{bolt}}{N_{ceiling} W_{pitch} e} \quad W_{pitch} ; 吊りボルト幅方向間隔 \tag{6.4.2}$$

両結果はよく対応しており，天井面端部における偏心によるモーメントが発生し，これにより吊りボルトに軸力が誘発されること，さらに，そのときのボルト軸力が図 6.4.10 に示す単純なモデルで算定可能であることが明らかとなった。参考までに具体的に1番目～3番目の吊りボルト軸力と天井面圧縮力の比を示しておくと次のようになる。

$$\frac{N_{bolt-1}}{N_{ceiling} W_{pitch}} = 0.0112, \quad \frac{N_{bolt-2}}{N_{ceiling} W_{pitch}} - 0.0141, \quad \frac{N_{bolt-3}}{N_{ceiling} W_{pitch}} - 0.0034 \tag{6.4.3}$$

次に，特徴BおよびCについても若干補足説明しておく。上述したように吊りボルトは天井面の面外変形を拘束する効果を有するが，吊りボルトの圧縮力が吊りボルト自体の座屈耐力に達した段階で，言い換えれば，吊りボルトが弾性座屈した直後，吊りボルトの見かけ上の軸剛性はゼロとなるために上記の補剛効果が消失する。そうすることで天井面の面外変形はさらに成長し，次の吊りボルトの圧縮力が大きくなる。以下，このプロセスの繰返しにより天井面の面外変形の波長は長くなり，その結果，弾性問題として解析しているにもかかわらず，天井面の圧縮耐力が低下することとなる。

6.4.2 吊りボルトの動的不安定現象
a. 吊りボルトの振動特性

本項では，未だその落下原因が曖昧である天井と周囲の要素間に隙間を設けない工法による天井において，実被害に見られるような接合金物の脱落を伴う大規模な天井落下現象が発生する原因のひとつを提示することを目的とした解析事例を紹介する。前項で述べたように，天井面の圧縮耐力（安定性）は吊りボルトの健全性が大きく影響する。また，大規模な天井落下被害は，天井懐，すなわち吊りボルトが極めて長い場合においても確認されているにもかかわらず，これまでの研究が吊りボルトの長さを1.5mとした事例が多く，吊りボルトが長くなった場合についての研究はほとんどなされていない。そこで本項では，吊りボルト材長が比較的長い場合を考え，そのような吊りボルトに動的外乱が作用した場合の挙動について検討する[6.11]。解析モデルを図6.4.13に示す。

まず，吊りボルトの横振動に対するk次固有周期$^{(k)}T_{bolt}$は，吊りボルトを両端ピン支持されたBernouli-Euler梁として捉えた場合，次式で表される。

$$^{(k)}T_k = \frac{2}{k^2\pi}\sqrt{\frac{m_{bolt}L_{bolt}^4}{EI_{bolt}}\left\{1+\frac{N_{bolt}L_{bolt}^2}{k^2\pi^2 EI_{bolt}}\right\}^{-1}} \tag{6.4.4}$$

ここに，m_{bolt}, EI_{bolt}, N_{bolt}およびL_{bolt}は，それぞれ，単位長さあたりの質量，曲げ剛性，軸力および吊りボルト材長である。

式(6.4.4)を吊りボルト張力；N_{bolt}=0N,124N,205Nについてグラフ化したものが図6.4.14中の実線，破線，点線である。これら吊りボルト張力は，一本の吊りボルトが支持する天井重量を想定したものであり，天井面単位面積当たり重量［150N/m²または250N/m²］×吊りボルト負担面積［0.81m²（=吊りボルト間隔0.9mの自乗）］として計算した値となっている。また，式(6.4.1)における吊りボルト単位長さあたりの質量および断面2次モーメントの計算にあたっては，吊りボルトが公称外径9mmの全ねじボルトであることを踏まえて，このボルトの有効直径（7.5mm）を用いている。

この結果から，吊りボルト長が1.5m程度未満の場合には固有周期が0.1秒未満と比較的短い値となっているのに対して，吊りボルト長が3mを超えると建物本体の固有周期によっては近接する状況も想定し得るような固有周期となっており，地震時に共振し大きく揺れる可能性があり得る状況となる。

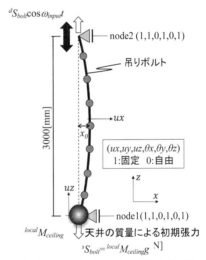

図6.4.13 吊りボルト単体の解析モデル

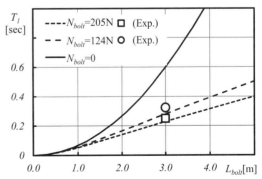

図6.4.14 吊りボルトの1次固有周期と材長の関係

b. 動的外乱を受ける吊りボルトの挙動

ここでは実際に動的解析を行い，吊りボルトの挙動を考察する。まず，天井システム内にある吊りボルトがどのような動的外乱を受けるかを考えてみる。図 6.4.15 は水平地震動のみが建物に作用したときに吊りボルトに作用する力を示したものである。吊りボルトには，自らの質量に作用する慣性力 p_{bolt} が作用すると同時に 6.4.1 項で述べた吊りボルト下端部に発生する S_{bolt}（天井面に作用する慣性力→天井端部での偏心モーメント→吊りボルト補剛力）が作用する。これらは次のように表すことができる。

$$p_{bolt} = m_{bolt}\ddot{u}_{input} \tag{6.4.5}$$

$$S_{bolt} = {}^sS_{bolt} + {}^dS_{bolt} \quad {}^sS_{bolt} = -{}^{local}M_{ceiling}g \quad {}^dS_{bolt} = \alpha\,{}^{total}M_{ceiling}\ddot{u}_{input} \tag{6.4.6-a,b,c}$$

ここに，$\ddot{u}_{input}$ は天井システムに入力される加速度（天井が付随する建物の応答加速度）である。また，S_{bolt} は静的成分 ${}^sS_{bolt}$ と動的成分 ${}^dS_{bolt}$ に分離でき，前者は吊りボルト直下にある当該吊りボルトが支持する天井面質量 ${}^{local}M_{ceiling}$ と重力加速度 g の積として，後者は，当該吊りボルト列が支持する天井面に作用する慣性力（${}^{total}M_{ceiling}\ddot{u}_{input}$）と吊りボルト軸力・天井面圧縮力比 α（式(6.4.3)参照）の積として表される。さらに，動的成分と静的成分の比 η を用いて式(6.4.6-a)を次のように書きなおす。

$$S_{bolt} = {}^sS_{bolt}(1-\eta) \tag{6.4.7}$$

ここに， $$\eta \equiv \left|\frac{{}^dS_{bolt}}{{}^sS_{bolt}}\right| \equiv \alpha \cdot n \cdot K, \quad n = \frac{{}^{total}M_{ceiling}}{{}^{local}M_{ceiling}}, \quad K \equiv \frac{\ddot{u}_{input}}{g} \tag{6.4.8}$$

上記において，K は天井システムに作用する震度係数であり，n は天井の規模を表すもので，図 6.4.6 に示す吊りボルト間隔数と近似的に等しく，さらに大面積の天井では吊りボルト本数と見なすことができる。

図 6.4.15 に示す吊りボルトに作用する動的外乱のうち p_{bolt} については共振現象により吊りボルト横振動を励起することは一般的な応答予測と同様であるのに対して，S_{bolt} が吊りボルト横振動に及ぼす影響については従来から動的不安定問題として取り扱われている[6.8),6.9),6.10)]。ストラット図と呼ばれる安定判別図によって動的不安定の有無が判断されている。図 6.4.16 は文献 6.11 にて記されている方法にて求めた減衰を考慮した安定判別図である。縦軸は上記の η を，横軸は吊り

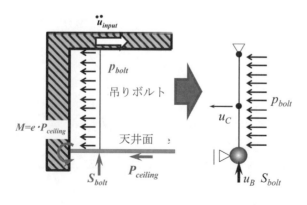

図 6.4.15 吊りボルトに作用する動的外乱

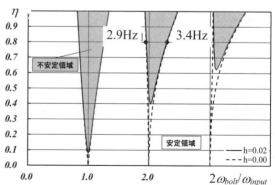

図 6.4.16 安定判別図

ボルト横振動に対する固有角振動数ω_{bolt}と入力加速度の角振動数ω_{input}の比である。参考として減衰がない場合についても破線で示している。図中には3つの不安定となる領域が確認されるが、ここでは横軸が2近傍にある不安定領域に着目する。長さ；3,000mmおよび長期軸力；124Nのときの吊りボルトの横振動の固有周期は図6.4.14より約0.3秒（図中の〇）として求められ、これから固有角振動数は21rad/sとなる。この固有角振動数を用いて図6.4.16からη=0.8のときに吊りボルトが不安定となる入力振動数領域を求めると2.9Hz-3.4Hzであると判定される。

以上のように判定された不安定振動数領域の妥当性を実験にて確認するとともに、実験に対する数値解析の再現性について検討する。図6.4.17に実験外観ならびに加振治具・試験体を示す。加振は、加速度を一定（0.8g）としたスイープ波（1.8Hz→4.0Hz／90秒間）を入力波としている。吊りボルト中央点の横変位をモーションキャプチャにて計測したほか、吊りボルト上下端部の加速度、吊りボルト軸力についても計測している。また、数値解析モデルは図6.4.13に示すものであり、減衰はレーリー減衰として横振動1次および縦振動1次モードに対して2%となるように設定している。図6.4.18に実験（灰色破線）と数値解析（黒実線）によって得られた吊りボルト中央点の変位時刻歴を、図6.4.19に同結果をフーリエ変換した結果を示す。図6.4.19において振幅スペクトルが大きくなっている振動数領域は上記の不安定領域と判定された2.9Hz-3.4Hzと対応しており、前述の不安定領域判定方法が当該問題についても適用可能であると考えられる。また、数値解析結果は実験結果とよく対応しており、数値解析による実験の再現性についても十分な精度で達成し得ることが解る。

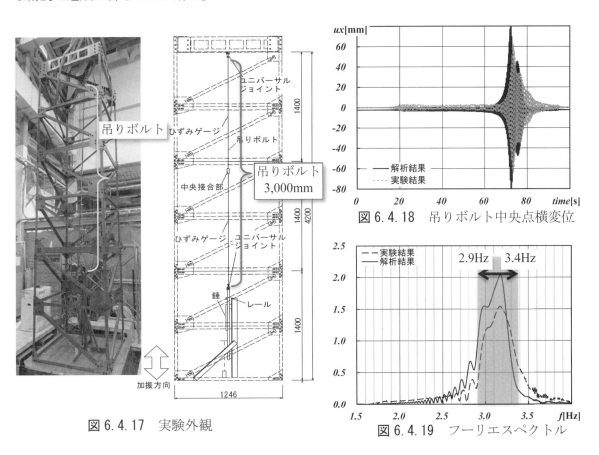

図6.4.17　実験外観
図6.4.18　吊りボルト中央点横変位
図6.4.19　フーリエスペクトル

6.5 むすび

　本章では，近年の地震時に多発している天井被害を対象として，天井の損傷挙動を再現するために行ってきた数値解析事例について紹介した。天井を構成する部材および接合部などの取り合いや取付け状態を忠実に表現することにより，少なくとも本質的な挙動は再現できることを示した。安全性を客観的に確認するためにも本章で紹介したような解析は重要であると言える。

　これまで非構造要素という取り扱いにあったために，その力学的な性状についての研究は始まったばかりであると言っても過言ではない。これは日本だけではなく世界的に見ても同様であり，地震大国である米国，ニュージーランド，チリなどでも非構造要素の地震被害の軽減は喫緊の課題として積極的な研究がなされており，急速な展開を見せている。しかしながら，未だにすべての被害状況を説明するには不十分な点が多々あることも事実である。一例として示せば，

・　大きな塊で天井面が落下するときには連鎖的にクリップなどの接合金物が脱落するが，この連鎖的脱落の発生条件
・　所謂システム天井と呼ばれる鋼製下地在来工法天井以外の天井の力学的性状

などが挙げられる。

参考文献

6.1)　日本工業規格 A6517：2010　建築用鋼製下地材（壁・天井）

6.2)　国土交通省官庁営繕部及び地方整備局等営繕部：公共建築工事標準仕様書（建築工事編），2016.8，http://www.mlit.go.jp/common/001136535.pdf．なお，改定前の平成 22 年度版は http://www.mlit.go.jp/common/001108564.pdf を参照.

6.3)　Ferdy.F.Sodik, 元結正次郎, 吉川昇：クリップの力学的特性に関する実験的検討，日本建築学会学術講演梗概集. B-1，pp.859-860，2007

6.4)　中西敦士,元結正次郎,國崎 洋：野縁方向における天井面圧縮時の挙動に関する検討，日本建築学会学術講演梗概集 DVD.構造 I，pp.881-882，2012

6.5)　豊嶋学,北川則昭,仁科雄太郎：釧路空港ターミナルビル天井材落下に関する研究　その２，日本建築学会学術講演梗概集. B-1，pp.885-886，2004

6.6)　G. Jelenic and M.A.Crisfield : Nonlinear 'master-slave' relationships for joints in 3-D beams with large rotations, Computer methods in Applied Mechanics and Engineering, 135, pp.211-228, 1996.

6.7)　H.M. Hilber, T.J.r. Hughes and R.L. Taylor : Imporved numerical dissipation for time integration algorithms, Earthquake engineering and structural dynamics, 5, 283-292, 1977. あるいは，M.A.Crisfield : Nonlinear Finite Element Analysis of Solids and Structures Vol.2 Advanced topics, Chapter 24, John Wiley & Sons, 2000

6.8)　ボローチン，近藤・中田訳：弾性系の動的安定性，コロナ社，1972.

6.9)　小寺忠：パラメータ励振　森北出版株式会社　2010 年 7 月

6.10)　得丸英勝：機械工学大系振動論　コロナ社　1973 年 7 月

6.11)　S.Motoyui,et.al : UNSTABLE BEHAVIOR OF SUSPENDED CEILING DURING EARTHQUAKE, 16th World Conference on Earthquake Engineering, Santiago Chile, 2017

第7章 大規模並列構造解析

7.1 ソリッド要素を用いた建築構造物の大規模並列有限要素解析

7.1.1 はじめに

近年の並列計算機の開発と領域分割法の発展に伴い，実用的な並列有限要素解析コードが開発されており，大規模かつ詳細なメッシュを用いたシミュレーションが可能となった。1997年に始まったADVENTUREプロジェクト[7.1],[7.2]では，大規模並列有限要素解析のための解析コード群と解析モデルの形状生成やメッシュ生成を行うプリプロセッサ群，大規模解析結果の可視化，分析を行うポストプロセッサ群，ソフトウェアモジュール群を接続する専用 I/O システムから成る ADVENTURE システムが開発された。ADVENTURE システムの核となる技術は，Yagawa, Shioya[7.3]により提案された階層型領域分割法である。ADVENTURE システムからは商用並列有限要素解析コードADVENTURECluster[7.4],[7.5],[7.6]が派生し，研究成果が実用化されている。

図 7.1.1 は PC クラスタと呼ばれる自作の並列計算機上で，ADVENTURE システムのいくつかのプロトタイプモジュールを使って古代建築のパンテオンの応力解析を行った結果である[7.7]。図面から3次元 CAD モデルを作成し，その形状データを基に四面体2次要素による約 1800 万自由度のメッシュを自動生成し，それを用いて並列有限要素解析を行っている。文献 7.7)は，今から10年以上前の 2001 年に発表されたものである。この研究では静的線形弾性解析，線形地震応答解析，静的弾塑性解析が行われている。2007 年には，防災科学技術研究所において数値震動台（E-Simulator）の開発が始まった[7.8]。E-Simulator は建築，土木構造の崩壊挙動までも解析できるような並列有限要素解析コードとして，ADVENTURECluster を基盤として開発が進められている。ADVENTURECluster の機能に加えて，建築，土木

(a) メッシュ

(b) 領域分割
（相当応力分布コンタを重ねて表示）

(c) 地震応答解析の結果
（変形と相当応力分布コンタ）

図 7.1.1 パンテオンの並列有限要素解析

構造の解析に必要な構成則や破壊モデルを拡張機能として実装している。また，建築，土木構造物の詳細モデルに適したプリポストモジュールの開発も進められている。

並列計算機により大規模解析が実用的な時間内で行えるようになったため，ソリッド要素を用いて構造物の詳細な形状をモデル化することが現実的な選択肢となった。これにより，材料レベルの挙動から，局部座屈等の部材を構成する板材レベルの局所的な挙動，マクロには塑性ヒンジとしてモデル化されるような部材レベルの挙動，更には，構造物全体の崩壊挙動までを単一の解析モデルにより解析できるようになる。塑性ヒンジ法等のマクロモデルを用いた解析では，マクロな材料定数を決定するために構造部材の実験（コンポーネント実験）が必要であるのに対し，ソリッド要素による詳細な解析モデルでは，材料試験により構成則や破壊則に対する材料レベルのパラメータを決定すれば，構造物全体の挙動をシミュレートできる。E-Simulatorによる詳細形状モデルによるシミュレーションの成果として，超高層ビルの地震応答解析[7.9),7.10]，E－ディフェンスで行われた4層鋼構造物骨組の崩壊実験の再現解析[7.10)-7.12]，この骨組の合成梁[7.13]および外壁[7.14]に対して行われたコンポーネント実験の再現解析，免震用積層ゴムの解析および複数の免震用積層ゴムが取り付けられた骨組構造物の地震応答解析[7.15]等が行われている。また，京コンピュータに移植されたE-Simulatorによる超高層ビルと地盤の連成シミュレーションも行われている[7.16),7.17]。本章の7.4節ではこれらの中からいくつかの解析例を紹介する。

7.1.2 角形鋼管柱の弾塑性座屈解析の例

構造物をソリッド要素による詳細なメッシュによりモデル化し，並列有限要素法によりシミュレーションを行った例として，角形鋼管柱の弾塑性座屈解析の例[7.18]を示し，大規模並列有限要素解析の意義について考える。解析対象とする柱は，E－ディフェンスで行われた4層鋼構造骨組の実大震動実験[7.19),7.20]における供試体の1階中柱である。なお，後の7.4.1節では，この4層鋼構造骨組をソリッド要素でモデル化し，その崩壊挙動をシミュレートした結果も紹介する。

図7.1.2に示すように，角形鋼管（BCR295）を六面体要素によりモデル化する。ここでは角部は直角として丸みはモデル化していない。7.4.1節で紹介する4層鋼構造骨組の解析モデルにおいても同様に丸みはモデル化していない。下面は完全固定，上面に水平方向の強制変位を与える。ただ

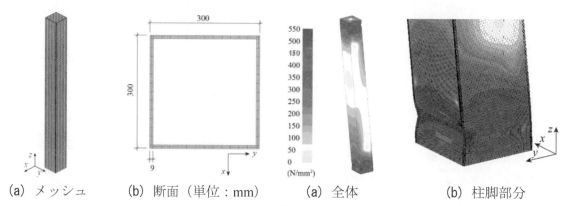

(a) メッシュ　　　(b) 断面（単位：mm）　　　(a) 全体　　　(b) 柱脚部分

図7.1.2　解析モデル($t2b12L80$ モデル)　　図7.1.3　強制変位量300 mmのときの変形（拡大倍率1倍）と相当応力分布（$t8b48L320$ モデル）

し，上面では断面の図心位置に仮想節点を配置し，仮想節点と同一断面内の全節点を剛体梁要素で接続する．仮想節点をy方向に強制変位させ，x方向は固定，z方向は自由とする．また，仮想節点に接続された剛体梁のx軸周りの回転を拘束する．自重として，4層鋼構造骨組の柱にかかる荷重を仮想節点に節点荷重として与える．弾塑性構成則としてvon Misesの降伏条件に基づく等方硬化則を用いる．大ひずみを考慮した準静的弾塑性増分解析を行う．

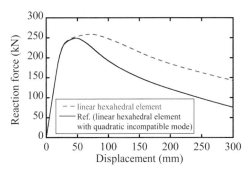

図 7.1.4 強制変位-反力関係
($t8b48L320$ モデル)

図 7.1.3 には，細かい要素分割のメッシュによる解析で得られた変形図を示す．柱頭と柱脚において局部座屈が発生している．なお，$t8b48L320$ モデルとは，要素分割として，板の厚さ方向に 8 分割，断面の幅方向（図 7.1.2(b)に示すロの字型の各辺の方向）にそれぞれ 48 分割，材軸方向に 320 分割することを表す．図 7.1.4 に載荷点の載荷方向（y 方向）反力と載荷方向変位の関係を示す．完全積分をした六面体 1 次要素と，非適合モードを加えた六面体 1 次要素による結果を比較している．座屈発生前には耐力が増加し，座屈後には低下する．六面体 1 次要素による結果では，かなり大きめの反力となっており，非常に細かい要素分割であっても 1 次要素では座屈による変形を表現できないことがわかる．そこで，以下の解析では非適合モード要素を用いることにする．非適合モード要素を用いた $t8b48L320$ モデルの結果を以下では参照解（図中では「Ref.」で示す）とする．

次に，様々な要素分割に対するy方向反力とy方向変位の関係を比較する．ここで，要素品質を表す次の二種類のアスペクト比r_b, r_tを定義する．

$$r_b=\min\{b_e/L_e, L_e/b_e\} \tag{7.1.1}$$

$$r_t=\min\{t_e/L_e, L_e/t_e\} \tag{7.1.2}$$

ここに，b_eは要素幅，L_eは要素長さ，t_eは要素厚さである．r_b, r_t共に値が1に近い程，立方体に近い形状となる．

図7.1.5(a), (b)では，それぞれ材軸方向の分割数と幅方向の分割数を変化させたときの，載荷

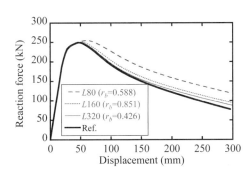

(a) $t4b12L\{80, 160, 320\}$モデル

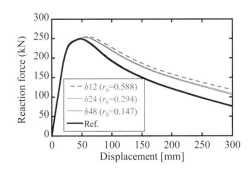

(b) $t4b\{12, 24, 48\}L80$ モデル

図 7.1.5 強制変位-反力関係（材軸，幅方向分割の影響）

点のy方向反力とy方向変位の関係を比較している。材軸方向の分割数を増やすことが、精度の向上に大きく寄与している。一方、図7.1.6は板厚方向の分割数を変化させて解析した結果であり、幅方向および材軸方向の分割が十分に細かければ、板厚方向の分割数は2層でも良好な解が得られることがわかる。図7.1.7は要素のアスペクト比、節点数と計算時間の関係を示している。要素のアスペクト比が小さく偏平な要素の場合には、共役勾配法（CG法、7.2.2節参照）の反復回数が増加するため、計算時間は長くなる。CG法の収束性については、偏平な要素を含むメッシュに対するCG法の前処理が提案されているので、これにより改善できる可能性がある。

　図7.1.8に示すような座屈する領域のみを細かく分割したメッシュを用いても良好な結果が得られる。また、図7.1.9に示すように四面体要素によるメッシュでは、2次要素を用いれば良好な結果が得られる。一方、1次要素ではいくら細かく要素分割しても座屈による変形を表現できない。四面体要素のメリットとして、自動要素分割が容易であることが挙げられる。しかし、四面体要素では過度に偏平な要素は好ましくないため、薄板で構成される鉄骨部材では、非常に多くの要素が生成され、解析モデルの自由度が大きくなるというデメリットもある。メッシュ生成については7.3節において詳しく述べる。

　次に、時間増分と要素寸法が異なる複数の解析ケースに対して動的座屈解析を行った。その結果、要素寸法を小さくした詳細なメッシュによる解析において、比較的大きい時間増分でも十分な精度が得られ、また、粗いメッシュでは時間増分を小さくしても参照解とは異なる解となることが確認できた。座屈現象は波動伝播が問題になるような衝撃的な現象ではないため、比較的大きな時間増分がとれるものの、空間方向には変形を正確に表現するために十分な要素分割が必要

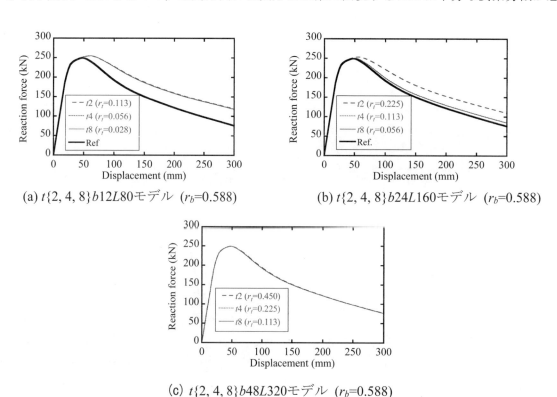

(a) $t\{2, 4, 8\}b12L80$モデル (r_b=0.588)

(b) $t\{2, 4, 8\}b24L160$モデル (r_b=0.588)

(c) $t\{2, 4, 8\}b48L320$モデル (r_b=0.588)

図 7.1.6　強制変位-反力関係（板厚方向分割の影響）

となる。このような場合，陰的な時間積分に基づく有限要素法の大規模並列化には意義がある。

以上の結果は，十分に細かいソリッド要素によるメッシュにより，局部座屈のような局所的な現象（図 7.1.3(b)）と，塑性ヒンジの形成に伴う構造物全体の崩壊挙動（図 7.1.3(a)）を統一的にシミュレートできることを示している。更に，本解析は陰的な時間積分に基づく有限要素法による大規模解析が有効な典型的な例である。大規模並列有限要素解析を実現するためのキーとなる技術をまとめると以下のようになる。

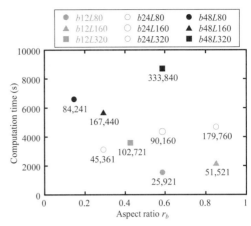

図 7.1.7　アスペクト比と計算時間の関係
（数字は節点数）

- 並列計算機の発展とそれに伴う大規模並列計算技術
- 領域分割法
  - 大規模な連立 1 次方程式を解く技術
  - 有限要素法の並列実装
- 構造物の形状モデリングとソリッド要素によるメッシュ生成
- 大規模データの可視化

以上の要素技術に対して，以下の構成で説明する。7.2 節では，まず，並列計算機の発展とそれに伴う大規模並列計算技術の概要について述べ，続いて，有限要素法に適した大規模並列計算手法である領域分割法に基づく大規模な連立 1 次方程式の求解手法（線形ソルバー），有限要素法の並列実装技術，プリポストや入出力も含めた並列有限要素解析システムについて述べる。7.3 節では形状モデリング，メッシュ生成手法，可視化手法について述べる。7.4 節ではソリッド要素による建築構造物の並列シミュレーションの事例をいくつか紹介する。7.5 節はむすびである。

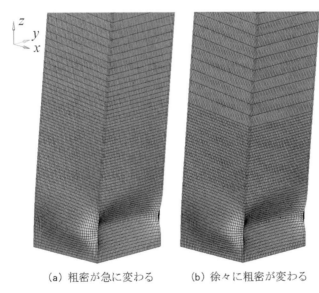

図 7.1.8　粗密を付けたメッシュによる結果

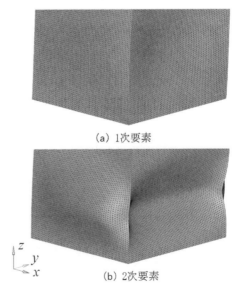

図 7.1.9　四面体要素による結果

7.2 領域分割法に基づく有限要素法の並列化
7.2.1 並列計算機と並列計算

ここでは並列計算機とその上で行われる並列計算について述べる。詳細については専門書（例えば文献 7.21)等）を参照していただくこととして，ここではその概要を述べる。コンピュータには中央演算装置（Central Processing Unit = CPU）と呼ばれる汎用の演算器（プロセッサ）が搭載されている。プロセッサの急速な性能向上を表す公式として，ムーアの法則（Moore's law）がある。これはプロセッサの集積回路上のトランジスタの数が 1.5 年毎に倍になるというものである。しかし，回路パターンの微細化の限界や，消費電力，熱の問題により，近年ではムーアの法則には限界があると言われている。そこで，1 個のプロセッサを高性能化するのではなく，複数のプロセッサに仕事を割り振り，同時に処理を行うことで高性能化する方法が考えられ，これを並列化と呼ぶ。並列化された処理では並列化効率が重要となる。あるアルゴリズムを n 台のプロセッサで処理することによって計算速度が n 倍になったとき，並列化効率は 1 となる。しかし，処理の中で並列化されている部分（並列化率）が 100%ではなく，並列化されていない部分がある場合には，並列化効率は 1 未満となる。非並列化部分がほんのわずかであっても，プロセッサ数を無限大に近づければ，並列化部分の処理時間は限りなく 0 に近づき，全体の計算時間は非並列化部分の計算時間に漸近する。このような並列化の限界をアムダールの法則（Amdahl's law）と呼ぶ。

複数のプロセッサを組み合わせる方法として，各プロセッサが単一のメモリ空間を共有する共有メモリ型と，各プロセッサが独立したメモリ空間を持つ分散メモリ型がある。分散メモリ型の場合，複数のプロセッサがデータを共有するためには，プロセッサ間での通信が必要となる。一方，共有メモリ型の場合には，各プロセッサで実行されるプログラムは，共通の配列に記憶されたデータを参照することでデータを共有できる。分散メモリ型の並列計算機の例として，複数のPC をネットワークで接続した PC クラスタ（図 7.2.1）が挙げられる。ネットワークとしてギガビットイーサネットのような汎用的なものを使えば，PC クラスタを自作することもできる。サーバ型の筐体をラックマウントし，InfiniBand や Myrinet のようなより高性能なネットワークで接続した PC クラスタ型の並列計算機は，商品としても売られている。また，計算機センターに設置されるようなスーパーコンピュータ（スパコン）においても， 最近では PC とほぼ同じ仕様のプロセッサが使われ，PC クラスタと基本的な構成に違いがないことも多い。ただし，スパコンは数千

Core	L1/L2 Cache		
Core	L1/L2 Cache	L3 Cache	Main memory
Core	L1/L2 Cache		
Core	L1/L2 Cache		

図 7.2.1　PC クラスタの例　　　　　　図 7.2.2　4 コア CPU の例

個から数十万個の非常に多数のプロセッサを搭載した超並列計算機であることが多く，各プロセッサは通常，専用の高性能ネットワークで接続されている。一方，従来はベクトル型プロセッサを搭載したコンピュータのことをスパコンと呼んでいた。地球シミュレータ，地球シミュレータ2[7.22)]のようにベクトルプロセッサによる超並列計算機もある。しかし，近年，ベクトル型のスパコンは減っている。

　最近のプロセッサでは1個のプロセッサに複数の演算器（コア）が搭載されている。これは，先に述べたムーアの法則の限界にも関係しており，単一のプロセッサのクロックの周波数を大きくするには限界があるため，処理の並列化により性能を向上させている。単一コアしか持たないプロセッサと区別して，複数コアを持つプロセッサをマルチコアプロセッサと呼ぶ（図 7.2.2）。マルチコアプロセッサの各コアは，数段のキャッシュを介してメインメモリに接続されており，単一のメモリ空間を共有しているため，共有メモリ型の並列計算機の一種となる。最近では数百個以上のコアを持つ GPU（Graphics Processing Unit）が開発されている。本来，グラフィックス用のプロセッサであった GPU を数値計算に用いるための研究も活発に行われている。また，Intel Xeon Phi のように数十個のコアを持つ CPU も開発されている。コアの数が増えるにつれて，NUMA（Non-Uniform Memory Access）と呼ばれるアーキテクチャがしばしば採用される。NUMA では各コアは単一のメモリ空間を共有するものの，メモリアクセスにかかるコストがコアによって異なる。NUMA が用いられている場合には，実行時にプロセスあるいはスレッドのコアへの割り当て方法に注意が必要である。

　マルチコアプロセッサの普及により，PC クラスタやスパコンにもマルチコアプロセッサが使われることが一般的となった。マルチコアプロセッサを複数搭載した並列計算機は，分散メモリと共有メモリのハイブリッド型メモリを持つことになる。2011 年に運用が始まったスーパーコンピュータ「京」[7.23)]は，建造当時は世界最速のスーパーコンピュータであった。京の計算ノード数は 82, 944 個，入出力用のノード数は 5,184 個である。各ノードあたりのコア数は 8 個であるため，合計のコア数は 705,024 個となる。1 ノードあたりのメモリ容量は 16GB であり，合計では 1.27PB となる。各ノードは 6 次元メッシュ/トーラス型のネットワークで接続されている。

　従来は並列計算機の 1 個のプロセッサのことを Processing (Processor) Element（PE）と呼んでいた。しかし，マルチコアプロセッサを搭載した並列計算機の登場により，1 個の「PE」が示すものがマルチコアプロセッサ 1 個の場合と，マルチコアプロセッサ上のコア 1 個の場合があり得る。更に，1 個の基板あるいは，1 個の筐体に複数のマルチコアプロセッサを搭載し，共有メモリ化されている場合もある。そのようなひとまとまりのプロセッサのグループを 1 個のノードと呼ぶことがある。以下では混乱を避けるために，PE という用語は使わないことにする。また，以下では分散共有メモリ型（ハイブリッド型）並列計算機において，メモリ空間を共有するプロセッサあるいはコアのまとまりを「ノード」と呼ぶことにする。したがって，異なるノード間でデータを共有するときには通信が必要となる。

　n 個のプロセッサあるいはコアによる並列計算の計算時間 t_n と 1 個のプロセッサあるいはコアによる逐次計算の計算時間 t_1 からスピードアップ（speedup）S_n を次式のように定義する。

$$S_n = \frac{t_1}{t_n} \tag{7.2.1}$$

理想的には，n個のプロセッサによる並列計算にかかる計算時間は，1個のプロセッサによる計算時間の$1/n$になるので，スピードアップはnとなる。なお，解きたい問題の規模が大きく，1個のプロセッサでは解けない場合には，プロセッサ数が最小の場合の計算時間を分子としてスピードアップを定義することもある。ここで，並列効率E_nを

$$E_n = \frac{S_n}{n} \tag{7.2.2}$$

と定義すると，理想的な並列計算では並列効率が1となり，一般的には1以下となる。

　問題規模を一定としてプロセッサ（コア）数nを増やしたときの，並列効率を測定することをストロングスケーリング（strong scaling）と呼ぶ。nが増えるにつれて，1プロセッサあたりの計算量は減少し，相対的に通信量やデータ転送量が大きくなるため，ストロングスケーリングにおいて並列効率を1近くに保ち続けることは困難である場合が多い。一方，1プロセッサあたりの計算量が一定となるように，nに比例して問題規模を大きくした上で計算性能を測定することを，ウィークスケーリング（weak scaling）と呼ぶ。ウィークスケーリングにおいて，理想的な並列計算では，プロセッサ数nにかかわらず計算時間が一定となる。しかし，並列化率が低い（非並列部分がある）場合や，収束性等の数値解析手法の性能が問題規模に依存する場合には，nが増えるにつれて計算時間が増大し，ウィークスケーリングにおける性能が低くなる。

7.2.2　陰的な有限要素法と線形ソルバー

　構造解析で用いられる釣合い式を変位法に基づく有限要素法で離散化し，線形静解析を行うための計算は，次式のような連立1次方程式を解くことに帰着される。

$$\boldsymbol{Ku} = \boldsymbol{p} \tag{7.2.3}$$

ここに，$\boldsymbol{K}$は剛性行列，$\boldsymbol{u}$は節点変位ベクトル，$\boldsymbol{p}$は節点荷重ベクトルである。問題の自由度（未知数の数）をnとすると，$\boldsymbol{K}$は$n \times n$型行列となる。非線形解析において非線形方程式をNewton-Raphson法で解く場合には，その反復の中で接線剛性行列を係数行列，節点増分変位ベクトルを未知数，不釣合い力を右辺ベクトルとした連立1次方程式を解く必要がある。一方，線形動解析では，以下の運動方程式を解く必要がある。

$$\boldsymbol{M}\,{}^t\ddot{\boldsymbol{U}} + \boldsymbol{C}\,{}^t\dot{\boldsymbol{U}} + \boldsymbol{K}\,{}^t\boldsymbol{U} = {}^t\boldsymbol{R} \tag{7.2.4}$$

ここに，$\boldsymbol{M}$，$\boldsymbol{C}$，$\boldsymbol{K}$はそれぞれ質量行列，減衰行列，剛性行列であり，${}^t\ddot{\boldsymbol{U}}$，${}^t\dot{\boldsymbol{U}}$，${}^t\boldsymbol{U}$，${}^t\boldsymbol{R}$はそれぞれ時刻$t$における節点加速度ベクトル，節点速度ベクトル，節点変位ベクトル，節点外力ベクトルである。線形解析の場合に陰的な時間積分法であるNewmark β法を適用すれば，次式のような連立1次方程式を解くことに帰着される。

$$\left(\frac{1}{\Delta t^2 \beta}\boldsymbol{M} + \frac{\gamma}{\Delta t \beta}\boldsymbol{C} + \boldsymbol{K}\right)^{t+\Delta t}\boldsymbol{U}$$

$$= {}^{t+\Delta t}\boldsymbol{R} + \boldsymbol{M}\left[\frac{1}{\Delta t^2 \beta}{}^{t}\boldsymbol{U} + \frac{1}{\Delta t \beta}{}^{t}\dot{\boldsymbol{U}} + \left(\frac{1}{2\beta}-1\right){}^{t}\ddot{\boldsymbol{U}}\right] + \boldsymbol{C}\left[\frac{\gamma}{\Delta t \beta}{}^{t}\boldsymbol{U} + \left(\frac{\gamma}{\beta}-1\right){}^{t}\dot{\boldsymbol{U}} + \Delta t\left(\frac{\gamma}{2\beta}-1\right){}^{t}\ddot{\boldsymbol{U}}\right]$$

(7.2.5)

ここに，Δt は時間増分，β，γ は Newmark β 法のパラメータである。非線形動解析の場合にも，変位の予測子，修正子を求める際に式(7.2.5)に類似した連立 1 次方程式を解くことになる。一方，運動方程式の時間積分を中央差分法で行う陽的有限要素法（陽解法）も一般的に用いられる。陽解法の場合には，連立 1 次方程式は現れないものの，十分に時間増分を小さくしなければ数値的発散が生じる。本節では陰的な有限要素法のみを扱うこととする。

　陰的な有限要素法の大規模並列化を行う場合，問題の規模が大きくなるにつれて，全体の計算時間の中で連立 1 次方程式の求解にかかる時間の占める割合が大きくなる。したがって，連立 1 次方程式の求解のためのプログラム，すなわち，線形ソルバーをいかにうまく並列計算機に実装するかというところが，大規模並列有限要素解析を実現するための鍵となる。

　線形ソルバーは直接法と反復法に大別される。直接法は Gauss-Jordan 法（掃き出し法）のような消去法，あるいは単純 Gauss 法のような消去法と代入法を組み合わせた手法である。直接法は未知数が少ない問題では，多くの場合，反復法よりも高速である。直接法を改良した方法として，対称な係数行列に対する LDL^T 分解法，非対称な係数行列に対する LU 分解法がある。これらの手法では，係数行列の分解（Factorizaion）と代入という 2 段階の処理を行う。計算コストが高い分解の処理は，右辺ベクトルとは無関係に行えるため，ひとつの係数行列に対して様々な右辺ベクトルが存在するような問題では特に有効である。

　式(7.2.3)に掃き出し法を適用した場合の主な計算は，以下に示すアルゴリズムとして記述できる。以下では，k_{ij}^s は s 番目の掃き出しにおける $\boldsymbol{K}$ と $\boldsymbol{p}$ から作られる $n \times (n+1)$ 型の拡大係数行列の ij 成分を表すものとする。

for (s= 1～n)　// 各行について処理を行う

　$kss = k_{ss}^s$

　for (i=1～s-1, s+1～n)　//s 行目を使って s 行目以外を掃き出す　　　　　(7.2.6)

　　for (j= s～n+1)　// s-1 列目以前は既に 0 なので計算は省略できる

　　　$k_{ij}^{s+1} = k_{ij}^s - k_{is}^s \dfrac{k_{sj}^s}{kss}$　// 掃き出し

このアルゴリズムでは，問題規模 n に対するループが三重になっており，計算量のオーダは $O(n^3)$ となる。つまり，直接法による大規模な連立 1 次方程式の求解には限界があることがわかる。更に，s 番目の掃き出しでは，添字 i のループによりその時点での s 行目の値を使って他の行の掃き出しを行う。この処理は s 行目以外の各行で独立して行えるため，並列処理が可能であるものの，掃き出しには s 行目のデータが必要であり行同士の依存関係が生じる。そのため，特に分散メモ

リ型の並列計算機に適した並列実装には限界がある。

　ところで，有限要素法における要素は，近傍の要素とのみ節点を共有し，遠方にある要素とは関連性を持たない。したがって，有限要素法における剛性行列は，多くの成分が 0 である疎行列（スパース（sparse）行列）となる。この性質を使えば直接法の処理を高速化できる。単純な手法としてバンドマトリクス法やスカイライン法がある。直接法を並列化するための基礎となる古典的な手法としては，部分構造法（サブストラクチャ法）が挙げられる。これを発展させたマルチフロント法に基づいて，スパース行列に対する直接法を基にした並列ソルバーが開発されており[7.24),7.25)]，スパースダイレクトソルバーあるいは単にスパースソルバー（sparse solver）と呼ばれている。近年開発された並列スパースソルバーを用いれば，百万元以上の連立 1 次方程式であっても解を求めることができる。しかし，問題規模が大きくなるにつれて使用メモリ量や計算時間が増大するため，実用的に解けるのは数百万元程度の問題までである。

　一方，反復法とは，係数行列 $\boldsymbol{K}$ を用いて反復計算を行うことにより，徐々に解に近付けていく方法である。反復法は定常反復解法と非定常反復解法に大別される[7.26)]。前者に分類される代表的な手法としてヤコビ（Jacobi）法，ガウス・ザイデル（Gauss-Seidel）法，　SOR 法等が挙げられる。一方，後者の代表的な例は共役勾配法（Conjugate Gradient Method（CG 法））である。CG 法は非定常反復解法の中でもクリロフ（Krylov）部分空間解法に分類される。CG 法は対称な係数行列を持つ問題に適用できる。一方，非対称な係数行列を持つ問題に適用できる反復法としては，ランチョス（Lanczos）原理に基づく解法である Bi-CGSTAB 法，GPBi-CG 法，アーノルディ（Arnoldi）原理に基づく解法である GMRES 法等がある。非対称行列向けの反復法は，うまく収束しないことも多く，対称問題に CG 法を適用する場合に比べると実用的でない。そのため，摩擦のある接触問題や特殊な構成式等により非対称な剛性行列となる問題の大規模解析は未だに困難であるといえる。これらの問題には並列スパースソルバーが使われることも多い。

　連立 1 次方程式にそのまま反復法を適用すると収束性が悪いことが多いため，反復法を適用する前に方程式に前処理と呼ばれる処理を行い，収束性を改善させることが一般的である。前処理を行う CG 法は，前処理付き CG 法と呼ばれる。構造解析では一般に CG 法の収束性が悪く前処理が必須である。一般に色々な問題に適用できる前処理手法だけでなく，例えば，構造解析に特化した前処理手法も提案されており，一般的な手法を適用する場合よりも収束性が良いことが多い。

　後述するように，多くの反復法のアルゴリズムの中で計算コストが高い部分は，反復処理の中での行列ベクトル積の計算である。密行列に対する行列ベクトル積の計算のオーダは $O(n^2)$ となる。しかし，スパース行列に対する行列ベクトル積の計算のオーダは，各行の非零成分の数が問題規模の n に依存しなければ，$O(n)$ となる。行列ベクトル積では各行の計算は独立して行えるため，計算を簡単に並列化できるだけでなく，計算に必要なデータも分散させることができる。したがって，分散メモリ型並列計算機への実装も容易である。もし，スパース行列の各行の非零成分の数が問題規模の n に依存せず，また，反復法が収束するまでの反復回数も n に依存しないとすれば，反復法の計算のオーダは $O(n)$ となり，直接法に比べて本質的に大規模な問題に適しているといえる。以上のことから，大規模な陰的有限要素解析の鍵となる技術は，並列実装された収

束性が良い反復型の線形ソルバーであるといえる。

　以下に，例として前処理付き CG 法のアルゴリズムを示す。u の初期値を u^0 とする。

初期化： $\boxed{\begin{aligned} g^0 &= p - Ku^0 \\ p^0 &= M^{-1}g^0 \end{aligned}}$, (7.2.7)

反復： $\boxed{\begin{aligned} \alpha &= \frac{\left(M^{-1}g^i\right)\cdot g^i}{p^{i\mathrm{T}}Kp^i} \\ u^{i+1} &= u^i + \alpha\, p^i \\ g^{i+1} &= g^i - \alpha Kp^i \\ \beta &= \frac{\left(M^{-1}g^{i+1}\right)\cdot g^{i+1}}{\left(M^{-1}g^i\right)\cdot g^i} \\ p^{i+1} &= M^{-1}g^{i+1} + \beta\, p^i \\ \text{if } &\left\|g^{i+1}\right\| < \varepsilon_{converge} \Rightarrow \text{stop iteration} \end{aligned}}$, (7.2.8)

この中で，M^{-1} は前処理行列と呼ばれる行列であり，K^{-1} に近い性質を持つ行列を選べば，反復計算の収束性を高める働きをする。このアルゴリズムでは，係数行列 K に対する計算は，K とベクトルとの積のみである。効果的な前処理行列 M^{-1} を使えば反復回数を大幅に減らすことができるため，多くの研究がなされている。　有限要素法による解析でしばしば用いられる前処理手法として，解析に用いる細かいメッシュに対応する粗いメッシュにより得られた解を用いて，反復法の収束性を向上させる手法であるマルチグリッド法が挙げられる。

7.2.3　領域分割法

　行列ベクトル積の計算が各行で独立して行えることを利用して，行列を行方向にいくつかのブロックに分割し並列化する手法がしばしば用いられる。有限要素法の剛性行列の各行は，要素の節点における未知数の各成分に対応している。各節点は要素を介して他の節点と関連性を持つため，近傍にある節点同士が関連性を持つことになる。剛性行列の各行の非零成分は，そのような節点の関連性に対応している。そこで，剛性行列を行方向に分割するかわりに，解析に用いるメッシュをいくつかの部分領域のメッシュ（以下では単に部分領域と呼ぶ）に分割し，部分領域毎に独立して剛性行列を作成する方法が考えられる。このような手法を領域分割法（Domain Decomposition Method, DDM）[7.27),7.28)] と呼ぶ。各部分領域は，部分領域間の境界付近においてお互いに関連性を持っている。したがって，領域間境界におけるデータを交換すれば，行列ベクトル積の計算を各部分領域で独立して行える。もし，関連する複数の部分領域が，分散メモリ型並列計算機の異なるノードに割り当てられた場合には，ノード間の通信によりデータを交換する。

領域分割法では，線形ソルバーにおける行列ベクトル積や，ベクトルに関する演算だけではなく，剛性行列の作成，応力積分等といった有限要素法に固有の処理も各部分領域において独立して行えるため，各部分領域の処理を異なるノードあるいはコアに割り当てることで並列化できる。したがって，並列計算と親和性が高い手法であるといえる。

有限要素法における領域分割は節点単位でグループに分割する方法と，要素単位でグループに分割する方法に大別される。前者の方法は，剛性行列を行方向に分割する方法に近い結果となる。あるメッシュの領域分割はグラフ分割ツールを使うことにより自動的に行える。グラフ分割ツールとして有名なものに Metis，ParMetis [7.29],[7.30]がある。要素単位で分割する方法を例にすれば，まず要素間のつながり（隣接関係）を表す離散グラフを要素のコネクティビティ情報を利用して自動生成する。次に，このグラフをグラフ分割ツールで分割し，分割された各グラフより部分領域のメッシュを再構成する。以上の処理に加え，材料定数や境界条件を含む入力データの分割も行うソフトウェアをドメインデコンポーザーと呼ぶ。図7.1.1(b)ではドメインデコンポーザーによりメッシュを分割した結果に相当応力分布を重ねて表示している。

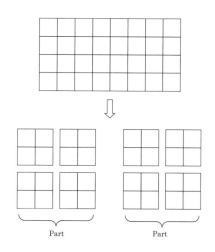

図 7.2.3　階層型領域分割

領域分割法により並列実装を行う場合には，1個の部分領域を1個のノードに割り当てる方法と複数の部分領域を1個のノードに割り当てる方法がある。矢川，塩谷は，後者の方法に基づき，部分領域毎に異なる計算負荷を各ノードに負荷分散できる手法である階層型領域分割法を提案した[7.3]。階層型領域分割法ではメッシュをまず Part と呼ばれる領域に分割し，次に各 Part を部分領域（Subdomain）に分割する（図7.2.3）。以下の節では，領域分割法に基づく線形ソルバーであるBDD法とCGCG法を紹介する。なお，BDD法やCGCG法では，通常，最適な部分領域数が並列計算機のノード数と異なるため，階層型領域分割法による実装が適している。

7.2.4　BDD法

領域分割法の中には，サブストラクチャ法と同様に領域内部の自由度の静的縮約を行う手法があり，部分構造型領域分割法（substructuring method）と呼ばれている。この方法では，節点ではなく要素をいくつかのグループに分割することにより領域分割を行う。したがって，部分領域間の境界上の節点は，複数の部分領域に共有される。部分構造型領域分割法には，各部分領域においてDirichlet問題を解いて，部分領域間境界上の変位を未知数として反復法で解く方法と，Neumann問題を解いて部分領域間境界上の反力を未知数として反復法で解く方法がある。前者をprimal substructuringと呼び，後者をdual substructuringと呼ぶ。本章では前者を扱うので，これを単に部分構造型領域分割法と呼ぶことにする。以下に，式(7.2.3)を解くものとして，部分構造型領域

分割法の定式化を示す。領域分割法ではある部分領域k に対する剛性行列，節点変位，節点荷重を，次式のように部分領域内部の自由度と部分領域間境界の自由度に分割する。

$$K^k = \begin{bmatrix} K_{\mathrm{II}}^k & K_{\mathrm{IB}}^k \\ K_{\mathrm{BI}}^k & K_{\mathrm{BB}}^k \end{bmatrix}, \quad u^k = \begin{Bmatrix} u_{\mathrm{I}}^k \\ u_{\mathrm{B}}^k \end{Bmatrix}, \quad p^k = \begin{Bmatrix} p_{\mathrm{I}}^k \\ p_{\mathrm{B}}^k \end{Bmatrix} \tag{7.2.9}$$

ここに，添字k はk 番目の部分領域を表す。添字Iは部分領域内部の自由度を，添字Bは部分領域間境界の自由度を表す。以下では，次のような用語を用いる。

- 内部自由度：部分領域内部の自由度
- 内部節点：部分領域内部の節点
- 部分領域間境界自由度：部分領域間境界上の自由度
- 部分領域間境界節点：部分領域間境界上の節点

内部自由度に関する釣合い式は次式となる。

$$K_{\mathrm{II}}^k u_{\mathrm{I}}^k + K_{\mathrm{IB}}^k u_{\mathrm{B}}^k = p_{\mathrm{I}}^k \tag{7.2.10}$$

式(7.2.10)は各部分領域について成立する。一方，領域間境界自由度に関する釣合い式は次式となる。

$$\sum_{k=1}^{NDOM} K_{\mathrm{BI}}^k u_{\mathrm{I}}^k + \sum_{k=1}^{NDOM} K_{\mathrm{BB}}^k u_{\mathrm{B}}^k = \sum_{k=1}^{NDOM} p_{\mathrm{B}}^k \tag{7.2.11}$$

ここに，$NDOM$ は部分領域数である。式(7.2.10)は内部節点変位について解くことができる。

$$u_{\mathrm{I}}^k = \left(K_{\mathrm{II}}^k \right)^{-1} \left(p_{\mathrm{I}}^k - K_{\mathrm{IB}}^k u_{\mathrm{B}}^k \right) \tag{7.2.12}$$

部分領域は全体領域に比べて小さいので，式(7.2.12)の計算は直接法により行うことができる。これを式(7.2.11)に代入すると次式のようにまとめられる。

$$S u_{\mathrm{B}} = \overline{p}_{\mathrm{B}} \tag{7.2.13}$$

ここに，S はSchur complement，u_{B} は部分領域間境界上の全ての節点に対する節点変位ベクトル，$\overline{p}_{\mathrm{B}}$ は静的縮約された節点荷重ベクトルである。剛性行列が対称の場合はS も対称となるので，式(7.2.13)は前処理付き共役勾配法で解くことができる。古典的なサブストラクチャ法では，式(7.2.13)も直接法で解いている。

部分構造型領域分割法に対する効果的な前処理手法として，バランシング領域分割（BDD）法がMandel[7.31]により提案されている。BDD法では，Neumann-Neumann前処理とコースグリッド（coarse grid）修正を組み合わせることにより，領域分割数にかかわらず，一定の反復回数で収束解を得ることができる。BDD法ではコースグリッド（粗いメッシュ）を陽に作る代わりに，部分領域の剛体運動を利用してコースグリッドの剛性行列に相当する行列を作っている。これにより，一般的なマルチグリッド法と同様な効果が得られる。最終的には，BDD法における前処理は通常の前処理行列として定式化される。

BDD法で用いられる前処理行列M_{BDD}^{-1} は次式となる。

$$M_{\mathrm{BDD}}^{-1} = \left(I - R_0 K_{\mathrm{C}}^{-1} R_0^{\mathrm{T}} S \right) M_{\mathrm{NN}}^{-1} \left(I - S R_0 K_{\mathrm{C}}^{-1} R_0^{\mathrm{T}} \right) + R_0 K_{\mathrm{C}}^{-1} R_0^{\mathrm{T}} \tag{7.2.14}$$

ここに，M_{NN}^{-1}はNeumann-Neumann前処理のための前処理行列である。M_{NN}^{-1}に関する計算は，部分領域間境界をNeumann境界とした問題を部分領域毎に解くことにより行うため並列化できる。K_{C}はコースグリッドの剛性行列に相当するものであり，次式によって計算される。

$$K_{\mathrm{C}} = R_0^{\mathrm{T}} S R_0 \tag{7.2.15}$$

コースグリッド問題を解くことにより収束性を高める処理をコースグリッド修正と呼ぶ。式(7.2.14)および(7.2.15)におけるR_0とR_0^{T}はそれぞれマルチグリッド法における prolongation 行列と restriction 行列に相当し，R_0は部分領域の6個の剛体運動モードと，領域間境界節点を共有する部分領域の数から求められる重みを用いて定義する。R_0の行の数はSの大きさに一致し、R_0の列の数は部分領域の数に6を掛けたものになる。式(7.2.14)にはK_{C}^{-1}が含まれるため，CG法の反復毎にK_{C}を係数行列とした問題（コース問題）の求解が必要である。コース問題の規模は元の問題の規模に比べると小さいため，並列スパースソルバーを用いるとよい。しかし，部分領域数が数十万個から数百万個になるような超大規模計算では，コース問題がスパースソルバーで解けなくなる。これは今後の課題である。また，並列スパースソルバーで解ける場合であっても，使用ノード数が増えるにつれて，並列化効率の悪いスパースソルバーの計算部分の計算コストが相対的に高くなるため，アムダールの法則により計算速度に限界が生じるという問題がある。

7.2.5 CGCG 法

Coarse Grid Conjugate Gradient（CGCG）法は，BDD 法のように部分領域における静的縮約は行わないものの，BDD 法と同様な考え方でコースグリッド修正を行う手法である。以下では，式(7.2.3)を解くものとする。節点変位ベクトルuは許容変位場の空間Vの元である（$u \in V$）。解析領域Ωをオーバラップしない部分領域に分割する。部分領域を$\Omega_1, \cdots, \Omega_m$と表す。部分領域間境界はいくつかの部分領域に共有される。階層型領域分割をするものとして，まず，並列プロセス数と同数になるように Part 分割を行い，各 Part をさらに細かい部分領域（subdomain）に分割する。

許容変位場の空間Vを，Vの部分空間であるコース空間WとそのKに関する直交補空間$\bar{V}$に分解する。これを空間VのK-直交直和分解と呼び，次式で表す。

$$V = W \oplus_K \bar{V} \tag{7.2.16}$$

$\oplus_K$はK-直交直和を表す。このとき，元の方程式(7.2.3)は次の2つの方程式に分解される。

$$Kw = p_W \tag{7.2.17}$$

$$Kv = p_{\bar{V}} \tag{7.2.18}$$

ただし，$p_W \in KW$，$p_{\bar{V}} \in K\bar{V}$である。KWは空間WのKによる線形写像によりできる空間であり，$K\bar{V}$も同様である。また，$u = w + v$，$p = p_W + p_{\bar{V}}$である。

コース空間を BDD 法のときと同様に部分領域の剛体運動により表される空間とすれば，ひとつの部分領域の自由度は並進，回転を合わせて6自由度となり，部分領域数の6倍がWの次元（基底の数）となる。ここで，BDD 法における行列R_0，R_0^{T}と同様な行列R_{CGCG}，$R_{\mathrm{CGCG}}^{\mathrm{T}}$を定義する。$R_{\mathrm{CGCG}}$

の列の数はR_0と同様に部分領域数の6倍である。一方，行の数はR_0とは異なりKの次数に一致する。ベクトルwのWの基底に対する成分を列ベクトル$\tilde{w}$で表すと，$w = R_{\mathrm{CGCG}}\tilde{w}$となる。これを式(7.2.17)に代入し，両辺の左から$R_{\mathrm{CGCG}}^{\mathrm{T}}$を掛けると次式となる。

$$\left(R_{\mathrm{CGCG}}^{\mathrm{T}} K R_{\mathrm{CGCG}}\right)\tilde{w} = R_{\mathrm{CGCG}}^{\mathrm{T}} p \tag{7.2.19}$$

ただし，$p_W \in KW$であることから$R_{\mathrm{CGCG}}^{\mathrm{T}} p_W = R_{\mathrm{CGCG}}^{\mathrm{T}} p$となることに注意する。式(7.2.19)はコースグリッド問題であり直接法で解ける。一方，式(7.2.18)に対しては，式(7.2.19)の解を用いて空間Vから$\bar{V}$への射影をしながらCG法を適用する。この処理はBDD法と同様にCG法の前処理として定式化される。以上の方法を CGCG 法と呼ぶ。これに対し，BDD 法ではVの代わりに，式(7.2.13)の解であるu_{B}を元とする空間を用いることになる。

CGCG 法では BDD 法のような静的縮約と Neumann-Neumann 前処理を行わないため，BDD 法に比べると収束性は劣るものの，対角スケーリングのような単純な前処理に比べるとはるかに収束性は良く，大規模な鋼構造骨組等の解析にも適用可能である[7.7)-7.12)]。CGCG 法では BDD 法よりも CG 法の1反復ステップの計算時間が大幅に短く，メモリ使用量も少ない。そのため，実装方法や計算環境，問題の性質によっては BDD 法よりも高速になり得る。

7.2.6　多点拘束条件（MPC）

多点拘束条件（Multi-Point Constraint（MPC））は，節点変位ベクトルuに対する以下のような線形の拘束条件である。

$$B^{\mathrm{T}} u = r \tag{7.2.20}$$

ここに，Bは拘束条件を表す$n \times m$型の行列である。ただし，nは自由度数，mは拘束条件の数である。MPC は汎用有限要素コードにおいて必須の技術である。例えば，表面のメッシュ分割パターンが異なるメッシュの接合や接触，周期境界条件の表現等に用いられる。材端に並進3成分と回転3成分の自由度を持つような剛体の梁（剛体梁）も MPC により表現できる。複数の剛体梁を組み合わせることにより，任意形状の剛体をモデル化することも可能である。MPC を用いると，式(7.2.3)の線形問題に式(7.2.20)の拘束条件が新たに付加されるため，線形ソルバーに工夫が必要である。領域分割法に基づく線形ソルバーを用いる場合には，式(7.2.20)が領域分割に影響するだけでなく，基盤となる反復法においても拘束条件を考慮する必要がある。

典型的な MPC の例として，図7.2.4 のような，ひとつの節点（slave node）とひとつの要素表面（master segment）を拘束することを考える。六面体要素では master segment は四辺形となる。このような MPC は表面のメッシュ分割パターンが異なるメッシュの接合や接触を表すために用いられる。図7.2.4 では拘束条件の数は1個，関係する節点は5個であり，簡単にするために各節点あたりの自由度が1であるとすれば，式(7.2.20)は次式となる。

$$\begin{bmatrix} 1 & -\dfrac{1}{4} & -\dfrac{1}{4} & -\dfrac{1}{4} & -\dfrac{1}{4} \end{bmatrix} \begin{Bmatrix} u_1 \\ u_2 \\ u_3 \\ u_4 \\ u_5 \end{Bmatrix} = 0 \tag{7.2.21}$$

ここに，u_i は節点 i における未知数である。

MPC を 7.2.4 節の BDD 法や 7.2.5 節の CGCG 法に組み込む方法として，前処理付き共役射影勾配法がある。文献 7.32)ではこの手法により BDD 法に MPC を組み込む手法を提案している。前処理付き共役射影勾配法では，残差ベクトルに対して次式のような射影行列を用いた射影（文献 7.33)）を行うことにより，拘束条件のない空間に CG 法を適用したことになる。

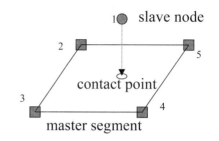

図 7.2.4 Master-slave 型の接触モデル
（数字は節点番号）

$$P = I - B\left(B^\mathrm{T} B\right)^{-1} B^\mathrm{T} \tag{7.2.22}$$

式(7.2.22)では，行列 $\left(B^\mathrm{T} B\right)^{-1}$ の計算が含まれており，これは MPC の数の次元の連立 1 次方程式の求解として実装することができる。射影の計算は CG 法の反復毎に行うため，この計算の実装にはスパースソルバーが適している。しかし，MPC の数が数十万個から数百万個になる場合には，射影の計算コストが無視できなくなり，全体の問題の求解に時間がかかる。また，BDD 法や CGCG 法のようなマルチグリッド法では，コースグリッド問題においても MPC の効果を考慮する必要がある。

この他に，式(7.2.20)を用いて式(7.2.3)から m 個の従属な自由を消去する方法もよく使われる[7.34)]。この手法は master-slave 法と呼ばれる。ただし，これは図 7.2.4 の master-slave モデルとは別のものである。master-slave 法の問題点として，式(7.2.3)が別の方程式に変換されてしまうため，元の構造解析の問題の性質を失い，剛体運動のような物理的な意味がある量を用いてコース空間を定義することができないことが挙げられる。そのため，BDD 法や CGCG 法が適用できなくなる。

7.2.7　並列実装手法

7.2.1 節に述べたように，並列計算機は分散メモリ型，共有メモリ型，ハイブリッドメモリ型に分類される。並列計算機上のプログラミング環境（並列環境）でプログラムを作成することを並列実装と呼ぶ。「実装」とはソフトウェアを作成することを指す場合と，作成されたソフトウェアそのもの指す場合があり，本節においても「並列実装」を並列ソフトウェアの意味で使う。近年，分散メモリ型並列環境に適したプログラミング環境としては MPI (Message Passing Interface)，共有メモリ型並列環境に適したプログラミング環境としては OpenMP が一般的である。MPI の実装はノード間での通信や同期を行うための関数群を含むライブラリと，MPI で記述された並列プログラムをコンパイルして実行するための環境から構成されている。MPI の関数の仕様は標準化されている。MPI には色々な実装があり，スパコンでは専用の実装が用意されていることもある。一方，OpenMP はコンパイラディレクティブと呼ばれる指示行をプログラムに挿入することにより並列化を行う。更に，専用の関数のライブラリが用意されている。OpenMP で実装されたプログラムは，メモリを共有した複数のスレッド（マルチスレッド）として実行される。このような

並列実装をすることをマルチスレッド化と呼ぶ。OpenMP にも色々な実装があり，最近ではフリーのコンパイラである gcc にも実装されている。この他のマルチスレッドプログラミング環境として POSIX スレッド（Pthread）がある。

　ハイブリッドメモリ型の並列計算機では，MPI と OpenMP を併用したハイブリッド型並列実装が主流になっている。すなわち，メモリを共有するコア群により構成されるノードが複数個ある場合に，使用するノード数と同数のプロセスを MPI により起動し，各ノード内のメインメモリを共有するコア群に対しては，OpenMP を用いてマルチスレッド並列化を行う。一方，MPI で起動するプロセスは，1 個のプロセッサ内の複数のコアに割り当てることもできるため，既存の MPI で並列実装されたソフトウェアをハイブリッド型の並列計算機で実行することも可能である。このような実行形態をフラット MPI と呼ぶ。この場合，同一プロセッサ内のコア間の通信は，実際には共有されたメモリ上のコピーとして実装されていることもある。ただし，京のように非常にノード数の多い並列計算機ではプロセス数が多くなり過ぎるため，フラット MPI による実行は困難である。

　以下では MPI および OpenMP によるプログラムの記述方法を説明する [7.35]。例えば，7.2.3 節に述べた階層型領域分割法では，解析領域は Part と Subdomain の 2 階層に領域分割される（図 7.2.3）。このとき，Part 処理は MPI によってノードに割り当て，Part 内の Subdomain 処理をマルチスレッ

```
for(ipart = 0; ipart < pmesh->n_part; ipart++){  //全partに対するループ
  int size;

  if(ipart == commp.comm_rank) //このプロセスが担当するpart なら通信しない
    continue;

  //送信用バッファに送信する変数を格納（ここではint 型変数2個）
  size = 2;  //送信する変数の数
  send_buf[size * ipart    ] = mh->to_op[ipart].num_shared_subdoms;
  send_buf[size* ipart + 1] = mh->to_op[ipart].num_total_comm_nodes;

  //非同期送信
  MPI_Isend(send_buf + num_vars * ipart, size, MPI_INT, ipart, 1,
      MPI_COMM_WORLD, send_req + ipart);
  //非同期受信
  MPI_Irecv(recv_buf + num_vars * ipart, size, MPI_INT, ipart, 1,
      MPI_COMM_WORLD, recv_req + ipart);
  //非同期通信では送信と受信を同時に行うことができる（情報交換できる）
  }

  //通信の終了を確認する
  for(ipart = 0; ipart < pmesh->n_part; ipart++){
    if(ipart == commp.comm_rank)
      continue; /* no communication with myself */

    MPI_Wait(send_req + ipart, &st);
    MPI_Wait(recv_req + ipart, &st);
  }
```

リスト 7.2.1　MPI によるプログラム

ド並列化することでハイブリッド並列処理を実現できる。 リスト7.2.1はPart間の境界のデータを非同期通信により交換するためのC言語によるプログラムの一部である。変数ipartに関するforループは，全てのPartと通信するためのループである。ただし，自分自身とはデータの交換が必要ないため，ifとcontinueで処理を飛ばしている。MPI_IsendとMPI_Irecvはそれぞれ非同期の送信と受信を行う関数である。データの交換では自分以外のPartにデータを送信する一方で，自分に向って送信されるデータを受信する必要がある。したがって，MPI_Isendの処理が終わってからMPI_Irecvの処理を行うのではなく，送信と受信は同時に行われる。MPI_Waitは送受信を完了させるための関数である。もし，ここで同期通信用の関数を用いる場合には，異なるPartがお互いにデータの受信を待つため処理が先に進まない状態（デッドロック）が起こり得る。しかし，データの割り当てや通信の順番を工夫すれば，同期通信によって同じ処理を実装することも可能である。

一方，リスト7.2.2は各Partが担当する部分領域毎の静的縮約の計算（式(7.2.12)）をOpenMPによりマルチスレッド化したC言語のプログラムの一部である。ここではPart処理を1個のノードに割り当て，ノード内のメモリを共有する複数のコアにより関数domsolveをマルチスレッドで並列に実行している。部分領域のデータはコアが共有するメモリに格納されているため，MPIのプログラムのようにデータの送受信をする必要はない。#pragma ompで始まる行がOpenMPの指示行（ディレクティブ）である。#pragma omp parallelと指示することにより，その後にあるforループがスレッド並列化される。forループの中にある関数domsolveは，部分領域における静的縮約や応力積分等を行っており，この処理が複数のスレッドに割り当てられる。#pragma omp criticalは排他制御を表し，その後の文は1個のスレッドで実行される。

```
#pragma omp parallel  //OpenMPによりスレッド並列化（ディレクティブ）
{
  //このMPIプロセスが担当するsubdomainを各スレッドに静的ブロック分割
  //このスレッドではstart_domid番～ end_domid番のsubdomainを担当
  nthreads = omp_get_num_threads();  //スレッドの数を取得
  threadid = omp_get_thread_num();  //自分のスレッドIDを取得
  get_my_subdomain_range(…nthreads, threadid, …, &start_domid, &end_domid);
  a_w = (double *) Calloc(…); //作業用配列

  //このforループがマルチスレッド化される
  for ( i = start_domid; i < end_domid; i++ ) {dmesh = SetDom4CG(…);
    domsolve(…);
    put_domvec_to_cgvec(…, a_w);
  }
#pragma omp critical  //以下は単一スレッドで実行
  dary_op_ary(cgvec.a_w, …, a_w); //作業用配列から保存用配列にコピー

  Free(…, a_w);
}
```

{ }内がスレッド並列化される

リスト7.2.2　OpenMPによるプログラム

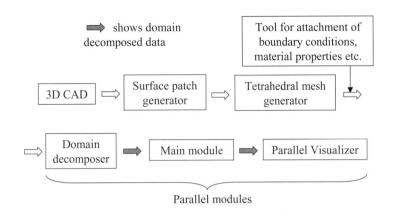

図 7.2.5 並列有限要素解析におけるソフトウェアモジュールの連携

7.2.8 並列有限要素解析システムと入出力データフォーマット

大規模並列有限要素解析では，有限要素法による解析を行うソフトウェア（有限要素解析ソルバー（単にソルバーと呼ばれることもある））だけではなく，7.3 節に述べるようにメッシュジェネレータ等のプリ処理システムや，可視化ソフト等のポスト処理システムが必要である．また，領域分割法を用いる場合には，7.2.3 節に述べたドメインデコンポーザーにより様々な入力データを分割する必要がある．図 7.2.5 は並列有限要素解析システムの例として，ADVENTURE システムにおけるソフトウェアモジュール群の連携を示す[7.2]．矢印はデータの流れを示しており，様々なモジュールの間で非常に大規模なデータの受け渡しが必要となる．

ここでは ADVENTURE システムで用いられている，入出力データの一般化手法，大規模データに特化したデータフォーマット，および，それを扱うための入出力プログラムを記述するための関数を集めた専用ライブラリを紹介する[7.36]．データを一般化するために，図 7.2.6 に示すレイヤーモデルを考える．下層にはハードディスクやメモリ等のデータを格納するデバイスがあり，それらの上にあるデータを処理する層，色々な属性を持つ大規模データを格納する層，有限要素法に関するデータを一般化する層，有限要素法の入出力データの層，領域分割されたデータの層が

DDM layer	Subdomain information, Control data etc.		
Second FEM layer	Node	Element	Displacement, Stress, Boundary Conditions, etc.
First FEM Layer	FEGA		
Large-scale data handling layer	Document		
	File I/O, Memory I/O		
Hardware layer	Disk, Memory		

図 7.2.6 並列有限要素解析における入出力データのレイヤーモデル

ある。各層で想定されるデータに対して最適な処理方法を実装することにより，大規模なデータを容易に扱えるようになる。大規模データはその属性と共に Document と呼ばれる入れ物に格納される。有限要素法に関係したあらゆるデータを一般化して Document に格納することにより，どのようなデータもドメインデコンポーザーで分割してソルバーに入力することができる。

7.2.9 E-Simulator

7.1.1 節でも紹介した E-Simulator は建築構造物や土木構造物の詳細なシミュレーションを行うことを目的に開発された汎用並列有限要素解析ソフトウェアである。解析ソルバー部分については，商用並列有限要素解析コードである ADVENTURECluster をプラットフォームとして開発されている。E-Simulator / ADVENTURECluster では，7.2.5 節に述べた CGCG 法が実装されている。ADVENTURECluster には汎用コードに必要な有限要素法の基本的な機能，すなわち，MPC，各種の材料モデル，非適合モード要素を含む各種の有限要素が用意されている。陰的な時間積分法である Hilbert-Hughes-Taylor 法（α法）が実装されている。E-Simulator には建築構造物や土木構造物の解析に必要な鋼材やコンクリートの構成則，破壊モデル等が拡張機能として実装されている。

7.3　詳細有限要素モデルのプリ処理およびポスト処理

7.3.1　モデル作成の概要

a.　ソリッド要素によるメッシュ分割

四面体要素でメッシュ分割する場合，市販のメッシュソフトでは自動メッシュ分割機能が用意されており，形状が定義されていれば，容易にメッシュ分割できる。しかし，鋼構造物のように薄板で部材が構成されている場合，偏平でない要素によりメッシュを作成すると要素数が膨大になる。また，RC 構造物では，鉄筋を考慮してメッシュ分割すると，断面方向のメッシュ分割数が多くなるため，偏平でない要素を作成するためには材軸方向のメッシュサイズも小さくする必要があり，要素数が膨れあがってしまう。一方，六面体要素では，アスペクト比（式(7.1.1), (7.1.2)参照）が小さくても，非適合モード要素や高次要素を用いれば精度が確保されるため，薄板の鋼部材や，鉄筋までもソリッド要素でモデル化した RC 部材でも要素数を抑えたモデル化をすることができる。そこで，本節では，六面体要素による建築構造物のモデル化について述べる。

b.　モデルの作成方法

六面体要素による部材メッシュは，断面を四角形要素で分割し，その四角形要素を材軸方向に押し出すことにより作成することができる。このように，部材自体のメッシュを作成する手順は単純であるが，これらの部材によって組み立てられたアセンブリ構造のモデルを作成することはそれほど単純ではない。

隣接部材間で整合したメッシュを作成する場合，断面の四角形要素の分割の仕方や材軸方向に押し出す間隔が，隣接部材の形状や要素サイズの影響を受けるため，手作業で整合させようとするとメッシュ分割に大きな労力がかかる。一方，隣接部材間で整合しないメッシュであっても，

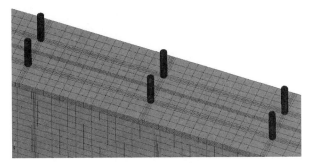

図 7.3.1 ソリッド要素によるスタッドボルトの要素分割

MPC（7.2.6節参照）を用いて部材を接続することができる．しかし，MPCを多用するとCG法1反復に要する処理過程でMPCの処理に要する計算量が相対的に大きくなり，また，反復解法の収束性を悪化させることもあるため，全体の計算時間に大きく影響を及ぼす．そのため，MPCを多用することは，モデル作成時間の短縮とソルバーの計算時間の増大のトレードオフとなる．精度の面からも，MPCで拘束された点以外の点での変位場は不連続となるため，応力やひずみが局所的に大きく変化する損傷箇所などの観察したい箇所への適用は避けるべきである．文献7.37)では，10層RC建物について，スパン中央部ではMPCでの接続を許容しそれ以外ではメッシュが整合するようにして，六面体要素を用いた詳細有限要素モデルを構築している．

部材間の接続に用いられるボルトや鉄筋などは柱や梁部材より小さいスケールである．図7.3.1に示すように，ソリッド要素によりモデル化することも可能であるが，柱や梁部材のメッシュ分割も細かくなり，モデル全体の要素数が大きく増加することになる．そのため，小さいスケールの部品類については，モデルの規模を抑えるための方法として線材要素などのマクロ要素を用いることも考えられる．ただし，線材要素の中には1節点あたり6自由度を持つものもあり，それを1節点あたり3自由度のソリッド要素に接続する場合には，工夫が必要となる．変形を考慮しないでボルトをモデル化する場合や，同一の境界条件を複数の節点に与える場合などでは，剛体梁要素が利用できる．剛体梁要素は，接続された節点間の配置を剛体運動以外は拘束するものであり，MPCを利用して実装されている．

7.3.2 ポスト処理の概要

解析結果のデータは，節点や要素での物理量の膨大な数値データの集まりであり，そのままでは有益な情報とはならないため，解析結果のポスト処理が必要となる．ポスト処理の重要な機能として，データの抽出および可視化が挙げられる．汎用ソフトでは，GUI上で節点または要素を選択して必要な物理量の時系列データを抽出する機能がある．また，変形および各物理量のコンタの静止画および動画を作成する機能も準備されている．

一方，建築構造では，節点や要素における応力やひずみといった局所的な物理量だけではなく，断面力や回転角といったマクロな量も重要な情報となる．ソリッド要素を用いた詳細有限要素モデルによる解析では，このようなマクロな量は直接出力されないため，ポスト処理により求める必要がある．そのため，建築構造向けのポスト処理機能が別途必要となる．

大規模解析では，結果のデータは膨大となり，地震応答解析結果のように多数の時間ステップの結果データを読み込んで描画するには膨大な時間を要する。また，快適に操作を行うには大容量のメモリや高性能なグラフィックスボード，CPU を搭載したコンピュータ環境（グラフィックスワークステーション）が必要になる。そのため，可視化以外のデータの抽出や節点の物理量をマクロな量へ変換する操作は，汎用ソフトのポスト処理プログラムを利用するより，スクリプトを作成してバッチ処理するほうが適している。文献 7.38), 7.39)では，7.4 節で取り上げる 4 層鋼構造骨組の実大実験の再現シミュレーションについて，実験で計測した 564ch のひずみデータと比較するための解析データの抽出手法を提案し，実験結果との詳細な比較を行っている。また，最近では，オフラインレンダリング[7.40)-7.42)]と呼ばれる手法により，シミュレーションに用いる計算機上で可視化画像を直接作成することも行われている。オフラインレンダリングでは汎用的なグラフィックスライブラリを使わずに可視化コードを実装することにより，グラフィックスボードを持たないスーパーコンピュータでも可視化結果の画像を生成できる。更に，大量の結果データをグラフィックスワークステーションに転送する必要もなくなる。

7.3.3　合成梁実験試験体を対象とした解析モデルの作成およびポスト処理の例

　ここでは，ソリッド要素による解析モデルの作成およびポスト処理の例として，4 層鋼構造実大崩壊実験でのブラインド解析コンテスト[7.43)]のために実施された合成梁の実験の試験体[7.44)]（図 7.3.2）を取り上げる。

a.　解析モデルの作成

　図 7.3.3 にメッシュ分割を示す。梁，柱，スラブは六面体要素を用いて分割する。スラブには，径 6 mm の金網鉄筋（ワイヤーメッシュ）が 150 mm 間隔で配置されている。ワイヤーメッシュも，六面体要素でモデル化する。ただし，円形の断面形状は矩形として近似し，直交するワイヤーの重なりは考慮せずに突合わせとして扱う。梁とスラブを接合するスタッドボルトは，他の構成部材に比べてスケールが小さいので，剛体梁を用いてモデル化する。ただし，剛体梁は回転自由度を有していることから，図 7.3.4 に示すように端部をソリッド要素と少なくとも 2 節点で接続する必要がある。そのため，鉄骨梁のフランジは板厚方向に 4 分割し，フランジの 2 層目まで

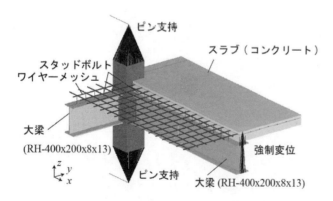
図 7.3.2　合成梁モデルと境界条件

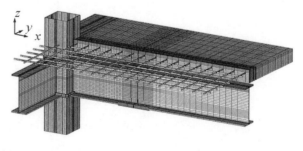
図 7.3.3　メッシュ分割

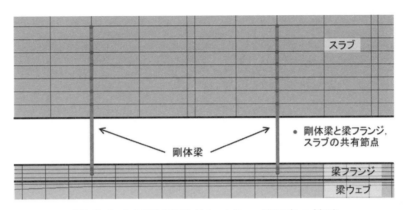

図 7.3.4 剛体梁要素とソリッド要素の接続

剛体梁を埋め込む。スラブとフランジの間の隙間はデッキプレートを模したものであるが，このモデル化手法には検討の余地がある。作成された合成梁モデルの全体の節点数は 124,420, 要素数は 93,284, 剛体梁数は 1,844, 全自由度数は 373,260 である。

合成梁を構成する部材の六面体要素モデルは，前節で述べたように，断面の四角形要素を生成して，その四角形要素を押し出すことにより作成できる。部材の接続については，柱梁接合部が本解析の観察したい対象であるので，ここでは部材のメッシュを MPC で接続せず，柱梁接合部とその周りの部材のメッシュ分割が整合するようにして一体のメッシュとする。そのため，それぞれの部材は隣接部材のメッシュ分割の影響を受ける。例えば，柱においては梁のウェブの要素分割の影響を受け，梁においてはスタッドの位置の影響を受け，コンクリートスラブにおいては，スタッドとワイヤーメッシュの影響を受ける。これらの影響を考慮して，部材メッシュを生成するには，メッシュソフトで複雑な操作が必要となり，多数の部材を作成し，それらを組み立てて構造物のメッシュを生成するには，多大な時間と労力を要することがわかる。

図 7.3.2 に示すように，柱上下端をピン支持し，梁先端にたわみ角 $_b\theta$ を強制変位として与える。上下端のピン支持の位置に付加節点を配置して，その節点を梁の上下端の面上の節点と剛体梁で

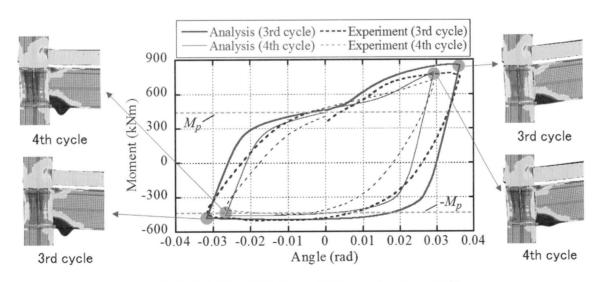

図 7.3.5 梁の部材角 $_b\theta$ －梁端モーメント $_bM$ 関係

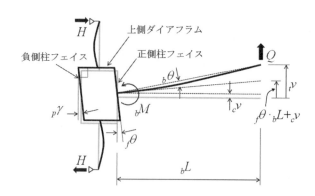

図 7.3.6 部材角 $_b\theta$ と梁端モーメント $_bM$ の算出に必要な諸量の定義

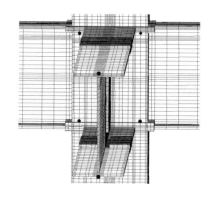

図 7.3.7 部材角 $_b\theta$ の算出に用いるデータの節点位置

接続する。ピン位置の付加節点の並進3成分の変位を拘束し，回転3成分を自由とする。

載荷点位置にも節点を配置し，その節点と梁の端部の面の節点を剛体梁で接続する。この節点にたわみ角 $_b\theta$ を与える。正曲げの変形では，スラブ上面が圧縮となり柱に接触する。ここでは，接触条件（接触あり，摩擦なし）を設定する。

b. **解析結果のポスト処理**

合成梁モデルに対して実施した準静的繰返し載荷解析の可視化について述べる。図 7.3.5 に 3 サイクル目と 4 サイクル目での梁の部材角－材端モーメント関係を示す。梁の部材角 $_b\theta$ と梁端モーメント $_bM$ は実験と同様に次式を用いて算出する。

$$_bM = Q \cdot {}_bL \tag{7.3.1}$$

$$_b\theta = [{}_tv - ({}_f\theta \cdot {}_bL + {}_cv)/{}_bL] \tag{7.3.2}$$

式中の諸量の定義は，図 7.3.6 で模式的に示している。モーメントについては強制変位位置の反力と接合部までの距離の積により容易に求めることができる。一方，部材角について，図 7.3.7 に示す 6 つの節点位置の変位データを抽出し，これらのデータから算出する。合成梁モデルでは接合部は一カ所のため，それほど労力はかからないが，建物を対象とした場合，GUI 上で節点位置を

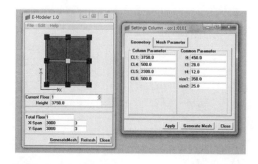

図 7.3.8 建築骨組ソリッドモデル構築プログラムの簡易入力 UI

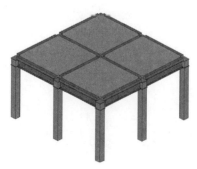

図 7.3.9 解析モデル形状

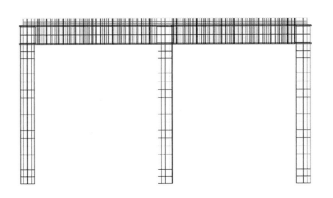
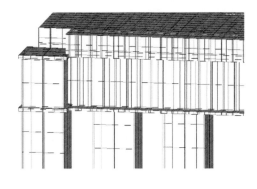

図 7.3.10 生成された解析メッシュ（左：全体，右：柱梁接合部周辺）

多数選択する必要が生じ，その処理に時間がかかることになる。また，人為的なミスの発生も考えられるため，先に述べたようにスクリプト作成による自動処理が好ましい。

図 7.3.5 には各サイクルの最大変形と相当塑性ひずみのコンタを併せて載せている。正曲げでの柱とスラブの接触や負曲げでの局部座屈が正負曲げの非対称な挙動と対応していることがわかる。シミュレーションにより応力やひずみの分布や倍率を調整した変形を静止画や動画で確認でき，実験では認識しにくい現象の理解に役立てられる。

7.3.4 建築構造物のメッシュ生成システムの試作

ここでは，ソリッド要素を用いて建築構造物のメッシュ生成を簡単に行うための，簡易入力ユーザーインターフェースを備えた形状定義，メッシュ生成システム[7.45]を紹介する。複雑で部材数が多い建築構造物をソリッド要素でモデル化するためには熟練した CAE 技術者でも多大な時間を要する。そのため，高精度なシミュレーションを実現するだけでは，研究開発や設計への活用といった社会への普及は難しい。そこで，簡易入力でソリッドモデルを構築できるユーザーインターフェース（UI）の構築が望まれる。図 7.3.8 に簡易入力 UI を示す。x 方向，y 方向の軸の数やスパン，各階の階高を入力すると各階の伏図ができる。次に部材寸法や要素分割数等を入力することにより，簡単にメッシュを生成することができる。例えば，図 7.3.9 に示す解析モデル形状に対して，図 7.3.10 のような解析メッシュを生成することができる。

7.4 解析例
7.4.1 4層鋼構造骨組の実大実験の再現シミュレーション[7.11]
a．メッシュ生成

本シミュレーションの目標は，平成 19 年 9 月に E－ディフェンスで実施された 4 層鋼構造骨組完全崩壊実験[7.19],[7.20]の結果を再現することである。実験と同時に実施されたブラインド解析コンテストのための公開データを用いて慶應義塾大学野口研究室で作成されたメッシュを基に，六面体要素による有限要素モデルを作成する（図 7.4.1, 7.4.2）。7.1.2 節と同様に，非適合モードを加えた 1 次要素を用いる。要素数は 4,532,742，節点数は 6,330,752，自由度数は 18,992,256 である。H

形鋼のウェブ，フランジ等の板材の要素分割は板厚方向に最低 2 層とする（図 7.4.2(a)）。各層のスラブの形状は平板として，要素分割は板厚方向 2 層とする。フランジとスラブを接続するスタッドは剛体梁要素でモデル化する（図 7.4.2 (b)）。

柱脚については基礎も含めソリッド要素でモデル化する。ベースプレート，モルタル，基礎の間の接触は考慮せず，一体のメッシュとする。アンカーボルト，基礎を補強するシームレスパイプはトラス要素でモデル化する。外壁パネルを，上下層の梁を結ぶ弾塑性のせん断ばね要素でモデル化し，その構成則のパラメータを文献7.46)に基づき同定する。文献7.46)では 2, 3 層の Y 方向について，要素実験結果より換算して 1 層あたりの外壁および内壁による水平抵抗力を求めており，これを同定に用いる。したがって，本研究の外壁モデルには，内壁の剛性も含まれている。

鋼材の構成則として区分線形等方硬化則（以後，等方硬化則）または大崎等によって開発された semi-implicit 型ルールを用いた区分線形複合硬化則 [7.47]（以後，複合硬化則）を用いる。ブラインド解析で公開された単軸引張試験結果，および，山田等 [7.48]による繰返し載荷実験の結果に基づき硬化係数を定める。スラブのコンクリートの構成則には Drucker-Prager 則を適用する。スラブ以外の各部材は全て鋼材でできており，密度は $7.86\times 10^3 \mathrm{kg/m^3}$ とする。非構造部材や防護装置の重量を含む積載荷重は，スラブ密度 $2.3\times 10^3 \mathrm{kg/m^3}$ を積載重量に相当する密度で割り増すことによって考慮する。

図7.4.3では4層鋼構造骨組モデルの柱部分のメッシュと7.1.2節の$t2b48L320$モデルのメッシュを比較している。4層モデルの柱では梁の要素分割に整合させて一体のメッシュとするために梁のウェブ

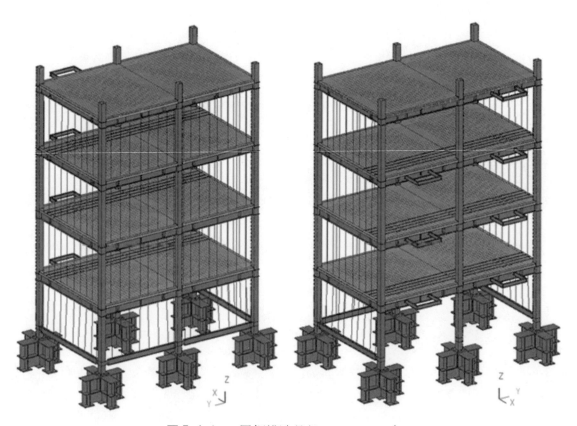

図 7.4.1　4 層鋼構造骨組の CAD モデル

の位置で幅方向の要素寸法が小さい。4層モデルの柱部分のメッシュは，7.1.2節の記号によれば，$t2b19L300$に相当する。ただし，幅方向については梁ウェブ位置にない要素に基づいて見積っている。図7.4.2のメッシュの柱部分のみを取り出し，7.1.2節と同様の解析を行った結果，参照解に近い反力‐変位曲線が得られることを確認している。この結果は，「幅方向（x, y方向）の分割数よりも材軸方向の分割数の方が解の精度への影響が大きい」という7.1.2節の結論とも整合する。

b. JR鷹取波60%を入力した結果

ブラインド解析コンテスト[7.43)]で公開されたJR鷹取波（60%）に対する実験における震動台上加速度のEW，NS，UD成分を基礎下面に3方向に20秒入力して，時刻歴応答解析を行う。減衰はレイリー減衰とし，減衰定数は1次と4次（X方向の1次と2次）に対して0.02とする。解析には防災科学技術研究所のSGI Altix 4700（CPU：Intel Itanium 1.66 GHz，使用コア数：1 node×256 core/node = 256 core）を用いる。測定結果の時刻歴，実験の動画等は防災科学技術研究所のWebサイトにおいて公開されている[7.49)]。

図7.4.4，7.4.5に1層のX（短辺），Y（長辺）方向の層間変形角の時刻歴を，図7.4.6，7.4.7に層せん断力の時刻歴を示す。解析結果とE－ディフェンスによる4層鋼構造骨組の実験結果を重ねてプロットしている。層せん断力は解析結果，実験結果共に，集中化した各層の質量と各層の重心における加速度の積を合計することにより求めている。解析では鋼材の構成則として等方硬化則を用いた場合と複合硬化則を用いた場合を比較している。

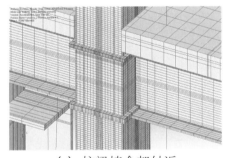
（a）柱梁接合部付近

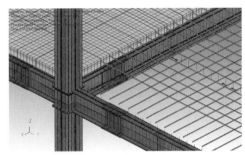
（b）スラブの鉄筋とスタッド

図7.4.2　4層鋼構造骨組のメッシュ

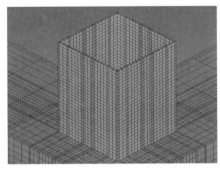
（a）4層鋼構造骨組柱

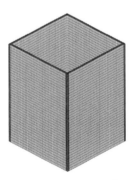
（b）$t8b48L320$ モデル

図7.4.3　4層鋼構造骨組の柱のメッシュと7.1.2節の参照モデルのメッシュの比較

X（短辺）方向層間変形角については，E-Simulatorによる結果は7秒付近までの変位のピークを良好に計算している。しかし，それ以降の振幅が小さくなってからの応答では，位相，振幅共にずれがみられる。Y（長辺）方向層間変形角に関しても，E-Simulatorによる結果は6秒付近のピークをうまく捉えている。その後は等方硬化則を用いた場合には変形角が正方向にドリフトしている。一方，複合硬化則を用いた場合には，そのようなドリフトは起こらず，実験結果と良好に一致している。層せん断力についても層間変形角と似た傾向である。図7.4.8に最大変形時における変形図と相当応力のコンタを示す。

c. JR鷹取波100%，115%を入力した結果

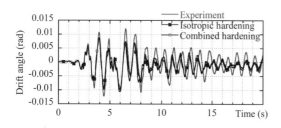

図 7.4.4　1層層間変形角
（X方向，60%加振）

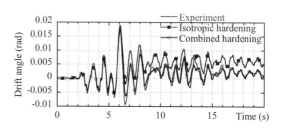

図 7.4.5　1層層間変形角
（Y方向，60%加振）

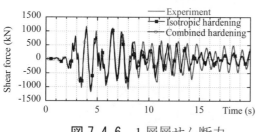

図 7.4.6　1層層せん断力
（X方向，60%加振）

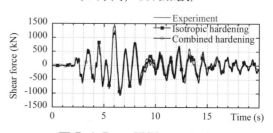

図 7.4.7　1層層せん断力
（Y方向，60%加振）

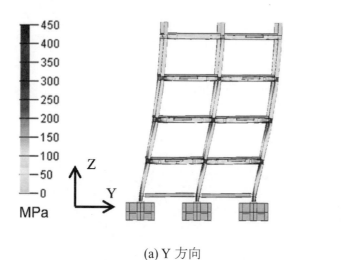
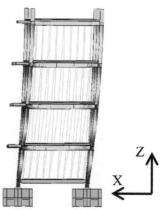

(a) Y方向　　　　　　　　(b) X方向
図 7.4.8　変形と相当応力分布（60%加振，変形倍率：10倍）

JR鷹取波（100%）に対する実験における震動台上加速度のEW，NS，UD成分を基礎下面に3方向に入力して，時刻歴応答解析を行う。実験では100%加振の前に5%，10%，12.5%，20%，40%，60%の各加振が行われており，そこでの残留変形や残留応力があると考えられる。しかし，ここで

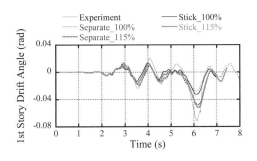

図7.4.9　1層層間変形角
（X方向，100%，115%加振）

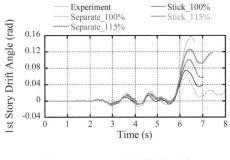

図7.4.10　1層層間変形角
（Y方向，100%，115%加振）

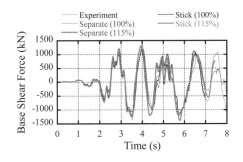

図7.4.11　1層層せん断力
（X方向，100%，115%加振）

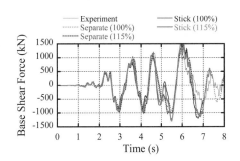

図7.4.12　1層層せん断力
（Y方向，100%，115%加振）

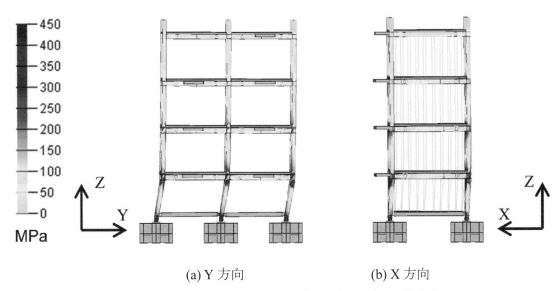

(a) Y方向　　　　　(b) X方向
図7.4.13　4層鋼構造骨組モデルの崩壊（115%加振）

は計算資源の制約もあり初期状態に対して100%加振を行っている。文献7.12)では先行する加振による残留変形の影響について検討している。E-Simulatorによるシミュレーションでは、100%加振により十分に崩壊しなかったため、115%加振のシミュレーションも行っている。115%の入力波は100%の入力波を1.15倍することにより作成している。

図7.4.9, 7.4.10に1層のX（短辺），Y（長辺）方向の層間変形角の時刻歴を，図7.4.11, 7.4.12に層せん断力の時刻歴を示す。柱とスラブを貫通とした場合と固着とした場合では、柱頭部分の座屈性状が異なることを確認している。柱とスラブが貫通するように設定すると、柱頭部分での座屈が生じにくいのに対し、固着とすると座屈しやすい。実験では柱頭においても座屈している。図7.4.9－7.12では貫通（separate）の場合と固定（stick）の場合の時刻歴を示している。実験では6.5秒付近でX, Y方向共に変位が大きくなっており、転倒防止フレームに衝突している。ただし、6.5秒以降では測定範囲を超えたため変位が正しく測定できていない。6秒以前では100%入力と115%入力の層間変形角の差は小さく、実験結果に近い。6秒以降に崩壊が始まると、115%の層間

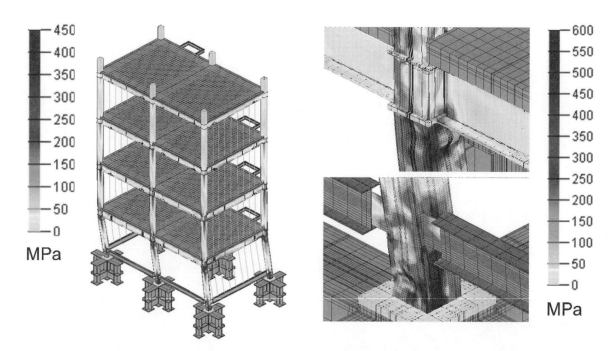

図7.4.14　4層鋼構造骨組モデルの崩壊と局部座屈（115%加振）

図7.4.15　4層骨組の崩壊（E－ディフェンス実験，100%加振）

変形角の方が実験結果に近く，シミュレーションにおいても崩壊が再現できていると考えられる。一方，100%の解析では完全には崩壊していない。また，柱とスラブを固着にしたモデルの方が，6秒以降の変形角が実験結果に近い。

柱とスラブが貫通するモデルでの115%入力時の時刻6.46秒における構造物全体の崩壊の様子を図7.4.13に，1層の柱脚と柱頭部分での局部座屈の様子を図7.4.14に示す。図7.4.15にE－ディフェンス実験の様子を示す。

7.4.2 31層超高層ビルの地震応答解析 [7.10), 7.16)]

ここでは，ソリッド要素でモデル化した31層超高層ビルモデルに，JR鷹取波を入力した場合の地震応答シミュレーションの結果を紹介する。

a. 31層超高層ビルの構造概要

図7.4.16(a)に3DCADモデルを，(b)に代表的な通りの軸組図を，(c)に基準階の伏図を示す。この建物は実在するものではなく，本解析のために日本の建築基準法に従って試設計したものである。事務所ビルを想定し，地上の層数は31，軒高は129.7 mであり，平面形状は50.4 m×36.0 mの長方形である。架構形式は，センターコア形式のS造であり，コアには制振ブレースを配置している。地下部分の剛性と等価な弾性基礎梁を設置し，地下部分はモデル化しない。

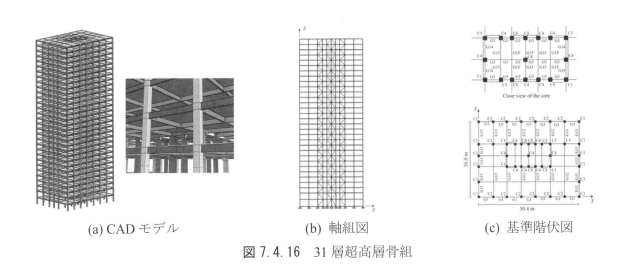

(a) CADモデル　　(b) 軸組図　　(c) 基準階伏図

図7.4.16　31層超高層骨組

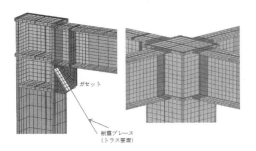

図7.4.17　31層超高層骨組メッシュ

b. メッシュ生成

3次元ソリッドモデラである I-DEAS を用いて図 7.4.16(a)のような 3 次元 CAD モデルを作成する。全ての部材を六面体 1 次要素で分割する。図 7.4.17 にメッシュを拡大した様子を示す。H 形鋼のウェブ，フランジ等は板厚方向に二層以上に分割する。板厚方向以外の方向については，接合部付近では要素寸法が 70mm 程度になるように分割する。梁や柱の中間部分（接合部から離れている部分）については粗い分割とする。柱に梁のフランジが接続する部分にはダイヤフラムが取り付けられており，これも六面体要素で分割する。同様に，制振ブレースを接続するガセットプレートと，それを取り付ける部分を補強するダイヤフラムとスチフナも板厚方向を 2 層に分割する。制振ブレースについては，1 部材の一軸の弾塑性構成則を設定したトラス要素としてモデル化する。トラス要素の両端は剛体梁要素を用いてガセットプレート表面の複数の節点と接続する。各層のスラブの形状は，凹凸のない平板としてソリッド要素で分割する。フランジとスラブを接続するスタッドのモデル化は省略し，フランジ上部の節点とスラブの節点を共有節点として接続する。メッシュの規模は，要素数が 15,592,786 個，節点数が 24,765,275 個，自由度数が 74,295,825 自由度となる。

鋼材の構成則としては移動硬化則を用いており，スラブのコンクリートは弾性としている。鋼材の材料定数については，ヤング率，降伏応力，ポアソン比をそれぞれ 205 GPa, 330 MPa, 0.3 とする。また，移動硬化の硬化係数はヤング率の 1/1000 とする。スラブのヤング率とポアソン比はそれぞれ 22.7 GPa, 0.2 である。鋼材の密度は $7.86 \times 10^3 kg/m^3$ とする。スラブの密度 $2.3 \times 10^3 kg/m^3$ は積載荷重を考慮するために割り増し，$4.90 \times 10^3 kg/m^3$ としている。

a 節に述べたように，地下部分と等価な剛性を持つ弾性基礎梁を取り付ける。基礎梁の形状は 2 階床の梁と同じであり，ヤング率は鋼材の 5.5 倍としている。各柱の底面に高い剛性を持つ板を表すメッシュを取り付け，その板の中心がピン支持となるように境界条件を与える。地震波はピン支持された底部に加速度履歴を強制的に与えることで入力する。

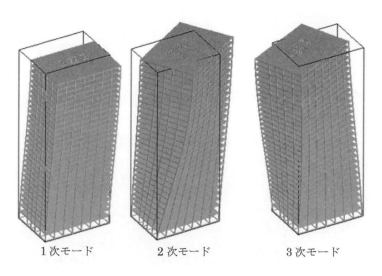

図 7.4.18 固有モード

表 7.4.1 6 次までの固有周期
（31 層骨組）

1次	2次	3次
3.253	2.870	2.616

4次	5次	6次
1.032	0.951	0.850

(unit: s)

c. 解析結果

1次から6次までの固有周期を表 7.4.1 に示す。また、1次から3次までの固有モードを図 7.4.18 に示す。図 7.4.19 に 31 層の隅柱上部の変位時刻歴を示す。EW, NS, UD 方向はそれぞれ X, Y, Z 軸方向に対応している。図 7.4.20 は時刻 4.99 s における変形と相当応力分布を示し、図 7.4.21 は時刻 6.21 s における相当塑性ひずみの分布を示す。

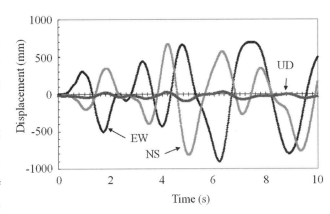

図 7.4.19 31 層隅柱上部節点における変位の時刻歴

d. スーパーコンピュータ「京」による地盤と超高層ビルの連成解析[7.16]

b 節に示した超高層ビルモデルに地盤モデルを追加し、スーパーコンピュータ「京」により地震応答解析を行った例を示す。図 7.4.22 に解析モデルの概要を示す。図 7.4.16 の超高層モデルの下部にマットスラブを取り付け、それを地盤の上に設置する。本解析ではマットスラブは地中に埋めていない。地盤の領域は 1000m×1000m×100m である。地盤は 1 辺 2 m、マットスラブは 1 辺 0.3 m の立方体型の六面体要素で要素分割する。図 7.4.23 に示すように、超高層ビル部分、マットスラブ部分、地盤部分のメッシュのサイズが大きく異なっているため、ここでは MPC により各部分を接続している。完成したモデルの要素数は 28,363,862、節点数は 37,311,413、全自由度数は 111,934,239、MPC 数は 2,962,659 である。

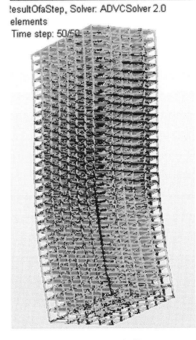

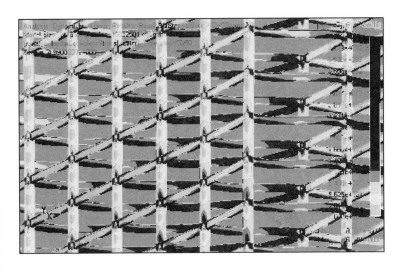

(a) 骨組全体　　　　　　　　　　(b) 拡大図

図 7.4.20 時刻 4.99 s における変形（拡大倍率 20 倍）と相当応力分布

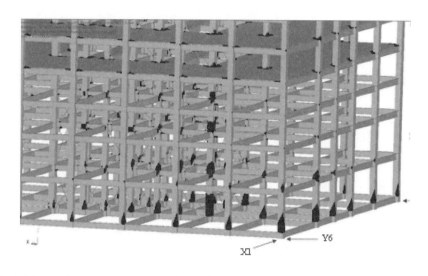

図 7.4.21 時刻 6.21 s における変形（拡大倍率 10 倍）と相当塑性ひずみ分布

　ここでは，試解析として地盤の底面に JR 鷹取波を入力する．地盤側面は自由境界とする．文献7.17)ではここに示す解析モデルを改良し，地盤の側面と底面に鉛直方向に入射する地震波に対する1次元波動論の解と整合した境界条件を設定することで，より現実的な解析を行っている．

　非線形地震応答解析の結果を図 7.4.24, 7.4.25 に示す．1億自由度を超える大規模なメッシュを用いた動解析であるため，膨大なデータが結果として出力される．そこで，図 7.4.24, 7.4.25 の画像は，7.3.2 節に述べたオフラインレンダリングと呼ばれる手法によりスーパーコンピュータ「京」上で生成している．超高精細画像が生成され，それを拡大することにより細部の様子も可視化される．地盤の側面を自由境界としているため，境界付近で不自然な反射波が発生している．

7.5　むすび

　本章では，大規模並列有限要素解析の意義，並列有限要素法を実現するために必要な基礎的技術，建築構造物をソリッド要素でモデル化するための技術，解析結果の可視化技術について述べた．次に，建物の大規模並列有限要素解析の例として，E－ディフェンス で実施された 4 層鋼構造骨組完全崩壊実験の再現解析と，超高層ビルの地震応答シミュレーションの結果を紹介した．

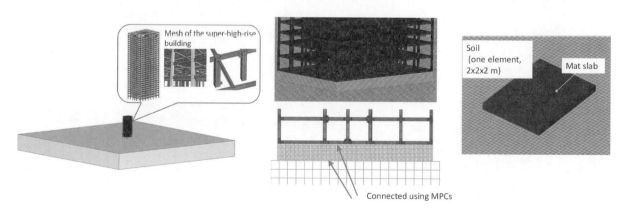

図 7.4.22　超高層ビルと地盤のモデル　　図 7.4.23　超高層ビルと地盤のメッシュ

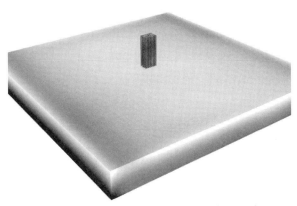 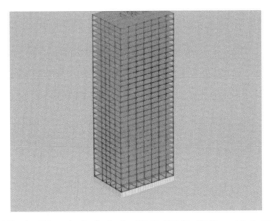

図 7.4.24　応力分布と変形（鳥瞰図）　　図 7.4.25　応力分布と変形（建物部分の拡大図）

現在，著者等は材料の破断を考慮した鋼構造物のシミュレーションや，コンクリートの破壊を考慮した鉄筋コンクリート構造物のシミュレーションにも取り組んでいる．その場合，ソリッド要素による詳細なメッシュを用いた大規模並列解析の有用性が増すことが期待できる．

参考文献

7.1)　Website of ADVENTURE project: http: //adventure.sys.t.u-tokyo.ac.jp/

7.2)　S. Yoshimura, R. Shioya, H. Noguchi, and T. Miyamura: Advanced General-Purpose Computational Mechanics System for Large Scale Analysis and Design, Journal of Computational and Applied Mathematics, Vol.149, pp.279-296, 2002.12

7.3)　G. Yagawa, and R. Shioya: Parallel Finite Elements on a Massively Parallel Computer with Domain Decomposition, Computing Systems in Engineering, Vol.4, pp.495-503, 1993

7.4)　アライドエンジニアリング HP: http://www.alde.co.jp/

7.5)　H. Akiba, et al: Large Scale Drop Impact Analysis of Mobile Phone Using ADVC on Blue Gene/L, In: SC '06 Proceedings of the 2006 ACM/IEEE Conference on Supercomputing, Tampa, FL, USA, Article No. 46, 2006

7.6)　H. Akiba, T. Ohyama, and Y. Shibata: CGCG Method for Structural Analysis and Its Enhancement, In: Proceedings of the 7th International Conference on Engineering Computational Technology (ECT2010), DOI: 10.4203/up.9401, Valencia, Spain, 2010

7.7)　宮村倫司，吉村忍：PC クラスタによる古代建築パンテオンの並列応力解析，日本建築学会構造系論文集，No.550，pp. 95-102，2001.12

7.8)　堀宗朗，野口裕久，井根達比古：E-Defense と連動させた数値震動台の開発計画，土木学会地震工学論文集，2007.8

7.9)　M. Ohsaki, T. Miyamura, M. Kohiyama, M. Hori, H. Noguchi, H. Akiba, K. Kajiwara, and T. Ine: High-Precision Finite Element Analysis of Elastoplastic Dynamic Responses of Super-High-Rise Steel Frames, Earthquake Engineering and Structural Dynamics, Vol. 38, pp. 635-654, 2009.4.25

7.10) T. Miyamura, M. Ohsaki, M. Kohiyama, D. Isobe, K. Onda, H. Akiba, M. Hori, K. Kajiwara, and T. Ine: Large-Scale FE Analysis of Steel Building Frames Using E-Simulator, Progress in Nuclear Science and Technology, Atomic Energy Society of Japan, Vol. 2, pp.651-656, 2011

7.11) T. Miyamura, T. Yamashita, H. Akiba, and M. Ohsaki: Dynamic FE Simulation of Four-Story Steel Frame Modeled by Solid Elements and Its Validation Using Results of Full-Scale Shake-Table Test, Earthquake Engineering and Structural Dynamics, Vol.44, pp.1449-1469, 2015

7.12) H. Tagawa, T. Miyamura, T. Yamashita, M. Kohiyama, and M. Ohsaki: Detailed Finite Element Analysis of Full-Scale 4-Story Steel Frame Structure Subjected to Consecutive Ground Motions, International Journal of High-Rise Buildings, Vol. 4, No. 1, pp.65-73, 2015.3

7.13) 山下拓三，大崎　純，小檜山雅之，宮村倫司，張　景耀，田川浩之：繰り返し載荷を受ける合成梁の詳細有限要素解析，日本建築学会構造系論文集，Vol.79，No.704，pp.1481-1490，2014.10

7.14) 小檜山雅之，大崎　純，宮村倫司，山下拓三：数値震動台を用いた ALC パネルの角部接触の有限要素解析，構造工学論文集，Vol. 60B，pp.463-470，2014.3

7.15) M. Ohsaki, T. Miyamura, M. Kohiyama, T. Yamashita, M. Yamamoto, and N. Nakamura: Finite-Element Analysis of Laminated Rubber Bearing of Building Frame under Seismic Excitation, Earthquake Engineering and Structural Dynamics, Vol.44, pp.1881-1898, 2015.3

7.16) T. Miyamura, H. Akiba, and M. Hori: Large-Scale Seismic Response Analysis of Super-High-Rise Steel Building Considering Soil-Structure Interaction Using K Computer", International Journal of High-Rise Buildings, Vol.4, No.1, pp.75-83, 2015.3

7.17) T. Miyamura, S. Tanaka, and M. Hori: Large-Scale Seismic Response Analysis of a Super-High-Rise-Building Fully Considering the Soil-Structure Interaction Using a High-Fidelity 3D Solid Element Model, Journal of Earthquake and Tsunami, Vol.10, No.3, 1640014 (21 pages), 2016

7.18) 山下拓三，宮村倫司，秋葉　博，梶原浩一：角型鋼管のソリッド要素による有限要素弾塑性座屈解析の精度検証，日本計算工学会論文集，Vol.2013，Paper No.20130001，2013.1

7.19) S. Yamada, K. Suita, M. Tada, K. Kasai, Y. Matsuoka, and Y. Shimada: Collapse Experiment on 4-Story Steel Moment Frame: Part 1 Outline of Test Results, In: Proceedings of the 14th World Conference on Earthquake Engineering (14WCEE), Beijing, China, 2008.10

7.20) K. Suita, S. Yamada, M. Tada, K. Kasai, Y. Matsuoka, and Y. Shimada: Collapse Experiment on 4-Story Steel Moment Frame: Part 2 Detail of Collapse Behavior. In: Proceedings of the 14th World Conference on Earthquake Engineering (14WCEE); Beijing, China, 2008.10

7.21) 矢川元基，塩谷隆二，超並列有限要素解析，朝倉書店，1998

7.22) 地球シミュレータ HP: http://www.jamstec.go.jp/es/jp/

7.23) 京 AICS（Advanced Institute for Computational Science）HP: http://www.aics.riken.jp/en/

7.24) Homepage of SPOOLES: http://www.netlib.org/linalg/spooles/spooles.2.2.html

7.25) Homepage of MUMPS: http://mumps.enseeiht.fr/

7.26) 藤野清次, 張 紹良, 反復法の数理（応用数値計算ライブラリ）, 朝倉書店, 1996/9

7.27) B. Smith, P. Bjørstad, W. Gropp: Domain Decomposition: Parallel Multilevel Methods for Elliptic Partial Differential Equations, Cambridge University Press: Cambridge, MA, 1996

7.28) A. Toselli, O. Widlund: Domain Decomposition Methods—Algorithms and Theory. Springer Series in Computational Mathematics, vol. 34, Springer: Berlin, Heidelberg, New York, 2005.

7.29) G. Karypis, V. Kumar: Multilevel k-way Partitioning Scheme for Irregular Graphs. Technical Report, TR 95-064, Department of Computer Science, University of Minnesota, 1995

7.30) G. Karypis, V. Kumar: Parallel Multilevel k-way Partitioning Scheme for Irregular Graphs, Technical Report, TR96-036, Department of Computer Science, University of Minnesota, 1996

7.31) J. Mandel: Balancing Domain Decomposition, Communications in Numerical Methods in Engineering, Vol.9, pp.233-241, 1993.3

7.32) T. Miyamura: Incorporation of Multipoint Constraints into the Balancing Domain Decomposition Method and Its Parallel Implementation, International Journal for Numerical Methods in Engineering, Vol.69, pp.326-346, 2007.1

7.33) P. Saint-Georges, Y. Notay, G. Warzée: Efficient Iterative Solution of Constrained Finite Element Analyses. Computer Methods in Applied Mechanics and Engineering, Vol.160, pp.101–114, 1998.7

7.34) Theoretical manual of MSC/NASTRRAN. MSC Software Corporation.

7.35) H. Kawai, M. Ogino, R. Shioya, and S. Yoshimura, Large Scale Elasto-Plastic Analysis Using Domain Decomposition Method Optimized for Multi-Core CPU Architecture, Key Engineering Materials, Vols. 462-463, pp.605-610, 2011.1

7.36) T. Miyamura and S. Yoshimura: Generalized I/O Data Format and Interface Library for Module-Based Parallel Finite Element Analysis System, Advances in Engineering Software, Vol.35, , pp.149-159, 2004

7.37) 山下拓三, 宮村倫司, 大崎 純, 田川浩之, 小檜山雅之：RC 骨組建物のソリッド要素による詳細有限要素モデルの構築, 計算工学講演会論文集, Vol. 20（CD-ROM）, 2015.6

7.38) 山下拓三, 宮村倫司, 大崎 純, 小檜山雅之, 田川浩之：鋼構造骨組の E-Defense 震動台実験の多点計測データとの比較による E-Simulator の妥当性確認, 計算工学講演会論文集, Vol. 19（CD-ROM）, 2014.6

7.39) 山下拓三, 宮村倫司, 大崎 純, 小檜山雅之：鋼構造骨組の実大震動台実験の多点計測データを用いた E-Simulator による解析結果の詳細分析, 日本建築学会大会学術講演梗概集構造 III, 2015.9

7.40) H.Kawai, M.Ogino, R.Shioya, S.Yoshimura: Vectorization of Polygon Rendering for Off-line Visualization of a Large Scale Structural Analysis with ADVENTURE System on the Earth Simulator, Journal of the Earth Simulator, Vol.9, pp.51-63, 2008.3

7.41) 和田義孝, 河合浩志, 荻野正雄, 塩谷隆二, 超大規模解析のための高精細可視化ライブラリの並列化, 日本機械学会第 26 回計算力学講演会, 佐賀, 2013.11

7.42) HDDMPPS project (LexADV): http://adventure.sys.t.u-tokyo.ac.jp/lexadv/

7.43) M. Ohsaki, K. Kasai, Y. Matsuoka, and JY. Zhang: Results of Recent E-Defense Tests on Full-Scale Steel Building: Part 2, Collapse Simulation and Blind Analysis Contest. In: Proceedings of the Structures Congress, ASCE, Vancouver, 2008.4

7.44) 山田　哲，薩川恵一，吉敷祥一，島田侑子，松岡祐一，吹田啓一郎：床スラブの付いたト型部分架構パネルゾーンの弾塑性挙動，日本建築学会構造系論文集，Vol. 74，No. 644，pp. 1841-1849, 2009.10

7.45) 山下拓三，宮村倫司，梶原浩一：鋼構造骨組を対象とした詳細有限要素解析のためのプリ処理モジュールのプロトタイプ開発，日本建築学会大会学術講演梗概集，構造 I，2014.9

7.46) 松岡祐一，松宮智央，吹田啓一郎，中島正愛，開口部のある ALC 版外装材の大変形性能検証実験：E-ディフェンス鋼構造建物実験研究　その 14，日本建築学会大会学術講演梗概集，C-1，構造 III, pp.1081-1082, 2007.7

7.47) M. Ohsaki, JY. Zhang, T. Miyamura: A Heuristic Algorithm for Parameter Identification of Steel Materials under Asymmetric Cyclic Elastoplastic Deformation, In: Proc. 7th China-Japan-Korea Joint Symposium on Optimization of Structural and Mechanical Systems (CJK-OSM7), Huangshan, China, Paper No. J045, 2012.6

7.48) 山田　哲，今枝知子，岡田　健：バウシンガー効果を考慮した構造用鋼材の簡潔な履歴モデル，日本建築学会構造系論文集　第 559 号, pp.225-232, 2002.9

7.49) Website of ASEBI at E-Defense, NIED, Project: E-Defense tests on full-scale four-story steel building, https://www.edgrid.jp/data/

第8章　接触問題

8.1 はじめに

接触とは，二つの物体が隙間なく接している状態である。二つの物体を互いに押し付けあうと，接した状態が維持される。逆に，二つの物体を引き離す方向の力を加えると，隙間が空いて分離する。接触力学 (contact mechanics) とは，接触が起こり得る二つの固体（剛体や変形体）の変形や運動を調べる学問である。なお，紙幅の都合により，本章では剛体どうしの接触や変形体と剛体との接触を想定することとし，変形体どうしの接触は扱わないこととする。

8.1.1 接触条件

本書の第6章では，鋼製下地在来工法天井における部品の接合部では，接触力および摩擦力により力の伝達がなされていることが述べられている。接合部で隙間が生じるような変形が生じると，接触力と摩擦力は作用できなくなる。また，接触力の大きさが小さくなるにつれて摩擦力の上限値も小さくなるため，部品間にすべりが生じることもある。このような接触状態の変化に伴う接合部の力学的な支配則の変化により，天井は第6章で述べられているような特有の挙動を示す。この章では，このような接触・非接触や，摩擦力の作用下での静止・すべりという二者択一的な非線形現象を扱う接触力学について解説する。

図 8.1.1(a) に，接触問題の例を示す。これは，トラスとその右側にある剛体の壁（空間に固定してあるものとする）からなる接触問題である。外力 p の大きさが十分に大きければ節点 (A) は剛体に接触するし，そうでなければ接触しない。このような節点のことを，接触候補の節点 (contact candidate node) という。壁が剛体であるという仮定より，外力 p がいくら大きくても節点 (A) は剛体にめりこむことはない。また，節点 (A) を剛体から引きはがすときは粘着力（固着力）なしで引きはがせるものと仮定する。このような接触条件のことを，片側接触条件 (unilateral contact condition) とよぶ。

つぎに，接触問題は構造力学の通常の問題とどう異なるのかをみてみよう。

図 8.1.1(a) の接触問題の特徴は，トラスの変形後に節点 (A) が剛体に接触するか否かは問題を解く前にはわからないことである。実際，変形後に接触しないことがもしわかっているならば，こ

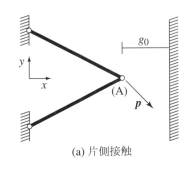
(a) 片側接触

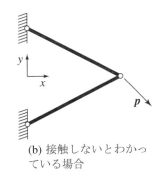
(b) 接触しないとわかっている場合

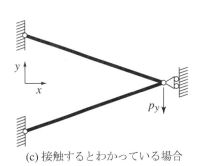
(c) 接触するとわかっている場合

図 8.1.1　剛体とトラスの接触問題

の問題は図 8.1.1(b) に示す 2 自由度の問題と同じである．また，変形後に接触することがもしわかっているならば，この問題は図 8.1.1(c) に示す 1 自由度の問題と同じである（図中の p_y は外力 p の y 方向成分である）．この二つの問題は，構造力学の通常の問題として解けるので，もはや接触問題ではない．しかし実際には，節点 (A) が剛体に接触するかしないかは，外力 p の大きさや初期ギャップ g_0 の大きさ，トラスの剛性などに依存するため，予め知ることはできない．この例のように接触候補の節点が一つの場合には，二つの場合を解いてみればどちらが正解かを知ることができる．しかし，接触候補の節点が多数ある場合には，場合わけの数は組合せ的に増えるためすべての場合を解いてみることは事実上不可能になる．これが，接触問題の本質的な難しさである．

8.1.2 境界条件と接触条件

トラスや骨組などの構造物の節点が満たす境界条件には，通常，次の二種類がある．

- 外力を指定，変位は未知．
- 変位を指定，反力は未知．

接触問題における接触候補の節点は，この二つの境界条件のどちらを満たすかが予めわからない状態にある．このことを，再び図 8.1.1(a) の例でみてみる．

トラスの変形後に，接触候補の節点 (A) が剛体に接触しないならば，図 8.1.1(b) に示すように節点 (A) は x 方向も y 方向も外力が指定されて変位が未知である．一方，接触するならば，図 8.1.1(c) に示すように，節点 (A) は x 方向の変位が指定されて反力が未知であり，y 方向には外力が指定されて変位が未知である．実際には，接触するかしないかは接触問題を解く前にはわからないため，節点 (A) がいずれの境界条件を満たすのかは問題を解く前にはわからない．言い換えると，釣合い点において実現される境界条件を正しく判定することが，接触問題を解く際には本質的に重要になる．

8.2 接触則と相補性条件

接触則を扱う基本的な道具は，相補性条件とよばれる条件である．

8.2.1 場合わけによる表現

図 8.2.1(a) に示すような剛体と接触候補の節点について，節点の変位と剛体からの反力の関係を調べてみよう．剛体から節点までの距離（ギャップ）を g で表し，節点が剛体に及ぼす力（反

図 8.2.1 壁との接触のモデル（(a) 剛体モデルと (b) ばねによる近似モデル）

力）をrで表す。また，節点と剛体の間には摩擦は生じないとする。このため，反力は剛体の表面の法線ベクトル$\boldsymbol{n}$（剛体内向きを正の向きとする）に平行である。

図 8.2.1(a) の剛体を，図 8.2.1(b) のようにばねで置き換えてモデル化することも多い。図 8.2.1(a) は，図 8.2.1(b) においてばねの剛性を無限大まで大きくした場合であるとみなせる（この関係性については，8.2.2 節で述べる）。そこで，数値計算では，図 8.2.1(a) の代わりに図 8.2.1(b) のばねの剛性を十分大きくしたモデルを近似的に用いることも多い。しかし，ばねの剛性を大きくするにつれて剛性行列が悪条件になるなど，数値計算上の問題点が生じることもある。このため，図 8.2.1(a) のモデルを直接的に扱う方法を考えることも大切である。

図 8.2.1(a) において，まず，節点と壁とのギャップgが満たすべき条件について考える。節点は剛体にめりこむことはないので，gは不等式

$$g \geq 0 \tag{8.2.1}$$

を満たす。このとき，節点の状態は次の二つに分類できる。

- $g > 0$：節点は自由である（つまり，剛体に接触していない）。

- $g = 0$：節点は剛体に接触している。

ギャップgは広義の変位と考えることができるので，$g = 0$の場合は変位が指定されて反力が未知という境界条件に相当している。

つぎに，反力rが満たすべき条件について考える。節点は剛体にくっつくことはないと仮定しているので，rは不等式

$$r \leq 0 \tag{8.2.2}$$

を満たす（ただし，圧縮力を負，引張力を正としている）。このとき，節点の状態は次の二つに分類できる。

- $r < 0$：節点に反力が作用している。

- $r = 0$：節点に反力が作用していない。

$r = 0$の場合は節点に作用する力が 0 であると指定しているので，外力が指定されてギャップが未知という境界条件に相当している。

最後に，ギャップgと反力rの二者択一性について述べる。節点が剛体と接触していないとき（つまり，$g > 0$のとき）には，反力は作用することができない（つまり，$r = 0$である）。また，節点に反力が作用するとき（つまり，$r < 0$のとき）には，節点は剛体と接触していなければならない（つまり，$g = 0$である）。このことをまとめると，

$$g > 0 \text{ ならば } r = 0, \qquad r < 0 \text{ ならば } g = 0 \tag{8.2.3}$$

と書ける。

式 (8.2.1)，式 (8.2.2)，式 (8.2.3) が，片側接触の条件である。これを図示すると，図 8.2.2 のようになる。

243

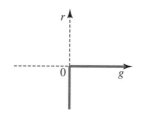

図 8.2.2 ギャップ g と反力 r の関係

8.2.2 相補性条件による表現

8.2.1 節では，片側接触条件が式 (8.2.1)，式 (8.2.2)，式 (8.2.3) で表現できることを述べた。このうち，式 (8.2.3) は場合わけを含む条件であるため，理論的な考察や数値計算を行う際には不便である。この節では，相補性条件とよばれる条件を用いて片側接触条件を表現する方法を紹介する。

式 (8.2.3) は，g と r の少なくとも一方はゼロであることを意味している。そしてこの条件は，g と r の積がゼロであることと等価である。そこで，式 (8.2.1)，式 (8.2.2)，式 (8.2.3) をまとめて，片側接触条件を

$$g \geq 0, \tag{8.2.4a}$$

$$r \leq 0, \tag{8.2.4b}$$

$$gr = 0 \tag{8.2.4c}$$

と書き直すことができる。このうち，式 (8.2.4c) の形の条件は，相補性条件とよばれる[8.10]。このようにして，場合わけを含まない形で片側接触条件を表現することができた。

式 (8.2.4) は，接触力学が扱う支配式の典型例である。この条件は，g と r に関する二つの不等式と一つの非線形方程式から成り立っている。これらの不等式と方程式のそれぞれが表す領域を図示すると，図 8.2.3 の三つの図になる。そして，これらの三つの条件をすべて満たすのは図 8.2.2 の太線の領域であることがわかる。

図 8.2.2 は，片側接触条件の構成則とみなせる。このことは，図 8.2.1(b) に示すような，剛体を近似するばねモデルを考えると理解しやすい。ばねと節点は固着しないと仮定しているので，ばねが縮む場合にのみ節点はばねに力を及ぼすことができる。したがって，このばねモデルの構成則は図 8.2.4 の左図のようになる[i]。この図は，Hooke (フック) の法則を修正して $g > 0$ の場合に

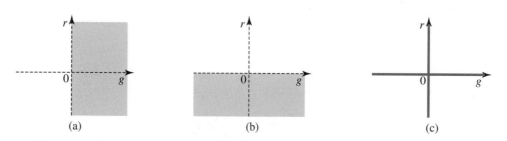

図 8.2.3 式 (8.2.4) の意味（(a) $g \geq 0$，(b) $r \leq 0$，(c) $gr = 0$ の三つの条件をあわせると図 8.2.2 の領域になる）

---

[i] このような片側のばねモデルは，normal compliance condition とよばれ，非線形のばねにも拡張されている。たと

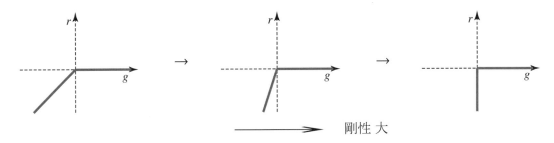

図 8.2.4 ばねモデル（図 8.2.1(b)）と片側接触条件（図 8.2.2）の関係

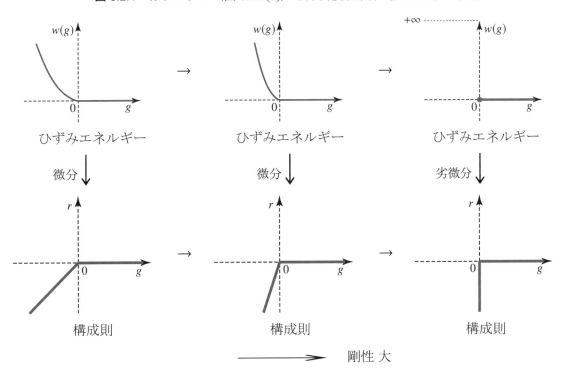

図 8.2.5 ばねモデルと剛体モデルのひずみエネルギーの関係

$r = 0$ としたものに相当する。$g < 0$ は節点が剛体にめり込むことを意味するので，実際には許容されない。そこで，ばねの剛性をより大きくしていき，剛性が $+\infty$ となる極限をとると図 8.2.4 の右図が得られる。これは，片側接触条件（図 8.2.2）と一致している。

8.2.3 凸解析と接触則

8.2.2 節では，接触条件が相補性条件を用いて式 (8.2.4) のように表現できることを示した。この式は，変位の一般化であるギャップ g と反力 r との関係を表しているので，接触条件の構成則とみなせる。この節では，接触条件に対応するひずみエネルギーの概念を導入し，そのエネルギーから式 (8.2.4) が自然に得られることを説明する。この際の数学的な道具となるのが，最適化の理論である凸解析で用いられる劣微分という概念である。

まず，図 8.2.4 において，片側接触条件はばねモデルの剛性を無限大にしたときの極限であると

えば，$c > 0$ と $m \geq 1$ をパラメーターとして $r = -c(\max\{-g, 0\})^m$ とするモデル[8.26)]は，摩擦を伴う接触問題の解の存在や一意性を議論する際などによく用いられている。

みなせる。図 8.2.4 でばねの剛性を k とおくと，弾性エネルギーは

$$w(g) = \begin{cases} 0 & (g \geq 0 \text{ のとき}) \\ \dfrac{1}{2}kg^2 & (g < 0 \text{ のとき}) \end{cases} \tag{8.2.5}$$

と表せる（図 8.2.5 の左上および中央上の図）。そこで，式 (8.2.5) において剛性 k を無限大にした極限として，接触条件のエネルギーを

$$w(g) = \begin{cases} 0 & (g \geq 0 \text{ のとき}) \\ +\infty & (g < 0 \text{ のとき}) \end{cases} \tag{8.2.6}$$

で定義することは自然に思える（図 8.2.5 の右上図）。

　一般に，ひずみエネルギー関数をひずみで微分すると構成則が得られる。実際，剛性 k が有限のとき，式 (8.2.5) で与えられるエネルギーをギャップで微分するとばねモデルの構成則が得られる（図 8.2.5 の左と中央の図）。一方，式 (8.2.6) で表される接触条件のエネルギーは，値が無限大の点を含むため，普通の意味では微分できない。そこで，微分を一般化した劣微分[8.10,19]という概念を導入する。関数 w の点 g における劣微分は，やや抽象的であるが

$$\partial w(g) = \{r \in \mathbb{R} \mid w(g') \geq w(g) + r(g' - g)\,(\forall g' \in \mathbb{R})\}$$

で定義され[ii]，これを実際に計算すると

$$\partial w(g) = \begin{cases} \{0\} & (g > 0 \text{ のとき}) \\ (-\infty, 0] & (g = 0 \text{ のとき}) \\ \emptyset & (g < 0 \text{ のとき}) \end{cases} \tag{8.2.7}$$

となる[iii]。そこで，条件

$$r \in \partial w(g) \tag{8.2.11}$$

―――――――――――――――――――――

[ii] 劣微分の定義に現れる条件 $w(g') \geq w(g) + r(g' - g)\,(\forall g' \in \mathbb{R})$ を満たす r のことを，関数 w の点 g における劣勾配とよぶ。w が g において微分可能であれば，劣勾配は一意的に定まり，それが勾配 $\nabla w(g) = \dfrac{\mathrm{d}w}{\mathrm{d}g}(g)$ に他ならない。一般には，ある点における劣勾配は一つだけとは限らない。そのような場合にはすべての劣勾配を考えると便利なことが多く，そのため，劣勾配全体の集合として劣微分を定義している。

[iii] 式 (8.2.7) は次のようにして得られる。$g < 0$ のとき，条件

$$w(g') \geq w(g) + r(g' - g) \quad (\forall g' \in \mathbb{R}) \tag{8.2.8}$$

を考えると，不等式の右辺が常に無限大になるが左辺は $g' \geq 0$ に対して 0 になるので，この条件を満たす r は存在しない。つぎに，$g \geq 0$ のとき，式 (8.2.8) は

$$w(g') \geq r(g' - g) \quad (\forall g' \in \mathbb{R}) \tag{8.2.9}$$

となる。$g' < 0$ に対して左辺は無限大になるので不等式は任意の r について成り立つ。したがって，式 (8.2.9) は

$$0 \geq r(g' - g) \quad (\forall g' \geq 0) \tag{8.2.10}$$

と等価である。$g > 0$ のとき，$r \neq 0$ ならば，$g' - g$ が r と同じ符号をもつように $g' \geq 0$ を選ぶことができる。したがって，式 (8.2.10) が成り立つには $r = 0$ が必要であり，かつこれは十分条件でもある。$g = 0$ のとき，式 (8.2.10) はさらに

$$0 \geq rg' \quad (\forall g' \geq 0)$$

となるが，このための必要十分条件は $r \leq 0$ である。

を図示すると図 8.2.5 の右下の図のようになり，接触条件の構成則である式 (8.2.4) と等価であることがわかる．式 (8.2.11) が，ひずみエネルギーを用いた接触条件の表現である．

8.3 摩擦則と相補性条件

ここでは，Coulomb (クーロン) の摩擦則と，その相補性条件による定式化について述べる．

二つの固体の表面の間に作用する反力をベクトル r で表す．r の接触表面に垂直な成分（つまり，垂直反力）を r_n，平行な成分（つまり，摩擦力）を r_t で表す（図 8.3.1）．3 次元問題では，r_n はスカラーで r_t は 2 次元のベクトルである．2 次元問題では，r_t もスカラーである．

$\mu > 0$ を摩擦係数とすると，Coulomb 則では反力が

$$\|r_t\| \leq -\mu r_n \tag{8.3.1}$$

を満たすことを仮定する．ただし，$\|r_t\|$ はベクトル r_t の大きさ（Euclid (ユークリッド) ノルム）を表す．式 (8.3.1) を満たす反力ベクトル (r_n, r_t) の集合を摩擦錐とよぶ．つぎに，二つの固体の相対変位の増分のうち，接触表面に平行な成分を Δu_t で表す．ここで，$\Delta u_t = \mathbf{0}$ のときを stick，$\Delta u_t \neq \mathbf{0}$ のときを slip という．さらに，Δu_t と (r_n, r_t) との関係は

$$\|r_t\| < -\mu r_n \quad \Rightarrow \quad \Delta u_t = \mathbf{0}, \tag{8.3.2a}$$

$$\|r_t\| = -\mu r_n \quad \Rightarrow \quad \exists \gamma \geq 0,\ \Delta u_t = -\gamma r_t \tag{8.3.2b}$$

と書ける．

以下では，簡単のために μ は定数であるとする．なお，静止摩擦係数と動摩擦係数の差が無視できない場合には，μ は接触表面に沿った相対速度 $\dot{u}_t$ の関数と考える．たとえば

$$\mu(\dot{u}_t) = \mu_d + (\mu_s - \mu_d) e^{-c \|\dot{u}_t\|}$$

というモデルが用いられることもある[8.45]．ここで，μ_s, μ_d, c は正のパラメーターであり，μ_s は静止摩擦係数，μ_d は相対速度が大きくなったときの動摩擦係数の極限値，c は μ_d への収束の速さを表す．

8.3.1　2 次元問題の場合

2 次元問題では r_t および Δu_t はスカラー量である．このとき，Coulomb 摩擦則（式 (8.3.1) および式 (8.3.2)）は線形相補性問題とよばれる形式に帰着できる．

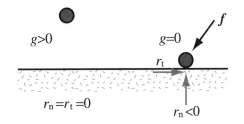

図 8.3.1　r_n と r_t の定義

まず，式 (8.3.1) と，stick 状態に関する条件である式 (8.3.2a) とは，補助的な変数 $\lambda_\mathrm{n} \in \mathbb{R}$ を用いて

$$\lambda_\mathrm{n} \geq |\Delta u_\mathrm{t}|, \quad |r_\mathrm{t}| \leq -\mu r_\mathrm{n}, \quad \lambda_\mathrm{n}(-\mu r_\mathrm{n} - |r_\mathrm{t}|) = 0 \tag{8.3.3}$$

と書き直せる。つぎに，slip 状態における Δu_t の向きと r_t の向きとの関係を与える条件である式 (8.3.2b) は

$$\begin{cases} \Delta u_\mathrm{t} > 0 & \Rightarrow \quad r_\mathrm{t} \leq 0, \\ \Delta u_\mathrm{t} < 0 & \Rightarrow \quad r_\mathrm{t} \geq 0 \end{cases} \tag{8.3.4}$$

と書き直せる。そこで，r_t を正の成分と負の成分の和に分解することを考える。つまり，r_t を

$$r_\mathrm{t} = r_\mathrm{t}^+ - r_\mathrm{t}^-, \quad r_\mathrm{t}^+ \geq 0, \quad r_\mathrm{t}^- \geq 0$$

と表す[iv]。すると，式 (8.3.4) は

$$\begin{cases} \Delta u_\mathrm{t} > 0 & \Rightarrow \quad r_\mathrm{t}^+ = 0, \\ \Delta u_\mathrm{t} < 0 & \Rightarrow \quad r_\mathrm{t}^- = 0 \end{cases} \tag{8.3.5}$$

と書き直せる。さらに式 (8.3.3) とあわせて考えると，2 次元問題では Coulomb 摩擦則は次のように書き直すことができる[8.23)]：

$$r_\mathrm{t} = r_\mathrm{t}^+ - r_\mathrm{t}^-, \tag{8.3.6a}$$

$$r_\mathrm{t}^+ \geq 0, \qquad \lambda_\mathrm{n} + \Delta u_\mathrm{t} \geq 0, \qquad r_\mathrm{t}^+(\lambda_\mathrm{n} + \Delta u_\mathrm{t}) = 0, \tag{8.3.6b}$$

$$r_\mathrm{t}^- \geq 0, \qquad \lambda_\mathrm{n} - \Delta u_\mathrm{t} \geq 0, \qquad r_\mathrm{t}^-(\lambda_\mathrm{n} - \Delta u_\mathrm{t}) = 0, \tag{8.3.6c}$$

$$\lambda_\mathrm{n} \geq 0, \qquad -\mu r_\mathrm{n} - r_\mathrm{t}^+ - r_\mathrm{t}^- \geq 0, \quad \lambda_\mathrm{n}(-\mu r_\mathrm{n} - r_\mathrm{t}^+ - r_\mathrm{t}^-) = 0. \tag{8.3.6d}$$

このようにして得られた式 (8.3.6) は，相補性条件以外はすべて線形の条件であり，線形相補性問題[8.6)] とよばれる形式の問題である。

8.3.2　3次元問題の場合

3 次元問題では，r_t および Δu_t は 2 次元ベクトルである。この場合には，Coulomb 摩擦則（式 (8.3.1) および式 (8.3.2)）は線形相補性問題には帰着できず，種々の定式化が知られている。それらのうちでどれが決め手というわけではない状況であり，以下では，そのうちの二つの定式化を紹介する。一つは 2 次錐相補性問題[8.13)] とよばれる問題に基づく定式化であり，もう一つは片側接触条件（式 (8.2.4)）と摩擦則の双方を同時に表現する形の定式化である。

8.3.1 節と同様の補助変数 λ_n を用いると，Coulomb 摩擦則は次のように表せることが知られている[8.18)]：

$$\lambda_\mathrm{n} \geq \|\Delta \boldsymbol{u}_\mathrm{t}\|, \quad -\mu r_\mathrm{n} \geq \|\boldsymbol{r}_\mathrm{t}\|, \quad \begin{bmatrix} \lambda_\mathrm{n} \\ \Delta \boldsymbol{u}_\mathrm{t} \end{bmatrix}^\top \begin{bmatrix} -\mu r_\mathrm{n} \\ \boldsymbol{r}_\mathrm{t} \end{bmatrix} = 0.$$

[iv] $r_\mathrm{t}^+ \in \mathbb{R}$ および $r_\mathrm{t}^- \in \mathbb{R}$ は式 (8.3.6) を得るために新たに導入した補助的な変数である。

一方，法線方向の片側接触条件と接平面内の摩擦則を同時に表現する定式化として，次のものが知られている[8.27]：

$$g \geq 0, \quad -\mu r_{\mathrm{n}} \geq \|r_{\mathrm{t}}\|, \quad \begin{bmatrix} g/\mu + \|\Delta u_{\mathrm{t}}\| \\ \Delta u_{\mathrm{t}} \end{bmatrix}^{\top} \begin{bmatrix} -\mu r_{\mathrm{n}} \\ r_{\mathrm{t}} \end{bmatrix} = 0. \tag{8.3.7}$$

8.4.2節では，この定式化を法線則の視点から解釈する。

この他にも，射影を用いた定式化[8.38]や双ポテンシャルとよばれる概念を用いた定式化[8.7]など，さまざまな提案がある。

8.4 弾塑性問題との関係

本書の他の章で取り上げられている弾塑性問題の支配則の多くは，摩擦則と同様に，相補性条件を用いて定式化できる。このため，弾塑性問題と接触問題の間には類似点も多い。一方で，Coulomb摩擦則は法線則（関連流れ則）を満たさないという特徴的な性質ももっている。

8.4.1 弾塑性問題と相補性条件

弾塑性問題で用いられる支配則の多くは，相補性条件を用いて定式化できることが知られている。応力テンソルを σ で表し，降伏関数を f として降伏条件を

$$f(\sigma) \leq 0$$

で表す。塑性ひずみ速度を $\dot{\varepsilon}_{\mathrm{p}}$，塑性乗数を γ で表すと，関連流れ則は，

$$f(\sigma) \leq 0, \quad \gamma \geq 0, \quad f(\sigma)\gamma = 0 \tag{8.4.1}$$

および

$$\dot{\varepsilon}_{\mathrm{p}} = \gamma \frac{\partial f}{\partial \sigma}(\sigma) \tag{8.4.2}$$

の形で表すことができる[8.12]。このうち，式 (8.4.1) に含まれる等式が相補性条件である。

たとえば von Mises (フォン・ミーゼス) の降伏条件は，降伏関数を

$$f(\sigma) = \|\operatorname{dev}(\sigma)\| - \sqrt{\tfrac{2}{3}}\sigma_{\mathrm{y}}$$

とおいた場合に相当する。ただし，σ_{y} は一軸載荷の場合の降伏応力であり，偏差応力 $\operatorname{dev}(\sigma)$ は

$$\operatorname{dev}(\sigma) = \sigma - \frac{1}{3}(\operatorname{tr}\sigma)I$$

で定義される。ここで，$\operatorname{tr}\sigma$ は σ のトレース（つまり，対角成分の和）である。このとき，

$$\frac{\partial f}{\partial \sigma}(\sigma) = \frac{\operatorname{dev}(\sigma)}{\|\operatorname{dev}(\sigma)\|}$$

が成り立つから，式 (8.4.2) より，塑性ひずみ速度は偏差応力と同じ向きに生じることがわかる。

式 (8.4.2) は，また，次の条件と等価である：

$$\sigma \in \arg\max_{\check{\sigma}} \{\dot{\varepsilon}_p : \check{\sigma} \mid f(\check{\sigma}) \leq 0\}. \tag{8.4.3}$$

ただし，$\dot{\varepsilon}_p : \check{\sigma}$ は $\dot{\varepsilon}_p$ と $\check{\sigma}$ とのスカラー積[8.14]を表している．また，式 (8.4.3) の右辺は，最大値を達成する $\check{\sigma}$ 全体の集合を意味している．式 (8.4.3) は，塑性ひずみ速度が与えられたとき，降伏条件を満たす応力のうちで塑性仕事率を最大にするものが真の応力であることを表しており，最大塑性仕事の原理とよばれている[8.12]．

8.4.2 摩擦則と法線則

Coulomb 摩擦則を表す式 (8.3.2) は，実は，次のような最大散逸エネルギーの原理の形でも書くことができる：

$$r_t \in \arg\max_{\check{r}_t} \{\Delta u_t^\top \check{r}_t \mid \|\check{r}_t\| \leq -\mu r_n\}. \tag{8.4.4}$$

これは，弾塑性問題における最大塑性仕事の原理に類似の関係を表すものである．しかし，式 (8.4.4) は，反力のうちの接線成分 r_t のみに関する条件であり，垂直成分 r_n は固定されているとみなされていることに注意が必要である．r_n と仕事をなすのは，ギャップの増分 Δg と考えられる．そこで，反力を r_n と r_t の組，対応する変位増分を Δg と Δu_t の組とみなすと，実は，Coulomb 摩擦則は法線則を満たさない．以下では，このことを説明する．

まず，$r_n < 0$ を仮定すると，片側接触条件より $g = 0$ および $\Delta g = 0$ が成り立つ．ここで反力が $-\mu r_n > \|r_t\|$ を満たすならば，$\Delta u_t = 0$ が成り立つ．したがって，図 8.4.1(a) に示すように，反力が摩擦錐の内部にあるときは $(\Delta g, -\Delta u_t) = (0, 0)$ が成り立つことがわかる．つぎに，反力が $-\mu r_n = \|r_t\| > 0$ を満たすならば，$-\Delta u_t$ は摩擦力 r_t と平行になる．一方，反力が非ゼロであることから，片側接触条件より $\Delta g = 0$ が成り立つ．したがって，図 8.4.1(b) に示すように，反力が摩擦錐の境界にあるときは，ある $\alpha \geq 0$ が存在して $(\Delta g, -\Delta u_t) = (0, \alpha r_t)$ が成り立つことがわかる．ここで $(\Delta g, -\Delta u_t)$ を塑性流れに相当する量とみなし，摩擦錐の境界を降伏曲面とみなすと，図 8.4.1(b) に示すように，$(\Delta g, -\Delta u_t)$ は降伏曲面に垂直ではない．この意味で，Coulomb 摩擦則は法線則を満たさない．法線則が成り立たないことから，Coulomb 摩擦則には（関連流れ則における塑性ポテンシャルに対応するような）ポテンシャルは存在しない[8.7]．このような特徴は，摩

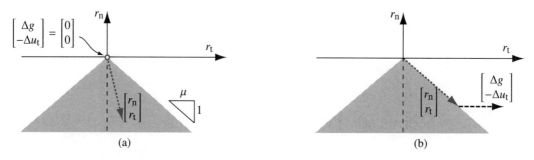

図 8.4.1 Coulomb 摩擦則が法線則を満たさないことの説明．図は 2 次元問題の場合（(a) $|r_t| < -\mu r_n$ の場合と，(b) $|r_t| = -\mu r_n$ の場合）

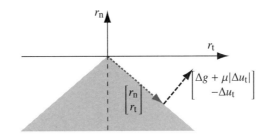

図 8.4.2　式 (8.4.5) の説明．図は 2 次元問題の場合

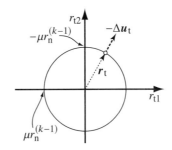

図 8.4.3　Tresca 摩擦則に関する法線則

擦を含む接触問題が，準静的な微小変形問題でも解の存在や一意性が必ずしも成り立たない[8.22)]という難しさをもつ要因でもある．

8.3.2 節では，法線方向の接触条件と接平面内の摩擦則を同時に表現する定式化として，式 (8.3.7) を紹介した．式 (8.3.7) の相補性条件において g を Δg と置き換えて整理すると

$$\begin{bmatrix} \Delta g + \mu\|\Delta u_t\| \\ -\Delta u_t \end{bmatrix}^\top \begin{bmatrix} r_n \\ r_t \end{bmatrix} = 0 \tag{8.4.5}$$

が得られる．この条件は，図 8.4.2 に示すように，ベクトル $(\Delta g + \mu\|\Delta u_t\|, -\Delta u_t)$ を擬似的な変位増分と考えれば，みかけ上の法線則が成立するようにみなせることを表している．

なお，垂直反力 $r_n < 0$ が既知である場合（これを Tresca（トレスカ）摩擦則という[8.35)]），未知数は r_t と Δu_t のみである．この場合には，r_t と $-\Delta u_t$ の間に法線則が成り立つ（図 8.4.3）．したがって，たとえば準静的な増分解析において，垂直反力を第 $k-1$ ステップの解 $r_n^{(k-1)} < 0$ に固定して第 k ステップの解 $r_t^{(k)}$ および $\Delta u_t^{(k)}$ を求めるような近似が許容できる場合には，摩擦に関しても塑性ポテンシャルと同様のポテンシャルを定義できる．これにより通常の弾塑性増分解析と類似の手法が適用できるため，このような近似に基づく数値解法は簡便な近似としてしばしば用いられる．

8.5 接触問題の数値解法

8.5.1 節では，準静的な問題の解法として，方程式への再定式化を用いる方法，ペナルティ関数法，拡張 Lagrange（ラグランジュ）関数法を解説する．8.5.2 節では，動的な問題の解法について述べる．

8.5.1 準静的な問題の解法

a. 釣合い式と接触則

前節までで，個々の節点における接触則や摩擦則が相補性条件を用いて定式化できることをみた。構造物全体の釣合い状態を解析するためには，これらの条件を釣合い式とととともに解けばよい。

たとえば，摩擦なしの接触問題の場合，接触則は 8.2.2 節の式 (8.2.4) で記述されている。構造物の変位の自由度を d とおき，節点変位を $\boldsymbol{u} \in \mathbb{R}^d$ で表す。接触候補の節点の個数を m とおき，節点 i と剛体の間のギャップを $g_i(\boldsymbol{u})$ で表す。さらに全ポテンシャルエネルギーを $\pi(\boldsymbol{u})$ で表すと[v]，釣合い状態は変位 $\boldsymbol{u}$ と反力 r_i $(i = 1, \ldots, m)$ を未知数とする問題

$$\nabla_{\boldsymbol{u}} \pi(\boldsymbol{u}) + \sum_{i=1}^{m} r_i \nabla_{\boldsymbol{u}} g_i(\boldsymbol{u}) = \boldsymbol{0}, \tag{8.5.1a}$$

$$g_i(\boldsymbol{u}) \geq 0, \quad r_i \leq 0, \quad g_i(\boldsymbol{u}) r_i = 0, \qquad i = 1, \ldots, m \tag{8.5.1b}$$

の解として得られる。ただし，式 (8.5.1a) は内力，反力，外力の釣合い式であり，式 (8.5.1b) が接触則である。

式 (8.5.1) は，次の最適化問題の最適性条件（KKT 条件）でもある[8.20,45]：

$$\text{Minimize} \quad \pi(\boldsymbol{u}) \tag{8.5.2a}$$

$$\text{subject to} \quad g_i(\boldsymbol{u}) \geq 0, \quad i = 1, \ldots, m. \tag{8.5.2b}$$

この問題は，運動学的に許容な変位のうち，全ポテンシャルエネルギーを最小化するものを求める問題である。このように，摩擦なしの接触問題は，等価な最適化問題に定式化しなおすことができる。一方，Coulomb 摩擦の伴う接触問題は，8.4.2 節で述べたようにポテンシャルが存在しないため，最適化問題へ定式化しなおすことはできない。

b. 方程式への再定式化

摩擦なしの接触問題（式 (8.5.1)）や，摩擦を伴う接触問題は，補助的な変数を適当に増やしたりすることで，ある関数 $F_j : \mathbb{R}^n \to \mathbb{R}$ $(j = 1, \ldots, n)$ を用いて

$$x_j \geq 0, \quad F_j(\boldsymbol{x}) \geq 0, \quad x_j F_j(\boldsymbol{x}) = 0, \qquad j = 1, \ldots, n \tag{8.5.3}$$

という形式に帰着することができる。式 (8.5.3) を満たす $\boldsymbol{x} \in \mathbb{R}^n$ を求める問題を，相補性問題という[8.9,10,19]。この節では，相補性問題を非線形方程式の形に定式化し直す手法について述べる。

関数 $\psi_{\min} : \mathbb{R}^2 \to \mathbb{R}$ を

$$\psi_{\min}(a, b) = \min\{a, b\} \tag{8.5.4}$$

で定義する。このとき，条件 $\psi_{\min}(a, b) = 0$ は条件

$$a \geq 0, \quad b \geq 0, \quad ab = 0$$

---

[v]たとえば微小変形および線形弾性を仮定する場合は，剛性行列を $K \in \mathbb{R}^{d \times d}$，外力を $\boldsymbol{p} \in \mathbb{R}^d$ とおくと，$\pi(\boldsymbol{u}) = \frac{1}{2} \boldsymbol{u}^\top K \boldsymbol{u} - \boldsymbol{p}^\top \boldsymbol{u}$ である。また，微小変形の場合は g_i は 1 次関数である。

と等価である．この事実を用いると，式 (8.5.3) の相補性問題は

$$\psi_{\min}(x_j, F_j(\boldsymbol{x})) = 0, \quad j = 1, \ldots, n \tag{8.5.5}$$

と書き換えることができる．式 (8.5.5) は連立非線形方程式である．

$\psi_{\min}$ のように，相補性条件を非線形方程式として書き直す役割を果たすような関数のことを，相補性関数とよぶ．相補性関数の別の例には，Fischer–Burmeister (フィッシャー・バーマイスター) 関数という名前で知られている関数

$$\psi_{\mathrm{FB}}(a, b) = \sqrt{a^2 + b^2} - (a + b) \tag{8.5.6}$$

があげられる．相補性関数を用いると，式 (8.5.5) と同様に，相補性問題を非線形方程式に変形できる．このような変形を，相補性問題の方程式への再定式化という[8.10)]．

再定式化により，相補性問題を連立方程式として解くことができる．ただし，再定式化で得られる方程式は一般に微分可能でない点を含むため[vi]，通常の Newton (ニュートン) 法をそのまま適用することはできず，たとえば nonsmooth Newton 法や semismooth Newton 法とよばれるような工夫が必要である[8.9)]．一方，相補性関数に修正を加えることで，相補性問題を微分可能な非線形方程式に近似する方法も用いられている．たとえば，$\varepsilon > 0$ をパラメーター（定数）として関数

$$\tilde{\psi}_{\mathrm{FB}}(a, b; \varepsilon) = \sqrt{a^2 + b^2 + 2\varepsilon^2} - (a + b)$$

を考えると，これは微分可能であり，かつ ε を 0 に近づける極限では式 (8.5.6) の Fischer–Burmeister 関数に一致する．そこで，再定式化で得られる連立方程式 $\psi_{\mathrm{FB}}(x_j, F_j(\boldsymbol{x})) = 0$ $(j = 1, \ldots, n)$ のかわりに $\tilde{\psi}_{\mathrm{FB}}(x_j, F_j(\boldsymbol{x}); \varepsilon) = 0$ $(j = 1, \ldots, n)$ という連立方程式を考え，これに Newton 法を適用しながら徐々に $\varepsilon > 0$ を小さくしていくという解法が考えられる．このような方法は，平滑化法とよばれている[8.9)]．たとえば具体的に式 (8.5.1) を平滑化法で解くには，$\varepsilon > 0$ を徐々に小さくしながら，$\boldsymbol{u}, r_1, \ldots, r_m, s_1, \ldots, s_m$ を変数とした連立方程式

$$\nabla_{\boldsymbol{u}} \pi(\boldsymbol{u}) + \sum_{i=1}^{m} r_i \nabla_{\boldsymbol{u}} g_i(\boldsymbol{u}) = \boldsymbol{0}, \tag{8.5.7a}$$

$$s_i = g_i(\boldsymbol{u}), \qquad\qquad i = 1, \ldots, m, \tag{8.5.7b}$$

$$\sqrt{s_i^2 + r_i^2 + 2\varepsilon^2} - (s_i - r_i) = 0, \quad i = 1, \ldots, m \tag{8.5.7c}$$

を通常の Newton 法で解けばよい．

つぎに，写像 $\boldsymbol{\mathsf{p}}_+ : \mathbb{R} \to \mathbb{R}$ を

$$\boldsymbol{\mathsf{p}}_+(z) = \max\{z, 0\}$$

で定義する．$\boldsymbol{\mathsf{p}}_+(z)$ を，点 z の集合 $\{x \in \mathbb{R} \mid x \geq 0\}$ への射影とよぶ．この射影を用いると，式 (8.5.3) は

$$x_j = \boldsymbol{\mathsf{p}}_+(x_j - F_j(\boldsymbol{x})), \quad j = 1, \ldots, n$$

[vi]$\psi_{\min}$ および ψ_{FB} は点 $(a, b) = (0, 0)$ において微分可能でない．

と書き直せる。同様に，点 $z \in \mathbb{R}$ の集合 $\{x \in \mathbb{R} \mid x \le 0\}$ への射影を $\mathbf{p}_-(z) = \min\{z, 0\}$ で定義すると，片側接触条件（式 (8.2.4)）は

$$r = \mathbf{p}_-(r + \rho g) \tag{8.5.8}$$

と書き直せる。ただし，ρ は任意の正の定数である。式 (8.5.8) は，次の 8.5.1.c 項で述べるように，接触問題に対する拡張 Lagrange 関数法[8.2] の基礎を与える式である。

c. ペナルティ関数法と拡張 Lagrange 関数法

簡単のために，摩擦なしの接触問題（式 (8.5.2)）を考える。この問題の Lagrange 関数は，$r \in \mathbb{R}^m$ を Lagrange 乗数として

$$L(\boldsymbol{u}; \boldsymbol{r}) = \begin{cases} \pi(\boldsymbol{u}) + \displaystyle\sum_{i=1}^{m} r_i g_i(\boldsymbol{u}) & (\boldsymbol{r} \le \mathbf{0} \text{ のとき}) \\ -\infty & (\text{それ以外のとき}) \end{cases} \tag{8.5.9}$$

で定義される。式 (8.5.2) の最適化問題は，Lagrange 関数を用いて

$$\operatorname*{minimize}_{\boldsymbol{u} \in \mathbb{R}^d} \quad \sup\{L(\boldsymbol{u}; \boldsymbol{r}) \mid \boldsymbol{r} \in \mathbb{R}^m\}$$

とも表される。

Lagrange 関数と式 (8.5.8) とに基づいて得られる解法として，Uzawa (宇沢) アルゴリズムがある[8.3,44]。Uzawa アルゴリズムでは，まず，Lagrange 乗数を固定したときの Lagrange 関数

$$\pi(\boldsymbol{u}) + \sum_{i=1}^{m} r_i^{(k)} g_i(\boldsymbol{u})$$

を最小化する解を $\boldsymbol{u}^{(k)}$ とする。実際には，その 1 次の最適性条件

$$\nabla_{\boldsymbol{u}} \pi(\boldsymbol{u}) + \sum_{i=1}^{m} r_i^{(k)} \nabla_{\boldsymbol{u}} g_i(\boldsymbol{u}) = \mathbf{0} \tag{8.5.10}$$

を Newton 法で解いて得られる解を $\boldsymbol{u}^{(k)}$ とすることが多い[8.47]。つぎに，$\rho > 0$ を定数として，Lagrange 乗数を

$$r_i^{(k+1)} = \min\{r_i^{(k)} + \rho g_i(\boldsymbol{u}^{(k)}), 0\} \tag{8.5.11}$$

で更新する。以上を繰り返すことで，釣合い状態の変位と反力を得るのが Uzawa アルゴリズムである。ここで，式 (8.5.10) は反力を $\boldsymbol{r}^{(k)}$ に固定したときの釣合い式に他ならない。このため，Uzawa アルゴリズムは実装が容易であるという長所がある。一方で，点列 $\{\boldsymbol{r}^{(k)}\}$ の収束は遅く，1 次収束であるという短所がある。

ペナルティ関数法とよばれる最適化法[8.19,41,46] も，接触問題の解法としてしばしば用いられる。最適化問題の制約が満たされるときに 0 をとり，満たされないときには正の値をとる関数のことを，ペナルティ関数という。制約 $g_i(\boldsymbol{u}) \ge 0$ に対するペナルティ関数の例として $(\min\{g_i(\boldsymbol{u}), 0\})^2$ が

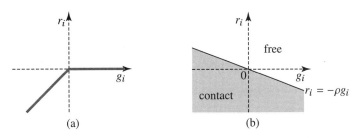

図 8.5.1 (a) ペナルティ関数法と (b) 拡張 Lagrange 関数法における接触則

ある．ペナルティ関数法では，解きたい最適化問題（式 (8.5.2)）の目的関数に制約のペナルティを加えた関数

$$\phi_\rho(\boldsymbol{u}) = \pi(\boldsymbol{u}) + \frac{\rho}{2}\sum_{i=1}^{m}(\min\{g_i(\boldsymbol{u}),0\})^2$$

を考える[8.32)]．ここで，定数 $\rho > 0$ はペナルティ関数の影響の大きさを調節するためのパラメーターである．ペナルティ関数法は，各反復では固定した $\rho > 0$ に対して関数 ϕ_ρ の無制約最小化問題を解き，反復ごとに徐々に ρ の値を大きくすることで，最終的に元の問題（式 (8.5.2)）の解を得ようとする方法である．ϕ_ρ を最小化することは，図 8.5.1(a) に示すように，接触則を $r_i = \rho\min\{g_i(\boldsymbol{u}),0\}$ と変更した問題を解いていることに相当する．このように，力学的な解釈が容易である反面，ペナルティ関数法では ρ が有限の値では一般には元の問題の正解は得られない．また，ρ を大きくするに従って ϕ_ρ の Hesse 行列が悪条件となるために ϕ_ρ の無制約最小化問題を解くことがしばしば困難になるという欠点がある．これらの欠点を克服しようとする方法の一つが，つぎに述べる拡張 Lagrange 関数法（または，乗数法ともよばれる）である．

式 (8.5.2) で表される最適化問題の拡張 Lagrange 関数とは，

$$\begin{aligned}\hat{L}(\boldsymbol{u};\boldsymbol{r}) &= \pi(\boldsymbol{u}) + \frac{1}{2\rho}\sum_{i=1}^{m}[\mathbf{p}_-(r_i + \rho g_i(\boldsymbol{u}))^2 - r_i^2] \\ &= \pi(\boldsymbol{u}) + \sum_{i: r_i+\rho g_i(\boldsymbol{u})\leq 0}\left(r_i g_i(\boldsymbol{u}) + \frac{\rho}{2}g_i(\boldsymbol{u})^2\right) - \sum_{i: r_i+\rho g_i(\boldsymbol{u})>0}\frac{1}{2\rho}r_i^2\end{aligned} \quad (8.5.12)$$

で定義される関数 $\hat{L}$ のことである[8.2,4)]．ただし，8.5.1.b 項で述べたように

$$\mathbf{p}_-(r_i + \rho g_i(\boldsymbol{u})) = \min\{r_i + \rho g_i(\boldsymbol{u}), 0\}$$

である．なお，片側接触条件は条件

$$r_i = \mathbf{p}_-(r_i + \rho g_i(\boldsymbol{u}))$$

と等価である．また，式 (8.5.12) の最後の式で，第 2 項は $r_i + \rho g_i(\boldsymbol{u}) \leq 0$ を満たす節点について和をとっており，第 3 項はそれ以外の節点（つまり，$r_i + \rho g_i(\boldsymbol{u}) > 0$ を満たす節点）について和をとっている．

拡張 Lagrange 関数（式 (8.5.12)）は，Lagrange 関数（式 (8.5.9)）とは異なり，微分可能な関数である．式 (8.5.12) の最後の式で，第 2 項は Lagrange 関数の第 2 項とペナルティ関数とを加えあ

わせたような形をしている。また，第3項は $r_i = -\rho g_i(\boldsymbol{u})$ における $\hat{L}$ の微分可能性を保証する役割を果たす。

拡張 Lagrange 関数の $\boldsymbol{u}$ および $\boldsymbol{r}$ に関する停留条件は，

$$\frac{\partial \hat{L}}{\partial \boldsymbol{u}}(\boldsymbol{u}; \boldsymbol{r}) = \nabla_{\boldsymbol{u}} \pi(\boldsymbol{u}) + \sum_{i=1}^{m} \mathbf{p}_-(r_i + \rho g_i(\boldsymbol{u})) \nabla_{\boldsymbol{u}} g_i(\boldsymbol{u}) = \mathbf{0}, \tag{8.5.13}$$

$$\frac{\partial \hat{L}}{\partial r_i}(\boldsymbol{u}; \boldsymbol{r}) = \frac{1}{\rho}(\mathbf{p}_-(r_i + \rho g_i(\boldsymbol{u})) - r_i) = 0, \quad i = 1, \ldots, m \tag{8.5.14}$$

と書ける[vii]。式 (8.5.14) を書き下すと，

$$g_i(\boldsymbol{u}) = 0 \quad (\forall i : r_i + \rho g_i(\boldsymbol{u}) \le 0), \tag{8.5.15a}$$

$$-\frac{1}{\rho} r_i = 0 \quad (\forall i : r_i + \rho g_i(\boldsymbol{u}) > 0) \tag{8.5.15b}$$

である。この条件は，図 8.5.1(b) に示すように，拡張 Lagrange 関数法における接触則と解釈できる。つまり，点 $(g_i(\boldsymbol{u}), r_i)$ が図の直線より下にあれば接触と判定し（これが式 (8.5.15a) であり），図の直線より上にあれば接触しておらず反力がゼロと判定する（これが式 (8.5.15b) である）。

拡張 Lagrange 関数法は，まず，$\boldsymbol{r}$ を固定して，拡張 Lagrange 関数を $\boldsymbol{u}$ について最小化する。つまり，式 (8.5.13) で $\boldsymbol{r}$ を固定した式

$$\nabla_{\boldsymbol{u}} \pi(\boldsymbol{u}) + \sum_{i=1}^{m} \min\{r_i^{(k)} + \rho g_i(\boldsymbol{u}), 0\} \nabla_{\boldsymbol{u}} g_i(\boldsymbol{u}) = \mathbf{0} \tag{8.5.16}$$

の解を $\boldsymbol{u}^{(k)}$ とおく。これは微分不可能な点を含む非線形方程式であるから，Newton 法を適用するには少し工夫が必要である[8.2)]。つぎに，Lagrange 乗数を

$$r_i^{(k+1)} = \min\{r_i^{(k)} + \rho g_i(\boldsymbol{u}^{(k)}), 0\}, \quad i = 1, \ldots, m \tag{8.5.17}$$

と更新する。式 (8.5.17) は，式 (8.5.16) と元の問題の最適性条件である式 (8.5.1) を比較して得られる更新式である。

8.5.2 動的な問題の解法

動的な接触問題の解法として，Moreau（モロー）の sweeping algorithm[8.30)] を紹介する。以下では，接触を無視した場合の構造物の運動方程式を

$$M\dot{\boldsymbol{v}} + C\boldsymbol{v} + K\boldsymbol{u} = \boldsymbol{p} \tag{8.5.18}$$

[vii]式 (8.5.12) を $\boldsymbol{u}$ で偏微分すると

$$\frac{\partial \hat{L}}{\partial \boldsymbol{u}}(\boldsymbol{u}; \boldsymbol{r}) = \nabla_{\boldsymbol{u}} \pi(\boldsymbol{u}) + \sum_{i : r_i + \rho g_i(\boldsymbol{u}) \le 0} (r_i + \rho g_i(\boldsymbol{u})) \nabla_{\boldsymbol{u}} g_i(\boldsymbol{u})$$

が得られるが，これは結局，式 (8.5.13) と等価である。また，式 (8.5.14) は

$$\frac{\partial}{\partial r_i}(\mathbf{p}_-(r_i + \rho g_i(\boldsymbol{u}))^2) = 2\mathbf{p}_-(r_i + \rho g_i(\boldsymbol{u})) \frac{\partial}{\partial r_i} \mathbf{p}_-(r_i + \rho g_i(\boldsymbol{u})) = \begin{cases} 2\mathbf{p}_-(r_i + \rho g_i(\boldsymbol{u})) & (r_i + \rho g_i(\boldsymbol{u}) \le 0 \text{ のとき}) \\ 0 & (\text{それ以外のとき}) \end{cases}$$

から得られる。

と書くことにする。ただし，$M \in \mathbb{R}^{d \times d}$ は質量行列，$C \in \mathbb{R}^{d \times d}$ は粘性行列，$K \in \mathbb{R}^{d \times d}$ は剛性行列，$p \in \mathbb{R}^d$ は外力ベクトルであり，$v = \dot{u}$ である。また，簡単のため以下では摩擦は考慮しない。さらに，M, C, K は変位 u に依存しない定行列であると仮定する。

a. 衝撃力が生じない場合

物体どうしが勢いよく衝突するとき，反力として衝撃力が生じる。このとき，速度は一般に不連続に変化する。したがって，衝突が生じた時刻において，速度は時間微分できない。一方で，運動方程式（式 (8.5.18)）は速度 v の時間微分（つまり，加速度）を含むため，衝撃力が生じる場合には特別な取り扱いが必要となる。そこで，まずは衝撃力が無視できる場合について考える。

節点 i の剛体表面に対する法線方向の相対速度は，ギャップ $g_i(u, t)$ を用いて

$$\gamma_i(u, v, t) = \dot{g}_i(u, t)$$

と表される。いま，節点 i が剛体表面に接触しているならば（つまり，$g_i(u, t) = 0$ ならば），この節点は剛体内部に向かう速度をもつことはできない。このように，動的な問題では，非貫通条件は速度 γ_i について記述する必要がある。8.2.2 節と同様に考えると，この条件は

$$\gamma_i \geq 0, \quad r_i \leq 0, \quad \gamma_i r_i = 0$$

と書ける[8.25]。このとき，反力 r_i と外力および内力との釣合いは，8.5.1.a 項の式 (8.5.1a) と同様に考えればよい。一方，剛体表面にない節点（つまり，$g_i(u, t) > 0$ を満たす節点）については，相対速度 γ_i は正にも負にもなることができ，反力 r_i はゼロである。

以上をまとめると，剛体表面に接触している節点の節点番号の集合を

$$\mathcal{I}_0 = \{i = 1, \ldots, m \mid g_i(u, t) = 0\}$$

で定義すれば，支配式として

$$M\dot{v} + Cv + Ku + \sum_{i \in \mathcal{I}_0} r_i \nabla_u g_i(u, t) = p, \tag{8.5.19a}$$

$$\gamma_i = \dot{g}_i(u, t) \quad (\forall i \in \mathcal{I}_0), \tag{8.5.19b}$$

$$\gamma_i \geq 0, \quad r_i \leq 0, \quad \gamma_i r_i = 0 \quad (\forall i \in \mathcal{I}_0) \tag{8.5.19c}$$

が得られる。

集合値関数 $\mathbb{R} \ni r \mapsto F(r) \subseteq \mathbb{R}$ を

$$F(r) = \begin{cases} \emptyset & (r > 0 \text{ のとき}) \\ [0, +\infty) & (r = 0 \text{ のとき}) \\ \{0\} & (r < 0 \text{ のとき}) \end{cases}$$

で定義すると，式 (8.5.19b) および式 (8.5.19c) は形式的に

$$\dot{g}_i(t) \in F(r_i(t)) \quad (\forall i \in \mathcal{I}_0) \tag{8.5.20}$$

と書き直せる。つまり，支配式は式 (8.5.19a) および式 (8.5.20) で表される。このような集合値関数を含む微分方程式は，一般に，微分包含式 (differential inclusion) とよばれている[8.29]。

257

b. 衝突則

反力としての衝撃力を扱うため，Newton則に従って衝突の法則を定義する。

節点速度 $v(t)$ の時刻 t における左極限を $v^-(t)$ で表し，右極限を $v^+(t)$ で表す[viii]。同様に，$\gamma_i^-(t)$ および $\gamma_i^+(t)$ を定義する。時刻 $t = t^i$ における衝撃力を r_i^i で表す[ix]。節点 i における衝撃力 r_i^i と相対速度 γ_i^-, γ_i^+ との関係は，Newton の衝突の法則を仮定すると

$$\gamma_i^+ + \kappa\gamma_i^- \geq 0, \quad r_i^i \leq 0, \quad (\gamma_i^+ + \kappa\gamma_i^-)r_i^i = 0 \tag{8.5.21}$$

と書けることが知られている[8.25]。ただし，κ は反発係数（$0 \leq \kappa \leq 1$ を満たす定数）である。

$\kappa = 1$ および $\kappa = 0$ のとき，式 (8.5.21) は完全弾性衝突および完全非弾性衝突を表すことは，次のようにして確かめられる。まず，$\kappa = 1$ のとき，式 (8.5.21) は

$$\gamma_i^+ + \gamma_i^- \geq 0, \quad r_i^i \leq 0, \quad (\gamma_i^+ + \gamma_i^-)r_i^i = 0$$

となる。ここで $r_i^i < 0$ ならば $\gamma_i^+ = -\gamma_i^-$ が成り立つ。即ち，衝突後の相対速度 γ_i^+ は衝突前の相対速度 γ_i^- の逆向きであるから，確かに完全弾性衝突を表現していることがわかる。$\kappa = 0$ のときは，式 (8.5.21) は

$$\gamma_i^+ \geq 0, \quad r_i^i \leq 0, \quad \gamma_i^+ r_i^i = 0$$

となる。ここで $r_i^i < 0$ ならば $\gamma_i^+ = 0$ が成り立つ（つまり，衝突後の相対速度がゼロとなる）ため，完全非弾性衝突が表現できていることがわかる。

c. 測度微分包含式

8.5.2.a 項で述べたように，衝撃力が作用すると，一般に速度は時間に関して微分可能ではない。また，衝撃力自体は超関数である[x]。このような場合に運動方程式を記述する方法の一つとして，測度の概念[xi]を用いるものがある。以下では，文献[8.1] および文献[8.25] に従って，その概要を説明する。

速度 v の測度を

$$dv = \dot{v}dt + (v^+ - v^-)d\eta$$

と表す。ここで，dt は Lebesgue (ルベーグ) 測度であり，$d\eta$ は Dirac (ディラック) のデルタ測度である。そして，$\dot{v}dt$ は dv のうちの Lebesgue 可測な成分であり，$(v^+ - v^-)d\eta$ は速度の不連続量に相当する成分である。同様に，反力の測度を

$$d\lambda_i = \dot{\lambda}_i dt + (\lambda_i^+ - \lambda_{ix}^-)d\eta$$
$$= r_i dt + r_i^i d\eta \tag{8.5.22}$$

[viii] 時刻 t で衝撃力が生じなければ，$v^+(t) = v^-(t) = v(t)$ が成り立つ。

[ix] 以下では，節点番号を表す i は（これまでと同様に）イタリック体の下付き添え字で表し，衝撃力に関係する変数であることを示す i はローマン体の上付き添え字で表す。

[x] 超関数とは，大雑把に述べると，工学や物理学で現れる Dirac のデルタ関数のように，通常の意味での関数にはなり得ない対象を関数として扱うための概念である。

[xi] 測度は，一言で言うと，集合の大きさのような概念である。詳しくは，関数解析の教科書（たとえば，Reddy[8.34] や Oden and Demkowicz[8.33] など）を参照されたい。

で表す。ここで，$r_i^i \mathrm{d}\eta$ は衝撃力を表す。おおまかに言えば，$\mathrm{d}v$ および $\mathrm{d}\lambda_i$ はそれぞれ v および r_i を微小な時間 $\mathrm{d}t$ について積分したものと考えればよい。

　以上を用いると，運動方程式（式 (8.5.19a)）は，測度に関する方程式

$$M\mathrm{d}v + Cv\mathrm{d}t + Ku\mathrm{d}t - \sum_{i \in \mathcal{I}_0} \nabla_u g_i(u)\mathrm{d}\lambda_i = p(t)\mathrm{d}t \tag{8.5.23}$$

として書ける。また，解説は省略するが，接触条件（式 (8.5.19c)）と衝突条件（式 (8.5.21)）は，統一的に，条件

$$\gamma_i^+ + \kappa\gamma_i^- \geq 0, \quad \mathrm{d}\lambda_i \leq 0, \quad (\gamma_i^+ + \kappa\gamma_i^-)\,\mathrm{d}\lambda_i = 0 \quad (\forall i \in \mathcal{I}_0) \tag{8.5.24}$$

に書き換えることができる[8.25]。つまり，動的な接触問題は，式 (8.5.23) および式 (8.5.24) で表現される。このような形の式を，一般に，測度微分包含式 (measure differential inclusion) とよぶ[8.37]。

d. アルゴリズム

　Sweeping algorithm[8.30] は，基本的には，式 (8.5.23) および式 (8.5.24) に対して（常微分方程式の数値解法で用いられる）中点則[8.28] を用いた離散化を施して数値積分を行うことで，動的な接触問題を数値的に解く手法である。

　時間間隔 $[t^0, t^1]$ を考え，$\Delta t = t^1 - t^0$ とおく。現在の時刻 t^0 における変位 u^0 および速度 v^0 は既知であるとする。中点則に基づいて時刻 $t^m := t^0 + (\Delta t/2)$ における変位を

$$u^m = u^0 + v^0\frac{\Delta t}{2} \tag{8.5.25}$$

で近似し，式 (8.5.23) の各項を次のように積分する：

$$\int_{t^0}^{t^1} M\mathrm{d}v \qquad\qquad \rightarrow \quad M(v^1 - v^0), \tag{8.5.26a}$$

$$\int_{t^0}^{t^1} (Cv + Ku - p(t))\mathrm{d}t \quad \rightarrow \quad h^m\Delta t, \qquad h^m := Cv^0 + Ku^m - p(t^m), \tag{8.5.26b}$$

$$\int_{t^0}^{t^1} \sum_{i \in \mathcal{I}_0} \nabla_u g_i(u,t)\mathrm{d}\lambda_i \quad \rightarrow \quad \sum_{i \in \mathcal{I}_0} \hat{\lambda}_i w_i^m, \qquad w_i^m := \nabla_u g_i(u^m, t^m). \tag{8.5.26c}$$

ただし，ここで

$$\hat{\lambda}_i = \int_{t^0}^{t^1} \mathrm{d}\lambda_i$$

とおいた。式 (8.5.26) を用いると，式 (8.5.23) は

$$M(v^1 - v^0) + h^m\Delta t + \sum_{i \in \mathcal{I}_0} \hat{\lambda}_i w_i^m = 0$$

のように離散化される。

　以上の考え方に基づいて，次のようなアルゴリズムが構成できる。

アルゴリズム 8.5.1.

Step 0: 時間間隔 Δt を選び，$t^{\mathrm{m}} := t^0 + (\Delta t/2)$ とおく。

Step 1: $u^{\mathrm{m}} := u^0 + (v^0 \Delta t/2)$ とおき，$h^{\mathrm{m}} := Cv^0 + Ku^{\mathrm{m}} - p(t^{\mathrm{m}})$ を求める。

Step 2: $\mathcal{I}_- := \{i = 1, \ldots, m \mid g_i(u^{\mathrm{m}}, t^{\mathrm{m}}) \le 0\}$ とおく。

Step 3: 各 $i \in \mathcal{I}_-$ に対して，$w_i^{\mathrm{m}} := \nabla_u g_i(u^{\mathrm{m}}, t^{\mathrm{m}})$ および $\tilde{w}_i^{\mathrm{m}} := \dot{g}_i(u^{\mathrm{m}}, t^{\mathrm{m}})$ を求める。

Step 4: 線形相補性問題

$$M(v^1 - v^0) + h^{\mathrm{m}}\Delta t + \sum_{i \in \mathcal{I}_-} \hat{\lambda}_i w_i^{\mathrm{m}} = 0, \tag{8.5.27a}$$

$$\gamma_i^0 = (w_i^{\mathrm{m}})^\top v^0 + \tilde{w}_i^{\mathrm{m}}, \quad \gamma_i^1 = (w_i^{\mathrm{m}})^\top v^1 + \tilde{w}_i^{\mathrm{m}} \quad (\forall i \in \mathcal{I}_-), \tag{8.5.27b}$$

$$\gamma_i^1 + \kappa\gamma_i^1 \ge 0, \quad \hat{\lambda}_i \le 0, \quad (\gamma_i^1 + \kappa\gamma_i^1)\hat{\lambda}_i = 0 \quad (\forall i \in \mathcal{I}_-) \tag{8.5.27c}$$

を解き，$v^1, \gamma_i^1, \hat{\lambda}_i$ を求める。

Step 5: $u^1 := u^{\mathrm{m}} + (v^1 \Delta t/2)$ とおく。

以上で，時刻 t^1 における変位 u^1 と速度 v^1 が得られた。そこで時刻を1つ進めてアルゴリズム 8.5.1 を繰り返せば，次の時刻 t^2 における変位と速度が得られる。

e. ノート

この節で紹介した sweeping algorithm は，たとえば紛体の挙動の解析[8.17,40)] や組積造の地震応答解析[8.31)] などの数値解析に実際に用いられている。アルゴリズムのその後の発展については，Studer[8.39)] に詳しい。

摩擦を伴う接触問題について，動的な現象の数値解析法を扱ったテキストには，Acary and Brogliato[8.1)] や Leine and Nijmeijer[8.25)] などがある。これらのテキストでは，time-stepping method と並んで，event-driven method とよばれる方法が解説されている。Brogliato[8.5)] は，接触条件や摩擦則・衝突条件の凸解析に基づくモデル化のテキストである。構造力学における微分包含式および測度微分包含式の応用に関するテキストには Monteiro Marques[8.29)] がある。接触力や摩擦力は，相対変位や相対速度の集合値関数を用いて記述することもできる。この立場に立つテキストに，Glocker[8.11)] がある。

8.6 むすび

この章では，接触問題の定式化と解法の基礎を解説した。より詳細な内容が解説された教科書には，Wriggers[8.45)] や Laursen[8.24)] がある。日本語で書かれた文献は多くないが，たとえば久田・野口[8.15)] の第8章，都井[8.43)] の第7章，文献[8.8)] の第7.4節などがある。たとえば，有限要素で離散化された物体（変形体）どうしの接触問題では，物体の表面も離散化されているので接触判定

をどのように行うかが問題になるが，この章ではこの話題は割愛している。また，固着 (adhesion) や摩耗 (wear) などの物理現象も，場合によっては無視できなくなる。

接触問題は，境界条件の不連続性に起因する非線形問題といえる。この章では，非線形性や解の不連続性に真正面から取り組む方法論を解説した。接触問題にはこの他にも多くの解法が提案されている。そして，個々の問題の特徴によっては，この章で紹介した手法に比べてより ad hoc な解法の方が有用なことも十分にあり得る。

準静的な問題に関しては，まずは 8.5.1 節で述べたような解法を試してみる価値があると思われる。これは，この二十年ほどの間に最適化とその周辺の問題に対する理論と解法が飛躍的に発展し，さらに優れたソフトウェアが容易に入手できるようになったという事情による。このため，解きたい問題によっては，自前でアルゴリズムを組む必要はなく既存の実装がそのまま利用できるような場合も多い。たとえば微小変形の仮定の下では，摩擦なしの接触問題（式 (8.5.1)）は凸2次計画とよばれる最適化問題に帰着でき[8.19,21]，Matlab のパッケージ[xii]程度でも 10 万自由度程度の問題ならば数十秒で解くことができる。

これに対して，動的な問題に関しては，8.5.2 節で解説した解法が必ずしも最良の選択であるとは限らない。たとえば，Newmark (ニューマーク) 族の時間積分を用いる手法[8.16,42]の方が有効な状況も多いものと思われる。

参考文献

8.1) V. Acary, B. Brogliato: *Numerical Methods for Nonsmooth Dynamical Systems.* Springer-Verlag, Berlin, 2008.

8.2) P. Alart, A. Curnier: A mixed formulation for frictional contact problems prone to Newton like solution methods. *Computer Methods in Applied Mechanics and Engineering*, **92**, pp. 353–375, 1991.

8.3) G. Allaire: *Numerical Analysis and Optimization.* Oxford University Press, Oxford, 2007.

8.4) M. Avriel: *Nonlinear Programming.* Printice-Hall, Englewood Cliffs, 1976. Also: Dover Publications, Mineola, 2003.

8.5) B. Brogliato: *Nonsmooth Mechanics (3rd ed.).* Springer International Publishing, Switzerland, 2016.

8.6) R. W. Cottle, J.-S. Pang, R. E. Stone: *The Linear Complementarity Problem.* Academic Press, San Diego, 1992.

8.7) G. de Saxcé, Z.-Q. Feng: The bipotential method: a constructive approach to design the complete contact law with friction and improved numerical algorithms. *Mathematical and Computer Modelling*, **28**, pp. 225–245, 1998.

[xii]Optimization Toolbox の組み込み関数 quadprog を用い，内点法のオプションを指定した。

8.8) 土木学会 応用力学委員会 計算力学小委員会（編）:『いまさら聞けない計算力学の常識』. 丸善, 2008.

8.9) F. Facchinei, J.-S. Pang: *Finite-Dimensional Variational Inequalities and Complementarity Problems, Volumes I & II*. Springer-Verlag, New York, 2003.

8.10) 福島 雅夫:『非線形最適化の基礎』. 朝倉書店, 2001.

8.11) C. Glocker: *Set-Valued Force Laws*. Springer-Verlag, Berlin, 2001.

8.12) W. Han, B. Reddy: *Plasticity (2nd ed.)*. Springer, New York, 2013.

8.13) S. Hayashi, N. Yamashita, M. Fukushima: A combined smoothing and regularization method for monotone second-order cone complementarity problems. *SIAM Journal on Optimization*, **15**, pp. 593–615, 2005.

8.14) 久田 俊明:『非線形有限要素法のためのテンソル解析の基礎』. 丸善, 1992.

8.15) 久田 俊明, 野口 裕久:『非線形有限要素法の基礎と応用』. 丸善, 1995.

8.16) T. J. R. Hughes, R. L. Taylor, J. L. Sackman, A. Curnier, W. Kanoknukulchai: A finite element method for a class of contact-impact problems. *Computer Methods in Applied Mechanics and Engineering*, **8**, pp. 249–276, 1976.

8.17) M. Jean: The non-smooth contact dynamics method. *Computer Methods in Applied Mechanics and Engineering*, **177**, pp. 235–257, 1999.

8.18) Y. Kanno, J. A. C. Martins, A. Pinto da Costa: Three-dimensional quasi-static frictional contact by using second-order cone linear complementarity problem. *International Journal for Numerical Methods in Engineering*, **65**, pp. 62–83, 2006.

8.19) 寒野 善博, 土谷 隆:『東京大学工学教程・最適化と変分法』. 丸善出版, 2014.

8.20) N. Kikuchi, J. T. Oden: *Contact Problems in Elasticity*. SIAM, Philadelphia, 1988.

8.21) A. Klarbring: Quadratic programs in frictionless contact problems. *International Journal of Solids and Structures*, **24**, pp. 1207–1217, 1986.

8.22) A. Klarbring: Examples of non-uniqueness and non-existence of solutions to quasistatic contact problems with friction. *Ingenieur-Archiv*, **60**, pp. 529–541, 1990.

8.23) A. Klarbring: Contact, friction, discrete mechanical structures and mathematical programming. P. Wriggers, P. Panagiotopoulos (eds.): *New Developments in Contact Problems*, pp. 55–100, Springer-Verlag, Wien, 1999.

8.24) T. A. Laursen: *Computational Contact and Impact Mechacnics*. Springer-Verlag, Berlin, 2002.

8.25) R. I. Leine, H. Nijmeijer: *Dynamics and Bifurcations of Non-Smooth Mechanical Systems*. Springer-Verlag, Berlin, 2004.

8.26) J. A. C. Martins, J. T. Oden: Existence and uniqueness results for dynamic contact problems with nonlinear normal and friction interfaces. *Computer Methods in Applied Mechanics and Engineering*, **11**, pp. 407–428, 1987.

8.27) J. A. C. Martins, A. Pinto da Costa, F. M. F. Simões: Some notes on friction and instabilities. J. A. C. Martins, M. Raous (eds.): *Friction and Instabilities*, pp. 65–136, Springer-Verlag, Wien, 2002.

8.28) 三井 斌友 :『微分方程式の数値解法 I』. 岩波書店，1983.

8.29) M. D. P. Monteiro Marques: *Differential Inclusions in Nonsmooth Mechanical Problems*. Birkhäuser, Basel, 1993.

8.30) J. J. Moreau: Unilateral contact and dry friction in finite freedom dynamics. J. J. Moreau, P. D. Panagiotopoulos (eds.): *Nonsmooth Mechanics and Applications*, pp. 1–82, Springer-Verlag, Wien, 1988.

8.31) J. J. Moreau: An introduction to unilateral dynamics. M. Frémond, F. Maceri (eds.): *Novel Approaches in Civil Engineering*, pp. 1–46, Springer-Verlag, Wien, 2004.

8.32) B. Nour-Omid, P. Wriggers: A note on the optimum choice for penalty parameters. *Communications in Applied Numerical Methods*, **3**, pp. 581–585, 1987.

8.33) J. T. Oden, L. F. Demkowicz: *Applied Functional Analysis*. CRC Press, Boca Raton, 1996.

8.34) B. Reddy: *Introductory Functional Analysis*. Springer-Verlag, New York, 1998.

8.35) M. Shillor, M. Sofonea, J. J. Telega: *Models and Analysis of Quasistatic Contact*. Springer-Verlag, Berlin, 2004.

8.36) J. C. Simo, T. J. R. Hughes: *Computational Inelasticity*. Springer-Verlag, New York, 1998.

8.37) D. E. Stewart: Reformulations of measure differential inclusions and their closed graph theory. *Journal of Differential Equations*, **175**, pp. 108–129, 2001.

8.38) N. Strömberg: An augmented Lagrangian method for fretting problems. *European Journal of Mechanics, A/Solids*, **16**, pp. 573–593, 1997.

8.39) C. Studer: *Numerics of Unilateral Contacts and Friction*. Springer-Verlag, Berlin, 2009.

8.40) C. Studer, C. Glocker: Solving normal cone inclusion problems in contact mechanics by iterative methods. *Journal of System Design and Dynamics*, **1**, pp. 458–467, 2007.

8.41) 田村 明久，村松 政和 :『最適化法』. 共立出版，2002.

8.42) R. L. Taylor, P. Papadopoulos: On a finite element method for dynamic contact/impact problems. *International Journal for Numerical Methods in Engineering*, **36**, pp. 2123–2140, 1993.

8.43) 都井 裕 :『計算固体力学入門』. コロナ社，2008.

8.44) H. Uzawa: Iterative methods for concave programming. K. J. Arrow, L. Hurwicz, H. Uzawa (eds.): *Studies in Linear and Non-Linear Programming*, pp. 154–165, Stanford University Press, Stanford, 1958.

8.45) P. Wriggers: *Computational Contact Mechacnics (2nd ed.)*. Springer-Verlag, Berlin, 2006.

8.46) 矢部 博：『工学基礎・最適化とその応用』. 数理工学社，2006.

8.47) G. Zavarise, L. De Lorenzis: An augmented Lagrangian algorithm for contact mechanics based on linear regression. *International Journal for Numerical Methods in Engineering*, **91**, pp. 825–842, 2012.

第 9 章　有限回転の取扱い

9.1　はじめに

　本章では，強非線形挙動を解析する上で共通する事項となりうる有限回転問題について取り扱う。まず，第2節 有限回転とは において，三次元回転について回転角が十分に小さい微小回転および回転角の大きさを無視できない有限回転として扱った場合の数学的な違いについて示した上で，具体的な角度を設定した場合について例示する。さらに，具体的に有限回転として扱う必要となる問題について示す。第3節 有限回転の定式化 では，有限回転公式の導出に関して，歴史的な流れに従って説明する。また，三次元回転における具体的な回転行列を例示する。第4節 有限回転を考慮した Dvorkin（ドヴォルキン）等の連続体退化型梁要素の例 では，有限回転公式の応用例である連続体退化型 Timoshenko（チモシェンコ）梁要素の概要を示す。なお，以降の節に必要となる数学的知識については，文献9.1)の1章等を参考にされたい。

9.2　有限回転とは

9.2.1　微小回転と有限回転

　本章で扱う回転とは，剛体または変形体が回転軸の周りを回る運動のことである。ここでは，回転角が十分に小さい微小回転と回転角の大きさを無視できない有限回転について図および数式を用いて説明する。

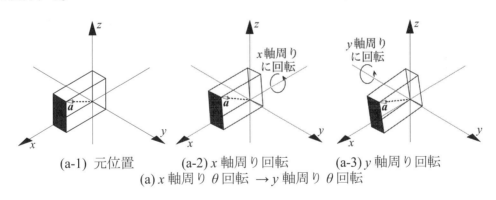

(a-1) 元位置　　　(a-2) x 軸周り回転　　　(a-3) y 軸周り回転
(a) x 軸周り θ 回転 → y 軸周り θ 回転

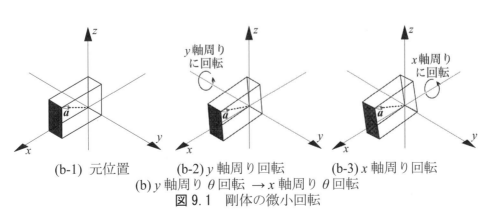

(b-1) 元位置　　　(b-2) y 軸周り回転　　　(b-3) x 軸周り回転
(b) y 軸周り θ 回転 → x 軸周り θ 回転
図 9.1　剛体の微小回転

まず，微小回転の一例として，剛体を x 軸周りに十分に小さい角度 θ で時計回りに回転，y 軸周りにも x 軸と同じ角度 θ だけ時計回りに回転する場合について，それらの回転の順番を入れ替えることを考える。その結果を図 9.1 に示す。2 回の回転後の図 9.1(a-3) と図 9.1(b-3) を比較すると，回転した後の結果がほとんど同じであることがわかる。

一方，有限回転の一例として，剛体を x 軸周りの時計回りに 90° 回転，y 軸周りにも時計回りに 90° 回転する場合について，微小回転の場合と同様にそれらの回転の順番を入れ替えることを考える。その結果を図 9.2 に示す。結果として，有限回転の場合には，微小回転の場合とは異なり，図 9.2(a-3) と図 9.2(b-3) に示す 2 回の回転した後の結果が異なることがわかる。すなわち，回転角が有限の大きさになると，回転の順序の影響を受けることがわかる。

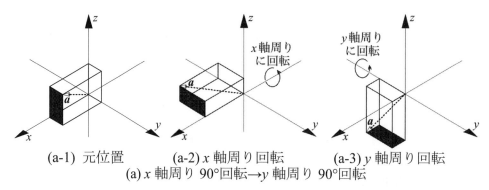

(a-1) 元位置　　(a-2) x 軸周り回転　　(a-3) y 軸周り回転
(a) x 軸周り 90°回転→y 軸周り 90°回転

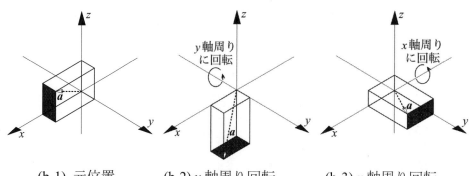

(b-1) 元位置　　(b-2) y 軸周り回転　　(b-3) x 軸周り回転
(b) y 軸周り 90°回転→x 軸周り 90°回転
図 9.2 剛体の有限回転

図 9.1，図 9.2 のような x 軸周り，y 軸周りの回転を図中に示すベクトル $\boldsymbol{a}=\{\alpha,\beta,\gamma\}^T$ に対して数式により表してみる。回転には回転行列を使用する。

まず，x 軸周りの時計回りに θ_x 回転した後，y 軸周りの時計回りに θ_y 回転した場合のベクトルについては次式のように表される。なお，上記のような回転後のベクトルの各成分には，下付きで $\theta x \to \theta y$ を付記する。

$$\left\{\begin{array}{c} \alpha_{\theta x\to\theta y} \\ \beta_{\theta x\to\theta y} \\ \gamma_{\theta x\to\theta y} \end{array}\right\} = \left[\begin{array}{ccc} \cos\theta_y & 0 & \sin\theta_y \\ 0 & 1 & 0 \\ -\sin\theta_y & 0 & \cos\theta_y \end{array}\right]\left[\begin{array}{ccc} 1 & 0 & 0 \\ 0 & \cos\theta_x & -\sin\theta_x \\ 0 & \sin\theta_x & \cos\theta_x \end{array}\right]\left\{\begin{array}{c} \alpha \\ \beta \\ \gamma \end{array}\right\}$$

$$= \left\{\begin{array}{c} \alpha\cos\theta_y + \beta\sin\theta_x\sin\theta_y + \gamma\cos\theta_x\sin\theta_y \\ \beta\cos\theta_x - \gamma\sin\theta_x \\ -\alpha\sin\theta_y + \beta\sin\theta_x\cos\theta_y + \gamma\cos\theta_x\cos\theta_y \end{array}\right\} \tag{9.1}$$

次に，式(9.1)とは逆に y 軸周りの時計回りに θ_y 回転した後，x 軸周りの時計回りに θ_x 回転した場合のベクトルについては次式のように表される。

$$\left\{\begin{array}{c} \alpha_{\theta y\to\theta x} \\ \beta_{\theta y\to\theta x} \\ \gamma_{\theta y\to\theta x} \end{array}\right\} = \left[\begin{array}{ccc} 1 & 0 & 0 \\ 0 & \cos\theta_x & -\sin\theta_x \\ 0 & \sin\theta_x & \cos\theta_x \end{array}\right]\left[\begin{array}{ccc} \cos\theta_y & 0 & \sin\theta_y \\ 0 & 1 & 0 \\ -\sin\theta_y & 0 & \cos\theta_y \end{array}\right]\left\{\begin{array}{c} \alpha \\ \beta \\ \gamma \end{array}\right\}$$

$$= \left\{\begin{array}{c} \alpha\cos\theta_y + \gamma\sin\theta_y \\ \alpha\sin\theta_x\sin\theta_y + \beta\cos\theta_x - \gamma\sin\theta_x\cos\theta_y \\ -\alpha\cos\theta_x\sin\theta_y + \beta\sin\theta_x + \gamma\cos\theta_x\cos\theta_y \end{array}\right\} \tag{9.2}$$

式(9.1)と式(9.2)の右辺に示す結果は，異なることがわかる。

　ここで，回転角に具体的な数値を与えて計算してみる。まず，有限回転の例として，式(9.1), (9.2)の θ_x, θ_y を90°として計算する。

・x 軸周りに 90°回転 → y 軸周りに 90°回転

$$\left\{\begin{array}{c} \alpha_{90x\to90y} \\ \beta_{90x\to90y} \\ \gamma_{90x\to90y} \end{array}\right\} = \left\{\begin{array}{c} \beta \\ -\gamma \\ -\alpha \end{array}\right\} \tag{9.3}$$

・y 軸周りに 90° 回転 → x 軸周りに 90° 回転

$$\left\{\begin{array}{c} \alpha_{90y\to90x} \\ \beta_{90y\to90x} \\ \gamma_{90y\to90x} \end{array}\right\} = \left\{\begin{array}{c} \gamma \\ \alpha \\ \beta \end{array}\right\} \tag{9.4}$$

式(9.3)，式(9.4)から，図 9.2 に示したように有限回転を与えると，回転の順序によって結果が異なることが，数式によっても示された。このことは，回転行列が積について非可換であることに由来している。なお，剛体が回転する場合には，図 9.1，図 9.2 におけるベクトル **a** に限らず，剛体上の全ての点の位置ベクトルが同じ回転行列で変換される。

次に，なぜ式(9.1)と式(9.2)の右辺を見ると結果が異なるにもかかわらず，微小回転では回転する順番によらず同じ結果となるのかについて考察してみる。微小回転では角度が微小であるため，$\sin\theta \simeq \theta$，$\cos\theta \simeq 1$，$\theta^2 \simeq 0$ の近似が成立する。この近似を式(9.1)，式(9.2)に代入した結果を求めてみる。

・x 軸周りに θ_x 回転 → y 軸周りに θ_y 回転

$$\begin{Bmatrix} \alpha_{\theta x \to \theta y} \\ \beta_{\theta x \to \theta y} \\ \gamma_{\theta x \to \theta y} \end{Bmatrix} = \begin{bmatrix} \cos\theta_y & 0 & \sin\theta_y \\ 0 & 1 & 0 \\ -\sin\theta_y & 0 & \cos\theta_y \end{bmatrix} \begin{bmatrix} 1 & 0 & 0 \\ 0 & \cos\theta_x & -\sin\theta_x \\ 0 & \sin\theta_x & \cos\theta_x \end{bmatrix} \begin{Bmatrix} \alpha \\ \beta \\ \gamma \end{Bmatrix}$$

$$\fallingdotseq \begin{bmatrix} 1 & 0 & \theta_y \\ 0 & 1 & 0 \\ -\theta_y & 0 & 1 \end{bmatrix} \begin{bmatrix} 1 & 0 & 0 \\ 0 & 1 & -\theta_x \\ 0 & \theta_x & 1 \end{bmatrix} \begin{Bmatrix} \alpha \\ \beta \\ \gamma \end{Bmatrix} = \begin{bmatrix} 1 & \theta_x\theta_y & \theta_y \\ 0 & 1 & -\theta_x \\ -\theta_y & \theta_x & 1 \end{bmatrix} \begin{Bmatrix} \alpha \\ \beta \\ \gamma \end{Bmatrix} \simeq \begin{Bmatrix} \alpha + \gamma \cdot \theta_y \\ \beta - \gamma \cdot \theta_x \\ -\alpha \cdot \theta_y + \beta \cdot \theta_x + \gamma \end{Bmatrix}$$

(9.5)

・y 軸周りに θ_y 回転 → x 軸周りに θ_x 回転

$$\begin{Bmatrix} \alpha_{\theta y \to \theta x} \\ \beta_{\theta y \to \theta x} \\ \gamma_{\theta y \to \theta x} \end{Bmatrix} = \begin{bmatrix} 1 & 0 & 0 \\ 0 & \cos\theta_x & -\sin\theta_x \\ 0 & \sin\theta_x & \cos\theta_x \end{bmatrix} \begin{bmatrix} \cos\theta_y & 0 & \sin\theta_y \\ 0 & 1 & 0 \\ -\sin\theta_y & 0 & \cos\theta_y \end{bmatrix} \begin{Bmatrix} \alpha \\ \beta \\ \gamma \end{Bmatrix}$$

$$\fallingdotseq \begin{bmatrix} 1 & 0 & 0 \\ 0 & 1 & -\theta_x \\ 0 & \theta_x & 1 \end{bmatrix} \begin{bmatrix} 1 & 0 & \theta_y \\ 0 & 1 & 0 \\ -\theta_y & 0 & 1 \end{bmatrix} \begin{Bmatrix} \alpha \\ \beta \\ \gamma \end{Bmatrix} = \begin{bmatrix} 1 & 0 & \theta_y \\ -\theta_x\theta_y & 1 & -\theta_x \\ -\theta_y & \theta_x & 1 \end{bmatrix} \begin{Bmatrix} \alpha \\ \beta \\ \gamma \end{Bmatrix} \simeq \begin{Bmatrix} \alpha + \gamma \cdot \theta_y \\ \beta - \gamma \cdot \theta_x \\ -\alpha \cdot \theta_y + \beta \cdot \theta_x + \gamma \end{Bmatrix}$$

(9.6)

式(9.5)，式(9.6)をみると，微小角における近似を行い，二次の微小量を無視することで，二つの式が同一になることがわかる。つまり，微小回転は有限回転の特別な場合であり，回転の順序によってほんの僅かには結果は異なるものの，回転が微小なときに高次項を省略できれば，回転の順序によらず同じ結果となる。このことは，有限回転とは異なり，微小回転では回転行列が可換であることを示している。

さらに，有限回転と微小回転について具体的な数値例を示す。ここでは，単位ベクトル $e = \{\alpha, \beta, \gamma\}^T = \left\{1/\sqrt{3}, 1/\sqrt{3}, 1/\sqrt{3}\right\}^T$ を x 軸周り，y 軸周りに $10°$ 回転した場合について，回転の順番によって結果がどの程度異なるか調べてみる。式(9.1)，式(9.2)，式(9.5)に $\theta_x = \theta_y = 10°$ を代入した

結果を式(9.7)～式(9.9)に示す。

$$
\left\{
\begin{array}{c}
\alpha_{10x \to 10y} \\
\beta_{10x \to 10y} \\
\gamma_{10x \to 10y}
\end{array}
\right\}
= \frac{1}{\sqrt{3}}
\left\{
\begin{array}{c}
1 \cdot \cos 10° + 1 \cdot \sin 10° \sin 10° + 1 \cdot \cos 10° \sin 10° \\
1 \cdot \cos 10° - 1 \cdot \sin 10° \\
-1 \cdot \sin 10° + 1 \cdot \sin 10° \cos 10° + 1 \cdot \cos 10° \cos 10°
\end{array}
\right\}
= \frac{1}{\sqrt{3}}
\left\{
\begin{array}{c}
1.186 \\
0.811 \\
0.967
\end{array}
\right\}
\tag{9.7}
$$

$$
\left\{
\begin{array}{c}
\alpha_{10y \to 10x} \\
\beta_{10y \to 10x} \\
\gamma_{10y \to 10x}
\end{array}
\right\}
= \frac{1}{\sqrt{3}}
\left\{
\begin{array}{c}
1 \cdot \cos 10° + 1 \cdot \sin 10° \\
1 \cdot \sin 10° \sin 10° + 1 \cdot \cos 10° - 1 \cdot \sin 10° \cos 10° \\
-1 \cdot \cos 10° \sin 10° + 1 \cdot \sin 10° + 1 \cdot \cos 10° \cos 10°
\end{array}
\right\}
= \frac{1}{\sqrt{3}}
\left\{
\begin{array}{c}
1.158 \\
0.844 \\
0.972
\end{array}
\right\}
\tag{9.8}
$$

$$
高次項省略 :
\left\{
\begin{array}{c}
\alpha_{10x \to 10y} \\
\beta_{10x \to 10y} \\
\gamma_{10x \to 10y}
\end{array}
\right\}
=
\left\{
\begin{array}{c}
\alpha_{10y \to 10x} \\
\beta_{10y \to 10x} \\
\gamma_{10y \to 10x}
\end{array}
\right\}
= \frac{1}{\sqrt{3}}
\left\{
\begin{array}{c}
1 + 1 \cdot \theta \\
1 - 1 \cdot \theta \\
-1 \cdot \theta + 1 \cdot \theta + 1
\end{array}
\right\}
= \frac{1}{\sqrt{3}}
\left\{
\begin{array}{c}
1.175 \\
0.825 \\
1.000
\end{array}
\right\}
\tag{9.9}
$$

ただし，$\theta = 10° \times \pi/180°$ である。

式(9.7)と式(9.8)の結果は異なるものの，大きく異なるわけではない。問題によっては両者を式(9.9)で近似してもよいと考えられる。しかし，実際には1桁程度しか合っていないので，結果は大きく異なるともいえる。比較のため，角度を1/10の1°回転とした場合の結果を式(9.10)～式(9.12)に示す。

$$
\left\{
\begin{array}{c}
\alpha_{1x \to 1y} \\
\beta_{1x \to 1y} \\
\gamma_{1x \to 1y}
\end{array}
\right\}
= \frac{1}{\sqrt{3}}
\left\{
\begin{array}{c}
1.018 \\
0.982 \\
1.000
\end{array}
\right\}
\tag{9.10}
$$

$$
\left\{
\begin{array}{c}
\alpha_{1y \to 1x} \\
\beta_{1y \to 1x} \\
\gamma_{1y \to 1x}
\end{array}
\right\}
= \frac{1}{\sqrt{3}}
\left\{
\begin{array}{c}
1.017 \\
0.983 \\
1.000
\end{array}
\right\}
\tag{9.11}
$$

$$
高次項省略 :
\left\{
\begin{array}{c}
\alpha_{1x \to 1y} \\
\beta_{1x \to 1y} \\
\gamma_{1x \to 1y}
\end{array}
\right\}
=
\left\{
\begin{array}{c}
\alpha_{1y \to 1x} \\
\beta_{1y \to 1x} \\
\gamma_{1y \to 1x}
\end{array}
\right\}
= \frac{1}{\sqrt{3}}
\left\{
\begin{array}{c}
1.017 \\
0.983 \\
1.000
\end{array}
\right\}
\tag{9.12}
$$

1°の場合には，回転の順番および高次項の省略の有無によらず，ほとんど同値と扱ってよい結果となることがわかる。

次に，単位ベクトル e を x 軸周り，y 軸周りの順に θ° 回転する場合における，各回転角 θ における有限回転と微小回転による x 座標の差異について考察する。図9.3に単位ベクトル e の回

転後の x 座標と回転角 θ の関係を示す．微小回転では線形的に座標値が増加し，回転角が 42° 以上では x 座標の値がベクトルの長さを超えている．一方，有限回転では非線形性を示し，回転角 90° において 1.0 に戻っている．回転角 90° における値は，式(9.3)に示すように単位ベクトル e の y 座標の値を示している．

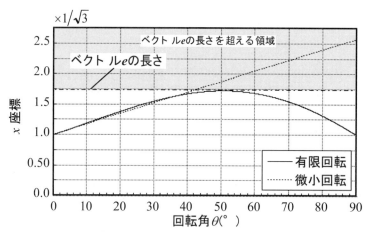

図 9.3 単位ベクトル e の回転後の x 座標と回転角 θ の関係（x 軸周り，y 軸周りの順に回転）

次に，各回転角 θ における有限回転と微小回転の相対誤差について考察する．図 9.4 に x, y, z 座標における相対誤差の絶対値(%)と回転角 θ の関係を示す．おおむね回転角 θ が増加するに伴い相対誤差は増加する傾向にあることがわかる．誤差に着目すると，x 軸周り，y 軸周りの順に θ° 回転する三次元回転において，全ての方向における誤差が 1%以下となるのは，回転角が 5.5° 以下である．また，3%以下となるのは，9.4° 以下である．

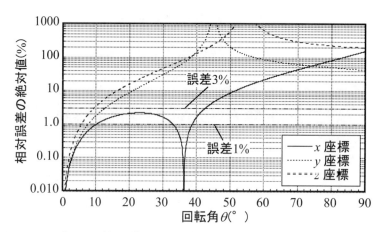

図 9.4 各座標における相対誤差の絶対値と回転角 θ の関係（x 軸周り，y 軸周りの順に回転）

9.2.2 有限回転の必要性

以上のように，有限回転と微小回転には行列の可換性という点において数学的に大きな違いがある．回転が大きい場合には有限回転を考慮して計算しなければ全く異なる結果となる．また，式(9.7)と式(9.8)程度の差も，問題によっては無視することができない．

建築構造物に対して，幾何学的非線形性を考慮した構造解析が必要となるケースとして，P-Δ効果を考慮する場合や，シェルや板，柱，梁の座屈問題を解析する場合等が挙げられる。しかし，これらのケースにおいても，目に見える程には回転が大きくないことも多く，その場合には必ずしも有限回転を表す回転行列を解析の中で用いる必要はない。一方，構造物が目に見えるくらいに変形し，図 9.4 で考察したように回転の影響が顕著な場合には，有限回転を考慮する必要があるといえる。そのような構造物を例えば有限要素法で解析することを考えてみる。もし，ソリッド要素のように節点に並進 3 自由度のみを持つ要素で離散化する場合には，回転は物体上の各節点における並進変位により表現されるため，本章で紹介する有限回転の定式化は必要ない。一方，もし，節点の自由度として並進 3 自由度だけでなく，回転自由度も持つシェル要素や梁要素等の構造要素を用いて離散化する場合には，なんらかの有限回転の定式化を導入する必要がある。9.4 節では例として有限回転テンソルの行列表現を用いて定式化された梁要素を紹介する。

9.3 有限回転の定式化

本節では文献 9.2)に示される歴史的な流れに従って，Euler（オイラー）による有限回転公式を示した後で Rodrigues（ロドリグ）変数について説明することで，有限回転行列を導出する。さらに，三次元回転における回転行列 R についての例を示す。

最初に，Euler による単一の回転に対する有限回転公式の導出について説明する。図 9.5 に示すように点 P を表す位置ベクトル r が軸性ベクトル n の周りで回転角 ϕ だけ有限回転し，位置ベクトル r' に変換される場合について考える。このとき，有限回転が回転行列 R により次式のように表されるものとする。

$$r' = Rr \tag{9.12}$$

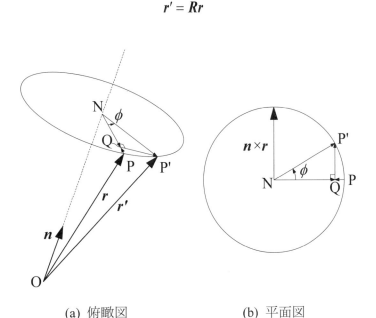

(a) 俯瞰図　　　(b) 平面図
図 9.5　Euler による有限回転公式のベクトル図

Euler の有限回転公式は以下のような式になる。

$$r' = \cos\phi r + \sin\phi(n \times r) + (1 - \cos\phi)n(n \cdot r) \tag{9.13}$$

この式の導出方法を以下に示す。まず，図 9.5 より，

$$r' = \overrightarrow{ON} + \overrightarrow{NQ} + \overrightarrow{QP'} \tag{9.14}$$

となる。図を参照して，各有向線分を求めると以下のようになる。

$$\overrightarrow{ON} = n(r \cdot n), \quad \overrightarrow{NQ} = \cos\phi\left(\overrightarrow{NO} + \overrightarrow{OP}\right) = \cos\phi\left(-(r \cdot n)n + r\right), \quad \overrightarrow{QP'} = \sin\phi\left(n \times r\right) \tag{9.15}$$

これを式(9.14)に代入すれば，式(9.13)が求められる.

一方，r' は次式のようにも記述できる。

$$r' = r + \sin\phi(n \times r) + (1 - \cos\phi)\left[n \times (n \times r)\right] \tag{9.16}$$

図 9.5 より，

$$r' = \overrightarrow{OP} + \overrightarrow{PQ} + \overrightarrow{QP'} \tag{9.17}$$

となるので，式(9.13)のときと同様に図を参考にして各有向線分を求めると次式となる。

$$\overrightarrow{OP} = r, \quad \overrightarrow{PQ} = \overrightarrow{PN} - \overrightarrow{NQ} = n \times (n \times r) - \cos\phi n \times (n \times r), \quad \overrightarrow{QP'} = \sin\phi\left(n \times r\right) \tag{9.18}$$

これらをまとめると式(9.16)となる

式(9.13), 式(9.16)は，一般には Rodrigues の有限回転公式と呼ばれているが，文献 9.2)では Euler によって初めて導出されたことが示されており，Euler の有限回転公式と呼ぶべきであると述べられている。

次に，式(9.13), 式(9.16)を回転行列 R を用いて表してみる。回転行列 R は，線形演算子として扱うことができるため使い易い。まず，式(9.19)に示す軸性ベクトル $n = \{n_1, n_2, n_3\}^T$ に対応する反対称行列 N を定義すると次式となる。

272

$$N = \begin{bmatrix} 0 & -n_3 & n_2 \\ n_3 & 0 & -n_1 \\ -n_2 & n_1 & 0 \end{bmatrix} \tag{9.19}$$

このとき，ベクトル n と r の外積 $n \times r$ は次式のように行列形式で表すことができる。

$$n \times r = Nr \tag{9.20}$$

式(9.20)を式(9.13)に代入すると，次式に示す有限回転の行列表現を得る。

$$r' = Rr \tag{9.21}$$

$$R = I + \sin\phi N + (1 - \cos\phi)N^2 \tag{9.22}$$

ここに，I は単位行列であり，$R = R(\phi, n)$ は軸性ベクトル n と回転角 ϕ による回転行列であることを示している。なお，軸性ベクトルの成分 (n_1, n_2, n_3) は，回転軸の方向余弦となっている。

式(9.21)，式(9.22)は，微小回転を積分することによっても求めることができる [9.3]。ここで，式(9.22)を次のように変形してみる。

$$R = I + \frac{\sin\phi}{\phi}(\phi N) + \frac{(1-\cos\phi)}{\phi^2}(\phi N)^2 = I + \frac{\sin\phi}{\phi}(\phi N) + \frac{1}{2}\frac{(1-\cos\phi)/2}{(\phi/2)^2}(\phi N)^2 \tag{9.23}$$

さらに，三角関数の2倍角公式を適用すると次式となる。

$$R = I + \frac{\sin\phi}{\phi}(\phi N) + \frac{1}{2}\frac{\sin^2(\phi/2)}{(\phi/2)^2}(\phi N)^2 \tag{9.24}$$

ここで，軸性ベクトルとして単位ベクトル n の代わりに $\theta = \phi n = \{\theta_1, \theta_2, \theta_3\}^T$ を定義して用いる。θ に対する反対称行列を Φ とすると，Φ は次式のように定義できる。

$$\Phi = \begin{bmatrix} 0 & -\theta_3 & \theta_2 \\ \theta_3 & 0 & -\theta_1 \\ -\theta_2 & \theta_1 & 0 \end{bmatrix} = \phi N \tag{9.25}$$

式(9.25)を使うと，式(9.24)は次式のように表される。

$$R = I + \frac{\sin\phi}{\phi}\boldsymbol{\Phi} + \frac{1}{2}\frac{\sin^2(\phi/2)}{(\phi/2)^2}(\boldsymbol{\Phi})^2 \tag{9.26}$$

ただし，$\phi = |\boldsymbol{\theta}|$である。この式は Argyris（アージリス）の有限回転テンソルと呼ばれるテンソルの行列表現である。文献9.3)においても有限回転テンソルとしてこの式が紹介されている。

　次に，三次元回転についての回転行列 $\boldsymbol{R}$ を Euler 角 ϕ，θ，ψ を用いることで求めることについて考える。Euler 角により，三次元直交座標系における3つの独立した角によって三次元における任意の回転を表現することが可能である。

　今，Euler 角として，三次元直交座標系座標軸（x, y, z 軸とする）における軸周りの回転角を考える。このとき，どの軸周りに回転させるかについては任意性があるが，ここでは，z 軸-x 軸-z 軸の順に回転する z-x-z 系の Euler 角を考える。ここで，μ 軸周りに ξ 回転させる回転行列を $T_\mu(\xi)$ とすると，各 Euler 角に対応する回転行列は，以下のように表すことができる。

$$T_z(\phi) = \begin{bmatrix} \cos\phi & -\sin\phi & 0 \\ \sin\phi & \cos\phi & 0 \\ 0 & 0 & 1 \end{bmatrix}, T_x(\theta) = \begin{bmatrix} 1 & 0 & 0 \\ 0 & \cos\theta & -\sin\theta \\ 0 & \sin\theta & \cos\theta \end{bmatrix}, T_z(\psi) = \begin{bmatrix} \cos\psi & -\sin\psi & 0 \\ \sin\psi & \cos\psi & 0 \\ 0 & 0 & 1 \end{bmatrix} \tag{9.27}$$

式(9.27)を用いて，角 ϕ，θ，ψ の順に回転するとき，回転行列 $\boldsymbol{R}$ は下式のように求まる。

$$\begin{aligned} \boldsymbol{R} &= T_z(\psi)\ T_x(\theta)\ T_z(\phi) \\ &= \begin{bmatrix} \cos\psi\cos\phi - \sin\psi\cos\theta\sin\phi & -\sin\phi\cos\psi - \sin\psi\cos\theta\sin\phi & \sin\psi\sin\theta \\ \sin\psi\cos\phi + \cos\psi\cos\theta\sin\phi & -\sin\psi\sin\phi + \cos\psi\cos\theta\cos\phi & -\cos\psi\sin\theta \\ \sin\theta\sin\phi & \sin\theta\cos\phi & \cos\theta \end{bmatrix} \end{aligned} \tag{9.28}$$

　式(9.28)で求まる回転行列 $\boldsymbol{R}$ は，多数の複雑な三角関数を含む式となるため，Euler 角を多自由度の力学系の数値計算に用いると処理が煩雑になる。他の回転行列 $\boldsymbol{R}$ の誘導方法として，式(9.29)に示す Rodrigues 変数 b_1, b_2, b_3 を用いる方法がある。

$$b_1 = n_1\tan\frac{\phi}{2},\ b_2 = n_2\tan\frac{\phi}{2},\ b_3 = n_3\tan\frac{\phi}{2} \tag{9.29}$$

$b = \{b_1, b_2, b_3\}^T$ と置くと，$b \cdot b = \tan^2 \dfrac{\phi}{2} n \cdot n = \tan^2 \dfrac{\phi}{2}$ であることに注意して，$\tan^2 \dfrac{\phi}{2} = \dfrac{1-\cos\phi}{1+\cos\phi}$ 等の関係を用いることで式(9.16)から次式が得られる。

$$r' - r = \frac{2(b \times r) + 2(b \cdot r)b - 2(b \cdot b)r}{1 + b \cdot b} \tag{9.30}$$

このとき，回転行列である式(9.22)は，式(9.31)のように書くことができる。

$$R = \frac{1}{1 + b_1^2 + b_2^2 + b_3^2} \begin{bmatrix} 1 + b_1^2 - b_2^2 - b_3^2 & 2(b_1 b_2 - b_3) & 2(b_1 b_3 + b_2) \\ 2(b_1 b_2 + b_3) & 1 - b_1^2 + b_2^2 - b_3^2 & 2(b_2 b_3 - b_1) \\ 2(b_1 b_3 - b_2) & 2(b_2 b_3 + b_1) & 1 - b_1^2 - b_2^2 + b_3^2 \end{bmatrix} \tag{9.31}$$

この Rodrigues 変数を用いる上で不便な点は，式(9.31)が $\phi = \pi$ において特異となることである。

そこで，多自由度系を扱う際の一般的な計算機への実装では，次式の 4 つの変数を用いた表現が広く使われている。

$$e_0 = \cos\frac{\phi}{2}, \ e_1 = n_1 \sin\frac{\phi}{2}, \ e_2 = n_2 \sin\frac{\phi}{2}, \ e_3 = n_3 \sin\frac{\phi}{2} \tag{9.32}$$

e_0, e_1, e_2, e_3 は次の関係を満たす。

$$e_0^2 + e_1^2 + e_2^2 + e_3^2 = 1 \tag{9.33}$$

これらの 4 つの変数は，慣習的に Euler 変数と呼ばれている。しかし，Euler 自身は有限回転の記述のためにこれらの変数は使用していない[9.2]。しかしながら，式(9.29)の Rodrigues 変数と区別するため，式(9.32)の変数を Euler–Rodrigues 変数と呼ぶことがある。式(9.32)を用いることで，式(9.22)から式(9.34)の回転行列 R を直接求めることができる。

$$R = \begin{bmatrix} 2(e_0^2 + e_1^2) - 1 & 2(e_1 e_2 - e_0 e_3) & 2(e_1 e_3 + e_0 e_2) \\ 2(e_1 e_2 + e_0 e_3) & 2(e_0^2 + e_2^2) - 1 & 2(e_2 e_3 - e_0 e_1) \\ 2(e_1 e_3 - e_0 e_2) & 2(e_2 e_3 + e_0 e_1) & 2(e_0^2 + e_3^2) - 1 \end{bmatrix} \tag{9.34}$$

また，式(9.34)は，式(9.19)を式(9.22)に代入して 2 倍角の公式を適用することや，式(9.29)と式(9.32)

の関係から求められる $b_1=e_1/e_0$, $b_2=e_2/e_0$, $b_3=e_3/e_0$ を式(9.31)に代入することによっても求めることができる。

　Euler–Rodrigues 変数の適用例として，有限回転公式のクォータニオン（四元数，quaternion）表現がある。クォータニオンは，3D グラフィクスやコンピュータビジョンにおける三次元での回転の計算にも用いられる[9.4]。クォータニオンとは，簡単にいうと複素数の虚軸を三次元に拡張したもののことである。q_0 をスカラー部，$q=(q_1, q_2, q_3)$ をベクトル部とすると，クォータニオン $\tilde{q}$ には下式のような様々な表記の方法がある。

$$\tilde{q} = (q_0, q) = q_0 + q_1 i + q_2 j + q_3 k = q_0 + q \tag{9.35}$$

ここで，ベクトル部を $q=(q_1, q_2, q_3)=(q_1 i + q_2 j + q_3 k)$ のように定義する。i, j, k はクォータニオン単位（虚数を拡張したような数）であり，$i^2=j^2=k^2=-1$，$ij=-ji=k, jk=-kj=i, ki=-ik=j$ の性質がある。

　また，クォータニオン $\tilde{q}$ と $\tilde{p}$ の積（クォータニオン積）は，次式のように複素数同士の積と同様に行うことができる。

$$\begin{aligned}
\tilde{q}\tilde{p} &= (q_0 + q)(p_0 + p) = q_0 p_0 + q_0 p + p_0 q + qp = q_0 p_0 + q_0 p + p_0 q - q \cdot p + q \times p \\
&= (q_0 p_0 - q_1 p_1 - q_2 p_2 - q_3 p_3) \\
&\quad + (q_1 p_0 + q_0 p_1 - q_3 p_2 + q_2 p_3) i \\
&\quad + (q_2 p_0 + q_3 p_1 + q_0 p_2 - q_1 p_3) j \\
&\quad + (q_3 p_0 - q_2 p_1 + q_1 p_2 + q_0 p_3) k
\end{aligned} \tag{9.36}$$

式(9.36)中の $q \cdot p$ はベクトル部の内積，$q \times p$ はベクトル部の外積であり，以下のように計算する。一般的なベクトルと同様に内積，外積を行うことができる。

　クォータニオンでは，回転軸（ベクトル）と回転角（スカラー）からなる 4 成分を使って三次元空間の回転を表現することができる。ここで，単位ベクトルを $p=\{p_1, p_2, p_3\}^T$，回転角を ϕ として，以下のクォータニオン $\tilde{U}$ を導入する。

$$\tilde{U} = e_0 + e_1 i + e_2 j + e_3 k = \cos\frac{\phi}{2} + (p_1 i + p_2 j + p_3 k)\sin\frac{\phi}{2} = \cos\frac{\phi}{2} + P\sin\frac{\phi}{2} \tag{9.37}$$

ここに，$P = (p_1, p_2, p_3) = p_1 i + p_2 j + p_3 k$ であり，このクォータニオン $\tilde{U}$ のノルム $\|\tilde{U}\|$ は 1 である。
このクォータニオンは，式(9.32)の変数に対応する。
ここで，クォータニオン $\tilde{U}$ のベクトル部の符号を反転したものを共役クォータニオン $\tilde{U}^*$ とする

と，$\tilde{U}^*$は下式のように表される。

$$\tilde{U}^* = \cos\frac{\phi}{2} - \left(p_1\boldsymbol{i} + p_2\boldsymbol{j} + p_3\boldsymbol{k}\right)\sin\frac{\phi}{2} = \cos\frac{\phi}{2} - \boldsymbol{P}\sin\frac{\phi}{2} \tag{9.38}$$

式(9.37)，式(9.38)を用いて，位置を表すクォータニオン$\tilde{r} = 0 + x_1\boldsymbol{i} + x_2\boldsymbol{j} + x_3\boldsymbol{k} = 0 + \boldsymbol{r}$がクォータニオン$\tilde{r}' = 0 + x_1'\boldsymbol{i} + x_2'\boldsymbol{j} + x_3'\boldsymbol{k} = 0 + \boldsymbol{r}'$に変換される場合について考えると下式のように表すことができる。

$$\tilde{r}' = \tilde{U}\tilde{r}\tilde{U}^* \tag{9.39}$$

この変換は$\boldsymbol{p}$を軸としてϕ回転することを表している。式(9.39)をベクトル三重積の公式および2倍角の公式を用いて計算することで Euler の有限回転公式である式(9.13)と同様の形を持つ式(9.40)が求められる。

$$\tilde{r}' = \cos\phi\,\tilde{r} + (\boldsymbol{P}\times\boldsymbol{r})\sin\phi + (1-\cos\phi)\tilde{\boldsymbol{P}}(\boldsymbol{P}\cdot\boldsymbol{r}) \tag{9.40}$$

ここに，$\tilde{\boldsymbol{P}} = 0 + p_1\boldsymbol{i} + p_2\boldsymbol{j} + p_3\boldsymbol{k} = 0 + \boldsymbol{P}$である。

また，式(9.39)をスカラー部とベクトル部を成分毎に展開することで式(9.34)の回転行列$\boldsymbol{R}$も求めることができる。$\tilde{U}$と$\boldsymbol{R}$の関係は一意に決まる。なお，詳細な計算過程については，文献 9.4)の6章等を参考にされたい。

一方，2つの回転を合成する場合の公式を Rodrigues が導いている。2つの回転を合成する公式は Euler が導いたと言われているが，Euler によって導かれたのは単一の回転の表現のみである[9.2]。2つの回転を合成公式については，文献9.2)を参照されたい。

最後に，本節において取り上げた回転行列$\boldsymbol{R}$を表9.1にまとめる。

表9.1　回転行列$\boldsymbol{R}$

式番号	回転行列$\boldsymbol{R}$	表示方法
9.28	$\boldsymbol{R} = \begin{bmatrix} \cos\psi\cos\phi - \sin\psi\cos\theta\sin\phi & -\sin\phi\cos\psi - \sin\psi\cos\theta\sin\phi & \sin\psi\sin\theta \\ \sin\psi\cos\phi + \cos\psi\cos\theta\sin\phi & -\sin\psi\sin\phi + \cos\psi\cos\theta\cos\phi & -\cos\psi\sin\theta \\ \sin\theta\sin\phi & \sin\theta\cos\phi & \cos\theta \end{bmatrix}$	Euler角表示
9.31	$\boldsymbol{R} = \dfrac{1}{1 + b_1^2 + b_2^2 + b_3^2}\begin{bmatrix} 1 + b_1^2 - b_2^2 - b_3^2 & 2(b_1b_2 - b_3) & 2(b_1b_3 + b_2) \\ 2(b_1b_2 + b_3) & 1 - b_1^2 + b_2^2 - b_3^2 & 2(b_2b_3 - b_1) \\ 2(b_1b_3 - b_2) & 2(b_2b_3 + b_1) & 1 - b_1^2 - b_2^2 + b_3^2 \end{bmatrix}$	Rodrigues変数表示
9.34	$\boldsymbol{R} = \begin{bmatrix} 2(e_0^2 + e_1^2) - 1 & 2(e_1e_2 - e_0e_3) & 2(e_1e_3 + e_0e_2) \\ 2(e_1e_2 + e_0e_3) & 2(e_0^2 + e_2^2) - 1 & 2(e_2e_3 - e_0e_1) \\ 2(e_1e_3 - e_0e_2) & 2(e_2e_3 + e_0e_1) & 2(e_0^2 + e_3^2) - 1 \end{bmatrix}$	Euler–Rodrigues変数表示

9.4　有限回転を考慮したDvorkin等の連続体退化型梁要素の例

ここでは有限回転公式の応用例としてDvorkin（ドヴォルキン）[9.5]により提案された連続体退化型Timoshenko（チモシェンコ）梁要素の概要を示す。形状関数は線形として，節点数が2個の場合のみを示すが，高次の形状関数に対しても同じように定式化される。初期配置における要素内の位置 ^0X は次式で表される。

$$^0X\left(s^1,s^2,s^3\right)=\sum_{n=1}^{2}N^n\left(s^1\right)\left(^0X^n+\frac{a^n}{2}s^2\,^0V_2^n+\frac{b^n}{2}s^3\,^0V_3^n\right) \tag{9.41}$$

ここに，上付き添字は要素内の節点を表す。$^0X^n$ は節点における断面の中心の位置ベクトル，$^0V_2^n$，$^0V_3^n$ は節点において初期の断面の向きを表す2個のディレクタ（単位ベクトルとする），a^n と b^n は梁幅である。s^1 は材軸方向，s^2 と s^3 は断面方向の無次元化されたパラメータである。

次に，時刻0から時刻 t への変位ベクトル ^t_0u は次式となる。

$$^t_0u\left(s^1,s^2,s^3\right)=\sum_{n=1}^{2}N^n\left(s^1\right)\left(^t_0u^n+\frac{a^n}{2}s^2\left(^tV_2^n-{}^0V_2^n\right)+\frac{b^n}{2}s^3\left(^tV_3^n-{}^0V_3^n\right)\right) \tag{9.42}$$

ここに，$^tV_2^n$，$^tV_3^n$ は時刻 t における断面の向きを表す2個のディレクタ，$^t_0u^n$ は節点における中心軸の変位の並進成分である。式(9.41)に示した初期配置 ^0X に ^t_0u を加えると変形後の配置が求められる（図9.6）。時刻0から時刻 t へのディレクタの回転を9.3節に示した有限回転を表す回転行列 R により次式のように表す。

$$^tV_i^n=R\,^0V_i^n \tag{9.43}$$

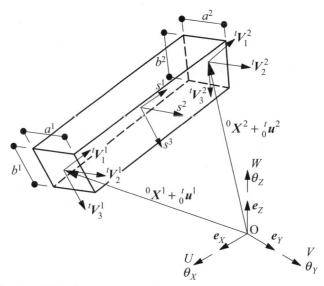

図9.6　線形の形状関数を用いた2節点の連続体退化型Timoshenko梁要素

梁要素が表す部材は変形体であるものの，断面の平面保持の仮定と断面方向の幅が変化しないという仮定を導入するため，ディレクタ $^tV_i^n$ は初期配置におけるディレクタ $^0V_i^n$ を剛体回転させることにより表現できることに注意する。Dvorkin等の要素では R として式(9.26)に示したArgyrisの有限回転テンソルの行列表現を用いている。このとき，軸性ベクトル $\boldsymbol{\theta}$ の3成分($\theta_1, \theta_2, \theta_3$)が未知数となる。回転角は $|\boldsymbol{\theta}|$ で表されるため，独立した変数ではないことに注意する。R は $\{ \theta_1, \theta_2, \theta_3 \}^T$ について非線形であるため，有限回転を考慮する場合には，接線剛性を求めるときに R に関する微分も必要である。一方，R を線形化して微小回転テンソルとすれば，接線剛性を求める際の R に関する微分は不要となる。

Dvorkin等の要素では，式(9.41)を用いて埋め込み座標系を定義し，応力テンソルとひずみテンソルを埋め込み座標系の成分として表している。また，式(9.42)に示す変位の形状関数により表される変形は，Timoshenko梁の面外せん断ひずみ一定の仮定を満たしている。

9.5　むすび

本章では，強非線形挙動を数値解析で表現する上で必要となる有限回転の取扱い方法について記述し，回転行列 R を導出し，その例を示した。また，有限回転の応用例として， Dvorkin により提案された連続体退化型 Timoshenko 梁要素について示した。なお，具体的な有限回転の適用例として，本書では6章における数値解析が挙げられる。

参考文献

9.1)　久田 俊明：非線形有限要素法のためのテンソル解析の基礎，丸善，1992

9.2)　H. Cheng and K.C. Gupta : An historical note on finite rotations, Transactions of ASME, Journal of Applied Mechanics 56 (1989), pp. 139–145

9.3)　久田 俊明，野口 裕久：非線形有限要素法の基礎と応用，丸善，1995

9.4)　金谷 一朗：3D-CG プログラマーのためのクォータニオン入門，工学社，2004

9.5)　E.N. Dvorkin, E. Onate and J. Oliver : On a non-linear formulation for curved Timoshenko beam elements considering large displacement/rotation increments, International Journal for Numerical Methods in Engineering Vol.26 (1988), pp. 1597–1613

応用力学シリーズ 13

建築構造における強非線形問題への数値解析による挑戦

2018 年 3 月 5 日　第 1 版第 1 刷

編　　集
著 作 人　　一般社団法人　日本建築学会

印 刷 所　　共 立 速 記 印 刷 株 式 会 社

発 行 所　　一般社団法人　日本建築学会
108-8414　東京都港区芝 5―26―20
電　話・　(03) 3456-2051
Ｆ Ａ Ｘ・　(03) 3456-2058
http://www.aij.or.jp/

発 売 所　　丸 善 出 版 株 式 会 社
101-0051　東京都千代田区神田神保町 2-17
神田神保町ビル
電　話・　(03) 3512-3256

Ⓒ日本建築学会 2018

ISBN978-4-8189-0647-1　C3052